프로테스탄트 윤리와
자본주의 정신

막스 베버

현대지성 클래식 19

프로테스탄트 윤리와 자본주의 정신

부록 : 카를 피셔의 비판에 대한 베버의 반박

DIE PROTESTANTISCHE ETHIK

UND DER GEIST DES KAPITALISMUS

막스 베버 | 박문재 옮김

현대
지성

일러두기

숫자의 주는 저자의 원주이며, 알파벳으로 표기된 주는 역자의 주이다.

차례

해제 | 박문재   **8**

저자 연보   **36**

제1부   **문제제기**   **39**

　　　제1장 종파와 사회계층   **43**

　　　제2장 자본주의 "정신"   **63**

　　　제3장 루터의 직업 개념 : 연구 과제   **116**

제2부   **금욕주의적 개신교의 직업윤리**   **153**

　　　제1장 현세적 금욕주의의 종교적 토대   **155**

　　　　　　1. 칼뱅주의   **162**

　　　　　　2. 경건주의   **240**

　　　　　　3. 감리교(methodism: 방식주의)   **269**

　　　　　　4. 재세례파 운동에서 생겨난 분파들   **277**

　　　제2장 금욕주의와 자본주의 정신   **301**

부록

카를 피셔의 비판에 대한 막스 베버의 제1차 반박   **381**

카를 피셔의 비판에 대한 막스 베버의 제2차 반박   **392**

해제

박문재

막스 베버의 이 걸작 논문은 오늘날에도 계속해서 사회과학 분야에서 가장 대담한 시도 중의 하나로서 전 세계적으로 가장 널리 읽히고 있는 논문이다. 1904-1905년에 두 번에 걸쳐 『사회과학 및 사회정책 논총』이라는 학술지에 발표된 이 논문은 1919년에 확대 증보되어서 1920년에 단행본으로 출간되었고, 1930년에는 영어로 번역되어서, 광범위한 분야의 연구에 지대한 영향을 미쳐 왔는데, 이 도발적인 논증을 둘러싼 논쟁은 발표 당시부터 격렬하게 전개되었을 뿐만 아니라, 그 논쟁의 격렬함은 오늘날에 이르기까지도 거의 약해지지 않고 있다.

　개신교에 관한 베버의 논문인 『프로테스탄트 윤리와 자본주의 정신』(1904-1905)은 그의 또 하나의 논문인 『북미의 '교회들'과 '분파들'』(1906)과 더불어서 그가 가장 관심을 갖고 있던 문제들을 농축해서 보여준다. 그는 근대적인 자유의 기원을 계몽주의가 아니라 영국과 미국의 청교도 전통에서 찾았다. 양심과 종교의 자유를 확보하고자 하는 그들의 투쟁은 다른 모든 인권을 확보하는 데 모퉁잇돌이 되었다는 것이다. 이 투쟁의 선봉대는 독일에서는 루터교와 관료주의로 말미암아 영향력이 미약했던 개신교 분파들인 청교도 신앙과 침례교와 퀘이커교였다. 베버는 루터교가 처음에는 급진적인 운동으로 시작되었다는 것을 인정했지만, 결국 루터교는 가톨릭과 마찬가지로 혁신과 위험을 감수하는 적극적인 혁신 세력이 아니라 기존 권력에 소극적으로 순응하는 기조를 유지함으로써 기존 권력을 인정하고 개인의 자유를 억압하는 역할을 할 수밖에 없었다고 주장하면서, 그 결과 영국과 미국은 급진적인 개인주의와 자유주의의 산실이 된 반면에, 독일은 비스마르크의 "카이사르적인" 유산과 루터교의 구태의연한 윤리로 말미암아 구시대에 묶여서 세계의 웃음거리가 될 위험에 처하게 되었다고 말한다.

따라서 이 논문에서 베버는 "근대적인 노동 윤리"와 "물질적 성공에 대한 지향성"의 중요한 원천이었던 것은 시장의 관심과 사업에 대한 기민한 감각과 기술의 혁신이 아니라, 종교 영역으로부터 생겨난 "자본주의 정신"이라는 에토스(ethos: 기풍)였다고 주장하면서, 이 "자본주의 정신"은 16세기와 17세기에 영국과 네덜란드와 식민지 미국에서 활동하였던 칼뱅주의, 감리교, 침례교, 메노파, 경건주의, 퀘이커교 등과 같은 개신교가 지니고 있던 "윤리"로부터 나왔다고 말한다. 이 "청교도들"은 "나는 구원을 받은 자인가"라는 그들의 일생일대의 문제와 관련된 여러 가지 이유들로 인해서 조직적인 노동과 이윤 추구를 자신들의 삶의 중심에 두었고, 그 밖의 다른 모든 것들은 심지어 가족이나 친구나 여가활동 같은 것들조차도 그들에게는 별 의미가 없는 것들이었다.

역사사회학자로서 베버의 관심사는 한편으로는 사람들로 하여금 자신들의 삶을 조직적인 노동과 물질적인 성공을 중심으로 체계적으로 조직해야 한다고 생각하게 만든 종교적 원천을 발견해 내는 것이었고, 다른 한편으로는 사람들이 이렇게 체계적으로 자신들의 삶을 조직한 것이 "자본주의 정신"의 출현에 중요한 역할을 했다는 것을 증명해 내는 것이었다.

1. 막스 베버는 어떤 인물이었는가

막스 베버는 1864년에 독일의 에어푸르트(Erfurt)에서 태어났지만, 태어난 직후에 그의 가족은 베를린으로 이사했고, 야심가였던 그의 아버지는 이내 프로이센 주 정부와 독일 의회에서 정치가로 활동하다가 베를린 시 정부의 핵심인물이 되었다. 저명한 학자들과 성공적인 사업가들을 오랫동안 많이 배출한 가문 출신으로서 교육을 많이 받아 사회의식이 남달랐던 그의 어머니는 미국의 공리주의와 영국의 진보 신학으로부터 많은 영향을 받았고, 일곱 자녀를 양육하면서도 자유로운 종교 집단에서 활발한 활동을 하였다. 당시의 정치 문제들에 적극적으로 개입하여 활동했던 아버지가 베버에게 실용주의와 현실주의의 "에토스"를 심어 주었다면, 그의 어머니는 윤리적인 기준을 따라 살아가는 삶이야말로 존엄한 삶이고, 개개인의 가치와 독특성을 인정하고 존중해야 한다는 것 등과 같은 도덕적인 문제들에 대한 아주 민감한 감수성을 심어 주었다.

조숙했던 베버는 어릴 때부터 배움에 대한 열망이 대단했고, 베를린에서의 혹독했던 교육을 통해서 역사, 철학, 문학, 언어 같은 고전적인 과목들을 철저하게 익혔으며, 고전들을 해석하는 글들을 주기적으로 쓰는 훈련을 받았다. 졸업 후에는 하이델베르크, 베를린, 괴팅겐 대학에서 법률과 경제사를 전공했는데, 1894년에는 30세라는 이례적으로 어린 나이에 프라이부르크 대학의 정교수로 임명되었고, 2년 후에는 하이델베르크 대학의 경제학 교수로 자리를 옮겼다. 베버는 1920년에 뮌헨에서 죽었다.

베버가 하이델베르크 대학에서 교수로 지내고 있던 1897년 여름에 그의 어머니가 그를 방문했다가, 갑자기 찾아온 그의 아버지와 열띤 논쟁을 벌이게 되었는데, 어머니가 여러 해 동안 아버지로부터 제대로 된 대접을 받지 못한 것을 그동안 목격해왔던 베버는 아버지를 자신의 집에서 내쫓았고, 아버지는 그로부터 7주 후에 죽는 불상사가 벌어졌다. 이 사건으로 베버는 정신 질환을 얻어서 5년 이상을 고생해야 했고, 교수직도 그만두어야 했으며, 죽기 2년 전까지 다시는 가르치는 일을 할 수 없었다.

베버가 속해 있던 세대는 과거와 현재라는 두 "세계" 중간에 끼여 있었다. 여전히 봉건영주들과 소작인들로 이루어진 독일의 농촌 사회는 기본적으로 수 세기 동안 변함없이 이어져 왔지만, 19세기 후반의 유럽 도시들에서는 산업화가 급속하게 진행되어서, 도저히 가늠할 수 없는 새롭고 거대한 물결이 쇄도해왔고, 그 엄청난 변화를 체감하게 된 베버와 그의 동료들은 깊은 불안

감을 감출 수 없었다. 도시화와 관료화와 세속화, 자본주의의 숨 막히는 팽창
이 광범위하게 일어나고 있었다. 과거와 현재 간의 모든 연속성은 영원히 사
라져 버린 것처럼 느껴졌다.

2,000년이 넘는 서양 역사에 걸쳐 유구하게 보존되어 왔던 친숙한 전통
들과 가치들을 가차 없이 밀어 버리고 와해시키는 새로운 시대의 거대한 물
결들을 자신들의 눈으로 생생하게 목격한 베버와 그의 동시대인들은 다음
과 같은 근본적인 질문들을 제기하기 시작했다. 오랜 전통들과 윤리적 가치
들과 인격적인 관계들보다 시장의 법칙을 앞세우는 "근대 자본주의" 아래에
서 우리는 어떻게 살아야 하는가? 이 새로운 시대에서 우리의 삶을 이끌어
줄 지도 이념은 도대체 무엇이어야 하는가?

철학자 빌헬름 딜타이(Wilhelm Dilthey)는 이런 질문을 던졌다. "우리를 집
어삼키기 위해 몰려오는 저 정신적인 혼돈을 극복하기 위한 도구를 어디에
서 발견해야 하는가?" 이 절박한 질문들에 직면한 학자들이 이 "새로운 세계"
의 기원을 탐구하는 작업에 착수해야 했다는 것은 너무나 당연한 일이었다.
무엇이 이 새로운 세계의 원천 또는 근원이었는가? 어떤 동력들이 세계의 산
업화를 거칠게 밀어붙이고 있는 것인가?

베버는 한편으로는 다수의 동시대인들이 공유했고 특히 게오르크 짐멜
(Georg Simmel)과 프리드리히 니체(Friedrich Nietzsche)가 주도했던 암울한 "문화
적 염세주의"에 동참하는 것을 거부했고, 다른 한편으로는 이제는 과거가 되
어 버린 세계의 "좀 더 단순한" 사회를 동경한 낭만주의 운동을 지지하는 것
을 거부했다. 반면에, 그는 개개인에게 주어진 근대 세계의 자유와 권리를 환
영했다. 정당 정치를 옹호했고, 정치인들의 "책임의 윤리"를 강조했으며, 시
민의 자유들을 헌법으로 보장할 것을 요구했고, 참정권의 확대와 강력한 의
회 정치를 주문했으며, 관료주의가 거대화되어 민주주의가 약화되는 것을
막기 위해서 여러 다양한 사회적인 이익집단들의 활동을 보장하는 사회적
기제를 정립하기 위해 애썼다.

베버의 학문과 연구는 당시의 좀 더 숙명론적이었던 지식인들이 제기했

던 다음과 같은 질문들에 답하기 위한 것이었다. 이 새로운 우주에서는 어떤 유형의 인간이 살아남을 수 있는가? 산업화된 사회 속에서 어떻게 해야 개 개인은 단순한 전문가나 기술자가 아니라 윤리적 가치를 지향하는 삶을 살 아갈 수 있는가? 과연 근대 자본주의 경제에 전형적인 도구적이고 합리적인 계산에 의한 행동은 인간의 모든 가치를 와해시키게 될 것인가? 대규모의 조 직들, 과학적인 세계관, 경제적인 거래에서 이익에 대한 전략적인 계산에 의 해 지배되는 근대산업사회에서 가치지향적인 행동을 강화시키는 방향으로 의 사회 변화를 가져오기 위한 실질적인 조건들과 변수들은 어떤 것들인가?

　베버는 이 논문의 제1부를 1904년 여름에 하이델베르크에서 썼고, 이 논 문은 몇 달 후에 『사회과학 및 사회정책 논총』(Archiv für Sozialwissenschaft und Sozialpolitik) 제20권에 실렸다. 논문 자료를 수집하기 위해 미국으로 여행을 갔다가 돌아온 그에 의해서 1905년에 완성된 이 논문의 제2부는 동일한 학 술지 제21권에 수록되었다. 이 논문은 이해하기가 쉽지 않기 때문에, 거기에 나오는 복잡한 분석과 논증을 이해하기 위해서는, 논문 구성의 중심적인 축 들, 이 논문이 씌어질 당시의 지적 환경, 이 논문의 전체적인 개요를 먼저 간 단하게 살펴보는 것이 좋을 것이다.

2. 『프로테스탄트 윤리와 자본주의 정신』의 구성의 중심축

베버가 이 논문에서 분석하고자 하는 것의 근저에 가장 기본적으로 자리 잡 고 있는 것은 "자본주의"와 "근대 자본주의"의 구별이다. 재화의 교환, 이윤의 추구, 돈이라는 관점에서의 손익 계산 같은 것들을 포함하는 "자본주의"는 고대부터 현재까지 지구의 모든 곳에 있는 문명들에서 존재해왔고, 그 중에 대표적인 것들이 투기 자본을 운용하는 "모험 자본주의"와 정치권력에 의거 한 "정치 자본주의"였다. 그렇다면, 근대 자본주의는 모든 시대에 존재했던 " 자본주의"와 어떻게 다른가? 베버는 근대 자본주의의 특징들을 다음과 같이 열거한다. 시장에서 재화의 상대적으로 자유로운 교환, 기업 활동과 가사 활동의 분리, 복잡한 회계방식의 발달, 노동과 작업장의 체계적이고 합리적인 조직. 근대 자본주의에서 노동자들은 법적으로 자유민이고, 조직된 기업들은 이윤의 극대화를 상시적으로 지속적으로 추구하게 된다.

하지만 베버는 그런 식으로 근대 자본주의를 규정하는 것은 단지 형태적인 측면만을 보여준다는 점에서 불완전하다고 지적하면서, 근대 자본주의는 "경제 윤리"라는 관점에서의 경제 활동의 조직도 포함한다고 말한다. 이러한 경제 윤리는 노동에 대한 엄격한 조직, 노동에 대한 체계적인 접근, 이윤의 조직적 추구를 정당화해줌과 동시에 그렇게 할 수 있는 동력을 제공해 준다는 것이다. 그는 이 윤리를 "근대 경제 윤리" 또는 "자본주의 정신"이라 지칭한다. 이 윤리를 어기는 것은 단지 어리석은 것일 뿐만 아니라, "의무를 망각하는 것"이 된다. 베버는 이러한 윤리 또는 "정신"을 구현한 모범적인 인물로 18세기 미국의 기업가였던 벤저민 프랭클린(Benjamin Franklin)을 든다. 그는 16세기와 17세기 이래로 서양을 지배하게 된 "경제적 합리주의"의 기원을 단지 기술과 법률의 발달에서 찾지 않고, 개개인들이 자신의 삶을 실천적이고 합리적으로 조직하고자 한 것에서도 찾는다.

베버는 전통적인 경제 윤리와 비교해서 자본주의 "정신"의 독특한 특질들을 추출해낼 때에 노동에 대한 태도와 기업가들의 사업 행태를 두 축으로 삼는다. 자본주의 정신이 지배하는 곳에서는 어디든지 노동은 고귀한 미덕으로 인식되었고, 노동에 종사하는 사람들은 공동체로부터 인품이 좋은 사람으로 여겨져서 존경을 받았다. 또한, 노동은 개개인의 자존감 및 자신이 가치 있다고 느끼는 것과 관련해서 중심적인 역할을 했다. 베버는 노동이 사람들의 삶 속에서 이렇게 특별한 지위로 승격된 데에는 일련의 역사적 조건들이 작용했다고 말한다. 반면에, 전통적인 경제 윤리를 추종하던 사람들은 노동을 천한 고역이자 필요악으로 여겨서, 경제적으로 윤택해지는 순간 노동을 회피하는 것이 보통이었다. 이런 윤리를 지닌 사람들은 고용주가 고임금을 유인책으로 사용해도 돈을 더 벌기 위해 시간을 더 늘려 일하기보다는 일정한 돈을 벌면 만족하는 까닭에 도리어 자신의 노동 시간을 줄이기 때문에,

그들의 노동생산성을 올리기는 어렵다.

그렇다면 경제적 전통주의를 끝장낸 "혁명"은 어떻게 일어났는가? 근대적인 경제 윤리로의 기념비적인 전환의 원천들은 어떤 것들이었는가? 노동이 삶의 중심으로 자리 잡게 된 변화는 도대체 어떻게 일어난 것인가? 베버의 특징은 이러한 질문들에 대한 대답을 자본주의 "정신"의 조상으로서의 특정한 종교 사상에서 찾았다는 것이다. 이것은 당시 독일의 학계에서의 열띤 논쟁에 대하여 비판적으로 반응한 것이었다. 왜냐하면, 당시의 주류 학계에서는 경제 형태로서의 자본주의에 대한 연구에 집중해서, 근대 자본주의의 기원, 서양의 출현, 자본주의 자체의 기원을 탐구하였고, "경제 윤리"의 독립성 또는 독자성을 부정했기 때문이었다.

3. 『프로테스탄트 윤리와 자본주의 정신』의 등장 배경

독일에서 100년 전에 활발하게 전개되었던 근대 자본주의와 산업화의 기원에 대한 논쟁에 참여했던 거의 모든 학자들은 이 기원과 관련된 "문화"의 역할을 무시하는 분석들을 내놓았는데, 그들이 "기원"으로 언급한 것들은 다음과 같은 것들이었다.

첫 번째로 그들이 든 것은 "탐욕의 강화"였다. 상당수의 학자들은 "영리 취득의 본능"이 이전 시대에는 덜 발달되어 있었다거나 심지어 아예 존재하지 않았는데, 18세기와 19세기에 탐욕이 상당히 강화되었다고 말하면서, 근대 자본주의는 "이윤 추구"의 욕망의 강화로 인해 생겨난 것이라고 주장했다. 반면에, 베버는 "황금에 대한 욕심"(라틴어로 '아우리 사크라 파메스'[auri sacra fames])은 인류의 역사만큼이나 오래된 것으로서 모든 시대와 모든 곳에 존재해왔다고 반박한다.

두 번째로 당시의 독일 학자들은 "모험 자본주의"와 "정치 자본주의"로 자본을 축적한 카리스마적인 기업가들이 세계의 경제를 농경 시대와 봉건 시대를 뛰어넘어 중상주의와 근대 자본주의로 이끈 주역들이었다고 주장했다.

금융업과 무역업을 장악하고 있던 비양심적이고 이기적인 이런 기업가들이 대륙을 넘나들며 거대한 규모의 교역을 행함으로써, 엄청난 자본과 재화를 토대로 한 근대와 근대 자본주의가 열리게 되었다는 것이다. 반면에, 베버는 이러한 기업가들을 "경제적 초인들"로 지칭하면서, 그런 기업가들은 어느 시대 어느 곳에나 있었다고 말하고, 그런 유형의 자본주의가 근대 자본주의를 탄생시킨 것이 결코 아니라고 단호하게 말한다. 즉, 그런 기업가들은 전통적인 경제 윤리를 부수는 데 반드시 필요한 지속적이고 체계적으로 절제된 행동양식을 사회적으로 담지한 인물들이 될 수 없었다는 것이다. 개별적이고 고립적인 개개인들만으로는 이 거대하고 엄청난 변화를 초래할 수 없었기 때문에, 이러한 변화를 위해서는 어떤 동력에 의해서 대규모의 사람들이 이윤 추구를 위해 자신들의 삶을 체계적이고 합리적으로 조직하는 것이 필요하고 노동과 자본을 합리적으로 조직하는 것이 필요했다고 지적한다.

세 번째로 학자들이 든 것은 "진화와 진보"였다. 베버의 동료이자 친구였던 베르너 좀바르트(Werner Sombart)는 자신의 저서인 『근대 자본주의의 시작』(1902)에서 생산, 교역, 은행업, 상업의 팽창은 "합리주의"와 "진보"가 사회 전반에 확산되었을 때에 나타나는 현상들로 이해하는 것이 가장 좋다고 주장했다. 이런 관점에서 보았을 때에는, 자본주의 "정신"은 일반적인 사회 진보의 한 현상일 뿐이었다. 반면에, 베버는 "진보"는 사회의 모든 분야에 동일하게 나타나는 것이 아니기 때문에, 사회 전반의 "진보"에 대해 말하는 것은 부정확한 분석이라고 말하면서, 법률 분야에서는 이미 중세 시대의 로마법에서 가장 진보된 발전을 이룩하였다는 사실을 예로 든다.

네 번째는 유대인을 근대 자본주의의 담지자로 보는 것이었다. 이것은 좀바르트가 자신의 저서인 『유대인과 근대 자본주의』(1913)에서 주장한 것이었다. 그는 이자를 받고 돈을 빌려주고, 끊임없이 사업 경영을 숙고하며, 전쟁 자금을 빌려주고, 건설 프로젝트에 필요한 자금을 대주며, 정치적인 활동을 통해 자신들의 사업의 이익을 극대화시키는 것과 같은 근대적인 사고방식의 영리활동을 해왔던 유대인들의 "추상적 합리주의"는 영국의 청교도들에게서 볼 수 있는 근대 자본주의 "정신"과 동일한 것이었고, 이것이 근대 자본주의를 탄생시키는 밑거름이 되었다고 말한다. 반면에, 베버는 유대인들의 경제 윤리를 "전통주의적인" 것으로 규정하고, 서유럽의 자본주의의 초창기에 활동했던 영웅적인 기업가들 속에 유대인이 없다는 사실이 그것을 방증해 준다고 말한다. 또한, 베버는 유대인들의 자본주의는 생산과 노동과 작업장을 체계적으로 조직하는 것에 토대를 둔 근대 자본주의가 아니라 어느 시대 어느 곳에서나 존재했던 투기 자본주의에 불과한 것이었는데, 이것은 "아웃사이더"로서의 유대인들의 위치에서 기인한 것이었다고 주장한다.

다섯 번째는 역사적 유물론과 관련해서 기원을 설명하는 것이었다. 카를 마르크스(Karl Marx)의 주된 관심은 자본주의의 "내적 모순"이었지만, 그의 저작들은 자본주의의 기원에 대한 분석을 포함하고 있었다. 그는 근대 자본주의의 출현을 봉건 귀족계급의 와해와 "부르주아"라는 새로운 계급의 지배와 등치시키고, "부르주아"에 의한 생산수단의 소유와 그들의 경제적 이해관계와 탐욕이 근대 자본주의의 출현에 결정적인 역할을 했다고 보았다. 따라서 근대 자본주의의 출현에 대한 역사적 유물론의 설명에서는 "자본주의 정신"은 설 자리가 없었다. 반면에, 베버는 그러한 분석을 철저하게 배격하고, 이 새로운 계층의 경제적 이해관계가 자본주의 정신을 낳은 것이 결코 아니었다고 말하면서, 벤저민 프랭클린을 그 증거로 든다. 즉, 그가 지닌 경제 윤리는 "부르주아"가 형성되기 훨씬 이전에 먼저 그의 안에 존재했다는 것이다.

베버는 당대의 학자들이 "경제 형태"로서의 근대 자본주의에만 몰두해서 근대 자본주의의 형성에 원동력이 되었던 "자본주의 정신"에 대한 논의를 배제하는 것을 한탄하면서, 근대 자본주의의 초기 발전을 설명할 때에는 "합리적인 경제 윤리"가 사회학적으로 중요한 원인이자 동력으로 작용했다는 것을 인정하고, 그런 윤리가 어디에서 유래했는지를 탐구해야 한다고 역설했다. 달리 말하면, 그는 "문화적 가치들"이 역사 발전의 동력이라는 것을 부정해서는 안 된다는 것을 설득하고자 했다. 그 가치들의 기원을 탐구하는 것과 그 가치들의 영향을 평가하는 것이 아무리 복잡하다고 할지라도,

"문화적 가치들"을 사회 구조와 권력과 계층과 진보와 정치경제적 이해관계에 종속된 부차적이고 수동적인 요인으로 평가절하해서는 안 된다는 것이다. 그는 "자본주의 정신"은 비경제적이고 비정치적인 뿌리를 지니고 있었다고 주장한다.

4. 『프로테스탄트 윤리와 자본주의 정신』의 출현

베버가 자본주의 정신의 원천을 "종교"에서 찾은 것은 시행착오를 각오하고 한 번 시도해 본 것이 결코 아니었고, 도리어 당시 독일에서 심심치 않게 제기되었던 견해, 즉 종교적인 신념은 삶 전체는 물론이고 노동 습관과 기업에 대한 접근방식에도 영향을 미친다는 견해를 기반으로 한 것이었다. 따라서 개신교와 가톨릭 간의 차이들에 대한 질문은 그에게 아주 설득력 있게 보였고, 자연스럽게 그의 연구방향을 결정지었다.

　실제로 베버는 십대 때부터 미국의 공리주의자들인 윌리엄 채닝(William Ellery Channing)과 시어도어 파커(Theodore Parker)의 글들을 비롯한 신학 문헌들을 읽어왔다. 직업 선택과 교육 정도에 있어서 가톨릭교도들과 개신교도들 간의 차이는 1890년대 또는 그 이전부터 독일에서 저널리스트들과 식자층 사이에서 널리 인정되었지만, 그 주제를 다룬 사회과학적인 연구는 거의 없었다.

　베버는 1890년대 중반에 영국과 미국의 청교도에 관심을 가지고서, 경제사학자인 에버하르트 고트하인(Eberhard Gothein)이 자본주의의 확산에서 칼뱅주의가 행한 강력한 역할에 주목해서 저술한 『흑림지대의 경제사』(*Wirtschaftsgeschichte des Schwarzwalds*, 1892)라는 방대한 연구서를 읽고서 큰 감명을 받았고, 17세기 영국에서 정치적인 기본 권리들과 자유들이 발전하는 데 경건한 비국교도들이 중심적인 역할을 한 것을 보여준 게오르크 옐리네크(Georg Jellinek, 1851-1911)의 『인간과 시민의 권리 선언』(1895)이라는 책을 읽고서는 "다시 한 번 청교도를 연구해 보고자" 하는 마음을 갖게 되었다.

베버로 하여금 이 분야에 대한 연구를 본격적으로 하게 만든 구체적이고 강력한 계기는 좀바르트(Sombart)가 1902년에 『근대 자본주의의 시작』이라는 책을 출간한 것이었다. 좀바르트는 그 책 가운데서 자본주의 정신의 기원을 다루는 장에서 개신교, 특히 칼뱅주의와 퀘이커교의 역할을 단호하게 부정했고, 심지어 "그것은 너무나 자명한 것이어서 따로 설명할 필요조차 없는" 것이라고 말했다. 그에게 "개신교라는 종교는 근대 자본주의적 사고의 원인이 아니라 결과일 뿐이었다." 베버는 즉시 그의 도전을 받아들여서, 아마도 그 이듬해인 1903년에 자신의 이 논문을 거의 완성했던 것으로 보인다.

5. 『프로테스탄트 윤리와 자본주의 정신』의 구조 (I): 개신교 윤리의 기원

이 논문에 나오는 베버의 복잡하고 다층적인 분석은 크게 두 단계로 구분될 수 있는데, 하나는 개신교 윤리의 기원을 탐구하는 것이고, 다른 하나는 그러한 개신교의 윤리를 자본주의 정신과 연결시키는 것이다.

(1) 중세 가톨릭과 루터교

베버는 자본주의 정신을 낳은 종교적 원천을 탐색하기 위해서, 두 가지 관점에서, 즉 한편으로는 각각의 종교적 신념이 합리적이고 체계적으로 삶을 조직하고자 하는 동기를 사람들에게 부여하는 강도가 어느 정도이고, 다른 한편으로는 조직적인 경제 활동에 대해 직접적으로 약속한 심리학적 보상이 어느 정도인가 하는 관점에서 중세 가톨릭, 루터교, 개신교의 금욕주의적 분파들을 철저하게 검토한다. 왜냐하면, 광범위한 집단의 사람들 사이에서 존재하는 극단적으로 엄격하고 지속적인 체계적인 생활양식만이 전통적인 경제 윤리를 와해시키는 "혁명"을 성공시킬 힘을 소유하고 있다고 확신했기 때문이었다.

중세 시대의 가톨릭교도들은 "내가 구원받은 자에 속하는가"라는 중요한 질문을 경제활동과 연결시킬 수 없었다. 그들은 주기적으로 기도하고 죄를 고백하며 하느님의 계명들을 지키고 "선행"에 참여하면 구원받을 수 있다고 믿었다. 게다가, 교회는 인간의 불완전성을 인정해서, 사람들의 불안감을 덜어 주는 "고해성사"를 준비해 두었다. 가톨릭에서 유일하게 체계적이고 합리적인 생활양식을 발전시킬 동인을 갖고 있던 부류는 수도사들이었지만, 그들의 삶은 수도원 내에서 이루어진 탈세속적인 것이었기 때문에, 그들의 생활양식이 세속에서의 자본주의 발전에 영향을 미치는 정도는 제한적일 수밖에 없었다. 또한, 중세 가톨릭은 상인과 기업가를 아주 부정적으로 바라보았다. 가톨릭에 의하면, 상인과 기업가는 하느님의 나라를 구하기보다는 이윤 추구를 통한 부의 축적을 더 중시함으로써 자신들의 영혼을 위태롭게 한 자들이었고, 형제애를 명하는 기독교 윤리를 어기고 경제적인 이득을 얻기 위해 사람들을 착취하는 자들이었다. 그래서 "상인은 하느님을 기쁘시게 할 수 없다"는 속담까지 생겨났다.

루터교는 가톨릭으로부터 극적인 변화를 꾀하긴 했지만, 사람들로 하여금 자신의 삶을 체계적으로 조직하고자 하는 동력을 제공하는 데는 역부족이었다. 루터는 하느님은 개개인의 삶과 소명을 미리 확고하게 정해 놓았기 때문에, 자신의 분수를 넘어서서 재화를 획득하고자 하는 것은 도덕적으로 죄악된 것이라고 보았다. 또한, 고해 제도도 유지했다. 따라서 베버의 평가에 의하면, 루터교의 경제 윤리는 기본적으로 전통주의에 머물러 있었고, 가톨릭의 형제애 윤리를 그대로 간직하고서 시장에서 재화의 거래를 중심으로 이루어지는 비인격적인 인간관계에 부정적이었기 때문에, 그러한 전통주의적 성격은 더욱 강화되었다.

(2) 16세기의 칼뱅과 17세기의 청교도

16세기에 칼뱅(1509-1564)은 세 개의 기둥 위에 세워진 종교적 교리를 제시했다. 첫 번째는 가톨릭이나 루터교와는 반대로, 하느님은 전지전능한 존재로서 인간과는 무한한 간격이 있는 초월자이자 절대자라는 구약성경의 하느님관을 받아들인 것이었다. 두 번째는 인간으로서는 측량할 길이 없는 이 하느님이 오직 소수의 사람들만 구원받고 나머지 대다수는 영벌에 처해지도록 영원 전에 "예정했고," 이러한 "이중 예정"은 절대로 변할 수 없다는 것이었고, 거기에 더하여 고해 제도를 완전히 폐지함으로써, 죄를 지은 사람들이 사제의 죄 사함의 선언에 의해 용서받을 수 있는 가능성을 원천적으로 차단해 버린 것이었다.

이 두 가지 중요한 교리로 말미암아, 신자들 중에서 아무리 경건한 자들과 관련해서도 구원 여부는 이 세상에서 사는 동안에는 늘 불확실한 것이 되어 버렸다. 게다가, 교회나 성직자들이 평신도들에 비해서 하느님과 특별한 관계를 맺은 사람들이 아니게 되었기 때문에, 그들로부터 영적인 지도를 받는 것도 큰 의미가 없게 되어 버렸다. 예정론과 전지전능하고 인간이 알 수 없는 하느님 개념이 결합되자, 운명론과 고독감과 극도의 불안감이 신자들에게 엄습할 수밖에 없었다. 당시는 "내가 구원받은 자에 속하는가"라는 질문이 사람들의 삶 속에서 오늘날에는 상상할 수 없을 정도로 엄청난 의미를 지니고 그들의 삶을 지배하던 시대였기 때문에, 경건한 자들의 절망감은 이루 말할 수 없는 것이었고 거의 참을 수 없는 수준의 것이었다. 이렇게 해서 자신이 구원받았다는 확신을 얻어서 이 절망감을 극복하는 것이 그들의 삶의 절체절명의 목표가 될 수밖에 없었고, 이것을 이루어낸 가장 대표적인 종파는 17세기에 칼뱅주의를 기반으로 해서 생겨난 청교도들이었다.

청교도는 체계적인 노동, 부의 추구, 덕 있는 행실을 전면에 부각시켰다. 그 모든 것들은 이제 순전히 "공리주의적인" 활동이 아니라 섭리적인 활동이 되었다. 그 중에서도 가장 눈에 띄는 것은 그들이 여러 가지 이유에서 노동을 신성시한 것이었다. 17세기 청교도 신학자들과 성직자들은 노동이 삶의 목적이라고 설파했다. 그들 중의 한 사람으로서 유명한 청교도 성직자였던 리처드 백스터(Richard Baxter)는 "일하지 않는 자는 먹지도 말라"는 사도 바울의 말을 공리로 받아들여서, 노동은 하느님의 명령이고 하느님의 영광을 위한 것이기 때문에, 아무리 부자라고 해도 일하지 않는 것은 악한 것이라고 가르쳤고, 즉흥적이고 무계획적인 노동이 아니라 일생 동안 하나의 직업을 가지고 체계적이고 합리적으로 행하는 노동을 하느님이 "명령했다"고 설파했다. 또한, 직업 노동은 육체의 욕망을 다스리고 절제된 삶을 살 수 있게 해주고, 모든 이기적인 욕망도 다스려 줌으로써, 삶 속에서의 실제적인 신앙의 실천에도 큰 유익을 가져다줄 뿐만 아니라, 강도 높은 노동을 통해 예정론에 수반되는 지나친 의심과 불안과 도덕적인 무력감을 극복할 수 있고, 자신이 구원받은 자에 속한다는 확신을 가져다준다는 것이 강조되었다. 이렇게 다양한 방식으로 직업 노동은 종교적으로 아주 중요한 의미를 획득하게 되었다.

부의 축적과 관련해서도 이 동일한 변화가 일어났다. 부의 세속적 의미는 퇴색하고, 부의 축적은 섭리적으로 재해석되었다. 금욕주의적인 개신교도들은 부 자체를 추구한 것이 아니라, 부의 축적을 통해 하느님 나라의 건설에 기여하고자 했다. 하느님이 다스리는 이 땅이 부로 풍요로워진다면, 하느님의 선하심과 정의는 더욱 선명하게 드러나게 될 것이다. 빈곤과 결핍은 전지전능한 하느님을 욕되게 할 뿐이었다. 그래서 신자들에게는 그들이 부를 축적하는 것은 "하느님의 더 큰 영광을 위하여"(라틴어로 '인 마요렘 데이 글로리암'[in majorem Dei gloriam]) 반드시 해야 하는 일이었다. 부는 하느님의 부유한 나라를 창설하고 그 나라에 특별한 존귀를 더하는 아주 중요한 수단으로서 신성시되었다. 끝으로, 덕 있는 행실에 대한 강조는 신자들의 삶에 질서와 안정성, 연속성과 규칙성 등을 가져다주었다.

하지만 이러한 일련의 활동들을 신성시하게 된 것은 개신교 윤리의 기원에 대한 베버의 다면적인 분석에서 오직 한 가지 구성요소로 이해될 수 있을 뿐이었고, 근대 자본주의 "정신"을 형성하기에는 불완전한 것들이었다. 이런 것들은 개신교 윤리를 위한 확고한 모퉁잇돌로서의 역할을 할 수는 있었지만, 개신교 윤리에서 결정적으로 중요한 두 가지, 즉 "현세적인 금욕주의"와 "체계적이고 합리적으로 조직된 생활양식"의 기원을 설명해 주지는 못한다. 그 두 가지의 기원을 설명해 주는 것은 개신교도들에게 가장 중요했던 문제인 "나는 구원받은 자에 속하는가"라는 질문과 관련된 것으로서 "구원의 확실성"(라틴어로 '케르티투도 살루티스'[certitudo salutis])이었다. 이 "구원의 확실성"에 대한 "확증"이 신자들에게 심리학적인 보상으로 주어졌을 때, 그것은 경제적 전통주의를 붕괴시키고, 지금까지 공리주의적인 동기나 예리한 사업 감각, 물질과 풍요로운 삶에 대한 욕망 등이 경제 영역에서 이루어낼 수 없었던 대변혁을 이루어내는 동력이 될 수 있었다.

(3) "구원의 확실성"과 그 표지들

16세기와 17세기에 금욕주의적인 개신교 신자들은 예정론으로 인한 참을 수 없는 불안감과 고독감을 달래기 위해서 자신이 하느님의 축복과 은혜 가운데 있는 구원받은 자라는 것을 확증해 주는 표지들을 확인하지 않고서는 살아갈 수가 없었다. 그들은 하느님의 예정이 아무리 인간으로서는 알 수 없는 것이라고 할지라도, 전지전능한 하느님은 자신이 구원으로 예정한 자들에게 이 땅에서 어떤 식으로든 은혜를 베풀고 도울 것이기 때문에, 결국에는 구원의 증거를 발견할 수 있을 것이라고 생각했고, 결국 다음과 같은 것들을 구원의 표지들로 규정하게 되었다.

첫 번째 구원의 표지는 "조직적인 노동"이었다. 앞에서 이미 언급한 여러 가지 이유들로 인해서 청교도들에게 있어서 "노동"은 이미 아주 중요하고 신성한 것으로 부각되어 있었기 때문에, 개별 신자가 "택함 받은 자"로서 구원으로 예정된 자임을 보여주는 표지와 관련한 논의에서도 중심적인 위치를 보장받았다. 조직적인 노동이 구원의 표지라는 사상은 불안감에 어쩔 줄 모르는 신자들을 지도해야 했던 목회자들이 직면한 실천적인 문제로부터 생겨났다. 직업 노동을 지속적이고 조직적으로 해내기 위해서는 비상하고 극단적인 노력과 절제가 요구되었는데, 그런 노동을 해낼 수 있는 힘은 오직 전지전능한 하느님으로부터 올 수밖에 없기 때문에, 그런 노동을 해낼 수 있는 사람은 대단한 신앙을 갖고 있어서 하느님으로부터 복을 받은 사람이고 구원받은 사람임에 틀림없다는 것이었다. 따라서 대단한 노력과 절제가 요구되는 노동은 하느님과의 관계가 어떠한지를 보여주는 시금석으로 여겨지게 되었다. 베버는 청교도들이 조직적인 노동에 심혈을 기울인 것은 이런 식으로밖에는 설명될 수 없다고 말한다.

두 번째 구원의 표지는 "부의 축적과 성공적인 이윤 획득"이었다. 청교도 성직자였던 백스터는 "부의 획득이 직업 소명 안에서의 노동의 열매일 때는 하느님의 복"이라고 말한다. 왜냐하면, 그것은 하느님의 손길이 경건한 자들에게 역사해서 만들어 낸 열매이기 때문이다. 따라서 그것은 그 사람이 구원받은 자임을 보여주는 표지로 해석될 수밖에 없었다. 하느님의 은혜가 그 사람에게 역사해서 열매를 맺은 것이라면, 그 사람이 구원받은 자가 아니면 누구이겠는가? 그런 이유에서 당연히 사업가나 상인인 신자들은 이윤 추구를 통해 물질적으로 성공하여 부를 축적함으로써 자신이 택함 받은 자라는 것을 확인받고자 했다. 구원의 불확실성으로 인해서, 부의 축적이 심리학적 보상으로서 종교적으로 극히 중요한 의미를 지니게 되었다. 그런데 신자들은 부정한 방법으로 부를 축적해서는 안 되었기 때문에, 그것은 모든 것을 체계적이고 합리적으로 조직하는 삶을 한층 더 강화시켰다.

세 번째 구원의 표지는 "성화된 삶과 덕 있는 행실"이었다. "덕 있는 행실"은 인간이 본능적으로 죄에 끌리는 성향을 지니고 있다는 사실에 비추어 보았을 때에 어려운 일임이 분명했다. 육체의 욕망들을 다스려서 변함없이 하느님의 명령들을 지키는 삶을 살아가는 데에는 대단한 절제가 요구되었다. 물론, 사람이 아무리 하느님을 기쁘게 할 만한 "덕 있는 행실"을 한다고 해도, 그것이 이미 예정된 구원이나 멸망을 바꿀 수 있는 것은 아니었다. 하지만 백스터를 비롯한 청교도 신학자들과 성직자들은 그러한 "덕 있는 행실"로 이미 예정된 것을 바꿀 수는 없지만, 그런 행실을 하려면 하느님의 은혜와 역사가 반드시 요구된다는 점에서, 그런 행실을 지속적으로 행하는 사람은 구원받은 자가 틀림없다는 점을 강조했다. 따라서 하느님의 명령들에 따라 자신의 삶을 체계적으로 조직해서 살아가는 사람은 자신의 "구원의 확실성"을 확증받을 수 있었다.

네 번째 구원의 표지는 "느낌"이었다. 감리교도와 경건주의, 침례교도와 퀘이커교도들도 앞에서 말한 구원의 표지들을 인정하긴 했지만, 한 가지 추가적인 표지를 강조했는데, 그것은 하느님에 의해 붙잡힌 "느낌"을 경험하는 것이었다. 이 감정은 종종 경건한 자들을 완전히 사로잡기도 했다. 하느님에 대한 "의식"과 "각성"이 강화되었을 때, 신자들은 탈혼상태에서 하느님과의 하나됨을 경험했다. 초자연적인 힘이 그들 안에서 역사하는 것으로 믿어졌다. 그리고 그들은 이러한 경험은 오직 구원받은 자들에게만 주어지는 것이라고 확신했다. 베버는 하느님에 의해 사로잡히는 이런 감정을 추구한 이 부류의 신자들도 앞에서 말한 금욕주의적인 개신교의 기본적인 신조들을 그대로 다 인정했다는 것을 강조한다. 즉, 그들은 직업 노동이 하느님을 기쁘게 하고, 하느님은 신자들이 이 땅에서 하느님의 나라를 풍성하고 부유한 나라로 건설해서 자신의 영광을 드러내기를 원하며, 그들이 자신의 계명들을 철저하고 엄격하게 지키기를 바란다고 믿었다는 것이다.

6. 『프로테스탄트 윤리와 자본주의 정신』의 구조 (II): 현세적 금욕주의와 청교도적 생활양식

청교도의 현세적 금욕주의는 "자연 상태"(라틴어로 '스타투스 나투라이'[status naturae])를 극복하고 세속적이고 공리주의적인 활동들을 포괄적으로 거룩하게 하기 위한 체계적이고 합리적으로 조직된 생활양식을 요구했다. 베버는 이 금욕주의는 개신교 윤리의 토대 중에서 가장 중요한 요소였고, 청교도적인 생활양식을 형성하는 데 결정적인 역할을 수행했다고 분석하면서, 이렇게 해서 "새로운 인간 유형"이 서양사의 무대 위에 등장하게 되었다고 평가한다.

(1) 현세적 금욕주의

베버는 17세기에 청교도들의 체계적이고 합리적으로 조직된 생활양식이 개신교 윤리의 주된 특징을 이루고 있었다고 주장한다. 그들은 "자연 상태"를 극복하고 감정에 치우치지 않는 냉정하고 합리적인 사고 틀을 이루어내기 위해서 자신들의 삶을 모든 방면에서 강도 높게 "합리적으로 조직화했는데," 이것은 "구원"이라는 초자연적이고 내세적인 목표를 이루기 위한 것이었고, 이러한 목표가 없었다면, 그들이 자신들의 삶을 체계적이고 합리적으로 조직해서 "자연 상태"를 극복하고자 한 것은 아무런 의미도 없었을 것이다. 광범위하게 삶을 조직화하는 것은 중세 가톨릭 수도사들의 삶의 특징이기도 했다. 하지만 가톨릭 수도사들은 "세속 밖에서" 수도원을 중심으로 탈세속적인 금욕주의를 수행했던 것인 반면에, 청교도들은 상업과 교역을 비롯한 세속적인 직업 활동을 하며 "세속 안에서" 현세적인 금욕주의를 수행했다. 그들은 세속 안에서 체계적이고 윤리적인 삶을 영위했지만, 그들의 삶의 목표는 현세적인 것이 아니라 내세적인 것이었다. 그들에게 있어서 "세속"은 감정에 치우치지 않고 합리적으로 행하여 하느님에게 영광을 돌림과 동시에, 자신들의 "구원의 확실성"을 확인하고 확증하는 무대일 뿐이었기 때문에, 그들의 체계적이고 조직적인 생활양식은 단순히 공리주의적인 동기를 중심으로 조직된 생활양식보다 훨씬 더 강도 높고 그 초점이 뚜렷했다. 이런 맥락 속에서 베버는 16세기 독일의 신비주의자였던 프랑크(Sebastian Franck)의 금언을 인용한다. "모든 기독교인은 이제 일생 동안 세속 안에서 수도사로 살아가야 한다."

이제 경건한 자들은 공리주의적인 목적이 아니라 "구원의 확실성"에 대한 확증이라는 종교적인 목적을 위해 자신의 모든 삶을 조직했기 때문에, 전반적인 도덕적 생활은 그 어느 때보다도 더 종교적인 의미를 지니게 되었다. 그들은 오직 하느님의 영광을 더한다는 목표를 가지고서, 이 세상을 합리적으로 변화시키고 풍요롭고 부유한 곳으로 만드는 데 유익한 도구들이 되고자 하였다. 베버는 이렇게 현세적인 금욕주의에 깊이 뿌리를 내린 가운데 체계적이고 합리적으로 조직된 생활양식, 즉 "개신교의 윤리"는 전통주의적인 경제 윤리를 몰아내는 것과 자본주의 정신을 형성하는 것에서 주도적인 역할을 해낼 수 있었다고 주장한다.

(2) 청교도적인 생활양식

청교도 윤리가 널리 퍼지면서, 기업과 상업을 하며 이윤을 추구하는 사람들은 이제 더 이상 계산적이고 탐욕적이며 이기적인 자들로 여겨지지 않게 되었고, 도리어 하느님이 맡긴 일을 성실하게 해내는 정직한 사람들로 평가되었다. 또한, 이윤과 자본의 재투자는 이 땅에서의 하느님의 나라에 기여하는 일로 여겨졌고, 모든 부는 이 전지전능한 하느님으로부터 온다고 인식되었다. 신자들은 자신들은 단지 하느님이 그들에게 맡긴 부를 관리하는 청지기들이라고 믿었기 때문에, 그들의 모든 부는 오직 하느님의 뜻을 따라 사용되어야 했는데, 하느님의 뜻은 이 땅에 풍요로운 하느님 나라가 건설됨으로써 하느님이 더 큰 영광을 받게 되는 것이었다. 그래서 그들은 사치를 배격하고 근검절약을 실천하였고, 그 결과 소비가 억제되어 막대한 자본이 축적될 수 있었다. 자신들이 돈을 벌어 큰 부자가 되었다고 해도, 그 부를 자신들을 위해 사용하는 것은 도덕적으로 비난받을 만한 죄악으로 여겨졌다. 또한, 그들은 봉건귀족들의 생활은 하느님의 영광을 위한 것이 아니라 세속적인 욕망을 충족시키고자 하는 것이라고 여겼기 때문에, 16세기와 17세기의 유럽에서 신흥 부자들이 봉건귀족의 작위와 영지를 돈으로 사서 봉건영주의 생활양식을 모방해 살아가는 것이 유행이었던 때에도, 그런 대열에 동참하지 않았다. 도리어, 그들은 하느님의 영광을 위하여 자신들의 영리 활동을 통해서 벌어들인 부를 오로지 생산과 부의 창출에만 사용하였다. 청교도의 이러한 "근대적인 윤리"와 그 윤리를 기반으로 한 생활양식은 "경제적 전통주의"를 뿌리뽑고 자본주의 정신을 출현시켰다.

7. 『프로테스탄트 윤리와 자본주의 정신』의 구조 (III): 자본주의 정신

베버는 청교도들이 "구원의 확실성"이라는 일생일대의 중차대한 문제를 중심으로 노동, 부, 경쟁, 이윤과 관련해서 합리적이고 체계적으로 자신들의 삶을 조직한 것, 즉 종교를 기반으로 한 심리학적 보상을 얻기 위해 직업 노동을 중심으로 합리적이고 체계적인 삶을 영위하게 된 것은 전통주의적인 경제 윤리를 뿌리뽑을 수 있는 유일한 힘이라는 것이 역사 속에서 증명되었다고 역설한다. 청교도의 경제 활동 전반에 스며들어 있던 다중적인 윤리적 차원은 경제적 전통주의를 와해시키는 "혁명적인 힘"으로 작용하였고, 그런 윤리는 "자본주의 정신"이라 불리는 것을 탄생시킬 수밖에 없었다는 것이다.

개신교의 여러 분파들이 실어 나른 이러한 개신교 윤리는 17세기에 뉴잉글랜드, 네덜란드, 영국 등지에 널리 퍼져서, 그로부터 한 세기 후인 벤저민 프랭클린(Benjamin Franklin) 시대에는 광범위한 지역들에서 통용되고 있었지만, 종교에 토대를 둔 윤리적인 요소는 이러한 팽창에 따라 약화되었고, "공리주의적인 성향을 강하게 띠는 윤리"로 변화되었다. 베버는 개신교 윤리가 탈종교화 또는 세속화되어서 생겨나게 된 가치관, 즉 노동 자체를 목적으로 보고, 직업 노동에서 조직적이고 체계적으로 일하며, 자본을 증식시키고, 부를 누리려고 하지 말고 지속적으로 돈을 벌며, 물질적인 부를 자신의 가치를 증명해 주는 표지로 이해하는 가치관을 "자본주의 정신"이라 부른다. 그런 가치관을 중심으로 해서 자신들의 삶을 체계적이고 합리적으로 조직한 사람들, 즉 "자본주의 정신"을 삶 속에서 구현한 사람들은 신앙인들 사이에서만이 아니라 신앙을 지니지 않은 사람들 사이에서도 공동체의 복리를 위해 일하는 선하고 도덕적인 인물로 평가되었다. 즉, 개신교 윤리는 이제 종교를 떠나서 모든 사람이 인정하고 따르는 보편적인 윤리가 되었고, 그 윤리를 실천하는 것은 "구원의 확실성"을 확증 받고자 하는 신앙적인 행위가 아니라 인간으로서의 존엄과 정직과 자신감과 존경받을 만함을 보여주는 것이 되었다.

윤리적 행위의 종교적 뿌리가 이렇게 약화되기 훨씬 전에, 청교도의 윤리적인 가치들은 개신교의 가정들을 중심으로 뿌리를 내렸다. 청교도 부모들은 자녀들에게 그러한 윤리적인 가치들을 중심으로 삶을 조직하는 법을 가르쳤고, 그런 가치관에 의거해서 사회에서 물질적으로 성공하고 출세하도록 격려했기 때문에, 식민지 미국이 청교도 신앙의 전반적인 영향으로부터 점점 더 느슨하게 되어 갔을 때에도, 그런 윤리적인 가치들은 탈종교화되고 세속화된 채로 이후 세대들 속에 자리를 잡을 수 있었다. 개신교의 가정들은 금욕주의적인 개인의 생활습관, 혹독한 경쟁, 사회생활에서 정직과 공정한 경쟁의 중요성을 가르쳤다. 따라서 원래 금욕주의적인 개신교 분파들이 지니고 있던 가치들을 지향하는 생활양식은 교육기관들과 문화와 금언들과 사회 규범들, 가정의 관습과 전통을 통해서 새로운 세대들에게 끊임없이 영향을 미침으로써, 종교의 영향력이 약화된 후에도 오랫동안 지속될 수 있었고, 벤저민 프랭클린의 시대에도 그대로 유지될 수 있었다. 하지만 이후 세대들의 이러한 "자본주의 정신"은 그 원조와는 반대로 "내세지향적인" 것에서 "현세지향적인" 것으로 변모되었다.

8. 『프로테스탄트 윤리와 자본주의 정신』과 베버의 사회학

『프로테스탄트 윤리와 자본주의 정신』은 사회학의 유년기에 씌어졌다. 경제사가와 법률사가로 교육을 받은 베버는 자신의 생애 말기에 가서야 자신의 연구를 "사회학적인" 연구로 지칭하기 시작했고, 이 논문을 쓸 당시에는 그런 말을 사용하지 않았으며, 단지 "문화사의 한 연구" 또는 종교적 신념들과 행위의 관계에 대한 "소묘"라는 말들을 사용했을 뿐이었지만, 그의 이 논문에는 사회학의 중심적인 요소들이 뚜렷하게 드러난다. 그의 연구는 흔히 비합리적이고 어리석으며 이상하게 보이는 사회적 행위도 그 사회적인 맥락을 이해하는 경우에는 합리적이고 유의미한 행위라는 것이 증명될 수 있다는 기조 위에서 행해진다. 이 논문에서 수행된 몇 가지 개념 틀은 베버가 사회학적 연구를 수행하는 방식을 잘 보여준다.

첫 번째는 "사고의 틀"이라는 개념이다. 먼저 베버는 경제 활동과 관련해서 여러 가지 유형의 "사고의 틀"을 구별하는데, 모험 자본가, 중세 기업가, 봉건귀족, 청교도 기업가와 노동자, 경제적 전통주의에 함몰되어 있던 기업가와 노동자, 17세기의 귀족 자본가 각각의 "사고의 틀"이 바로 그것이다. 그리고 이러한 사고의 틀 중에서 그가 주로 관심을 기울인 것은 가톨릭교도,

루터교도, 청교도의 각각의 "사고의 틀"이었다. 베버는 각각의 사고의 틀을 형성시킨 역사적이고 문화적인 맥락, 즉 신자들이 들었던 설교들, 그들이 읽었던 성경 구절들과 교리들, 각각의 종교 공동체의 특성 같은 것들을 분석해야 한다고 믿었기 때문에, 심리학의 기법을 동원하는 것을 배제했고, 국민성이나 유전적 요인, 선천적 성향, 발달사적인 법칙들 같은 것들을 활용하는 것도 거부했다. 경제적이고 정치적인 이해관계는 고려되어야 하지만, 청교도의 사고의 틀을 분석하는 데는 적합하지 않다고 보았다.

두 번째는 "사례 연구"의 중시였다. 베버는 사회학의 임무는 역사의 발전 경향의 발견이나 미래 사건들을 예측하기 위한 일반 법칙들의 형성이 아니라, 특정한 사례들의 인과관계를 설명해 내는 것이라고 보았다. 따라서 그가 이 논문에서 수행한 것은 "자본주의 정신"이라는 구체적이고 특정한 사례의 출현과 관련된 인과관계를 설명하는 것이었다. 그는 바로 그 자본주의 정신이 종교적 원천에서 발생했다는 것을 경험적인 자료들과 논리적인 논증을 통해 증명하고자 한다. 그의 표현을 빌리자면, 그는 개신교 윤리가 자본주의 정신의 "적절한 원인" 또는 "강력한 지렛대"를 구성한다는 것을 증명해 보이고자 했다. 구체적이고 특정한 현상의 인과관계를 해명하고자 한 그의 지향성은 그가 수행한 여러 연구들에서 그대로 드러난다. 예를 들면, "세계 종교의 경제 윤리"에 관한 그의 일련의 논문들에서 그가 연구한 것은 인도의 카스트 제도, 고대 이스라엘에서 유일신 사상, 중국에서 유교 같은 것들의 기원을 인과관계적으로 설명하는 것이었다.

세 번째는 "문화의 영향"이라는 개념이다. 베버는 이 논문에서 문화의 한 측면인 "종교적 신념"이 경제 활동에 미친 영향을 강조한다. 그는 시장 법칙과 관련된 전적으로 "수단과 목적"을 중심으로 한 합리적 행동까지도 문화적인 측면을 지닌다고 말한다. 즉, 시장지향적인 활동은 단순히 경제적 이해관계로부터 나오는 것이 아니라, 거기에는 "경제 문화"도 개입되어 있다는 것이다. 일상적인 행위의 근저에 있어서 그 행위를 정당화하는 "행위의 문화 지향성"과 관련한 구별들은 베버의 사회학 전체에 걸쳐 행해진다. 예컨대, 그는 여러 유형의 경제 문화만이 아니라 여러 유형의 정치 문화와 법률 문화를 분석한다. 이렇게 사회적 맥락을 형성하는 데 있어서 "문화"의 강력한 영향력을 주장함으로써 베버의 사회학은 합리적 선택 이론이나 신마르크스주의, "경제적 인류" 이론 등과 정면으로 상충한다. 그는 오로지 경제적이고 정치적인 이해관계, 사회 구조, 사회 계급이나 계층, 사회 권력 구조, 사회 조직과 제도에 대한 분석만을 토대로 한 사회학은 부적절한 결론들만을 낳을 뿐이라고 주장한다.

네 번째는 "과거와 현재의 상호침투" 개념이다. 베버는 이 논문에서 오직 현재만을 자신의 준거틀로 삼는 것을 거부하고, 과거와 현재와 밀접하게 서로 연결되어 있다는 것을 보여주면서, 과거 역사의 영향에 대한 인식이 현재를 이해하는 데 필수불가결하다는 것을 강조한다. 아무리 많은 변화가 일어났다고 해도, 과거는 현재 속에 여전히 하나의 영향력으로 살아있다는 것이다. 그는 여러 구체적이고 특정한 집단들을 하나의 "이념형"으로 제시하고서 그들 각각의 과거의 이념틀이 현재에 어떤 식으로 작용하는지를 보여주면서, 바로 그들이 과거와 현재를 이어주고 과거의 유산들을 현재로 실어 나르는 "사회적 담지자들"이라고 말한다. 원래의 개신교 윤리가 가정과 학교와 사회 제도를 통해서 자본주의 정신이라는 세속적인 얼굴을 하고 어떻게 계속해서 전해지고 살아남았는지에 대한 그의 분석은 과거의 가치들과 사상들이 하나의 유산으로서 현재에 지속적으로 영향을 미치는 방식을 생생하게 보여준다. 따라서 가치들과 사상들을 계발해서 결정화하여 실어 나르는 새로운 집단이나 조직이나 계층이 현재를 분석하는 데 아주 중요하기 때문에, 베버는 단지 가치들과 사상들 자체만을 분석하는 것이 아니라, 그러한 가치들과 사상들을 실어 나르는 담지자들인 종파들과 조직들에 의거해서 그것들을 분석한다.

다섯 번째는 "동기의 변모와 일상화"라는 개념이다. 베버는 벤저민 프랭클린이 지니고 있던 "자본주의 정신"이 오늘날의 "자본주의의 승리"로 이행한 것을 경제 활동의 배후에 있는 동기가 "가치중심적인" 것에서 "수단과 목적" 중심적인 것으로 변모되어 일상화된 것으로 해석한다. 이렇게 동기의 변모와 일상화라는 개념은 이 논문에서 아주 중요하다. 그는 이러한 동기의 변모는 흔히 미리 예측할 수 없는 것이어서, 처음에 그 동기를 지니고 있었던 사람들의 의도와는 완전히 반대되는 방향으로 변화될 수 있다는 것을 강조한다. 원래 청교도들은 전적으로 "내세적인 동기"를 토대로 해서 자신들의 삶을 체계적이고 합리적으로 조직해서 검소하고 절제하며 근검절약하는 생활 습관을 통해 이윤을 추구하고 부를 축적한 것이었지만, 그것은 결국 종교적인 동기가 아니라 "세속적인 동기"를 기반으로 한 자본주의와 과학 법칙들에 의거한 과학적 세계관을 낳았고, 그것은 종교에 뿌리를 둔 청교도들의 세계관과 반대되는 것이었고, 종교에 함몰되어 있었던 과거 세대가 거의 상상할 수 없는 것이었다. 그런데도 사회학자들은 흔히 오늘날의 사람들의 동기를 무의식중에 전제하고서 과거 사람들의 행동들을 분석하고 설명하고자 함으로써 그 행동들의 "주관적인" 의미를 오해하는 일이 비일비재하게 일어난다. 이런 이유에서 베버는 과거 사람들의 가치와 전통과 감정과 이해관계를 면밀하게 검토해서 그들의 행위들에 담겨 있는 "주관적인" 의미를 정확하게 이해하고 해석하는 사회학이 필요하다고 주장하면서, 이런 해석 방법은 특정한 행위의 의미를 분석할 때에 반드시 적용되어야 한다고 말한다.

9. 『프로테스탄트 윤리와 자본주의 정신』을 둘러싼 논쟁들

이 논문이 발표되자마자 시작된 "베버의 명제"를 둘러싼 격렬한 논쟁은 지금까지도 계속되고 있다. 사회과학의 논문 중에서 베버의 이 논문만큼 오랜 시간 동안 치열한 논쟁을 불러일으킨 것은 없었다. 하지만 그러한 논쟁들 중 대부분은 베버의 이 논문의 복잡한 논증을 제대로 이해하지 못한 데서 생겨난 것이었다. 어떤 비판자들은 예정론과 구약의 하느님관과 목회적 관심에 기반을 둔 "구원의 확실성"이라는 문제가 칼뱅으로부터 17세기의 청교도 신앙으로 이어진 종교적 발전과정에서 얼마나 중요한 역할을 했는지를 제대로 알지 못했다. 어떤 비판자들은, 청교도들이 예정론을 현실에 순응하는 결과를 가져오는 숙명론으로 이해하지 않고, 오히려 적극적으로 체계적이고 합리적으로 조직된 생활양식과 근면성실한 직업 노동을 통해 하느님의 법을 행함으로써 자신들의 믿음을 증명하고자 하는 방향으로 이해했다는 베버의 논증을 인정할 수 없었다. 그들이 베버를 비판할 때에 사용한 명제들은 다음과 같은 것들이었다.

첫 번째는 "베버는 관념론자"라는 것이다. 많은 비판자들은 베버가 근대 자본주의의 원인으로서의 종교의 영향력을 지나치게 과장한 것이라고 보아서, 그를 "관념론적인 결정론자"라고 비판했고, 그의 주장과는 반대로 개신교의 윤리가 근대 자본주의로부터 탄생했다고 주장하기도 했다. 이것은 "문화와 역사의 원인을 물질주의적인 측면이나 정신적인 측면 중 어느 하나에서 일방적으로 분석하고자 하는 것은 옳지 않다"고 밝힌 베버의 입장을 무시한 비판이었다.

두 번째는 "근대 자본주의의 출현을 설명해내지 못했다"는 것이다. 아주 많은 비판자들은 이 논문의 목적이 근대 자본주의가 어떻게 출현했는지를 분석하고자 한 것으로 오해해서, 이 논문이 그런 목적을 이루어내지 못한 것으로 평가했다. 펠릭스 라흐팔(Felix Rachfahl, 1867-1925)은 이 논문이 개신교의 윤리 또는 자본주의 정신이 경제 발전에 미친 결과들을 제대로 설명해내지 못했다고 비판한 최초의 인물이었다. 이에 대해 베버는 이 논문에서 자기의 의도는 소박한 것이었다고 반복적으로 밝힌다. 즉, 그는 종교가 자본주의 정신의 형성과 확장에 영향을 미친 정도를 살펴보고자 한 것일 뿐이라고 말한다.

세 번째는 "베버는 종교의 교리들을 잘못 해석하고 있다"는 것이다. 특히 교회사가들은 가톨릭, 루터교, 금욕주의적인 개신교의 교리들에 대한 베버의 논의를 비판해왔고, 어떤 비판자들은 칼뱅의 가르침들을 샅샅이 다 뒤져보았지만, 직업 노동에 대해 강조한 말을 발견할 수 없었다고 말했다. 이 후자의 사람들은 베버가 칼뱅의 가르침을 16세기와 17세기의 금욕주의적인 개신교와 구별해서 다루고 있다는 것을 간과했다. 베버는 백스터를 비롯한 후대의 청교도 신학자들과 성직자들이 칼뱅의 가르침들을 많이 수정했다는 것을 강조한다.

네 번째는 "자본주의는 보편적이라는" 것이다. 비판자들은 자본주의는 청교도 사상보다 훨씬 이전에 이미 존재하고 있었다고 말하면서, 서양만이 아니라 중국과 인도에도 고대와 중세 시대에 이미 자본주의가 상당히 널리 퍼져 있었다고 주장했다. 이에 대해 베버는 이전 시대의 정치적이고 모험적인 자본주의와 근대에 들어와서 출현한 근대 자본주의를 확실하게 구별하고, 전자는 보편적으로 존재해왔던 반면에, 후자는 근대 서양에서 발생했다고 말한다.

다섯 번째는 "개신교의 윤리와 비슷한 것들은 언제 어디에나 있었다"는 것이다. 비판자들은 베버가 주목한 금욕주의적인 개신교 윤리는 훨씬 이전에도 있었다고 말하면서, 예컨대 중세 가톨릭에서도 그런 윤리는 발견된다고 주장했다. 하지만 이러한 비판은 베버가 청교도의 "현세적인" 금욕주의를 중세 수도사들의 "탈세속적인" 금욕주의와 구별했다는 사실을 무시한 것이었다.

여섯 번째는 "푸거와 알베르티도 자본주의 정신을 지니고 있었다"는 것이다. 비판자들은 중세의 대기업가였던 야콥 푸거(Jacob Fugger)와 르네상스 사상가였던 알베르티(Leon Battista Alberti)도 본질적으로 벤저민 프랭클린과 비슷한 자본주의 정신을 소유하고 있었다고 주장한다. 아울러, 그들은 "자본주의 정신"이라는 것은 오로지 실제적인 이해관계와 공리주의적인 목표로부터 나온 것이라고 주장하면서, 종교를 그 정의의 원천으로 본 것은 피상적이고 역사적으로 부정확한 견해일 뿐이라고 일축하기도 했다. 이에 대해 베버는 푸거와 알베르티는 당시의 경제 조건을 변화시킨 것이 아니라 순응한 인물들일 뿐이라고 말하면서, 여기에서 핵심적인 것은 그들은 "수단과 목적을 중심으로 한 합리적인 행위"를 한 사람들인 반면에, 청교도들은 "구원이라는 종교적 목적을 지향한 가치를 중심으로 한 합리적인 행위"를 한 사람들이었다는 사실이라고 반박한다. 자본주의 정신의 탄생에 필수불가결한 요소였던 체계적이고 조직적인 측면은 오직 가치지향적인 행위에서만 생겨날 수 있었고, 그 원천은 개신교 윤리였다는 것이다.

일곱 번째는 "불안을 축으로 삼아서 개신교의 윤리를 구성한 것은 근거가 희박하다"는 것이다. 비판자들은 예정론에 의해서 야기된 극도의 불안감과 불확실성이 개신교도들로 하여금 자신들의 삶을 직업 노동과 관련해서 금욕주의적으로 체계화하고 합리적으로 조직하게 했다는 것은 설득력이 없다고 말하면서, "불안감"이 개신교 윤리의 기원이었다고 설명하는 것은 근거가 희박하다고 주장했다. 하지만 이것은 "불안감"은 베버가 "청교도적인 생활양식"이 형성된 배경을 설명하면서 제시한 다수의 요인들 중의 하나였고, 그러한 요인들이 서로 결합되어서 전체적으로 심리학적인 역학으로 인해 "세속적 금욕주의"를 중심으로 한 생활양식이 정립되었고, 그 중심에 근대 자본주의 정신을 발생시킨 "직업 노동"에 대한 관점이 있었다는 것을 간과한 비판이었다. 따라서 신자들의 "불안감"은 베버가 제시한 다층적인 논거들에서 오직 제한적인 역할만을 할 뿐이다. "불안감"은 소명으로서의 직업 노동과 부의 추구를 신자들의 삶의 중심으로 밀어올린 복잡한 과정에서 하나의 연결고리로 이해되어야 한다.

요약하자면, 베버에 대한 비판들은 흔히 그의 분석을 오해하거나 단순하게 이해한 데서 발생해왔다. 따라서 수많은 비판들에도 불구하고, "베버의 명제"는 오늘날까지 여전히 살아남았고, 서양에서 근대 자본주의의 출현을 이해하고자 하는 학자들이라면 반드시 맞닥뜨려야 하는 것으로 남아 있다. 현대의 한 학자는 "이 논문은 사람들을 매료시키는 힘을 여전히 조금도 잃지 않았다"고 평가한다. 사회학자 대니얼 벨(Daniel Bell)은 "사회학에서 20세기의 가장 중요한 저작"이라고 말했고, 스튜어트 휴즈(H. Stuart Hughes)는 "우리 시대의 사회 사상의 위대한 저작들 중 하나로서 중심적인 가설에서의 대담한 상상력과 치밀하고 꼼꼼한 학문적인 논증을 결합시킨 독보적인 글"이라고 평했다. 실제로 지난 100년 동안에 이 논문의 영향력은 독일을 넘어서서 미국, 영국, 프랑스, 이탈리아만이 아니라 이제 아시아 지역으로도 확대되고 있다. 이 논문은 "사회학 저작들의 고전적인 전범으로서 가장 유명하고 널리 읽힌 글"이다.

저자 연보

1864년   4월 21일에 에어푸르트(Erfurt)의 투링기아(Thuringia)에서 아버지 막스 베
          버 1세와 어머니 헬레네 베버 사이에서 6남매 중 장남으로 태어남.

1869년   가족이 에어푸르트에서 베를린으로 이사함.

1872년   가족이 샤를로텐부르크(Charlottenburg)로 이사하고, 베버는 독일의 엘리
          트 공립학교인 왕립 아우구스타 황후 김나지움에 다님.

1882년   하이델베르크 대학교에서 세 학기 동안 법학, 경제학, 철학, 후기 고대사 등
          을 배움.

1883년   슈트라스부르크에서 1년 동안 군복무를 하며 역사학을 공부함.

          이 대학 역사학 교수였던 이모부 헤르만 바움가르텐으로부터 자유주의 사
          상의 영향을 받음.

1884년   군복무를 마치고 베를린 대학교에서 두 학기를 공부함.

1889년   베를린 대학교에서 『이탈리아 도시의 가업 공동체와 산업 공동체에서 형성
          된 합명회사의 연대책임 원리와 특별재산의 발달』이라는 논문으로 법학박
          사 학위를 취득함.

1891년   베를린 대학교에서 쓴 『공법과 사법의 관점에서 본 로마 농업사』가 책으로
          출간됨.

1892년   위의 논문으로 법학교수 자격을 취득하고 사강사에 임명되어 베를린 대학
          교에서 법학을 가르침.

1893년   마리안네 슈니트거와 결혼함.

1894년   프라이부르크 대학교의 경제학 교수로 부임함.

          『괴팅겐 노동자 문고』 제1권에 『거래소』 제1부를 발표함.

1896년   『괴팅겐 노동자 문고』 제2권에 『거래소』 제2부를 발표함.

1897년	하이델베르크 대학교의 경제학 교수로 부임함.
	막스 베버와 심하게 다툰 아버지가 채 한 달도 안 되어 죽음.
1898년	봄에 신경정신과 계통의 병에 걸려서 이후로 계속 투병생활을 하게 됨.
1899년	하이델베르크 대학교 교수직을 사직하지만, 무기한 휴직으로 처리되고, 이후에 휴양을 위해 여러 곳을 여행하면서 다양한 책들을 읽음.
1903년	『로셔와 크니스 그리고 역사학파 경제학의 논리적 문제들』이라는 논문을 발표함.
	『프로테스탄트 윤리와 자본주의 정신』의 집필을 시작함.
1904년	8월에 에른스트 트뢸치와 함께 미국을 방문해서 『과거와 현재의 독일 농업 문제』를 주제로 강연을 하고, 11월까지 미국의 사회와 자본주의를 체험함.
	베르너 좀바르트 및 에드가 야페와 함께 『사회과학 및 사회정책 논총』의 편집을 맡음.
	11월에 『사회과학 및 사회정책 논총』에 『프로테스탄트 윤리와 자본주의 정신』 제1부를 발표함.
1905년	러시아에 공산혁명이 일어나자 러시아어를 배워서 공산혁명에 대해 연구함.
	6월에 『사회과학 및 사회정책 논총』에 『프로테스탄트 윤리와 자본주의 정신』 제2부를 발표함.
1906년	러시아에 대한 연구 결과를 『러시아에서의 시민계층적 민주주의의 상황에 대하여』와 『러시아의 유사입헌정으로의 이행』이라는 두 편의 논문으로 발표함.
	4월에 『프랑크푸르터 차이퉁』에 『교회와 분파』를 발표하고, 『기독교 세계』에 『북미의 '교회들'과 '분파들': 교회정치적 및 사회정치적 소묘』를 발표함.
1908년	『고대 문명들의 농업 사회학』 출간.
1915년	종교사회학 연구에 몰두함.
1916년	『사회과학 및 사회정책 논총』에 『중국의 종교』와 『인도의 종교』를 발표함.
1917년	『사회과학 및 사회정책 논총』에 『고대 유대교』를 발표함.
1918년	19년 동안 쉰 후에 대학 강의를 다시 시작해서, 빈(Wien) 대학교의 가장 큰 강의실에서 "유물론적 역사관에 대한 실증적 비판"과 "국가사회학"이라는 두 과목을 강의함.

1919년	그동안 발표한 세계 종교의 경제 윤리에 관한 논문들을 보완해서 『종교사회학논총』 제1-3권으로 간행하는 작업을 함.
	이때에 1906년에 발표했던 『북미의 '교회들'과 '분파들': 교회정치적 및 사회정치적 소묘』를 대폭으로 증보해서 『프로테스탄트 분파들과 자본주의 정신』으로 제목을 바꾸어서 제1권에 수록함.
	10월에 어머니 헬레네 베버가 죽음.
1920년	『종교사회학논총』의 "예비적 고찰"이라는 글을 씀.
	6월 14일에 폐렴으로 뮌헨에서 죽어서 하이델베르크에 안장됨.

제1부

문제 제기[1]

1. 나의 이 논문은 야페(Jaffé)의 『사회과학 및 사회정책 논총』(*Archiv für Sozialwissenschaft und Sozialpolitik*) 제20-21권(1904-1905)에 수록되었다. 이 연구에 대해 평한 수많은 문헌들이 나왔지만, 여기에서는 그 중에서도 가장 포괄적이고 상세하게 비판한 것들만을 언급하고자 한다.

『과학, 예술, 기술을 위한 국제 주간지』(*Internationale Wochenschrift für Wissenschaft, Kunst und Technik*) 제3권 제39-43호(1909)에 수록된 펠릭스 라흐팔(F. Rachfahl)의 "칼뱅주의와 자본주의"(Kalvinismus und Kapitalismus). 이 비판에 대한 나의 대답이 『사회과학 및 사회정책 논총』 제30권(1910)에 수록된 "자본주의 '정신'에 대한 반론"(Antikritisches zum 'Geist' des Kapitalismus)이다. 그러자 또다시 라흐팔은 동일한 학술지 제4권 제22-25호(1910)에 "다시 한 번 칼뱅주의와 자본주의"(Nochmals Kalvinismus und Kapitalismus)를 게재해서 나를 반박했고, 나는 제31권에 수록된 "자본주의 '정신'에 대한 반론적 결어"(Antikritisches Schlußwort)로 응답했다(브렌타노는 나를 비판할 때 이 마지막 논문을 인용하지 않은 것으로 보아서 아마도 나의 이 논문을 읽지 않은 것으로 보인다). 라흐팔과의 논쟁은 별로 생산적이지 않았기 때문에, 그 논쟁 내용은 이 판본에 전혀 반영하지 않았고, 단지 내가 반박하면서 참고한 몇몇 문헌들을 추가하고, 추후에 있을지도 모르는 오해들을 방지하기 위해서 몇몇 대목들과 주들을 첨가하기만 했다. 라흐팔은 내가 존경하는 학자이지만, 이번 경우에는 자신이 철저하게 정통하지 않은 분야를 건드린 것일 뿐이다.

다음으로는 베르너 좀바르트(Werner Sombart)의 『부르주아』(*Der Bourgeois*, 1913)가 있는데, 나는 주를 통해 이 책을 다루고자 한다. 끝으로, 루요 브렌타노(Lujo Brentano)가 1913년에 뮌헨에서 열린 왕립 바이에른 학술원에서 행한 기념 강연들은 나중에 『근대 자본주의의 시작』(*Die Anfänge des modernen Kapitalismus*)이라는 책으로 출간되었는데, 그는 그 책에 수록된 3편의 부록 중 두 번째 부록에서 나를 비판했다. 나는 그의 비판을 적절한 곳에서 주를 통해 언급할 것이다.

내가 처음에 발표한 이 논문과 이 책에 수록된 내용이 서로 차이가 있는 것은 아닌가 하는 사람이 혹시라도 있을지 모르겠는데, 나는 그런 사람들에게 이 둘을 직접 비교해 보기를 권한다. 그렇게 해 보면, 내 논문에서 내가 핵심적인 내용을 담고 있는 문장들 중에서 그 의미를 변경하거나 약화시키거나 추가하거나 문장 자체를 아예 빼버린 경우가 단 한 군데도 없다는 것을 확인하게 될 것이다. 내게는 그렇게 할 이유가 전혀 없었다. 여전히 의심을 버리지 않는 사람이라고 할지라도, 내가 논증을 전개해 나가는 과정을 직접 보면 그런 의심이 사라지게 될 것이다.

내가 앞에서 언급한 사람들 중에서 좀바르트와 브렌타노는 서로 간에 나와의 논쟁보다 더 격렬한 논쟁을 벌였다. 브렌타노는 좀바르트가 쓴 『유대교와 경제생활』(Die Juden und das Wirtschaftsleben)을 비판했는데, 나는 그의 비판이 여러 가지 면에서 근본적으로 타당하다고 보지만, 그가 유대인 문제의 진정한 핵심(나는 이 논문에서는 이 주제를 완전히 생략하겠지만 나중에 별개의 논문으로 다루고자 한다)을 이해하지 못한 것은 물론이고, 그의 논리는 많은 점에서 타당성이 매우 떨어진다고 본다.

나는 이 연구와 관련해서 신학자들로부터 가치 있는 평가를 많이 받아 왔다. 구체적인 점들에 대해서는 그들과 나 사이에는 상당한 견해차가 있었지만, 그들은 전체적으로 이 연구에 대해 호의적이고 객관적으로 봐주었다. 나는 이 연구에 나오는 내용들을 신학자들과는 다른 나름대로의 특정한 방식으로 다룰 수밖에 없었고, 따라서 신학계로부터 어느 정도의 반감을 예상하고 있었기 때문에, 그들의 그런 호의적인 반응은 내게는 더욱 값지고 소중한 것이었다. 왜냐하면, 신학자들이 신앙적인 관점에서 바라보았을 때에 자신의 종교에서 가치 있는 것으로 여겨지는 것이냐 아니냐 하는 기준은 당연히 이 연구에서는 전혀 고려 대상일 수 없고, 순전히 종교적인 관점에서만 평가한다면, 이 연구는 종교적인 삶 중에서도 지극히 외적이고 표피적인 측면들을 다루고 있다고 할 수 있기 때문이다. 하지만 사람들의 종교적인 삶 속에 그런 측면들이 존재한다는 것은 엄연한 사실이고, 그 측면들은 외적이고 표피적인 것들이기 때문에 더욱더 사람들의 삶에 아주 강력한 영향을 미쳐 왔다.

에른스트 트뢸치(Ernst Troeltsch)의 『기독교회와 집단의 사회 교리』(*Die Soziallehren der christlichen Kirchen und Gruppen*, 1912)는 다른 많은 주제들과 함께 우리의 이 연구에서 다루는 문제에 대해서도 말하고 있다는 점에서 개별적으로 자주 인용하기보다는 이 연구를 확증해 주고 보완해 줄 중요한 책으로서 아주 환영할 만하다. 그의 책은 독특한 관점에서 아주 포괄적으로 서구 기독교의 윤리의 역사 전체를 다룬다. 트뢸치는 교리에 중점을 둔 반면에, 나는 종교가 사람들의 삶 속에 실제적으로 미치는 영향에 중점을 두었다.

제1장
종파ᵃ와 사회계층

서로 다른 여러 종파에 속한 사람들이 함께 거주하는 지방들의 직업 통계를 한 번 훑어보기만 해도,[2] 근래에 가톨릭 진영의 신문과 문헌에 자주 등장하고 가톨릭 진영의 회의들에서 활발하게 논의되어 온 한 가지 현상이 주목할 만한 정도로 눈에 띄는데,[3] 그것은 자본가와 기업가는 물론이고, 고급 숙련 노동자층, 특히 기술 분야나 상업 분야에서 좀 더 전문적인 훈련을 받고서 근대적인 기업들에 근무하는 직원들이 대부분 개신교도인 경향이 있다는 것이다.[4] 이런 현상은 단지 동부 독일에 사는 독일인들과 폴란드인들처럼 종파의 차이가 국적의 차이, 따라서 문화 발전의 정도에 있어서의 차이와 일치하는 곳에서 확인될 뿐만이 아니라, 개화기의 자본주의적인 발전에 따라 사회계층의 재편과 직업의 변동이 일어나게 된 거의 모든 곳에서 주민들의 종교에 관한 통계를 통해 확인되고, 그런 변화가 심하게 일어난 곳일수록 이런 현상도 더 분명하게 확인된다.[5]

이렇게 상업과 교역 분야의 근대적인 대기업들에서 자본가들과 경영진들과 간부 직원들에서 개신교도의 비율이 전체 인구에서 개신교도가 차지하는 비율을 훨씬 상회할 정도로 상대적으로 현저하게 높게 나타나는 것은 부분적으로는 먼 과거로 소급되는 역사적인 원인들에 기인하고,[6] 그런 점에서는 그런 직업들에 특정 종파에 속한 사람들의 비율이 높은 것은 어느 정도는 이런 경제 현상의 "원인"이 아니라 "결과"라고 할 수 있다.[7] 왜냐하면, 그런 직업들을 가지기 위해서는 한편으로는 일정 정도의 자본을 소유하고 있어야 하고, 다른 한편으로는 많은 비용이 드는 교육을 받을 수 있어야 하는 까닭에,

대물림된 부의 소유, 또는 적어도 일정 정도의 부의 소유가 필수적이기 때문이다. 독일에서 지리적으로 유리한 입지나 풍부한 자연 자원으로 인해 경제적으로 발달해서 가장 부유하게 된 지역들, 특히 부유한 "도시들" 중 상당수는 16세기에 개신교를 받아들였고, 그 결과 개신교도들은 오늘날에도 여전히 경제적인 생존 투쟁에서 그 혜택을 보고 있다.

---

a. 베버는 여기에서 "신앙고백"(Konfession)이라는 단어를 사용했는데, 이것은 기독교 내에서 넓게는 구교인 가톨릭과 신교인 "프로테스탄트"(개신교)를 가리키고, 좁게는 개신교 내의 여러 분파들, 즉 칼뱅주의의 개혁교회와 루터교, 청교도, 경건주의, 침례교 등등을 가리킨다. 여기에서는 종파로 번역했다.

2. 예컨대 헤르만 셸(Hermann Schell)의 『진보의 원리로서의 가톨릭 신앙』(*Der Katholizismus als Prinzip des Fortschrittes*, 1897) 31쪽과 게오르크 프라이헤어 폰 헤르틀링(Georg Freiherr von Hertling)의 『가톨릭 신앙의 원리와 학문』(*Das Prinzip des Katholizismus und die Wissenschaft*, 1899) 58쪽을 보라.

3. 이것으로부터 벗어나는 사례들은 어떤 산업의 노동자들의 종교가 일차적으로는 그 산업이 위치해 있는 지역, 즉 그 노동 인력을 공급해 주는 지역의 종교 분포에 의해 결정된다는 당연한 사실을 통해 항상은 아니지만 자주 설명된다. 이런 사정으로 인해서 예컨대 가톨릭교도들의 비율이 높은 라인 지방 같은 곳들의 종교 통계는 사실을 왜곡시키는 결과를 가져온다. 또한 직업들이 세분화되어 있고, 그렇게 세분된 직업들을 꼼꼼하게 조사할 때에만 통계 수치는 신뢰할 만한 것이 될 수 있다는 것은 두말할 필요가 없다. 그렇게 하지 않는 경우에는, 많은 노동자들을 고용한 기업가들과 혼자 일하는 "수공업자들"이 똑같이 "기업주"라는 범주로 분류되는 일이 발생할 수 있다. 무엇보다도 오늘날 완전히 발전된 자본주의, 특히 광범위한 비숙련 노동자 계층은 과거에 종교가 지녔던 영향력으로부터 벗어나 있다. 이 점에 대해서는 나중에 좀 더 자세하게 다룰 것이다.

4. 내가 지도한 학생들 중 한 명이 몇 년 전에 바덴의 종교 통계를 철저하

게 연구했고, 그 연구는 현재 이 주제와 관련해서 가장 자세한 통계자료다. 『바덴 지역 대학들의 경제학 논집』(*Die Volkswirtschaftlichen Abhandlungen der badischen Hochschulen*) 제4권 제5호(1901)에 수록된 마르틴 오펜바허(Martin Offenbacher)의 "종파와 사회계층: 바덴에서의 개신교도와 가톨릭교도의 경제적 지위에 대한 연구"(Konfession und soziale Schichtung: Eine Studie über die wirtschaftliche Lage der Katholiken und Protestanten in Baden)를 참조하라. 아래의 설명에서 인용한 내용과 수치는 모두 그 연구를 전거로 한 것이다.

5. 예컨대, 1895년에 바덴에서는 개신교도들은 1,000명 당 954,060마르크의 세금을 납부한 반면에, 가톨릭교도들의 경우에는 589,000마르크에 불과했다. 유대인은 1,000명 당 4백만 마르크의 세금을 납부함으로써 다른 종교들을 압도했다. 이 수치들은 오펜바허의 앞의 책 21쪽에서 인용했다.

6. 오펜바허의 앞의 논문에 나오는 자세한 논의를 보라.

7. 오펜바허는 자신의 논문의 처음 두 장에서 바덴과 관련하여 이 점에 대한 상당히 자세한 증거를 제시한다.

———

따라서 역사적으로 고찰했을 때에 다음과 같은 질문이 생겨난다. 경제적으로 가장 발달한 지역들이 교회의 혁명, 즉 16세기에 일어난 프로테스탄트의 종교개혁에 특히 강하게 끌리는 성향을 지니게 된 이유는 무엇이었는가? 하지만 그 대답은 결코 생각처럼 그렇게 간단하지가 않다. 물론, 전체적으로는 경제와 관련해서 전통적인 사상에서 벗어난 태도를 취하고 있었던 것이 근본적으로 종교적인 전통들에 의문을 제기하고 전통적인 권위에 반기를 든 종교개혁을 강력하게 지지하게 만든 하나의 계기가 되었던 것으로 보인다.

하지만 우리는 여기에서 오늘날 사람들이 종종 잊어버리고 있는 사실을 고려하지 않으면 안 되는데, 그것은 종교개혁은 지금까지 사람들의 삶을 지배해왔던 종교를 이제는 사람들의 삶에서 몰아내고 배제하고자 한 것이 아니라, 단지 사람들의 삶을 지배한 종교의 형태만을 이전의 것과는 다른 것으로 바꾸고자 한 것일 뿐이라는 것이다. 게다가 그것은 사람들의 삶을 실제로는 별로 느낄 수 없을 정도로 아주 느슨하고 거의 형식적으로만 규율했던 가톨릭교회의 지배를 가정을 중심으로 한 사적인 삶과 공적인 삶을 포함한 인간의 삶의 모든 영역을 대단히 강도 높게 실제적이며 무제한으로 규율하고 통제하는 개신교의 지배로 바꾼 것이었다.

"이단은 엄벌하지만 죄인은 관대하게 대한다"는 원칙으로 대변되는 가톨릭교회의 지배는 오늘날 철저하게 근대적인 경제관념을 지닌 사람들조차도 충분히 감당하고 있다는 사실, 또한 그러한 지배는 오늘날보다 이전에 더 느슨했다는 사실을 고려할 때, 15세기에서 16세기로 넘어가던 시기에 지구상에서 가장 부유하고 경제적으로 발달했던 지역들에서도 얼마든지 감당할 수 있는 것이었다는 것은 의심의 여지가 없다.

반면에, 16세기의 제네바와 스코틀랜드, 16세기에서 17세기로 넘어가던 시기의 네덜란드의 대부분의 지역들, 17세기에 식민지 미국의 뉴잉글랜드, 그리고 종종 영국 본토에서조차도 위력을 발휘했던 칼뱅주의의 지배는 우리가 생각할 수 있는 개인에 대한 교회의 지배 형태 중에서 가장 견딜 수 없는 것이었고, 그것은 당시에 제네바, 네덜란드, 영국에 광범위하게 존재했던 옛 귀족 계층에게도 마찬가지로 아주 견디기 어려운 것이었다. 경제적으로 가장 발전한 지역들에서 등장한 종교개혁자들이 불만을 품었던 것은 사람들의 삶에 대한 교회 및 종교의 지배가 "너무 지나치다는 것"이 아니라 "너무 느슨하다는 것"이었다.

그렇다면, 이렇게 경제적으로 가장 발달한 지역들, 그리고 앞으로 보게 되겠지만 그 지역들 내에서 당시에 경제적으로 부상하고 있던 "시민" 중산 계층이 역사상으로 유례가 없을 정도로 인간의 삶을 그토록 철저하게 규율하고 지배하고자 했던 청교도적인 통제와 규율을 용인한 것은 말할 것도 없고, 거기에서 더 나아가 시민 계층이 그 이전에는 드물게, 그리고 그 이후에는 전혀 나타내 보이지 않았던 영웅주의 — 칼라일(Thomas Carlyle, 1795-1881)[b]이 이 것을 "우리의 최후의 영웅주의"라고 부른 것은 일리가 있는 것이었다 — 를 드러내며 열렬히 옹호한 것은 어떻게 된 일인가?

_____

b. 칼라일은 스코틀랜드의 문학자이자 역사학자로서 빅토리아 여왕 시대의 영국의 지성을 대표하는 인물들 중 한 사람이었다. 그는 영웅숭배 사상으로 유명하고, 주저로는 『프랑스혁명사』(1837)와 『영웅숭배론』(1841)이 있다.

_____

하지만 문제는 거기에서 그치지 않는데, 그것은 이미 말한 대로 오늘날 개신교도들이 많은 자본을 소유하는 것과 근대적인 경제 활동 내에서 지도적인 지위에 더 활발하게 참여하고 있는 것은 단지 역사적으로 그들이 평균적으로 더 많은 부를 상속받은 동시에 부를 축적할 수 있는 더 나은 조건들을 물려받았기 때문일 것이라고 생각하는 것도 가능하긴 하지만, 그런 식으로 생각해서는 해결되지 않는다는 것이 명백한 또다른 현상들이 존재한다는 것이다.

그런 현상들에 속한 것들 중에서 몇 가지만 예로 들어보자면, 먼저 바덴과 바이에른, 그리고 예컨대 헝가리에서 아주 보편적으로 나타나고 있고 실제로 증명할 수 있는 현상은 부모가 가톨릭교도냐 개신교도냐에 따라서 그들의 자녀들이 받는 고등교육의 종류가 서로 다르다는 것이다. 일반적으로 고등교육기관의 재학생들과 졸업시험 응시자들 가운데서 가톨릭교도의 비율이 가톨릭교도가 전체 인구 중에서 차지하는 비율에 훨씬 못 미친다는 사실은[8] 상당 부분 앞에서 말한 대물림된 부의 조건에 있어서의 차이에 기인한다는 것은 사실이다. 하지만 졸업시험에 응시하는 가톨릭교도인 학생들 중에서 특별히 기술 교육과 상공업 계통의 직업을 준비하기 위해, 그러니까 대체로 근대적인 시민계층의 영리 활동을 위해 설립되고 거기에 최적화된 근대적인 교육기관들인 실업계 고등학교, 실업학교, 고등공민학교 등등에서 공부한 학생들의 비율은 또다시 개신교도인 학생들의 비율에 훨씬 못 미치는 반면에,[9] 인문계 고등학교가 제공하는 교육을 선호하는 경향을 보이는데, 이것은 대물림된 부의 조건에 있어서의 차이로는 설명되지 않고, 도리어 역으로 가톨릭교도들이 자본주의적인 영리 활동에 참여하는 비율이 낮은 이유가 바로 그들이 가진 종교에 있다는 것을 설명해 주는 것으로 보아야 한다.

---

8. 1895년에 바덴의 인구는 개신교도 37%, 가톨릭교도 61.3%, 유대인 1.5%로 구성되어 있었다. 하지만 1885년에서 1891년까지 의무교육이었던 초등학교를 제외하고 그 이후의 상급학교들에 진학한 학생들의 종교 분포는 다음과 같았다. 오펜바허의 앞의 논문 16쪽을 보라.

단위: %

	개신교	가톨릭	유대인
김나지움	43	46	9.5
레알김나지움	**60**	31	9
오버레알슐레	**52**	41	7
레알슐레	49	40	11
고등공민학교	51	37	12
평균	48	42	10

프로이센, 바이에른, 뷔르템베르크, 알자스-로렌, 헝가리에서의 통계도 정확히 동일한 현상을 보여준다. 오펜바허의 앞의 논문 18-19쪽을 보라.

9. 바로 앞의 주에 나온 수치들은 중등학교들에 진학한 학생들 중에서 가톨릭에 속한 학생의 비율은 전체 인구에서 가톨릭교도의 비율보다 3분의 1 정도 적고, 다만 주로 신학 공부를 준비하기 위해 김나지움에 진학한 경우에만 그 비율이 조금 높게 나온다. 이후의 논의와 관련해서 또 한 가지 주목할 만한 특징은 개혁교회가 주류를 이루는 헝가리의 경우에 중등학교들에서 개신교에 속한 학생의 비율이 전체 평균보다 훨씬 더 높게 나온다는 것이다. 오펜바허의 앞의

논문 19쪽 각주를 보라.

하지만 근대적인 산업에 종사하는 숙련노동자들 중에서 가톨릭교도의 비중이 더 낮은 이유를 이해하는 데 도움이 되는 한층 더 주목할 만한 고찰이 있다. 대규모 공장들이 대체로 자신들이 사용할 숙련 노동력들을 수공업자들이 키운 도제들로부터 충원한다는 것은 잘 알려져 있는 현상이다. 따라서 숙련 노동력을 훈련시키고 양성하는 일은 수공업자들에게 맡기고, 공장들은 거기에서 이미 잘 훈련이 된 숙련노동자들을 데려가기만 하는데, 이런 식으로 해서 수공업 사업장에서 대규모 공장들로 옮기는 도제들의 비율이 가톨릭교도보다는 개신교도의 경우가 훨씬 더 높다. 달리 말하면, 수공업에서 숙련된 도제들 중에서 가톨릭교도들은 수공업에 그대로 머물러 있으려고 하는 경향이 더 강해서 수공업의 장인들이 되는 비율이 더 높은 반면에, 개신교도들은 상당수가 대규모 공장들로 옮겨가서 숙련노동자들의 간부층과 관리자층을 형성하는 경향이 기본적으로 더 강하다는 것이다.[10] 이런 경우들에서 어려서부터 주입된 정신적 특성, 즉 여기에서는 자신이 자란 고향과 가정의 종교적 분위기에 의해 정해진 교육 방향이 직업의 선택 및 직업과 관련한 그 이후의 운명을 좌우했다는 것은 의심의 여지가 없다.

독일에서 근대적인 영리 활동에 참여하는 가톨릭교도의 비율이 적다는 사실은, 예전부터 그래왔고[11] 현재에도 여전히 유효한 다음과 같은 경험칙, 즉 민족적으로 또는 종교적으로 소수에 속한 집단은 "지배" 집단과 대립되는 "피지배" 집단으로서 자의적이든 타의적이든 정치적으로 영향력 있는 자리들에서 배제되기 때문에 영리를 추구하는 분야로 뛰어드는 경향이 특히 강하고, 그런 집단의 구성원들 중에서 특히 뛰어난 재능을 지닌 사람들은 공적인 분야에서 이룰 수 없는 야망을 영리 활동을 통해 성취하려고 한다는 경험칙과 배치된다는 점에서 더욱더 주목을 끈다.

이것은 러시아와 동부 프로이센에서 소수 집단으로 살아가는 폴란드인들이 갈리시아에서 다수 집단으로서 정치적인 영향력을 쥐고 살아가는 폴란드인들보다 경제적으로 더 윤택하게 사는 것에서 볼 수 있고, 과거의 사례들로는 루이 14세 치하의 프랑스에서의 위그노교도들, 영국에서의 비국교도들과 퀘이커교도들, 그리고 지난 이천 년 동안의 유대인들에게서 볼 수 있다 (이 마지막 사례는 아주 중요하다).

하지만 독일의 가톨릭교도들에게서는 그런 모습을 전혀 찾아볼 수 없거나 거의 눈에 띄지 않고, 과거에도 가톨릭교도들은 개신교도들과는 대조적으로 네덜란드나 영국에서 박해를 받거나 명맥만 유지하고 있던 시기에도 특히 이렇다 할 만한 두드러진 경제적 발전을 보여주지 못했다. 도리어 언제나 그런 모습을 보여준 것은 개신교도들이었다. 개신교도들(그 중에서도 특히 나중에 따로 다루게 될 몇몇 종파들)은 지배 계층이었을 때든 피지배 계층이었을 때든, 다수 집단으로 있을 때든 소수 집단으로 있을 때든 "경제적 합리주의"를 지향하는 두드러진 성향을 보여 왔던 반면에, 가톨릭교도들은 전자의 위치에 있든 후자의 위치에 있든 한결같이 그런 성향을 과거에나 현재에나 보여주지 않는다.[12]

---

10. 이 수치들에 대해서는 오펜바허의 논문 54쪽과 그 논문의 끝부분에 수록된 도표들을 참조하라.

11. 이것은 나중에 반복적으로 언급하게 될 윌리엄 페티(William Petty) 경의 연구에 특히 잘 예시되어 있다.

12. 윌리엄 페티가 자주 언급하는 아일랜드의 사례는 거기에서 개신교 계층은 현지에 거주해서 살아간 주민들이 아니라 단지 부재지주로만 있었다는 사실에 의해서 충분히 설명된다는 점에서 결코 이것의 예외가 아니다. 이것은 "스코틀랜드계 아일랜드인들"의 입장이 잘 증명해 준다. 따라서 이 사례를 근거로 여기에서 내가 제시한 논증을 부정하는 것은 오류가 될 것이다. 다른 곳들에서와 전형적으로 나타났던 자본주의와 개신교 간의 관계는 아일랜드에서도 나타났

다. "스코틀랜드계 아일랜드인들"에 대해서는 찰스 한나(C. A. Hanna)의 『스코틀랜드계 아일랜드인들』(*The Scotch-Irish*)을 참조하라.

———————

그런데 우리는 이 두 종파의 이런 상이한 태도의 원인을 단지 각각의 종파가 역사적이고 정치적으로 겪어 왔던 외적인 상황에서만 찾아서는 안 되고, 일차적으로는 무엇보다도 각각의 종파에서 지속되어 온 어떤 내적 특성에서 찾아야 한다.[13] 따라서 우리가 무엇보다도 먼저 해야 할 일은, 각각의 종파가 지닌 특성 중에서 어떤 요소들이 앞에서 설명한 방향으로 작용했고 부분적으로는 지금도 여전히 작용하고 있는지를 밝혀내는 것이라는 결론에 도달하게 된다.

여기에서 우리는 이 종파들에 대한 표피적인 관찰과 오늘날 그들에게서 받는 어떤 인상들을 토대로 해서, 이 둘 간의 "상반성"을 정의하고자 하는 유혹을 받아서, 가톨릭 신앙이 보여주는 좀 더 강한 "내세성"과 거기에서 최고의 이상으로 내세우는 금욕적인 삶으로 말미암아 그 신앙을 신봉하는 자들은 세속의 재화에 대한 더 큰 무관심으로 이끄는 교육을 받게 되었을 것임에 틀림없다고 말하고 싶을지도 모른다. 실제로 그런 식의 논증은 오늘날 이 두 종파가 서로를 평가할 때에 일반적으로 사용하는 도식과 일치한다. 개신교 진영에서는 그런 견해를 이용해서 가톨릭적인 생활양식이 보여주는 저 금욕적 이상 — 이것이 사실이든 단순히 그렇게 주장되는 것이든 — 을 비판하고, 가톨릭 진영에서는 개신교로 인해서 인간의 삶 전체가 세속화되어 "물질만능주의"가 생겨난 것이라고 비난한다.

오늘날의 어떤 작가는 영리 활동에 대한 이 두 종파의 태도에서 드러나는 "상반성"을 다음과 같이 설명할 수 있다고 믿었다. "가톨릭교도들은…… 영리를 추구하는 역동적인 삶보다는 좀 더 안정적인 삶을 추구하는 경향이 있어서, 위험과 모험을 통해 부와 명예를 거머쥘 수 있는 삶보다는 돈을 적게 벌더라도 최대한으로 안정되게 살아갈 수 있는 삶을 택한다. 사람들 가운데서 회자되는 말들 중에 '잘 먹거나 편히 자거나 둘 중의 하나'라는 농담 섞인 말이 있다. 이 경우에 개신교도들은 잘 먹는 쪽을 택하는 반면에, 가톨릭교도들은 편히 자는 쪽을 택한다."[14]

---

13. 이것이 역사적이고 정치적인 외적 상황이 극히 중요한 결과를 초래했다는 것을 부정하는 것이 아니라는 것은 두말할 필요가 없고, 특히 나중에 보게 되겠지만, 개신교의 많은 분파들은 소규모의 동질적인 소수 집단들이었다는 사실과도 상반되지 않는다. 실제로 모든 엄격한 칼뱅주의자들은 제네바와 뉴잉글랜드 이외의 다른 지역들에서, 심지어 그들이 정치권력을 장악하고 있던 지역들에서조차도 소수 집단이었다. 이런 외적인 상황은 개신교의 여러 분파들의 전체적인 삶이 발전해나간 방향과 관련해서 결정적으로 중요한 역할을 했고, 그들의 그러한 삶의 발전 방향은 그들이 경제적인 삶에 참여하는 데도 결정적인 영향을 미쳤다.

세계의 온갖 종교를 지닌 채 이주한 사람들, 즉 인도, 아라비아, 중국, 시리아, 페니키아, 그리스, 롬바르디아, 카오르(프랑스 남부 소도시) 등지에서 이주해 온 사람들은 일반적으로 고도로 발전된 지역들에서 상업 교육을 선도했던 사회계층에 속한 사람들로서 다른 지역들로 이주해서 거기에서도 그런 역할을 했다는 사실은 지금 우리가 다루는 문제와는 상관이 없다.

브렌타노는 내가 자주 언급하게 될 그의 저서인 『근대 자본주의의 시작』(1916)에서 자신의 가족의 사례를 든다. 하지만 다른 지역에서 온 은행가들이 상업과 관련된 경험과 거래의 주된 선도자로 활동했던 일은 모든 시기와 모든 지역에서 있었다. 그런 일은 근대 자본주의에 독특한 것이 아니었고, 개신교도들은 그런 은행가들을 윤리적으로 불신했다(이후의 논의를 보라). 반면에, 이탈리아의 로카르노에서 스위스의 취리히로 이주한 개신교 가문들이었던 무르알트 가문과 페스탈로치 가문은 그런 은행가들과는 달리, 그 곳에서 아주 신속하게 근대 자본주의적인 산업 발전을 담당하는 자들이 되었다.

14. 오펜바허의 앞의 논문 68쪽을 보라.

실제로 현재 독일의 개신교도들 중에서 일부 신자들이 교회에 좀 더 무관심한 정신적인 동기가 "잘 먹고 싶어 한다"는 것이라고 규정한다면, 오직 그것만이 그들이 그렇게 하는 이유라고 말할 수는 없지만 적어도 부분적으로는 옳다고 할 수 있다. 하지만 과거에는 전혀 그렇지 않았다. 영국과 네덜란드와 미국의 청교도의 내적 특성은 잘 알려져 있듯이 "세속성"과는 정반대였고, 앞으로 보게 되겠지만 그들의 이러한 특성은 우리의 논의와 관련해서 아주 중요한 것이었다.

예컨대, 프랑스의 개신교는 칼뱅주의적인 교회들 전체, 특히 종교 전쟁의 시기에 "십자가 아래에" 섰던 교회들'에 각인되어 있던 그러한 특성을 아주 오랫동안 지켜왔고 어느 정도는 오늘날까지 지켜나가고 있다. 그런데도 — 나중에 우리는 "아마도 바로 그런 이유 때문에?"라고 질문하게 될 것이지만 — 잘 알려져 있듯이 프랑스의 개신교는 프랑스의 산업과 자본주의의 발전의 가장 중요한 주역들 중의 하나였고, 박해로 인해서 위축되기는 했지만 지금도 여전히 일익을 담당하고 있다. 종교에 대한 신자들의 진지함, 그리고 신자들이 자신의 생활방식 전체를 종교의 강력한 지배 아래 두는 것을 "내세성"이라고 부를 수 있다면, 예컨대 가톨릭 신앙을 한 덩어리가 되어서 진심으로 믿는 일에서 지구상의 그 어느 민족과 견주어서도 전혀 손색이 없다는 것을 의심할 여지가 없는 북부 독일의 가톨릭교도들만큼이나 프랑스의 칼뱅주의자들도 내세적이었고 지금도 여전히 내세적이라고 말할 수 있다.

그리고 이 두 집단의 생활양식은 둘 다 자신들이 살아가는 지역의 지배적인 종파와 구별된다. 즉, 프랑스에서 지배적인 종파인 가톨릭에 속한 신자들 중에서 서민층은 삶을 최대한 즐기고 상류층은 종교에 노골적으로 적대적인 것과는 달리 프랑스의 칼뱅주의자들은 그렇지 않고, 독일의 지배적인 종파인 개신교에 속한 신자들이 오늘날 세속적인 영리 활동에 몰두하고 그 상류층은 종교에 눈에 띄게 무관심한 것과는 달리 북부 독일의 가톨릭교도

들은 그렇지 않다.[15]

----

c. 베버는 여기에서 "신앙투쟁의 시대"라는 표현을 사용했는데, 이 시대는 종교개혁이 시작된 때인 1517년부터 30년 전쟁을 끝낸 베스트팔렌 조약이 맺어진 1648년까지를 가리킨다. 이 조약으로 칼뱅주의의 개혁파는 루터파와 동일한 신앙상의 권리를 획득했다. 여기에서는 "종교 전쟁의 시기"로 번역했다. 그리고 "십자가 아래에" 섰던 교회는 구교인 가톨릭 진영으로부터 박해를 받았던 네덜란드 등지의 칼뱅주의적인 개혁교회를 가리킨다.

15. 종교와 관련된 독일과 프랑스의 여러 지역들의 독특한 특징, 알자스 지방에서의 민족들 간의 갈등에서 그런 종교적 특성이 다른 문화 요소들과 결합되어 어떤 역할을 했는지에 대한 아주 날카로운 고찰은 『삽화로 된 알자스 평론』(1900)에 수록된 베르너 비티히(Werner Wittich)의 훌륭한 논문인 "알자스 지역의 독일 문화와 프랑스 문화"에서 찾아 볼 수 있다. 이 논문은 단행본으로도 출간되었다.

이러한 비교가 가장 분명하게 보여주는 것은 가톨릭의 "내세성"이나 개신교의 물질주의적인 "현세성" 같은 아주 모호한 개념들로 우리의 논의를 시작하는 것은 불가능하다는 것이다. 그러한 개념들은 과거에 대해서는 전적으로 부적절하고, 부분적으로는 오늘날에도 여전히 부적절하다. 그런데도 누가 그런 개념들을 사용해서 우리의 이 논의를 전개해나가려고 한다면, 방금 언급한 문제점 외에도, 지체 없이 우리의 뇌리에 떠오르는 한층 더 많은 다른 문제점들을 고려했을 때, 그 사람은 내세성과 금욕과 종교적 경건을 자본주의적인 영리 활동에의 참여와 서로 철저하게 대립되는 것으로 설정하고서는, 각각의 종파의 내적 성향이 어느 쪽과 가까운지를 따짐으로써, 이 문제를 "내적 친화성"의 문제로 변질시키려고 하는 것이라는 의심을 사게 될 것이다.

우리가 이렇게 몇몇 완전히 표면적인 현상들에 대한 것으로 논의를 시작하는 순간, 기독교적인 경건 중에서 가장 내면적인 형태의 경건을 대표하는 사람들 중 다수가 상인 계층 출신이라는 것을 발견하고서는 아예 처음부터 딜레마에 빠지게 된다. 실제로 특히 경건주의를 가장 진지하고 열렬하게 신봉한 사람들의 다수는 상인 계층 출신이었다. 우리는 상인 계층의 사람들이 자신의 내적 성향에 맞지 않는 상인이라는 직업을 갖고 살아가면서 자신들이 표면적으로 추구할 수밖에 없었던 "물질주의"에 대한 일종의 심리적 반작용으로 경건주의자들이 된 것이라고 생각할 수도 있는데, 실제로 "아시시의 프란체스코"나 저 많은 경건주의자들은 바로 그런 생각으로 "개종하는" 경우가 비일비재했다. 반대로, 세실 로즈(Cecil Rhodes, 1853-1902)[d]의 등장에 이르기까지 동일하게 아주 두드러지게 빈번히 일어났던 현상, 즉 성직자 집안에서 가장 큰 규모의 자본주의적인 기업가들이 배출된 현상도 청소년기의 금욕적인 교육에 대한 반작용으로 설명하려고 할 수 있다.

하지만 그런 식의 이분법적이고 심리학적인 설명은 동일한 성격을 지닌 개인이나 집단에서 "탁월한 자본주의적인 상재(商才)"와 "생애 전체를 관통해서 지배하는 가장 강력한 형태의 경건"이 서로 결합되어 있는 경우에는 적용될 수 없는데, 그러한 경우들은 산발적으로 존재한 것이 아니라, 역사적으로 가장 중요한 개신교 교회들과 분파들에 속한 모든 집단에서 현저하게 드러난 특징이었고, 특히 칼뱅주의가 출현한 모든 곳에서는 언제나 그러했다.[16]

---

d. 세실 로즈는 목사의 아들로 태어나서, 어린 나이에 남아프리카로 가서 다이아몬드 광산과 금광 사업을 통해 거부가 되었다. 그러한 재력을 바탕으로 1890년에는 남아프리카 식민지의 총독이 되어서 영국 제국주의의 대변자로 활동했다.

16. 이것은 어떤 식으로든 자본주의적으로 발전할 수 있는 가능성이 있었던

지역들에만 해당되는 말이라는 것은 두말할 필요가 없다.

_____

　종교개혁이 확산되던 시기에 칼뱅주의는 개신교의 거의 모든 종파들과 마찬가지로 그 어느 지역에서도 하나의 특정한 계층과 결부된 적이 거의 없었는데도, 그런 것들은 칼뱅주의자들의 아주 특징적인 현상이었을 뿐만 아니라 어떤 의미에서는 "전형적인" 현상이었다. 즉, 예컨대 프랑스의 위그노파 교회에서는 개종자들 가운데 수도사들과 산업 종사자들(상인과 수공업자)이 수적으로 강세였고, 특히 박해의 시기에도 계속해서 그러했다.[17] 스페인 사람들은 "이단"(즉, 네덜란드의 칼뱅주의를 가리킴)이 "상인 정신을 발전시킨다"는 것을 알고 있었고, 이것은 윌리엄 페티(William Petty, 1623-1687) 경[e]이 네덜란드에서 자본주의의 눈부신 발전의 원인들이 무엇이었는지를 연구해서 얻은 결론과 완전히 일치한다. 경제사학자 고트하인(W. Eberhard Gothein, 1863-1923)[18]이 곳곳에 퍼져 나가 활동했던 칼뱅주의자들을 "자본주의 경제의 종묘장"(Pflanzschule der Kapitalwirtschaft)이라고 지칭한 것은 옳다.[19]

_____

　17. 이 점에 대해서는 예컨대 『개신교 역사학회보』 제4권(1856)에 수록된 뒤팽 드 생 앙드레의 "투르 시의 초기 개혁교회: 교회의 구성원들" 10쪽을 보라. 여기에서도 수도원이나 가톨릭교회의 통제로부터 벗어나고자 하는 욕구가 개종을 촉진시킨 동기였다고 볼 수도 있는데, 이것은 특히 가톨릭의 관점에서 이 문제를 바라보고자 하는 사람들에게 특히 설득력 있어 보이는 견해일 것이다. 하지만 그런 견해는 라블레(Rabelais)를 비롯한 당시 사람들의 판단과도 반대되고, 위그노파의 제1차 총회에서 은행가가 교회의 장로가 될 자격이 있는지와 관련해서 논의한 "양심의 가책"과도 반대된다. 예컨대 장 에몽(J. Aymon)의 『프랑스 개혁교회 총회』 10쪽에 나오는 제1차 총회 특별조항 의제 10을 보라. 또한, 칼뱅이 밝힌 분명한 태도에도 불구하고, 총회가 열릴 때마다 교인들의 요청에

의해 이자를 받는 것이 허용될 수 있는가 하는 문제가 반복해서 논의되었다는 사실과도 반대된다. 이러한 논의는 이자를 받는 것과 관련해서 양심에 거리낌을 느낀 일반 신도들에 의해 촉발되기도 했지만, 악덕 고리대금업을 행하는 부류들이 고해라는 감시 장치 없이 그런 일을 하기 위해 촉발시킨 측면도 있었다. 앞으로 보게 되겠지만, 네덜란드의 상황도 마찬가지였다. 교회법이 이자를 받지 못하게 규정해 놓았다는 사실은 이 논의에서 아무런 역할도 할 수 없다.

　　e. 윌리엄 페티는 영국의 경제학자였다. 주저로는 『정치산술』이 있다.

　　18. 에버하르트 고트하인(W.Eberhard Gothein)의 『흑림 지역의 경제사』(*Wirtschaftsgeschichte des Schwarzwaldes*) 제1권 674쪽을 보라.

　　19. 좀바르트(Sombart)의 『근대 자본주의』(*Der moderne Kapitalismus*) 제1판 380쪽에 나오는 간단한 언급도 이것을 보여준다. 하지만 유감스럽게도 좀바르트는 나중에 내가 보기에는 그의 위대한 저작들 중에서 가장 형편없는 책인 『부르주아: 근대 경제인간의 정신사』(*Der Bourgeois*, 1913)에서, 그 밖의 다른 여러 유익한 내용에도 불구하고 이 점과 관련해서는 전혀 새롭지도 않고 근대에 나온 가톨릭의 다른 호교론적인 저작들의 수준에도 미달되는 『괴레스 협회 총서』 제12권으로 출간된 프란츠 켈러(Franz Keller)의 『기업과 잉여가치』(*Unternehmung und Mehrwert*, 1912)를 참조함으로써 완전히 잘못된 주장을 제시하는 우를 범했다. 그의 주장에 대해서는 나중에 종종 언급할 것이다.

───────

이것과 관련해서 우리는 그런 칼뱅주의자들을 주로 배출한 프랑스와 네덜란드가 경제와 관련된 문화에서 우위를 점하고 있었다는 사실, 또는 그들이 망명하거나 전통적인 생활관계로부터 격리된 것이 그 결정적인 요인이었던 것으로 볼 수도 있을 것이다.[20] 하지만 프랑스 재무장관이었던 콜베르(Jean-Baptiste Colbert, 1619-1683)의 고군분투에서도 알 수 있듯이, 17세기에 프랑스 본토에서도 사정은 완전히 동일했다.

다른 나라들은 그만두고라도, 오스트리아도 수시로 개신교도인 제조업자들을 직수입했다. 하지만 개신교의 모든 종파들이 동일한 강도로 그러한 방향으로 움직이지는 않은 것으로 보인다. 아마도 독일에서 칼뱅주의는 그런 방향으로 움직였고, "개혁교회"[21]도 부퍼탈(Wuppertal)을 비롯한 여러 곳에서 다른 종파들에 비해 자본주의적인 정신의 발달을 촉진시켰던 것으로 보인다. 예를 들면, 그런 종파들이 루터교보다 자본주의 정신을 더 많이 촉진시켰다는 것은 전체적인 비교와 개별적인 비교, 특히 부퍼탈의 사례에서 잘 드러나는 것으로 보인다.[22] 스코틀랜드와 관련해서는 영국의 역사학자였던 버클(Buckle, 1821-1862), 그리고 영국 시인들 중에서는 낭만주의 시인이었던 키츠(Keats, 1795-1821)가 그러한 상관관계를 강조했다.[23]

---

20. 이주라는 단순한 사실이 노동력을 강화시키는 가장 효과적인 수단들 중의 하나라는 것은 이미 검증되었다(앞의 주 15를 보라). 예컨대 우리는 폴란드의 한 소녀가 자신의 고향에서는 전통주의적인 타성에 젖어서 돈을 벌 기회가 주어졌고 돈을 벌고 싶었음에도 불구하고 제대로 돈벌이를 할 수 없었지만, 독일의 작센 지방에서 이주 노동자로 일하게 되자 마치 그녀의 본성이 통째로 바뀐 듯이 무제한한 노동력 착취를 감당해 내는 것을 보고, 이탈리아 출신의 이주 노동자들에게서도 그 동일한 변화를 볼 수 있다. 이 사례에서 좀 더 높은 "문화적 환경" 속에 편입됨으로써 일어나는 사회화 영향이 어느 정도는 작용했을 것임은 분명하지만, 그런 것이 결정적인 요소가 아니라는 것은, 농업 분야처럼 노동의 종류가 고향에서나 타지에서나 동일하고, 이주 노동자의 숙소와 생활환경이 고향이었다면 감내할 수 없었을 정도로 아주 열악한 경우에도, 그 결과가 동일하다는 사실에 의해서 증명된다. 따라서 이 경우에는 전혀 익숙하지 않고 낯선 환경에서 일한다는 사실 자체가 전통주의를 파괴하는 사회화 효과를 초래한다.

그런 효과가 미국의 경제 발전에 얼마나 지대한 영향을 미쳤는지는 여기에서 굳이 언급할 필요조차 없다. 고대에는 유대인들이 바빌론으로 잡혀가서 포로생활을 한 것이 이것과 비슷한 효과를 지녔을 것임은 마치 돌에 새긴 것처럼 분명하다고 말할 수 있을 것이다. 이것은 조로아스터교도들에게도 해당된다. 하지만 미국에서 청교도적인 뉴잉글랜드 식민지들의 경제적 특성이 가톨릭적인 메릴랜드, 감독파(미국성공회)적인 남부 지방, 여러 종파들이 혼재했던 로드 아일랜드와는 뚜렷하게 차이를 드러낸 것에서 볼 수 있듯이, 사람들의 종교는 이주라는 사실과 함께 독립적인 요소로 작용한다. 이런 현상은 인도의 자이나교에서도 나타난다.

21. 잘 알려져 있듯이, 개혁교회의 형태는 대부분 어느 정도 완화된 칼뱅주의 또는 츠빙글리주의다.

22. 루터교가 거의 지배하고 있는 함부르크에서 17세기로 소급되는 유일한 재산은 어느 유명한 개혁교회 가문의 재산이다. 이 사례는 친절하게도 아달베르트 발(AdalbertWahl) 교수가 내게 일깨워 주었다.

23. 따라서 칼뱅주의와 자본주의 정신 간에 상관관계가 존재한다고 주장하는 것은 "새로운" 것이 아니다. 에밀 드 라블레이(E. de Laveleye), 매튜 아놀드(Matthew Arnold)를 비롯한 여러 사람들이 이미 이러한 상관관계를 지적한 바 있다. 도리어 이러한 상관관계를 의심하는 것이야말로 "새로운" 것이고 전혀 근거 없는 것이다. 이 연구에서 우리의 소임은 이 상관관계를 설명해 내는 것이다.

―――――――

그리고 더욱 주목할 만한 것이지만 여기에서는 기억해 두기만 하면 되는 것이 있는데, 그것은 부와 더불어 "내세성"으로도 유명한 분파들, 특히 퀘이커교도들과 메노파 교도들에게서 볼 수 있는 삶에 대한 종교적으로 엄격한 규율과 가장 강력하게 발전된 사업 감각의 결합이다. 퀘이커교도들은 영국과 북미에서 활동했고, 메노파 교도들은 네덜란드와 독일에서 활동했다. 동부 프로이센에서 프리드리히 빌헬름 1세가 직접 나서서, 군복무를 절대적으로 거부했던 메노파 교도들을 나라에 없어서는 안 될 산업의 주역으로 인정한 것은 앞에서 말한 사실을 예시해 주는 잘 알려져 있는 많은 사례들 중 하나일 뿐이지만, 그 왕이 어떤 인물이었는지를 감안했을 때에는 가장 강력한 사례라고 할 수 있다.

끝으로, 경건주의자들의 경우에도 강력한 경건과 거기에 못지않게 강력하게 발달된 사업 감각 및 사업적인 성공이 서로 결합되어 있었다는 것은 주지의 사실이다.[24] 그런 사실을 확인하는 데에는 독일의 라인 지방과 바덴-뷔르템베르크 주의 작은 도시인 칼브(Calw)를 떠올리는 것만으로도 충분하다.

따라서 단지 예비적인 논의를 다루는 이 장에서 더 이상의 사례를 들 필요는 없는 것으로 보인다. 왜냐하면, 지금까지 살펴본 몇몇 사례들은 모두 한결같이 이미 한 가지 사실을 보여주는데, 그것은 우리가 개신교로 말미암아 깨어난 것으로 보이는 그 정신을 "노동의 정신" 또는 "진보의 정신" 또는 그 밖의 다른 어떤 것으로 부르든지, 오늘날 많은 사람들처럼 "세속성" 또는 그 어떤 "계몽주의적인" 의미로 이해해서는 안 된다는 것이기 때문이다. 루터, 칼뱅, 스코틀랜드의 종교개혁자였던 녹스(John Knox, 1514-1572), 네덜란드의 개혁교회 신학자였던 푀티우스(Gisbert Voëtius, 1589-1676)[f] 등에 의한 초기 개신교는 오늘날 "진보"라고 부르는 것과 사실 별 관계가 없었다. 초기 개신교는 오늘날 가장 극단적인 종파들조차도 이제는 더 이상 없어서는 안 될 것으로 여기는 근대적인 삶의 모든 측면에 대해서 노골적으로 적대적이었다.

---

24. 그렇다고 해서 이것은 공식적인 경건주의가 다른 종파들과 마찬가지로 후대에 그 가부장적인 성향으로 인해서 가내공업에서 공장제로의 이행 같은 자본주의적 경제의 몇몇 "진보적인" 특징들에 반대한 일이 일어날 수 없는 것처럼 말하는 것은 아니다. 앞으로 자주 보게 되겠지만, 특정한 종파가 설정해서 추구한 이상과 그 종파가 신자들의 생활양식에 실제로 미친 영향은 엄밀하게 구별되어야 한다. 내가 경건주의에 속한 노동자들이 산업 노동에 얼마나 잘 적응해 나갔는지를 연구하기 위해 베스트팔렌의 한 공장에서 수집한 사례들은 『사회과학 및 사회정책 논총』 제28권에 수록된 나의 최근의 논문인 "산업 노동의 정신물리학에 대하여" 263쪽 등에 나와 있다.

f. 네덜란드 종교개혁의 아버지로 불리는 퍼타우스는 "경건"이라는 주제로 이론 신학과 실천 신학의 결합을 시도하는 것을 평생의 과제로 삼았던 신학자이자 목회자였는데, 그의 그러한 노력은 5권으로 된『신학반제』,『교회 정치』,『경건의 실천을 위한 금욕 지침』이라는 중요한 저작들을 낳았고, 이 저작들은 17세기 네덜란드의 개혁교회의 현실을 잘 보여준다.

———————

따라서 굳이 초기 개신교 정신의 어떤 특성과 근대적인 자본주의 문화 간의 내적 친화성에 대해 말하고자 한다면, 원하든 원하지 않든 초기 개신교 정신이 지닌 다소 물질주의적이거나 반(反)금욕적인 "세속성"이 아니라, 초기 개신교 정신이 지니고 있던 순수하게 종교적인 특징들에서 찾을 수밖에 없다. 몽테스키외(Montesquieu, 1689-1755)가『법의 정신』(*Esprit des lois Buch*)에서 영국인들에 대해 말하면서, 그들은 "세 가지 중요한 것에서 세계의 모든 국민들보다 월등하게 발전했는데, 그것들은 경건과 상업과 자유다"라고 말했지만, 나는 여기에서 영리적인 활동 분야에서 영국인들의 우월성, 그리고 이것은 우리의 논의에서 다룰 주제는 아니지만 어쨌든 자유를 기반으로 한 정치제도에 대한 그들의 탁월한 역량도 몽테스키외가 인정한 그들의 뛰어난 경건과 결부되어 있는 것은 아닐까 하는 생각을 갖게 된다.

우리가 이런 식으로 문제 제기를 하면, 갑자기 우리에게 모호하게만 느껴졌던 많은 것들이 어떤 식으로 서로 긴밀하게 연결되어 있을 것인지에 대한 감이 잡히기 시작한다. 이제 우리 앞에 던져진 과제는 각각의 역사적 현상에 내포되어 있는 무한히 다양한 가능성으로 인해 우리의 사고 속에서 여전히 불명료한 채로 남아 있는 인과관계를 가능한 한 명확하게 표현해내는 것이다. 하지만 그 일을 해내기 위해서는, 사람들이 이 문제에 대해 연구할 때에 지금까지 사용해 온 일반적이고 모호한 개념들을 버리고, 역사적으로 기독교의 다양한 종파들을 통해 생겨나서 우리에게 주어진 각각의 위대한 종교 사상들의 특성과 차이를 세밀하고 깊이 파고들어가지 않으면 안 된다.

하지만 그 전에 먼저 두어 가지 언급해 둘 것이 있는데, 첫 번째는 우리가 역사적인 관점에서 설명하게 될 대상들의 특성에 대한 것이고, 두 번째는 어떤 의미에서 그런 역사적 설명이 이 연구와 관련해서 가능한가에 대한 것이다.

제2장
자본주의 "정신"

필자는 이 논문의 제목에서 다소 도전적으로 들리는 "자본주의 정신"이라는 개념을 사용했다. 그렇다면 우리는 이 개념을 어떤 의미로 이해해야 하는가? 하지만 이 개념을 "정의"하려고 시도하는 순간, 그 즉시 이 논문의 목적과 관련된 난관에 봉착하게 된다. 왜냐하면, 이 개념의 실체를 알아내고자 하는 것이 바로 이 논문의 목적이어서, 이 논문이 끝났을 때에야 비로소 이 개념에 대한 정의가 가능하게 되기 때문이다.

이 용어의 사용에 어떤 의미를 부여해 주는 대상이 발견될 수 있다고 한다면, 그것은 역사적 현실 속에 존재하는 "하나의 역사적 개체," 즉 문화적 의의라는 관점에서 개념적으로 결합되어 하나의 전체를 이루게 된 일군의 관계들일 수밖에 없다.

하지만 그러한 역사적 개념은 개체성을 내용으로 삼고 있어서 그 개념을 의미있게 해주는 특정한 현상과 연관되어 있기 때문에, "동류와 종차"라는 도식[a]에 의거해서는 정의될 수 없고(독일어로 "정의하다"는 "구분해 내다"를 의미한다), 역사적 현실에서 그 개별적인 구성요소들을 하나하나 집어내어서 점진적으로 만들어나갈 수 있을 뿐이다. 따라서 이 개념에 대한 최종적인 이해는 연구를 시작했을 때가 아니라 끝마쳤을 때에야 비로소 얻어질 수 있다. 그러니까 여기에서 말하는 자본주의 "정신"에 대한 정의, 즉 이 연구에서 관심을 갖는 관점과 가장 잘 부합하는 정의는 논의 과정에서, 그리고 그 논의의 본질적인 결과 속에서 비로소 드러나게 되리라는 것이다.

a. "동류"와 "종차"는 스콜라철학에서 사물을 정의할 때에 사용했던 고전적인 도식으로서, 어떤 사물은 이 두 가지 범주를 사용해서 정의되었다. 먼저 어떤 사물이 상위개념인 어떤 "유"에 속하는지를 밝히고, 그런 후에 해당 "유"에 속하는 "종"에 해당하는 여러 다른 사물들과 어떤 차이가 있는지, 즉 "종의 차이"를 밝히는 방식으로 정의가 이루어졌다. 이 도식은 아리스토텔레스의 철학에서 유래한 것으로서 논리학의 중요한 원칙의 역할을 했다.

또한, 이 논문에서 관심을 갖는 관점은 여기에서 고찰하고자 하는 저 역사적 현상을 분석할 수 있는 유일한 관점인 것도 아니다(이것에 대해서는 나중에 다시 언급할 것이다). 따라서 이 역사적 현상을 다른 관점들에서 바라보게 되면, 다른 모든 역사적 현상을 고찰할 때와 마찬가지로, 다른 "본질적인" 특성들이 드러날 것이다. 다른 것들을 더 고려할 필요도 없이 이것만으로도 우리는 다음과 같은 결론을 얻을 수 있는데, 그것은 자본주의 "정신"은 우리가 그것의 본질이라고 보는 것을 통해서 그 전부를 이해할 수도 없고 그런 식으로 이해해서도 안 된다는 것이다. 그리고 그것은 어떤 현상을 추상적인 "유" 개념에 억지로 끼워 맞추려고 하지 않고, 언제나 그 현상을 발생시킨 특수하고 개별적인 원인들을 찾아내어서 구체적인 인과관계들로 묶어 내고자 하는 "역사적 개념 구성"의 본질과 그 방법론적인 목적에 기인한다.

그런데도 굳이 이 논문에서 분석하고 역사적으로 설명하고자 하는 대상을 굳이 확정해야 한다면, 여기에서 다루게 될 자본주의 "정신"을 개념적으로 정의하는 것이 아니라, 우선 미흡하나마 잠정적으로 그 대상을 예시해 보는 것은 가능하다. 사실 그러한 예시는 연구 대상을 이해하는 데 필수적인 것이기도 하기 때문에, 우리는 자본주의 "정신"을 보여주는 하나의 글을 살펴볼 것인데, 이 글은 여기에서 직접적으로 다루고자 하는 문제를 거의 고전적이고 순수한 형태로 담고 있을 뿐만 아니라, 동시에 종교와는 직접적으로 전혀 관계가 없다는 점에서 우리가 다룰 주제와 관련해서 "아무런 선입견 없이" 볼 수 있다는 장점을 지닌다.

"시간이 돈이라는 것을 명심하라. 하루 일해서 10실링을 벌 수 있는데, 하루의 절반을 산책하거나 방에서 빈둥거리며 보낸 사람은 그런 것들을 즐기는 데 6펜스밖에 쓰지 않았다고 해도, 단지 그 돈만을 비용으로 계산해서는 안 되기 때문에, 실제로는 5실링을 더 쓴 것이거나 내버린 것이다.

신용이 돈이라는 것을 명심하라. 어떤 사람이 내게 자기 돈을 맡겨 두었다가 찾아갈 기한이 지났는데도 찾으러 오지 않는다면, 그는 내게 이자를 선물한 것이거나, 그 기간 동안 그 돈으로 무엇인가를 할 수 있는 기회를 내게 준 것이다. 어떤 사람이 크고 좋은 신용을 가지고 있고, 그런 자신의 신용을 잘 사용한다면, 그 신용은 그에게 상당한 액수의 돈이나 다름없다.

돈은 번식력과 증식력이라는 본성을 갖고 있다는 것을 명심하라. 돈은 돈을 낳을 수 있고, 그렇게 새끼를 친 것들은 한층 더 많은 새끼들을 낳으며, 이러한 과정은 계속된다. 5실링을 굴리면 6실링이 되고, 6실링을 굴리면 7실링 3펜스가 되며, 이 과정은 계속돼서 100파운드까지도 늘어난다. 더 많은 돈을 굴릴수록, 한층 더 많은 돈이 들어오기 때문에, 그 사람이 소유한 돈은 점점 더 신속하게 불어난다. 한 마리의 암퇘지를 죽이는 사람은 천 대까지 번식해서 생겨날 모든 돼지들을 없애 버린 것이다. 5실링짜리 동전을 사장시키는 사람은 그 돈으로 만들어 낼 수 있었을 어마어마한 돈을 죽여 버린 것이다.

속담에서도 말하듯이 돈을 제때 잘 갚는 사람은 모든 사람에게 있는 돈지갑의 실질적인 주인이라는 것을 명심하라. 약속한 때에 정확히 돈을 갚는 것으로 정평이 나 있는 사람은 친구들의 모든 여윳돈을 언제든지 빌려 쓸 수 있다. 이것은 종종 대단히 유용하다. 자신이 하는 모든 일에서 근면성실한 것과 절제하는 것 외에 정해진 시간을 정확히 지키는 것과 정직한 것만큼 젊은 사람이 출세하는 것을 보장해 주는 것은 없다. 그렇기 때문에, 남에게서 빌린 돈은 약속한 시간보다 단 한 시간이라도 늦게 갚아서는 절대로 안 된다. 당신이 그렇게 한다면, 당신의 친구는 그 일로 분노해서 당신에 대해 자신의 돈지갑을 다시는 열지 않을 것이다.

자신의 신용에 영향을 미치는 행위는 아무리 사소한 일처럼 보이는 것이라고 할지라도 조심해야 한다. 당신의 채권자가 당신이 새벽 같이 일어나서 오전 5시에, 또는 저녁 8시가 지나도록 늦게까지 망치질하는 소리를 듣는다면, 그는 당신의 채무를 기꺼이 6개월간 연장해 줄 것이지만, 당신이 일해야 할 시간에 당구장에 있는 것을 보거나 선술집에서 당신의 목소리를 듣는다면, 그 다음날 득달같이 찾아와서 당신이 채무를 상환해야 할 날짜를 상기시키거나, 당신이 그 돈을 제대로 써보기도 전에 채무를 갚으라고 독촉할 것이다.

또한 열심히 망치질하며 일하는 당신의 모습은 당신이 다른 사람들에게 진 채무를 늘 생각하고 있다는 것을 보여주는 것이 되어서, 당신의 채권자들은 당신을 책임감 있고 성실한 사람으로 보게 되고, 그 결과 당신의 신용은 올라가게 된다.

지금 너에게 있는 모든 것을 너의 재산이라고 여기고서 거기에 따라 사는 일이 없도록 주의하라. 신용이 있는 많은 사람들이 그런 속임수에 걸려든다. 그런 일을 방지하기 위해서 너의 지출과 수입을 꼼꼼하게 적어두라. 한번 세세한 부분까지 신경을 쓰려고 애쓰게 되면 좋은 결과를 얻게 되는데, 그것은 아주 사소한 지출들도 모이면 큰 금액으로 불어난다는 것을 발견하게 되고, 어떤 것을 절약할 수 있었는지, 그리고 장차 어떤 것을 절약할 수 있을지를 알게 된다는 것이다 …… 네가 자타가 공인하는 현명하고 성실한 사람이라면, 한 해에 6파운드를 마치 100파운드인 것처럼 사용할 수 있다. 따라서 하루에 10펜스를 쓸데없이 쓰는 사람은 한 해에 6파운드를 쓸데없이 낭비하는 것이고, 그것은 100파운드를 사용할 수 있는 기회를 날려버리는 것과 같다. 날마다 자신에게 주어진 시간 중에서 10펜스의 가치에 해당하는 시간(이것은 단지 몇 분에 불과할 수도 있다)을 낭비하는 사람은 한 해에 100파운드를 사용할 특권을 잃는 것이다. 5실링의 가치에 해당하는 시간을 쓸데없이 낭비하는 사람은 5실링을 잃는 것, 즉 5실링을 바다에 던져 버리는 것과 같다. 5실링을 잃는 사람은 단지 5실링이라는 금액만을 잃는 것이 아니라, 그 돈으로 장사나 사업을 해서 벌 수 있었을 모든 것 — 이것은 젊은 사람이 나이가 들어 노년이 되었을 때에는 상당히 많은 금액이 되어 있을 것이다 — 을 잃는 것이다."

이 글에서 우리에게 자신의 인생철학을 설파하고 있는 사람은 벤저민 프랭클린(Benjamin Franklin),[1] 그러니까 페르디난드 퀴른베르거(Ferdinand Kürnberger, 1821-1879)[b]가 재치와 독설로 가득한 『미국 문화 소묘』(Amerikanischen Kulturbilde)라는 자신의 소설에서 이른 바 "양키들의 신앙고백"이라고 조롱한 바로 그 인물이다.[2] 여기에서 벤저민 프랭클린이 설파한 독특한 인생철학이 "자본주의 정신"이라는 것을 의심하는 사람은 아무도 없겠지만, "자본주의 정신"이라는 말로 우리가 이해하고 있는 모든 것이 이 글 속에 담겨 있다고 생각해서도 안 된다. 퀴른베르거가 『미국에 넌더리가 난 사람』(Amerikamüde)이라는 자신의 소설에서 "소들에게서는 우지를 짜내고 사람들에게서는 돈을 짜낸다"는 말로 요약한 벤저민 프랭클린의 인생철학이 담긴 이 글을 좀 더 살펴보면, 이 "탐욕의 철학"의 두드러진 특징은 신용이 있는 신사의 이상, 그리고 특히 그 신사의 삶의 목적으로 전제되고 있는 자본 증식에 대한 관심을 인간 개개인의 의무로 보는 사고다.

---

1. 벤저민 프랭클린의 이 글 중에서 마지막 단락은 『부자가 되고자 하는 사람들에게 꼭 필요한 조언들』(Necessary Hints to Those That Would Be Rich, 1736)에 나오고, 다른 나머지는 『젊은 상인에게 주는 충고』(Advice to a Young Tradesman, 1748)에 나온다. 스파크스(Sparks)가 편집한 『벤저민 프랭클린 전집』 제2권 87쪽에서 인용했다.

b. 퀴른베르거는 오스트리아의 작가로서 미국에 여행한 적이 없었으면서도, 같은 오스트리아 작가였던 니콜라우스 레나우(Nicolaus Lenau, 1820-1850)가 쓴

미국 여행기를 보고서, 여기에서 베버가 인용한 책을 썼는데, 이 책의 제목은 『미국에 넌더리가 난 사람』이었고, 『미국 문화 소묘』는 그 부제였다.

    2. 이 책은 『미국에 넌더리가 난 사람』(*Der Amerikamüde*, 1855)이라는 책이다. 이 책의 저자인 퀴른베르거는 레나우(Lenau)가 미국을 보고 느낀 것을 쓴 글을 읽고서, 자신의 심정을 시적으로 표현한 것으로 잘 알려져 있다. 오늘날 이 책을 예술 작품으로 보기는 무리가 있다. 하지만 오래 전에 이미 희미해진 독일인들의 감수성과 미국인들의 감수성 간의 차이, 즉 중세 시대의 독일 신비주의 이래로 독일 가톨릭교도들과 독일 개신교도들 간에 온갖 다른 점들에도 불구하고 여전히 그들 모두에게 공통적이었던 내면적인 삶과 미국의 청교도적이고 자본주의적인 활기 간의 차이를 기록한 글로는 이 책을 능가할 만한 것은 없다. 퀴른베르거가 조금 자의적으로 번역한 것을 프랭클린의 원문에 따라 수정해서 여기에 실었다.

―――――――

사실 벤저민 프랭클린이 이 글에서 설파하고 있는 것은 단순한 처세술이 아니라 독특한 "윤리"이고, 그 윤리를 어기는 것은 단지 어리석은 짓으로 여겨지는 것이 아니라 의무를 망각한 행위로 취급되는데, 다른 무엇보다도 바로 그 점이 이 문제의 본질이다. 이 글에서 가르치고 있는 것은 단지 "사업 비결"이 아니다 ― 그런 비결을 가르치는 글은 다른 사람들에게서도 비일비재하게 볼 수 있다. 이 글에서 표명하고 있는 것은 하나의 "에토스"이고, 우리의 관심을 끄는 것도 바로 그러한 특질이다.

야콥 푸거(Jakob Fugger, 1459-1525)[d]는 자기와 함께 사업하다가 이미 은퇴한 어떤 사람에게서, 이제 돈은 벌 만큼 벌었으니 다른 사람들이 돈을 벌 수 있게 은퇴하는 것이 어떠냐는 권고를 들었을 때, 사업가가 은퇴하는 것은 "비겁한 일"이라고 말하면서, "나는 자네와는 생각이 달라서, 돈을 벌 수 있을 때까지는 계속해서 돈을 벌 생각이네"라고 대답했다고 한다.[3] 하지만 푸거의 이 말 속에 나타나 있는 "정신"은 프랭클린의 글 속에서 드러난 "정신"

과는 명백하게 **구별된다**. 즉, 푸거의 말은 상인으로서의 자부심과 개인적인 성향을 나타낸 것으로서 윤리와는 아무 관계가 없는 것인 반면에,[4] 프랭클린의 글은 생활양식과 관련해서 윤리적인 색채를 지닌 공리로서의 성격을 지닌다. 이 논문에서는 "자본주의 정신"이라는 개념을 바로 후자와 같은 구체적이고 특별한 의미로 사용한다.[5] 물론, 그것은 근대적인 자본주의의 정신이다. 왜냐하면, 이 논문에서는 문제 제기 자체를 고려해 보았을 때 그러한 서구적이고 미국적인 자본주의만을 다루게 될 것임이 분명하기 때문이다. "자본주의"는 중국, 인도, 바빌로니아에도 있었고, 고대와 중세에도 있었다. 그러나 앞으로 보게 되겠지만, 그런 자본주의에는 근대적인 자본주의의 특징을 이루고 있는 "에토스"가 없었다.

---

c. "에토스"는 "기풍, 풍습" 등을 의미하는 그리스어로, 어떤 공동체나 국가나 이데올로기의 특징을 이루는 지도적인 신념들이나 이상들을 가리키는 데 사용된다.

d. 푸거는 독일의 거상이자 금융업자로서 당시 유럽에서 최고의 갑부였다. 푸거 가문은 독일의 상업과 금융업을 초기 자본주의적인 단계로 발전시키는 역할을 했다.

3. 좀바르트는 자신의 저서에서 이 인용문을 "근대 자본주의의 발생"을 다룬 장의 상징적 문구로 사용했다. 『근대 자본주의의 시작』(*Der moderne Kapitalismus*) 제1판 제1권 193, 390쪽을 보라.

4. 이것은 야콥 푸거(Jakob Fugger)가 도덕적으로 무감각하거나 신앙심이 없는 사람이었다거나, 위의 인용문이 프랭클린의 윤리 전체를 보여준다는 것을 의미하는 것은 아니다. 브렌타노는 내가 그런 식으로 오해했다고 생각하는 것으로 보이지만, 이 유명한 박애주의자를 그런 식으로 오해하는 것이 잘못된 것임은 굳이 브렌타노의 인용문들을 거론할 필요조차 없다(『근대 자본주의의 시작』 150-151쪽). 도리어 야콥 푸거에 있어서 문제는 사실 그 정반대의 것이다.

즉, 어떻게 그런 박애주의자가 바로 그런 문장들(브렌타노는 이 문장들의 독특하고 특징적인 형태를 재현하는 데 신경을 쓰지 않았다)을 도덕주의자적인 방식으로 쓰게 된 것인가?

5. 이것이 문제를 설정하는 방식에서 우리의 연구가 좀바르트와 차이가 나는 이유다. 이 차이가 실제로 얼마나 대단한 의미를 갖는지는 나중에 분명해질 것이다. 하지만 나는 여기에서 좀바르트도 자본주의적인 기업가의 이런 윤리적인 측면을 절대로 소홀히 하지 않았지만, 그의 일련의 사고 속에서는 이런 윤리적 측면이 자본주의에 의해서 야기된 것으로 보았던 반면에, 우리는 이 연구의 목적에 의거해서 정반대의 가설을 세우지 않을 수 없다는 것을 미리 지적해 두고자 한다. 이런 차이와 관련된 나의 최종적인 입장은 이 연구가 끝났을 때에만 확인될 수 있을 것이다. 좀바르트의 견해에 대해서는 앞의 책 제1권 357, 380쪽 등을 보라. 거기에서 그의 추론은 짐멜(Simmel)의 『돈의 철학』(*Philosophie des Geldes*, 1900)에 제시된 훌륭한 논증을 따르고 있다. 나는 좀바르트가 자신의 『부르주아』(*Bourgeois*)에서 나를 반박한 글에 대해서는 나중에 말할 것이다. 이 시점에서는 본격적인 논쟁은 미룰 수밖에 없다.

물론 프랭클린의 모든 도덕적인 훈계들 속에는 공리주의적인 지향성이 존재한다. 정직은 신용을 가져다준다는 점에서 유용하고, 시간을 엄격하게 지키는 것과 근면성실함과 절제도 마찬가지인데, 그런 것들이 미덕인 것은 바로 그런 유용성 때문이다. 우리가 이것으로부터 가장 우선적으로 얻게 되는 결론은 단지 정직해 보이는 것만으로도 실제로 정직한 것과 동일한 효과를 거둘 수 있다면, 그것으로 충분하기 때문에, 프랭클린은 정직이라는 미덕을 쓸데없이 과도하게 나타내 보이는 것을 비생산적인 낭비로 여기고서 부정적으로 평가할 것이 틀림없다는 것이다.

실제로 프랭클린의 자서전에서 그 자신이 그러한 미덕들로 "회심"한 일에 대해서 설명하는 대목이나,[6] 겸손하고 정직한 모습과 자신의 이익을 의도적으로 뒷전으로 밀어두는 모습을 엄격하게 유지하는 것이 모든 사람들로부터 인정을 받는 데 얼마나 유용한지에 대해서 자세하게 설명하는 대목을 읽어 본 사람은,[7] 프랭클린은 다른 모든 미덕들과 마찬가지로 이러한 미덕들도 구체적인 경우들에서 개인에게 유익을 가져다줄 때에만 미덕이고, 겉으로 그런 미덕들을 갖춘 것으로 보이기만 해도 동일한 효과를 거둘 수 있다면, 그것으로 충분한 것으로 생각했다는 것, 그러니까 사실상 엄격한 공리주의라고 규정할 수밖에 없는 결론에 도달하지 않을 수 없다.

---

6. 그 대목을 독일어로 번역하면 이런 내용이다. "마침내 나는 진실함과 정직함과 솔직함이 사람과 사람 간의 거래에서 행복한 삶을 위해 가장 중요한 것들이라는 것을 확신하게 되었고, 그 순간 그것을 일생 동안 실천하기로 결심하고서 일기장에 기록해 두었다. 하지만 실제로 나는 계시되었다는 사실 자체를 중요하게 생각한 것은 결코 아니었다. 도리어 나는 계시가 어떤 행위를 금지했기 때문에 그 행위가 악한 것이 되는 것도 아니고, 계시가 어떤 행위를 명령했기 때문에 그 행위가 선한 것이 되는 것도 아니며, 단지 계시가 어떤 행위를 금지하거나 명령하는 것은 모든 상황을 감안했을 때 그 행위가 본질적으로 우리에게 해롭거나 유익하기 때문이라고 생각했다."

7. "나는 가급적 내 자신을 사람들 앞에 드러내지 않고," 그가 시작한 도서관 건립 계획은 "몇몇 친구가 기획해서 내게 독서 애호가들을 찾아다니며 제안해 볼 것을 요청해서 이루어진 것이라고 사람들에게 말했다. 이 방법을 사용했을 때, 내가 추진한 그 일은 순조롭게 진행되었다. 그 후에도 그런 일들을 추진할 때에는 그런 방법을 사용했고, 나의 그런 방식은 자주 성공을 거두었기 때문에, 나는 이 방법을 진심으로 추천할 수 있다. 이런 식으로 자기를 드러내고자 하는 마음을 조금만 내려놓으면 나중에는 큰 보상을 받게 될 것이다. 어떤 일에 대한 공로가 누구의 것인지가 잠시 불분명한 경우에, 어떤 사람이 허영심이 발동해서 그 공로를 자신의 것으로 돌리고자 하면, 사람들의 마음속에서 시기심과 부

당함을 바로잡고자 하는 마음을 촉발시켜서, 그 사람에게서 공로를 빼앗아 원래 그 공로를 받아 마땅한 사람에게 돌려줄 것이다."

독일인들이 미국인들의 미덕에서 흔히 "위선"이라고 느끼는 것의 민낯이 여기에 드러나 있는 것으로 보이기는 하지만, 사실은 결코 그렇게 단순하지만은 않다. 벤저민 프랭클린의 자서전에서 볼 수 있는 보기 드문 정직성을 통해 그대로 드러나는 그 자신의 성격만이 아니라, 그가 미덕의 "효용성"을 인식했다는 사실 자체를 그를 미덕으로 이끌고자 한 하느님의 계시로 돌렸다는 것은, 단지 미덕들을 전적으로 이기적인 공리들의 장식품으로 이용했다고 말할 수 없게 만드는 그 무엇이 거기에 있다는 것을 보여준다. 뿐만 아니라, 이 "윤리"의 "지고선"은 누가 보아도 향락인 것들을 아주 엄격하게 피하는 가운데 돈을 벌고 계속해서 더 많은 돈을 버는 것이고, 이것은 온갖 행복주의적이거나 쾌락주의적인 관점을 완전히 벗어나서, 순수하게 그 자체가 목적이라는 점에서, 개개인의 "행복"이나 "이익"이라는 공리주의적인 관점에 비추어 보았을 때에는 철저하게 초월적이고 완전히 비합리적인 것으로[8] 보인다.

---

8. 브렌타노는 나의 이 말을 내가 나중에 말한 것, 즉 세속적 금욕주의로 인해 사람들이 "합리화와 규율화"에 종속되게 되었다는 말을 비판하는 빌미로 삼는다. 즉, 그것은 사람들이 자신의 삶을 "비합리적으로" 조직한 그런 "합리화"라는 것이다. 사실 그 말은 지당하다. 왜냐하면 어떤 것은 그 자체로 "비합리적인" 것이 아니라, 오직 특정한 "합리적" 관점에서 볼 때에만 "비합리적인" 것이 되기 때문이다. 사람들이 자신의 삶을 종교적이고 금욕주의적으로 조직하는 것이 그 자체의 궁극적인 가치들에 비추어 보아서는 "합리화"라고 할지라도, 종교가 없는 사람들에게는 종교인들이 자신의 삶을 종교적으로 조직하는 것이 "비합리적"이고, 쾌락주의자들에게는 사람들이 자신의 삶을 금욕주의적으로 조직하

는 것이 "비합리적"이다. 이 논문이 기여하는 것이 있다면, 그것은 얼핏 보면 너무나 자명해 보이고 일차원적으로 보이는 "합리성"이라는 개념이 지닌 다면성을 드러내는 일일 것이다.

———————

벤저민 프랭클린의 경우에는 인간에게 있어서 영리 활동은 이제 더 이상 삶의 물질적인 욕구들을 충족시키고자 하는 목적을 위한 수단이 아니라, 그 자체가 삶의 목적이었다. 객관적인 시각에서 보았을 때, 이것은 우리가 "자연스러운 순리"라고 말하는 것을 뒤집어서 완전히 무의미한 것으로 만들어 버리는 일이지만, 바로 그런 뒤집기는 자본주의의 공기를 숨 쉰 적이 없는 사람들에게는 낯선 것일 수밖에 없지만 사실은 자본주의를 가장 선도적으로 끌고 가는 아주 분명하고도 절대적인 동기이다.

아울러 그것은 모종의 종교적 개념들과 밀접하게 연결되어 있는 일련의 정서를 담고 있다. 이를테면 어떤 사람이 도대체 왜 "사람들에게서 돈을 짜내야 하느냐"고 물으면, 벤저민 프랭클린은 그 자신이 종파적 색채가 전혀 없는 이신론자[e]임에도 불구하고, 자신의 자서전에서 성경에 나오는 구절을 빌려서 다음과 같이 대답하는데, 그 구절은 그가 말한 대로 엄격한 칼뱅주의자였던 그의 아버지가 청소년기의 그에게 계속 반복해서 각인시켜놓은 것이었다. "네가 자신의 직업에서 기운 찬 사람을 보느냐. 그 사람은 왕들 앞에 서게 될 것이다."[9] 돈을 버는 것은 합법적인 범위 내에서 행해지기만 한다면 근대적인 경제 질서 내에서 직업과 관련한 유능함의 결과이자 표현이었고, 어렵지 않게 알 수 있듯이 그러한 유능함은 실질적으로 프랭클린이 제시한 도덕의 출발점이자 종착지였는데, 이것은 그의 모든 글들에서와 마찬가지로 여기에서 인용한 글 속에도 여지 없이 그대로 드러난다.[10]

———————

e. 이신론은 오직 이성적 추론과 관찰에 의존해서 신의 존재를 믿는 철학으

로서 17-18세기 유럽과 북아메리카에서 강력한 지적 흐름을 형성했다. 이신론은 신의 창조주로서의 역할은 인정하지만 신이 자연세계와 역사세계에 개입한다는 사실을 부정함으로써, 계시나 기적의 증거를 자연과 역사에서 찾기 위해 부심했던 오랜 종교적 관행의 영향력을 줄이는 데 기여했다. 시계 제작자가 시계 운동에 일일이 간여하지 않는 것처럼, 신은 감추어진 존재, 즉 "숨어 있는 신"(Deus absconditus)으로서 세상사에는 거의 개입하지 않는 초월적인 존재로 여겨졌다.

9. 잠언 22장 29절. 루터는 자신이 번역한 성경에서 이 어구를 "자신의 사업에서"(in seinem Geschäft)라고 번역했고, 가장 오래된 영역본 성경인 흠정역에서도 "사업"(business)이라 번역했다. 이것에 대해서는 제1부 제1장 주 1을 보라.

10. 브렌타노(앞의 책 150쪽 이하)는 내가 프랭클린의 윤리적 특질들을 오해했다고 생각해서, 프랭클린의 윤리가 어떤 것이었는지를 아주 자세하게(하지만 다소 부정확하게) 제시하지만, 나는 여기에서 내가 한 설명만으로 거기에 대한 충분한 대답이 될 것이기 때문에, 더 이상의 변호는 필요하지 않을 것이라고 생각한다.

───────────

오늘날 사람들에게 아주 친숙하면서도 실제로는 거의 자각하고 있지 않은 "직업 의무"라는 특별한 관념은 자본주의 문화의 "사회 윤리"의 특징임과 동시에, 어떤 의미에서는 그 윤리를 구성하는 요소다. 이 직업 의무는 개개인이 자신의 "직업적" 활동의 내용과 관련해서 느껴야 하고 또한 느끼고 있는 의무로서, 그 직업적 활동이 무엇이냐와는 상관없이, 그리고 특히 객관적으로 보았을 때 그 활동이 순전히 자신의 노동력을 사용하는 것이냐 아니면 단지 자신이 소유한 재화("자본")를 사용하는 것이냐와 상관없이 존재한다.

그렇다고 해서 이 관념이 **오직** 자본주의라는 토양에서만 생겨난 것은 아니기 때문에, 나중에 우리는 과거로 거슬러 올라가서 이 관념을 추적할 것이다. 그리고 이것은 오늘날의 자본주의의 존속을 위해서는 그 개별적인 주역들인 근대적인 자본주의 기업의 기업주들이나 노동자들이 그러한 윤리적인 공리를 반드시 개인적으로 지니고 있어야 한다고 말하는 것이 아니라는 것은 두말할 필요가 없다.

오늘날 자본주의라는 경제 질서는 하나의 거대한 세계이고, 개개인들은 그 속에서 태어난다. 즉, 이 세계는 개개인에게 적어도 개인으로서는 사실상 어쩔 수 없이 그 안에서 살아갈 수밖에 없는 공간으로 주어진다. 개개인들이 시장과 얽혀 있는 한, 개개인은 자신들의 경제 활동에서 이 세계가 정한 규범을 지키지 않으면 안 된다. 이 규범을 받아들이지 못하거나 받아들이려고 하지 않는 노동자는 거리로 내쳐져서 실업자가 되고, 마찬가지로 이 규범과 지속적으로 대립각을 세우는 공장주는 반드시 망해서 이 경제 질서에서 배제된다.

이렇게 오늘날 사람들의 경제생활을 철저하게 지배하고 있는 자본주의는 경제적인 "취사선택"을 통해 자신이 필요로 하는 경제 주체들인 기업가와 노동자를 교육하고 만들어 낸다. 그러나 바로 이 지점에서 이러한 역사적 현상을 설명하기 위해 "취사선택"이라는 개념을 사용했을 때의 한계가 드러난다. 왜냐하면, 직업과 관련해서 자본주의가 특별히 요구하는 조건들에 "최적화된" 특정한 형태의 삶의 방식과 태도가 다른 형태들을 이기고 "선택되기" 위해서는, 당연히 그런 형태의 특정한 삶의 방식과 태도는 개개인들에게서만이 아니라 집단들에서 공통적인 것으로 먼저 존재하고 있어야 한다는 점에서, 이 태도의 기원에 대해서 알아보지 않고 막연히 그런 개념을 사용하는 것은 문제가 될 것이기 때문이다.

이러한 삶의 방식과 태도를 "이념"으로 규정하고서, 그런 "이념들"은 경제적 토대의 "반영" 또는 "상부 구조"로서 생겨난다고 보는 초보적인 "역사적 유물론"의 견해에 대해서는 나중에 좀 더 자세하게 살펴볼 것이기 때문에, 여기에서는 벤저민 프랭클린이 태어나서 자란 곳인 매사추세츠에서는 그 어떤 "자본주의적인 발전"이 있기 이전에, 우리가 현재의 논의 속에서 사용하고 있는 의미에서의 "자본주의 정신"이 이미 존재해 있었다는 것을 지적해 두는 것만으로도 충분할 것이다.

미국의 다른 지역들과는 달리, 벤저민 프랭클린이 자란 뉴잉글랜드[f]에서는 일찍이 1632년에 이미 탐욕적인 방식으로 이윤을 계산하는 생활양식이 발달했고, 그런 현상에 대해 탄식하는 목소리가 있었다. 또한 예를 들면 뉴잉글랜드에 속한 식민지들은 성직자들과 "신학교 졸업생들"이 소시민들과 수공업자들과 자영농민들의 도움을 받아 "종교적인" 목적으로 건설한 것이었던 반면에, 거기에 인접해 있었고 나중에 남부 연합을 구성하게 된 주들은 대자본가들이 "사업상의" 목적을 위해 건설한 식민지들이었음에도 불구하고, 후자의 주들에서는 자본주의적인 발달이 훨씬 낙후되어 있었다. 이것은 "유물론자들"의 관점에서 바라보았을 때와는 정반대의 현상이 벌어진 것이다.

---

f. 뉴잉글랜드(New England)는 미국 북동부의 대서양 연안에 있는 매사추세츠 주, 코네티컷 주, 로드아일랜드 주, 버몬트 주, 메인 주, 뉴햄프셔 주의 6개 주로 이루어진 지역이다. 1614년 런던의 몇몇 무역상들을 위해서 이 지역의 여러 해안을 답사한 존 스미스 선장이 뉴잉글랜드라는 이름을 지었으며, 뒤이어 영국의 청교도들이 이주해왔다. 17세기에 하버드 대학(1636)과 예일 대학(1701) 등 고등교육기관들이 생겨났다. 18세기 뉴잉글랜드는 영국으로부터 독립하려는 혁명의 중심이 되었고, 미국을 건설하는 데 주도적인 역할을 했다.

하지만 그러한 새로운 "이념들"이 생겨난 초기에는 "상부구조론"[9]을 주장하는 유물론적인 이론가들이 생각하는 것보다 훨씬 더 많은 장애물들이 있었다. 그런 이념들은 꽃이 피듯이 자연스럽게 개화한 것이 결코 아니었다. 우리가 이 논의에서 사용해 온 의미에서의 "자본주의 정신"은 적대적인 세력들이 장악하고 있던 세계에 대항한 힘들고 고단한 싸움 속에서 자신의 입지를 확보해 나가야 했다. 우리가 앞에서 인용한 글에서 벤저민 프랭클린이 표

명한 사고방식은 당시에 한 나라 전체로부터 박수갈채를 받았지만, 만일 고대나 중세였다면, 그런 사고방식은 너무나 추악한 탐욕의 표현이자 철저하게 멸시받아 마땅한 태도로 단죄되었을 것이 뻔하다.[11] 심지어 오늘날에서조차도 그러한 태도는 근대적인 자본주의 경제에 거의 참여하고 있지 않거나 적응하지 못한 모든 사회 집단들에서 철저하게 멸시와 배척을 당하고 있다.

---

g. 상부구조론은 마르크스의 역사적 유물론에 속한 사회 이론으로서, 사회의 체제를 상부 구조와 하부 구조로 나누는데, 여기서 상부구조는 정부, 종교, 문화, 관습, 이데올로기 등 인간의 정신과 관련되는 측면인데 반해 하부구조는 경제 체제를 뜻한다. 하부구조는 생산력과 생산 양식을 말하는데, 생산 양식은 누가 어떠한 자원을 가지고 생산 과정을 지배하는가와 관련이 있기 때문에 생산 양식은 하부구조에 영향을 미친다. 그런데 상식적으로 생각해도, 하부구조가 인간의 먹고 사는 과정이라는 점을 감안한다면, 하부구조는 상부구조인 문화나 관습에 영향을 준다고 할 수 있지만, 마르크스는 유물론적인 역사관을 통해서 하부구조에 의해 상부구조의 모습이 결정된다는 것을 보여주고자 했다. 이것은 이 논문에서 베버가 보여주고자 하는 것과 어떤 의미에서는 상반된다. 왜냐하면, 베버는 마르크스의 이론과는 반대로 이른바 "상부구조"인 개신교의 윤리가 "하부구조"인 자본주의의 형성과 발달을 규정했다는 것을 증명하고자 하기 때문이다.

11. 나는 이 기회를 빌려서 본격적인 논증으로 들어가기 전에 먼저 "비판을 미연에 방지하기 위해" 몇 마디 해두고자 한다. 좀바르트는 프랭클린이 보여준 이러한 "윤리"는 르네상스 시대에 다방면에서 걸쳐서 위대한 천재성을 보여준 레온 바티스타 알베르티(Leon Battista Alberti)의 여러 글들을 그대로 되풀이한 것이라고 종종 주장하지만, 그런 주장은 전혀 근거가 없다.

알베르티는 수학, 조각, 그림, 건축, 사랑(그는 개인적으로는 여성혐오론자였다)에 대한 이론적인 글들을 썼을 뿐만 아니라, 가정에 대해서도 네 권으로 된 책인『가정보감』(*Libri della famiglia*)을 썼다(내가 이 글을 쓸 당시에는 애석하게도 새로운 판본인 1908년의 만치니[G. Mancini] 판본은 구할 수가 없어서 1843-1849년에 피렌체에서 전 5권으로 나온 보누치[Bonucci] 판본을 사용해야 했다). 그렇다면, 우리가 앞에서 인용한 프랭클린의 말들, 특히 그 처음에 나오는 "시간은 돈이다"라는 공리 및 그 뒤에 이어지는 교훈들에 해당하는 구절들은 알베르티의 저작의 그 어디에서 발견되는가? 내가 아는 한 프랭클린의 그런 말들과 아주 조금이라도 비슷한 유일한 대목은『가정보감』(보누치 판 제2권 353쪽)의 제1권 끝부분에서 발견된다. 거기에서 알베르티는 돈은 가정의 중추신경과 같은 것이기 때문에 특히 세심하게 관리하지 않으면 안 된다고 아주 일반적으로 말하고 있을 뿐이고, 그것은 카토(Cato)의 저작인『농업론』(*De re rustica*)에 나오는 것과 정확히 일치한다.

게다가 알베르티는 자신은 피렌체에서 가장 이름 있는 기사 가문 출신이라는 것을 늘 강조했고(『가정보감』보누치 판 제2권 213, 228, 247쪽 등), 비록 사생아로 태어나긴 했지만 자신의 귀족 신분을 죽을 때까지 잃지 않았음에도 불구하고, 좀바르트가 그를 귀족 계층으로부터 배척당한 시민 계층으로서 귀족 계층에 대해 불만을 품은 "혼혈" 인간으로 여긴 것은 아주 잘못된 것이다.

알베르티의 저작의 특징은 큰 사업에 참여할 것을 권고한 것이었다. 그는 그러한 사업만이 "고귀하고 정직한 가문"과 "자유롭고 고귀한 정신"에 어울리고 (앞의 책 209쪽) 적은 노동을 필요로 한다고 지적하고서(판돌피니[Pandolfini] 가문을 위해 출간한 판본인『가족경영론』[*Del governo della Famiglia*] 55, 116쪽), 모직물과 비단의 선대제 사업을 최고의 사업으로 권장했다. 또한 계획에 따른 엄격한 예산 집행, 즉 수입을 예상하고서 거기에 따라 지출을 정하여야 한다고 말했다. 따라서 그가 말한 것들은 기본적으로 가계의 수입 및 지출과 관련된 원칙에 대한 것이었을 뿐이고 영리의 원칙에 대한 것은 아니었는데, 특히 좀바르트는 이 점을 제대로 주목했어야 했다. 마찬가지로, 돈의 속성에 관한 논의(같은 책)에서도 알베르티의 관심은 재산(돈 또는 소유물)의 투자에 있었을 뿐 자본의 이용에 있지 않았다. 이 모든 것들은 그가 자신의 책에서 "자노초"(Gianozzo)의 입을 빌려 말한 "지혜로운 가계 관리"와 관련된 것이었다. 알베르티는 사람의 운명의 불확실성에 대한 자구책으로서 멀리 내다보고 큰 그림 속에서 끊임없이 활동할 것을 권장하면서(앞의 책 192쪽), 그런 활동이야말로 사람의 건강을 지속적으로 유지시켜 주는 유일한 비결이라고 말하기도 했다(같은 책 73-74쪽). 또한 사회적인 지위를 유지하는 것에 늘 위협이 되는 나태함을 피하여야 하고, 사람은 어떻게 될지 모르기 때문에 거기에 대비해서 자신의 사회적 신분에 맞는 일들을 잘 배워 두어야 한다고 권장했지만, 돈을 벌기 위해 고용되어 일하는 것은 사회적 신분에 맞지 않는 것이라고 말하기도 했다(같은 책 제1권 209쪽).

알베르티가 이상으로 추구했던 "내면의 평안"과 에피쿠로스학파의 '라테 비오사스'(그리스어로 "자족하는 삶"이라는 뜻; 같은 책 262쪽), 관직은 불안의 원천이고 원수들을 만들어 내는 근원이며 추악한 일에 연루되게 만드는 원천으로 규정하고서 특히 거부한 것(같은 책 258쪽), 전원생활을 이상적인 삶으로 여긴 것, 조상들을 공경한 것 속에서 자부심을 키워야 한다고 생각한 것, 가문의 명예를 자신의 최종적인 기준과 목적으로 삼았고 거기에 따라 피렌체의 관습대로 가문의 재산을 나누어 주지 않은 것 — 이 모든 것들은 청교도들에게는 "피조물을 우상으로 섬기는" 죄로 여겨졌을 것이고, 벤저민 프랭클린에게는 낯설기 짝이 없는 귀족주의적인 오만한 태도로 여겨졌을 것이다.

또한 우리가 주목해야 할 것은 알베르티가 "근면"(industria)이라는 말은 원래 문필 활동과 학문 활동을 가리키는 것이라고 말하고서는, 그런 활동은 인간의 존엄성에 부합하는 것이라고 여겨서, 문필과 학문 활동을 높이 평가했다는 것이다. 따라서 그는 배운 사람들에게는 원래 그런 활동이 고귀한 것이지만, "자노초" 같이 배우지 못한 사람들에게는 남에게 폐를 끼치지 않고 스스로 살아가면서 빈곤에 떨어지지 않게 해 주는 수단으로서의 "합리적인 가계 관리"가 그나마 인간의 존엄성에 부합하는 활동이라고 여긴 것이었다. 이런 인식 때문에 알베르티는 자신의 저작에 등장하는 "자노초"의 입을 빌려서 "합리적인 가계 관리"가 실제로는 중세 수도사들의 윤리에서 기원했음에도 불구하고(아래의 설명을 보라) 마치 옛 사제의 지혜에서 나온 것처럼 설명한다(같은 책 249쪽).

알베르티가 말한 이 모든 것을 벤저민 프랭클린 및 그의 청교도 조상들의 윤리 및 생활양식과 비교해 보고, 인문주의적인 도시귀족들에게 영합했던 르네상스 저술가들의 글들을 다수의 시민 계층과 특히 상인들을 대상으로 했던 청교도들의 글들과 설교들을 비교해 보면, 우리는 이 둘의 차이가 엄청난 것임을 알게 된다. 알베르티가 곳곳에서 고대 저술가들의 글들을 인용해서 설파한 경제적 합리주의는 그가 알지 못했던 크세노폰, 그가 직접적으로 인용했던 카토, 바로, 콜루멜라가 경제 문제를 다룬 글들과 기본적으로 아주 비슷하고, 단지 카토와 바로의 경우에는 알베르티와는 판이하게 다르게 영리 활동을 전면에 내세운다는 것만이 다를 뿐이다.

또한 알베르티는 아주 드물게 농민들에 대한 불신을 이유로 관리인들의 사용 및 노동의 분업과 훈련에 대해 말하지만, 그것은 카토가 고대에 노예를 사용해서 경영한 농장에서 얻은 경험과 지혜에 대해 가르친 것들을 자유노동으로 경영되는 가내공업과 수공업 분야로 옮겨다 놓은 것처럼 들린다.

좀바르트는 스토아철학의 윤리에 대한 잘못된 이해를 바탕으로 해서, 경제적 합리주의는 일찍이 카토에게서 "발달할 수 있는 데까지 발달했다"고 주장했는데, 그의 말은 정확히 이해하기만 한다면 완전히 틀린 말은 아니다. 로마인들이 생각한 "사려 깊은 가장"(diligens pater familias)과 알베르티가 이상으로 여긴 "사려 깊은 관리인"(massajo)은 동일한 범주에 속한다고 할 수 있기 때문이다. 카토의 특징은 무엇보다도 토지를 투자의 대상으로 평가하고 판단했다는 것이다.

그럼에도 불구하고 알베르티의 "근면" 개념은 기독교의 영향으로 인해 다른 뉘앙스를 지닌다. 그리고 거기에 둘 간의 차이가 발견된다. 수도원적인 금욕주의에서 기원했고 수도사들의 글을 통해 발전된 "근면" 개념 속에는, 나중에 개신교의 철저하게 세속적인 "금욕주의"(아래의 설명을 보라!)에서 만개하게 된 "윤리"('에토스')의 씨앗이 들어 있었다. 그 결과 앞으로 자주 강조하겠지만, 이 둘 간에는 유사성이 존재한다. 하지만 한 마디 부연해 두자면, 이 두 금욕주의는 가톨릭교회가 공식적으로 채택한 토마스 아퀴나스의 교리와는 거리가 멀었고, 도리어 피렌체와 시에나의 탁발 수도사 윤리학자들과 더 가까웠다. 그런데 카토와 알베르티의 글에는 그러한 "윤리"가 존재하지 않았다. 그들이 관심을 가진 것은 윤리가 아니라 지혜롭게 삶을 영위하는 비결이었다. 벤저민 프랭클린이 관심을 가진 것도 공리주의였지만, 젊은 상인들을 향한 그의 설교 속에는 윤리적인 요소가 아주 분명하게 드러나는데, 이것이 그의 특징이었다는 것은 중요하다. 벤저민 프랭클린에게 있어서 돈을 부주의하게 취급하는 것은 자본의 태아를 "죽이는" 것이었기 때문에, 윤리적으로 문제가 있는 것이었다.

알베르티와 프랭클린 간의 내적 유사성은 사실 오직 하나뿐이었다. 즉, 좀바르트는 알베르티를 "경건하다"고 말했고, 알베르티는 다른 많은 인문주의자들과 마찬가지로 로마 가톨릭으로부터 서품도 받고 성직도 받았지만, 그의 책에서 그의 색깔이 전혀 들어가 있지 않은 두 구절을 제외하면, 종교적인 동기를 자신이 권장한 생활양식의 지향점으로 삼은 적이 결코 없었고, 아직 종교적인 신앙과 사상을 "경제적 효율"과 관련시키지 않았고, 프랭클린도 이전 시대에서와는 달리 이제 더 이상 이 둘을 관련시키지 않았다는 것이다. 적어도 형식적으로만 보자면, 경제와 관련해서 알베르티와 프랭클린은 둘 다 오직 공리주의만을 대변할 뿐이었고, 알베르티의 경우에는 모직물과 비단의 선대제 사업을 권장한다는 면에서 중상주의적인 사회적 공리주의를 대변했다("많은 사람이 고용되어야 한다," 앞의 책 292쪽).

실제로 알베르티가 이 주제에 대해 쓴 글들은 경제적 현실의 단순한 "반영"으로서의 "내재적인" 경제적 합리주의의 아주 적절한 예를 보여준다. 하지만 저술가들이 순전히 "사실 그 자체"에 글을 쓴 경우는 중국의 고전 시대, 고대 그리스와 로마 시대, 르네상스 시대, 계몽주의 시대 등 어느 시대 어느 곳에서나 있어 왔다. 고대에는 카토, 바로, 콜루멜라가, 르네상스 시대에는 알베르티 같은 사람들이 "근면"에 대한 가르침을 통해서 경제적 합리주의를 상당한 정도로 발전시켰다는 것은 의심의 여지가 없다. 하지만 저술가들의 그런 가르침은 구원과 관련된 종교적 신앙이 사람들로 하여금 자신들의 삶을 체계적이고 합리적으로 조직하게 만든 것과 같이 사람들의 삶을 근본적으로 변화시키는 힘을 지닐 수는 없었다. 반면에, 종교적 지향성을 통해 이루어진 생활양식의 "합리화"와 거기에 수반된 경제 활동의 합리화는 청교도의 모든 분파들은 물론이고 자이나교, 유대교, 중세 시대의 여러 금욕주의적인 분파들, 위클리프파, 후스파의 한 지류였던 보헤미아 형제단, 러시아의 거세파와 경건파, 그 밖의 수많은 종교집단들을 통해서 확인된다.

종교를 토대로 한 윤리는 사람들 가운데서 그 종교적 신앙이 살아있는 한에서는 그 윤리로부터 생겨난 행위들에 대해 주어지는 경제적 보상이 아닌 심리학적 보상으로 인해서 사람들에게 아주 중요하게 여겨질 뿐만 아니라 그들의 삶에 대단히 큰 영향을 미치는 반면에, 알베르티 같은 사람들이 제시한 단순한 삶의 지혜는 그런 보상이 주어지지 않기 때문에 사람들에게 종교적 윤리와 같은 그런 큰 영향을 미칠 수 없다. 사람들의 종교적 신앙이 살아있는 한, 이러한 심리학적 보상은 단지 "가르침"일 뿐인 신학자들이 가르치는 교리와는 상당히 다른 방향으로(이것은 아주 중요하다) 독자적으로 사람들의 생활양식과 경제 활동에 지대한 영향을 미치게 된다. 분명하게 말해 두자면, 바로 그것이 이 논문 전체를 통해 실제로 말하고자 하는 것이다. 그런데 나는 좀바르트가 이 논문의 그런 요지를 그토록 철저하게 간과할 것이라고는 전혀 예상하지 못했었다. 중세 시대 말기의 신학적 윤리학자들, 특히 피렌체의 안토닌과 시에나의 베른하르딘(Bernhardin)이 상대적으로 자본주의에 우호적이었다는 것에 대해서는 다른 기회에 말하고자 하지만, 좀바르트는 이 두 사람에 대해서도 마찬가지로 심각하게 오해했다.

어쨌든 알베르티는 그런 윤리학자들의 부류에 속해 있던 인물은 아니었고, 단지 수도사들의 사상으로부터 "근면" 개념을 빌려와서 사용한 것일 뿐이었다. 알베르티와 판돌피니(Pandolfini) 같은 부류의 사람들은 표면적으로는 전통적인 교회 사상에 복종하는 체했지만 정신적으로는 해방되어서, 그들을 둘러싸고 있던 기존의 기독교 윤리에 의한 온갖 속박 가운데서도 고대 사상에 뿌리를 둔 "이교적" 사상에 경도되어 있던 인물들이었다. 브렌타노는 내가 근대적 경제 이론과 근대적 경제 정책의 발전에서 그런 부류의 인물들이 지닌 중요성을 "무시했다"고 말하지만, 내가 그들을 무시한 것은 단지 개신교의 윤리와 자본주의의 정신을 다루는 이 논문과 별 상관이 없었기 때문이었다. 즉, 다른 기회에 분명하게 보여주겠지만, 나는 그들의 중요성을 부정한 것이 아니라, 여러 가지 타당한 근거들 위에서 그들의 "이교적" 사고방식이 영향을 미친 영역이나 방향이 개신교의 윤리(중세 시대의 여러 분파들과 위클리프파와 후스파의 윤리는 이 개신교 윤리의 꽤 실질적이고 중요한 전신들이었다)가 영향을 미친 영역이나 방향과 완전히 달랐기 때문에 그들을 이 연구에서 배제한 것이었을 뿐이다. 그들의 이교적 사상이 영향을 미친 영역은 새롭게 떠오르고 있던 시민 계층의 생활양식이 아니라 정치가들과 군주들의 정책이었다. 따라서 개신교의 윤리와 그들의 이교적 사상은 부분적으로는 서로 만나지만 늘 만나는 것은 아니기 때문에 일단은 분명하게 분리해서 보아야 한다.

벤저민 프랭클린의 경우에는 당시에 미국의 학교들에서 교재로 사용되었던 그의 개인경제에 관한 글들이 지대한 영향을 미친 영역은 사람들의 실천적인 삶이었던 반면에, 알베르티의 방대한 저작들은 지식인 계층 외부에서는 거의 알려져 있지 않았다. 내가 여기에서 특별히 프랭클린을 인용한 것은 그가 당시에 사람들의 삶에 대한 영향이 상당 부분 약화되어 있던 청교도의 지배를 완전히 뛰어넘은 인물이었기 때문이다. 이것은 청교도와 관련이 있는 것으로 자주 주장된 영국의 "계몽주의"가 청교도의 지배를 완전히 뛰어넘은 것과 같은 것이었다.

─────────

그 이유는 "자본주의 이전" 시대에서는 "영리를 추구하고자 하는 욕구"가 아직 알려지거나 발달되지 않았기 때문도 아니고, 근대의 낭만주의자들이 생각했고 오늘날에도 흔히 주장되듯이 고대나 중세에는 자본주의가 본격적으로 발달해서 시민 자본주의가 형성된 근대보다 "돈 욕심"이 덜했기 때문도 아니다. 그런 욕구들과 관련해서 예나 지금이나 변한 것은 전혀 없다. 자본주의 "정신"과 자본주의 이전의 "정신"은 그런 점들에서 서로 다르지 않다.

"탐욕"과 관련해서는 중국의 관료들, 고대 로마의 귀족들, 근대의 소농민들은 모두 마찬가지다. 나폴리의 마부나 선원, 아시아에서 그런 직종에 종사하는 사람들, 남부 유럽이나 아시아의 수공업자들의 "돈 욕심"이 예컨대 똑같은 처지에 있는 영국인들보다 훨씬 더 집요하고 비양심적이라는 것은 실제로 겪어본 사람이라면 누구나 쉽게 알 수 있다.[12]

—————

12. 안타깝게도 브렌타노는 평화적인 수단들에 의한 것이든 전쟁에 의한 것이든 모든 종류의 영리 추구를 한 솥에 쏟아 부어 동일하게 다루면서, 봉건주의적인 영리 추구와 대비되는 "자본주의적" 영리 추구의 특징을 토지가 아닌 돈만을 추구하는 데 있다고 말하고, 이 두 개념을 명확하게 구별해 줄 다른 핵심적인 특징들을 무시해 버린다. 또한, 그는 내가 이 논문에서 연구 목적으로 설정한 근대적인 자본주의의 "정신"이라는 개념에 대해서도, 증명해야 할 것을 미리 전제해 버린 것이라는 도저히 이해할 수 없는 이유를 들어서 거부해 버린다(앞의 책 131쪽).

—————

사람들이 지독하게 비양심적으로 돈을 벌고 이익을 추구하고자 하는 것은 서구적인 척도로 보았을 때에 시민 자본주의의 발달이 "낙후되어" 있는 나라들의 전형적인 특징이자 하나의 보편적인 현상이다. 예컨대 독일과 달리 그런 나라들로부터 온 노동자들을 사용하는 이탈리아 같은 곳에서 공장들을 운영하는 모든 제조업자들이 알고 있듯이, 그런 노동자들의 "비양심적인 행동"은 그들의 나라들에서 자본주의가 발달하는 데 "주된 걸림돌" 중 하나였고, 이것은 어느 정도는 오늘날에도 마찬가지다.[13] 자본주의에서는 제대로 훈련되지 않은 "자유의지"를 지닌 노동자들은 쓸모가 없고, 벤저민 프랭클린이 앞에서 보여주었듯이 비양심적으로 행동하는 사업가도 설 자리가 없다. 따라서 자본주의 "정신"과 자본주의 이전의 "정신" 간의 차이는 돈을 벌고자 하는 "욕구"의 정도 차이에 있지 않다.

---

13. 좀바르트가 자신의 저작인 『19세기 독일의 국민경제』(*Die deutsche Volkswirtschaft im neunzehnten Jahrhundert*, 1903) 123쪽에서 보인 고찰들은 모든 면에서 올바르다. 나의 이 논문에서 결정적으로 중요한 관점들은 좀바르트 이전의 저작들로 거슬러 올라가기는 하지만, 내가 여기에서 그 관점들을 정식화함에 있어서는 그의 위대한 저작들과 거기에서 그가 행한 날카로운 정식화에 많은 빚을 지고 있고, 나의 이 연구가 그와는 다른 노선으로 가는 경우에도, 아니 사실은 특히 그런 경우에 더욱더 그러하다는 것은 두말할 필요가 없다. 좀바르트가 제시한 견해들을 읽으면서 그런 것들과 다른 견해들이 반복적으로 떠오르고 그의 몇몇 주장들을 단호하게 배척하고자 하는 생각이 드는 사람들도 어쨌든 먼저 그의 견해들을 숙지해야 하는 것은 너무나 당연한 일이다.

"돈 욕심"은 인류가 존재한 이래로 존재해왔다. 앞으로 보게 되겠지만, "돈이 되는 일이라면 비록 돛이 불에 그을리는 한이 있어도 지옥을 향해 항해하는 것도 불사하겠다"는 각오를 보였던 네덜란드인 선장처럼 돈 욕심에 사로잡혀서 돈 버는 일에 물불을 가리지 않는 사람들은 자본주의 "정신"을 "대중 현상"으로 탄생시킨 신념이나 태도를 대표하는 사람들이 결코 아니었다. 내면적으로 그 어떤 규범에도 얽매임 없이 막무가내로 이익을 추구하는 것은 역사의 모든 시대에서 그렇게 하는 것이 실제로 가능한 곳에서는 어디든 존재해왔다.

전쟁과 해적활동에서는 물론이고, 타 부족이나 타 민족과의 관계에서는 규범에 얽매이지 않는 교역이 자유롭게 행해졌다. "형제들 사이에서는" 금지되었던 일들이 "외부인들"과의 관계에서는 허용되었다. 금이나 은 같이 화폐와 유사한 형태의 교환 수단들이 존재해서, 그런 교환 수단들을 활용해서 경제적인 이익을 추구할 수 있는 모든 사회에서는, "모험적인" 성격의 자본주의적인 영리 활동이 이루어져 왔는데, "코멘다,"[h] 국가로부터의 징세권 임차, 전쟁 자금의 융자, 국가와 궁정과 관료에 대한 융자 등이 그런 것이었다. 그리고 그런 자본주의적인 영리 활동이 이루어진 모든 곳에는 당연히 모든 윤리적 제약들을 비웃는 "모험적인" 정신을 지닌 사람들이 존재했다. 이윤을 위해서라면 무슨 짓이라도 하고자 하는 것과 오랜 전통들을 엄격하게 지키고자 하는 것이 아주 밀접하게 공존하는 경우가 흔했다. 하지만 그러한 전통들이 와해되기 시작하고, 무제한적인 이윤 추구가 꽤 광범위하게 확산되어서, 심지어 사회집단들의 핵심 속으로 침투했을 때도, 이 새로운 상황이 윤리적으로 긍정되고 받아들여지지는 않았고, 단지 윤리와는 관계없거나 유감스러운 것이기는 하지만 어쩔 수 없이 그 존재를 인정할 수밖에 없는 새로운 현실로 "용인되었을" 뿐이었다.

---

h. "코멘다"는 12-13세기에 서유럽 기독교 상인들, 특히 이탈리아 상인들이 많이 이용했던 상업대부계약이었다. 이 계약에서는 자본을 투자하는 사람과 노동력을 투자해서 사업을 수행하는 사람이 따로 있었고, 통상적으로 이익금은 자본가가 사분의 삼을, 기업가는 사분의 일을 가졌다. 이 계약은 주로 일회적인 투기성 사업에 이용되었고, 계약의 존속 기간은 그 일회성 사업이 종료될 때까지였다.

이것이 근대 자본주의 이전 시대들에서 모든 윤리적 가르침들이 통상적으로 취한 태도였고, 평범한 사람들의 실제적인 태도였는데, 우리의 논의를 위해 더 중요한 것은 후자다. 여기에서 근대 자본주의 이전 시대들이라는 것은 기업들에서의 자본의 합리적 사용과 노동의 자본주의적이고 체계적인 조직이 경제 활동의 방향을 결정하는 지배적인 힘들이 되기 이전의 시대들을

의미한다. 그런데 사람들이 시민 자본주의를 중심으로 하는 경제를 세우는 데 가장 강력한 내면적 장애물들 중의 하나가 된 것은 바로 이렇게 막무가내식의 무제한적인 이윤 추구를 용인하는 태도였다.

"윤리"라는 형태로 구체화된 모종의 규범을 지닌 생활양식이라는 의미에서의 자본주의 "정신"이 일차적으로 맞서 싸워야 했던 구체적이고 실제적인 적은 "전통주의"라 불리는 정서와 태도였다. 여기에서도 "전통주의"가 무엇인지를 명확하게 "정의"하려고 하는 시도는 보류해두는 것이 좋을 것이기 때문에, 이 단어가 무엇을 의미하는지를 보여주는 몇 가지 구체적인 사례들을 살펴봄으로써, 우리가 "전통주의"라는 단어를 어떤 의미로 사용하는지를 단지 잠정적으로만 제시하고자 한다. 먼저, "아래로부터" 노동자들과 관련된 사례들부터 살펴보자.

근대적인 기업가가 자신이 고용한 노동자들로부터 최대한의 노동력을 이끌어 내고 노동 효율을 높이기 위해 사용하는 전문적인 장치들 중의 하나는 "성과급"이다. 일례로, 일반적으로 농업에서는 노동 강도를 최대한으로 끌어 올려야 하는 시기 중의 하나는 수확기이다. 기후가 언제 변할지 모르는 상황에서, 작물을 얼마나 신속하게 수확하느냐에 따라서 수확의 성패가 결정되고 손익 차이가 아주 크게 벌어지게 되기 때문이다. 그래서 농업 분야에서 성과급이 사용되는 것이 보통이다. 산출량이 늘어나고 생산 활동이 더 집약적으로 되면서, 수확 속도를 높이고자 하는 기업가의 관심도 점점 더 커지기 때문에, 성과급의 비율을 높여서 짧은 시간에 큰돈을 벌 수 있는 기회를 제공함으로써 노동자들의 노동 생산성을 향상시키고자 하는 시도들이 반복적으로 있어 온 것은 어쩌면 당연한 일이었다.

하지만 이상한 문제점이 발생했다. 성과급의 비율을 올리자, 동일한 기간의 노동 생산성이 증가한 것이 아니라 감소하는 일이 자주 일어났는데, 이것은 성과급의 비율이 올라가자, 노동자들은 하루에 일하는 양을 늘리는 것이 아니라 줄이는 쪽으로 반응했기 때문이었다. 예를 들면, 지금까지 1모르겐[i]의 땅에서 수확을 마쳤을 때에 1마르크의 보수가 주어졌을 때에 하루에

2.5모르겐에서 수확을 해서 2.5마르크를 벌었던 노동자들이, 성과급이 1모르겐 당 25페니히가 인상되자, 기업가가 기대했던 대로 하루에 3모르겐에서 수확해서 3.75마르크를 가져간 경우는 드물었고, 도리어 일을 줄여서 하루에 2모르겐에서 수확을 끝내고 이전과 똑같이 2.5마르크를 집으로 가져갔는데, 그 이유는 성경에 나와 있는 대로 그들의 "자족하는 마음"(디모데전서 6:6) 때문이었다. 그들에게는 적게 일하는 것이 돈을 더 많이 버는 것보다 더 매력적인 것이었다.

---

i. "모르겐"은 토지 면적을 나타내는 단위였는데, 1모르겐은 두 마리의 소가 오전 중에 경작할 수 있는 토지 면적으로서 대략 2에이커 정도였다.

그들은 "내가 최대한도로 일한다면 하루에 얼마를 벌 수 있는가"라고 물은 것이 아니라, "내가 전통적으로 필요한 것들을 얻기 위해서는 하루에 2.5마르크가 있어야 하는데, 그 돈을 벌기 위해서는 얼마나 일해야 하는가"라고 물었던 것이다. 이것이 우리가 통상적으로 "전통주의"라고 부르는 태도다. 그런 태도를 취하는 사람들은 "본성적으로" 더 많은 돈을 벌려고 하는 것이 아니라, 단지 자기가 이제까지 살아온 방식대로 살기를 원하고 그렇게 사는 데 필요한 만큼의 돈만을 벌려고 한다.

따라서 근대 자본주의가 사람들의 노동 강도를 높여서 노동 생산성을 향상시키는 작업을 시작하자, 도처에서 자본주의 이전 시대의 경제에서 통용되던 노동 양식을 주도했던 "전통주의"의 무한히 끈질기고 완강한 저항에 직면해야 했다. 이것은 오늘날에도 마찬가지여서, 자본주의의 기반이 되는 노동자 계층의 의식과 태도가 자본주의적 관점에서 볼 때 "후진성"이 클수록, 자본주의는 여전히 더 큰 저항에 봉착한다.

앞에서 말한 사례로 다시 돌아가 보자. 높은 임금을 제시해서 "영리 욕구"

를 자극하는 방법이 실패하자, 정반대의 방법을 시도하게 된 것은 당연한 일이었는데, 그것은 임금을 내려서 노동자들로 하여금 이전과 같은 수입을 유지하기 위해서는 어쩔 수 없이 더 많이 일할 수밖에 없게 만드는 것이었다. 아무런 선입견 없이 보면, 낮은 임금과 높은 이윤은 서로 상관관계가 있는 것으로 보였고, 그것은 오늘날에도 마찬가지다. 그리고 임금을 더 많이 주면 거기에 비례해서 이윤도 줄어든다는 것도 언제나 옳아 보였다. 실제로 자본주의는 처음부터 그런 길을 걸어 왔고, 낮은 임금이 "생산적"이라는 것, 즉 낮은 임금이 생산성을 높인다는 것을 여러 세기 동안 하나의 신조로 삼아왔다. 앞으로 보게 되겠지만, 네덜란드의 기업가이자 경제학자였던 피터르 드 라 카우르(Pieter de la Cour, 1618-1685)는 이 문제와 관련해서 진정으로 칼뱅주의의 정신에 의거해 사고하는 가운데, 대중들은 오직 가난하기 때문에 일하고 오직 가난한 동안에만 일한다고 말했다.

하지만 얼핏 보면 확실해 보이는 이 방법도 그 효과에 한계가 있다.[14] 자본주의가 발전하기 위해서는 노동 시장에 싼 임금으로 데려다 쓸 수 있는 잉여 인구가 있어야 한다는 것은 분명하다. 하지만 "예비 인력"이 과다하게 많을 때에는 자본주의의 양적 팽창에는 유리할 수 있지만, 어떤 상황에서는 자본주의의 "질적" 향상, 특히 노동집약적인 기업 형태로의 이행이 방해를 받을 수 있다. 낮은 임금은 값싼 노동력과 결코 동일하지 않다.

---

14. 물론 여기에서 우리는 이 "한계"가 어디에 있는가에 대해서는 다룰 수 없고, 고임금과 높은 노동생산성 간의 상관관계에 대한 저 유명한 이론에 대해서도 평가할 수 없다. 이 이론은 브라세이(Brassey)가 처음으로 제기한 것을 브렌타노가 이론적으로 정식화하였고, 슐체(Schulze)와 게버니츠(Gaevernitz)에 의해 역사적이고 체계적으로 정식화되었다. 이러한 논의는 하스바흐(Hasbach)의 통찰력 있는 연구에 의해 다시 재개되었지만(『슈몰러 연보』[Schmollers Jahrbuch, 1903] 385-391, 417-418쪽을 보라) 아직 최종적으로 해결되지는 않았다. 따라서

여기에서는 아무도 의심하지 않고 의심할 수도 없는 사실, 즉 저임금은 반드시 높은 이윤을 가져다주는 것이 아니고 산업 발전에 유리한 기회를 제공해 주는 것도 아니라는 것만을 지적해 두는 것으로 충분할 것이다. 다시 말해서, 임금과 관련된 단순히 기계적인 조작만으로는 노동자들을 자본주의적인 문화로 "교육 시켜서" 자본주의 경제를 정착시키는 것은 불가능하다는 것이다. 여기에서 선별해서 제시한 모든 사례들은 전적으로 예시를 위한 것이다.

————————

순전히 양적인 관점에서 보더라도, 임금이 육체적인 건강을 제대로 유지할 수 없을 정도로 낮게 유지될 때에는 노동 생산성은 줄어들고, 장기적으로는 그런 수준의 임금이 계속적으로 유지되는 경우에는 "적자생존"이 아니라 "부적격자 생존"이 현실화된다. 오늘날의 슐레지엔(Schlesien) 사람들은 온 힘을 다해 일해도 그들보다 임금도 많이 받고 잘 먹는 포먼(Pommern) 사람들이나 메클렌부르크(Mecklenburg) 사람들에 비해 동일한 시간에 평균적으로 3분의 2를 약간 넘는 토지에서 곡물을 수확할 수 있을 뿐이고, 폴란드인들은 그 출신지가 동쪽으로 더 치우친 지역일수록 독일인들에 비해 동일한 시간에 곡물을 더 적게 수확한다.

순전히 사업적인 관점에서 볼 때에도, 어떤 경우들에는 낮은 임금은 자본주의의 발달을 견인하는 힘으로서의 역할을 하지 못하는데, 수공업적인 제조 과정에서 숙련 노동이 요구되거나, 비싸지만 잘못 작동해서 망가지기 쉬운 기계들을 사용해야 하거나, 상당한 정도의 집중력과 창의력이 요구되는 경우가 바로 그런 경우들이다. 실제로 그런 경우들에 낮은 임금은 처음에 의도했던 것과는 정반대의 결과를 초래하는데, 그 이유는 그런 경우들에는 상당한 정도의 책임의식이 절대적으로 필수적일 뿐만 아니라, 노동자들이 일반적으로 늘 갖고 있는 생각, 즉 어떻게 하면 최대한으로 힘들지 않고 쉽게 일하면서 원하는 임금을 받을 수 있을까 하는 생각을 적어도 일하는 동안만이라도 접어두고서, 자신들이 하는 일을 그 자체로 절대적인 목적이나 "소명"으로 여기는 태도가 필수적이기 때문이다. 하지만 그런 태도는 자연스럽게 생겨나는 것도 아니고, 높은 임금이나 낮은 임금을 통해서 직접적으로 만들어낼 수 있는 것도 아니며, 장기적이고 꾸준한 "교육"의 결과로서 서서히 만들어진다.

오늘날 모든 산업화된 국가들 및 각 국가 내의 모든 산업 지대에서는 자본주의가 이미 확고하게 자리를 잡고 있기 때문에, 필요한 노동자들을 비교적 쉽게 충원할 수 있지만, 과거에는 그런 일이 모든 개별적인 경우에서 극히 어려운 문제였다.[15] 그리고 심지어 오늘날에도 자본주의는 그 초창기에 받았던 강력한 조력 없이는 목적을 달성할 수 없는 경우가 있는데, 이것에 대해서는 나중에 적당한 곳에서 다시 살펴볼 것이다. 이것이 무엇을 의미하는지를 가장 잘 보여 줄 수 있는 방법은 여기에서도 또다시 한 가지 예를 드는 것이다.

오늘날 전통주의적이고 후진적인 노동 형태를 가장 잘 보여주는 것은 흔히 "여성" 노동자들, 그 중에서도 특히 미혼의 여성 노동자들의 경우인데, 미혼 여성, 특히 독일인 미혼 여성들을 고용한 기업가들이 거의 예외 없이 불평하는 것은, 미혼 여성들이 전통주의적인 노동 방식을 버리고, 자신들이 배운 좀 더 실용적인 새로운 노동 방식을 받아들여서, 자신들에게 맡겨진 일에 스스로 능동적으로 생각하고 적응하며 집중하고자 하는 의지와 능력이 전혀 없거나 적어도 그렇게 하기를 주저하고 꺼려한다는 것이다. 일을 좀 더 쉽게, 그리고 무엇보다도 이윤을 더 많이 남기게 할 수 있는 방식을 논의하고자 시도하면, 대체로 미혼 여성 노동자들의 완벽한 몰이해라는 장벽에 부딪치게 된다. 성과급의 비율을 올려도 기업가들이 원하는 효과를 거둘 수 없는 것도 습성이라는 견고한 장벽 때문이다.

---

15. 따라서 이전의 문화 분야들로부터의 대규모의 이주가 없었다면, 자본주의적인 산업들의 정착도 불가능했을 것이다. 좀바르트가 사람을 중심으로 한 수공업자들의 개인적인 "솜씨들"과 영업 비밀은 과학적이고 객관화된 근대적인 기술과 대비되는 것이었음을 지적한 것은 옳다. 그럼에도 불구하고, 자본주

의 형성기에는 그러한 차이나 구별은 거의 존재하지 않았고, 실제로는 자주 자본주의적인 노동자들, 그리고 일정 정도는 기업가들의 윤리적 특질들이 오로지 그 희소성으로 인해서 여러 세기에 걸친 전통주의 속에서 고착화되어 발전할 수 없었던 수공업자들의 "솜씨들"보다 더 가치 있는 것으로 평가되었다. 오늘날의 산업조차도 그 입지를 선정할 때 오랜 기간의 전통과 집약적인 노동을 위한 교육 환경의 결과로서 그 지역의 주민들이 어떤 특질들을 지니게 되었는지를 고려하지 않을 수 없게 되었다. 이러한 상관관계가 일단 확인되면, 오늘날의 학계에서는 일반적으로 그것을 전통과 교육이 아니라 유전된 인종적 특질로 돌리지만, 내 생각에는 학계의 그런 결론이 타당한지는 대단히 의심스럽다.

　일반적으로 유일하게 다른 반응을 보이는 미혼 여성들은 특별한 종교적인 교육을 받은 여성들, 특히 "경건주의적인" 신앙 속에서 자란 여성들인데, 이 점은 우리의 연구를 위해서 중요하다. 사람들은 흔히 그런 범주에 속한 여성 노동자들은 경제 교육을 받아들일 가능성이 대단히 높다고 말하고, 실제로 그것은 종종 행해진 통계로도 확인이 된다.[16] 그들에게서는 생각을 집중하는 능력과 자신에게 맡겨진 일에 대해 책임감을 느끼는 것 같은 절대적으로 중요한 능력들이 특히 빈번하게 발견되고, 그들의 그러한 특질들은 흔히 자신의 수입이 어느 수준인지를 고려하는 엄격한 경제 의식 및 노동 생산성을 상당히 높여 주는 냉철한 절제 의식으로부터 생겨난다. 이렇게 자본주의가 요구하는 노동을 "소명"으로 여기고서 그 자체를 목적으로 삼는 태도를 확립할 수 있는 가장 유리한 토대이자 전통주의에 의거한 구습을 극복할 수 있는 가장 유리한 기회는 종교적인 교육의 결과로서 극대화된다.

　현재의 자본주의와 관련된 이러한 고찰만으로도,[17] 자본주의의 초기에 사람들이 자본주의에 적응할 때에 종교적인 요소들이 어떤 역할을 했는가 하는 질문을 제기할 만한 가치가 있다는 것이 다시 한 번 충분히 드러난다. 왜냐하면, 이 둘 간의 연결고리들이 당시에 이미 존재했다는 것은 당시의 많은 개별적인 현상들이 분명하게 보여주고 있기 때문이다. 예컨대, 18세기에 감리교도 노동자들은 동료 노동자들로부터 혐오와 박해의 대상이 되었는데, 이런 일은 특히 영국에서 빈번하게 발생했고, 그 중에는 아주 심한 사례들도 있었다. 하지만 그것은 결코, 또는 적어도 일차적으로는 그들의 종교적인 이상한 습성들 때문이 아니었다. 실제로 당시의 보고서들에서 읽을 수 있듯이, 그들이 사용하는 "도구들"이 자주 파괴되었다는 사실은 그들이 그런 식으로 동료 노동자들에 의한 공격의 표적이 된 것은 오늘날의 표현을 사용하자면 그들의 과도한 "노동 의욕" 때문이었다는 것을 보여준다.

---

16. 제1부 제1장 주 24의 끝부분에 인용된 나의 논문을 보라.

17. 내가 앞에서 서술한 내용들은 오해의 소지가 있다. 우리에게 잘 알려져 있는 한 유형의 사업가들은 자신들의 이익을 위해 "대중들 사이에서는 종교가 유지되어야 한다"는 명제를 지지하는 경향을 보여주고, 어떤 종교인들은 권위에 대한 공경이라는 미명 아래 노동자들의 파업을 죄악으로 규정하고 노동조합들을 "탐욕"을 선동하는 단체들로 규정하고서 스스로 "비밀경찰"의 역할을 자임하는 경향을 보여주는데(특히 이런 경향은 루터교 성직자들에게서 이전에 심심치 않게 나타났다), 이 두 가지 경향은 여기에서 다루고 있는 현상들과는 아무런 상관이 없다. 나중에 보겠지만, 여기에서 다루는 것들은 개별적인 사례들이 아니라, 아주 빈번하게 반복해서 일어나는 전형적인 사례들에 대한 것이다.

이제 다시 현재로 돌아와서 "전통주의"가 무엇을 의미하는지를 분명히 하기 위해 이번에는 기업가들에게로 눈을 돌려 보자.

베르너 좀바르트(Werner Sombart, 1863-1941)[j]는 자본주의의 기원에 관한 자신의 글에서,[18] 경제 활동의 유형과 방향을 결정한 힘이 개인적인 생존 욕구였는지, 아니면 가능한 기회들을 만들어서 개인적인 생존에 필요한 것 이상으로 이윤을 추구하고자 한 것이었는지에 따라, 경제사를 좌우해 온 두 가지 중요한 "중심 동기"로 "생존 욕구"와 "영리 추구"를 들었다. 그가 "생존 경제 체제"라고 부른 것은 얼핏 보면 우리가 지금까지 "경제적 전통주의"로 정의해 온 것과 동일한 것으로 보이기도 하는데, "욕구"라는 용어를 "전통적인 욕구들"을 의미하는 것으로 보는 경우에는 실제로 그러하다. 하지만 "욕구"를 그런 의미로 이해하지 않는 경우에는, 좀바르트가 자신의 글의 다른 곳에서 정의한 바에 따라[19] 그 조직 형태라는 관점에서 "자본주의적인" 것으로 여길 수 있는 다수의 경제들이 "이윤을 기반으로 한" 경제의 영역에 속하지 않게 되고 "생존 경제"로 분류되어야 한다. 다시 말해서, 개인 기업가들이 이윤을 목적으로 생산 수단을 구매해서 생산물을 만들어 판매함으로써 자본 — 화폐이든 화폐의 가치를 지닌 실물이든 — 이 회전하는 형태로 운영하는 기업들이 "자본주의적인 기업들"이라는 것은 의심할 여지가 없는데, 그런 경제들도 여전히 전통주의적 특성을 지닐 수 있다는 것이다.

---

j. 좀바르트는 독일의 경제학자 및 사회학자이다. 1904년부터 베버와 함께 『사회 과학 및 사회 정책』이라는 학술지의 편집자로 활동하였다. 그는 마르크스의 영향 아래에서 경제 이론과 역사의 종합을 시도하여 "경제 체제"라는 개념을 정립하였다. 그는 부유한 지주이자 정치가의 아들로 태어나 베를린, 피사, 로마에서 교육을 받았고, 1888년 베를린대학교에서 철학박사 학위를 취득했으며, 1918년에 베를린대학교의 정교수가 되었다. 처음에는 마르크스주의를 열렬히 지지했으나 나중에는 좀 더 보수적인 입장이 되어 강력한 반(反)마르크스주의자가 되었다. 그럼에도 불구하고 계급과 경제사회의 발전에 관한 그의 역사적 저술, 특히 『근대 자본주의』(1902)는 방법론상 마르크스로부터 큰 영향을 받은 것이었다. 이 저술과 자본주의에 관한 이후의 연구에서 그는 자본주의에 대한 발전적 관점을 제시했다.

18. 좀바르트의 『근대 자본주의』(*Der moderne Kapitalismus*) 제1판 제1권 62

쪽을 보라.

19. 앞의 책 195쪽을 보라.

―――――

근대 경제사의 전개 과정에서도 그런 경제는 단지 예외적인 현상이 아니라, 비록 "자본주의 정신"의 새롭고 한층 더 격렬한 표출들로 말미암아 자주 반복적으로 중단되기는 했지만, 일반적인 현상이었다. "자본주의적인" 형태의 경제와 그 경제를 이끌어가는 정신은 서로 궁합이 잘 맞는 것이 일반적이지만, 그렇다고 해서 이런 형태의 경제는 이런 정신이 이끌어야 한다고 말하는 어떤 법칙에 의해 결정되어 있는 것은 아니다.

예를 들면, 우리는 벤저민 프랭클린이 자신의 글에서 보여준 것 같은 방식으로 직업을 통해 조직적이고 합리적으로 이윤 자체를 추구하는 태도를 가리키는 데 잠정적으로 "자본주의 정신"이라는 표현을 사용할 수 있고,[20] 그렇게 하는 것이 적절하다는 것을 보여주는 역사적인 근거도 있는데, 그것은 이러한 태도는 근대의 자본주의적인 기업들과 궁합이 대단히 잘 맞았던 까닭에, 근대의 자본주의적인 기업들은 그러한 태도를 자신들에게 가장 적합한 정신적 동기와 추진력으로 삼았기 때문이다.

―――――

20. 우리가 여기에서 말하는 자본주의는 3천 년 전부터 오늘날에 이르기까지 중국, 인도, 바빌로니아, 그리스, 로마, 피렌체를 비롯해서 세계 곳곳에서 활동해 온 고리대금업자들, 전쟁물자공급자들, 물자 조달을 담당한 관리들, 징세권 임차인들, 거상들, 금융업의 큰 손들이 중심이 된 자본주의가 아니라, 서양에 특수한 근대적이고 합리적인 기업들이 중심이 된 자본주의다.

―――――

하지만 경제활동과 기업의 형태는 그 경제를 추진하는 동기와 힘으로부터 얼마든지 서로 분리될 수 있다. 벤저민 프랭클린이 운영하던 인쇄소는 "형태상으로는" 수공업적인 인쇄소와 전혀 차이가 없었지만, 그 인쇄소를 경영하는 그는 철저하게 "자본주의 정신"으로 무장되어 있었다. 나중에 보게 되겠지만, 근대 초기에 일반적으로 우리가 여기에서 "자본주의 정신"으로 지칭한 태도를 지니고 있던 사람들은 상업 귀족 계층 출신의 "자본주의적인" 기업가들이 전부였거나 주류를 이루고 있었던 것이 아니라, 주로 신흥 중간 계층 출신이었다.[21] 19세기에도 그러한 태도를 고전적으로 대표했던 사람들은 상업으로 축적한 부를 물려받은 리버풀과 함부르크의 고상한 신사들이 아니라, 흔히 아주 미천한 출신 배경을 지닌 맨체스터나 라인란트-베스트팔렌의 야심찬 "신흥 갑부들"이었다. 이러한 상황은 16세기에도 비슷해서, 당시에 새롭게 출현한 산업들은 주로 그러한 신흥 갑부들에 의해 경영되었다.[22]

---

21. 내가 여기에서 강조하고자 하는 것은 한편으로는 자본주의적인 기업의 기술, 다른 한편으로는 자본주의의 발전의 동력으로 작용하는 "소명으로서의 직업 노동"의 정신이 동일한 사회 계층에 그 뿌리를 두고 있었을 것임에 틀림없다고 선험적으로 전제해서는 안 된다는 것이다. 이것은 종교적 신념들과 사회 관계들의 경우에도 동일하다. 역사적으로 칼뱅주의는 "자본주의 정신"을 발생시킨 교육의 사회적 주역들 중 하나였다. 하지만 예컨대 네덜란드에서는 큰 자산을 소유한 사람들은 대체로 아주 엄격한 칼뱅주의의 추종자들이 아니라 아르미니우스주의자들이었다(그 이유들에 대해서는 나중에 설명할 것이다). 다른 곳들에서와 마찬가지로 네덜란드에서도 자본주의 윤리와 칼뱅주의 교회의 "전형적인" 주역들은 새롭게 기업가들로 부상하고 있던 신흥 시민 또는 소시민 계층의 사람들이었다. 하지만 바로 이러한 상황은 앞에서 제시한 명제, 즉 큰 자산을 소유한 자들과 거상들은 모두 시대에 존재했지만, 시민 계층에서 산업 노동을 합리적이고 자본주의적으로 조직하게 된 것은 중세 시대에서 근대로 발전하면서 처음으로 알려지게 되었다는 것과 아주 잘 부합한다.

22. 이 점에 대해서는 율리안 말리니아크(J.Maliniak)가 쓴 취리히 대학 박사 학위 논문(1913)을 보라.

은행업, 대규모 수출업을 하는 기업, 대규모 소매업, 또는 가내공업에서 상품들을 생산해 내서 대규모로 납품 받아 파는 선대제(先貸制)[k]로 운영되는 기업은 당연히 오직 자본주의적인 기업의 형태로만 존재할 수 있다. 그럼에도 불구하고 그러한 기업들은 철저하게 전통주의적인 정신으로 운영될 수 있다. 실제로 어음을 발행하는 대규모의 은행업을 운영하는 기업은 자본주의적인 형태 이외의 다른 방식으로 운영하는 것이 불가능하다. 역사의 모든 시기에서 다른 나라들과의 교역은 독점과 조례라는 철저하게 전통주의적인 토대 위에서 행해졌다. 소매업 — 여기서 우리는 오늘날 국가의 부조로 살아가면서 짬짬이 물건들을 조금씩 팔아서 용돈으로 쓰는 사람들이 하는 일들을 말하는 것이 아니다 — 에서는 오래된 전통주의를 종식시키는 혁명적인 과정이 아직 한창 진행되고 있는데, 이것은 과거의 선대제라는 낡은 형태를 부수고 오직 그 형태만 같고 정신은 전혀 다른 근대 가내공업이 출현한 것과 맞먹는 혁명이다. 그러한 혁명 과정이 어떤 식으로 진행되고 있고, 그것이 무엇을 의미하는지는 사실 잘 알려져 있는 것이기는 하지만, 우리는 여기에서 구체적인 사례를 들어서 그런 것들을 다시 한 번 예시해 보고자 한다.

---

k. 선대제는 상인이 외부 시장에 판매할 상품을 확보하기 위해 생산자에게 원료나 도구를 공급해 제품을 생산하도록 하는 방식을 가리킨다. 유럽의 경우 12세기 이래 지중해 무역을 비롯한 원격지 무역이 발전하면서 이탈리아의 여러 상업 도시와 네덜란드 지역에서 견직업과 모직업을 중심으로 나타났다. 15세기 이후 선대제는 도시의 경계를 넘어 농촌 지역에까지 확대되었고, 다음 세기 시장의 확대에 대응하는 대표적인 생산조직으로 발전했다. 선대제 생산조직은

초기 자본주의 발전 과정에서 중요한 역할을 맡았다. 근대 초 서유럽에서 이 방식이 확대된 것은, 특히 17세기 이래 유럽의 여러 지역에서 특히 모직물 공업을 중심으로 반농반공(半農半工)의 농촌 공업이 성장한 것과 밀접한 관련이 있다.

―――――――

지난 세기의 중반에 이르기까지는 적어도 대륙의 방직 산업의 여러 부문들에서 선대업자들("선대"는 기일 이전에 꾸어준다는 의미다)은 오늘날의 기준으로 볼 때에 별로 쫓기는 것 없이 꽤 여유로운 삶을 살았다.[23] 그들의 삶은 이런 것이었다. 아마포를 예로 들어 보자면, 농민들은 흔히 주로 또는 전적으로 자신이 직접 조달한 원단을 가지고 직물을 만든 후에, 선대업자가 살고 있는 도시나 읍내로 가서, 흔히 세심한 공식적인 품질 검사를 거쳐 통상적인 가격을 받고서 자신이 짠 직물을 넘겨주었다. 선대업자의 고객들은 좀 더 멀리 있는 시장들에 물건들을 공급해 주는 역할을 하는 중간상인들이었는데, 그들도 선대업자에게 직접 와서, 전통적인 품질 확인 방식을 따라 견본이나 재고를 보고서 물건을 사가기도 했고, 주문을 미리 넣기도 했다. 선주문을 받은 경우에는 선대업자는 거기에 의거해서 농민들에게 새로운 주문을 넣었다. 선대업자가 자신의 고객들을 직접 찾아가는 일은 아주 드물었고, 통상적으로 서신과 견본을 보내는 것으로 충분했다. 영업시간은 비교적 짧아서 하루에 대여섯 시간이었고, 훨씬 더 짧은 경우도 종종 있었다. 고객들이 선약을 하고 늦게 오는 경우에는 좀 더 오래 근무하기는 했지만, 그런 일은 늘 있는 일이 아니었다. 수입이 아주 많은 것은 아니었다. 하지만 품격 있는 수준의 삶을 살아가는 데는 부족함이 없었고, 호황인 때에는 어느 정도의 재산을 축적할 수도 있었다. "상도"에 대한 광범위한 합의가 존재했기 때문에, 사업상의 경쟁자들 간의 관계는 대체로 우호적이었다. 날마다 술집에 가서 오랜 시간 머물거나, 저녁에 친구들과 함께 술 한 잔을 기울이는 것이 보통일 정도로 삶은 전반적으로 여유로웠다.

23. 이하의 설명은 여러 지역의 여러 개별 부문의 실태를 토대로 해서 구성한 "이념형"이다. 여기에서 제시한 것은 예시를 위한 것이기 때문에, 우리가 아는 사례들 중 그 어느 것도 여기에서 설명한 방식과 완전히 부합하는 것이 없다고 하더라도, 그것은 우리의 논의에 아무런 영향을 미치지 못한다.

하지만 선대업을 하는 기업가들은 전적으로 상업 또는 사업에 종사한 것이었고, 사업의 경영에서 자본의 개입이 필수적이었으며, 거기에서 이루어진 객관적인 경제 과정과 기장 방식이 자본주의적인 형태로 이루어졌기 때문에, 선대업은 모든 점에서 "자본주의적인" 형태의 조직이었다. 그러나 사업은 전통적인 생활 방식, 전통적인 이윤 수준, 전통적인 노동의 양, 전통적인 사업 경영 방식, 노동자들 및 고객들과의 전통적인 관계, 고객 확보와 판매의 전통적인 방식에 의해 이루어졌고, 이 기업가 집단의 "윤리"의 기저를 이루고 있었던 것도 전통주의였다는 점에서, 이 기업가들은 전통주의적인 정신으로 선대업을 경영했고, 그들이 경영한 선대업은 전통주의적인 경제에 속하는 것이었다.

이러한 여유로운 상황이 어느 시점에서 갑자기 붕괴되기 시작했다. 하지만 그것은 공장제 노동으로의 전환이나 기계식 방적으로의 변화 등과 같이 기업 조직의 형태에 있어서의 어떤 근본적인 변화에 기인한 것이 아니었다. 이런 일은 흔히 그저 다음과 같이 일어났다. 대대로 선대업을 해온 가문 출신의 한 청년이 도시나 읍내에서 시골로 내려가서, 자신이 필요로 하는 직조공들을 선별하고서, 그에 대한 그들의 의존성과 그들에 대한 그의 통제력을 강화함으로써, 그들을 농민에서 노동자로 바꾸어 놓았다. 또한, 그는 최종 구매자들인 소매업자들과 직접 접촉하고 거래함으로써 판매와 영업을 장악하였고, 자신의 고객들을 확보해서 해마다 정기적으로 방문하여 그들을 관리하였으며, 무엇보다도 중요한 것은 생산하는 물건들의 품질을 오로지 고객들의 필요와 요구에 맞추는 "맞춤형" 전략을 시행함과 동시에, "박리다매"의 원칙을 따라 영업을 하기 시작했다는 것이다.

그러자 이런 종류의 "합리화" 과정에 필연적으로 수반되는 결과가 여기에서도 그대로 반복되었는데, 그것은 성공하지 않으면 망한다는 것이었다. 치열한 생존 경쟁이 시작되면서, 목가적인 여유로운 풍경은 자취를 감추게 되었다. 상당한 규모로 축적된 재산은 이자 수익을 목적으로 운용되지 않고 사업에 재투자되었다. 편안하고 안락했던 예전의 생활방식은 사라졌고 살벌함과 냉혹함이 지배하는 삶으로 바뀌었다. 기업을 합리화하는 데 성공한 사람들은 돈을 쓰지는 않고 벌려고만 했고, 기업을 경영하는 데 예전의 방식을 고수한 사람들은 수입이 현저하게 줄어들어서 허리띠를 졸라매지 않을 수 없게 되었기 때문이다.[24]

24. 경제적 합리주의가 막 시작되었던 시기, 일례로 독일의 산업이 처음으로 경제적 합리주의를 따라 조직되던 시기에 일생생활에서 사용되던 물건들의 미적인 디자인이 완전히 쇠퇴해버린 것은 결코 우연이 아니었고 바로 이런 이유 때문이었다.

이 사례에서 가장 중요한 것은 그런 혁명적인 변화를 일으킨 원인으로 작용한 것이 일반적으로 새로운 자본의 유입이 아니라, 새로운 정신, 즉 "근대 자본주의 정신"이었다는 것이다. 왜냐하면, 내가 알고 있는 몇몇 사례들에 있어서도 그런 기업가들은 친척들에게서 빌린 수천 마르크의 돈으로도 그런 "혁명적인 변혁의 과정" 전체를 충분히 다 해낼 수 있었기 때문이다. 이렇게 근대 자본주의를 발전시킨 원동력은 일차적으로 그 이전 시대 동안에 이루어진 자본 축적이 아니라 "자본주의 정신"의 발전이었다.

자본주의 정신은 자신이 출현해서 그 힘을 발휘할 수 있는 여건이 되어 있는 모든 곳에서 자본을 수단으로 사용해서 자신의 힘을 발휘한다. 하지만 그 역은 성립하지 않는다.[25] 하지만 자본주의 정신은 통상적으로 평화로운 방식으로 역사의 무대에 등장하지 않는다. 그 선구자들은 늘 의심의 눈총을 받아야 했고, 때로는 증오, 무엇보다도 특히 도덕적인 분노를 수반한 엄청난 저항을 받아야 했다. 흔히 그들의 비밀스럽고 음험한 과거에 관한 근거 없는 소문들이 퍼져 나갔다 — 나는 몇몇 그런 사례들을 알고 있다. 군이 뛰어난 통찰력을 지닌 사람이 아니더라도, 이 "새로운 유형"의 기업가들이 스스로 절제력을 잃지 않고 도덕적이거나 경제적인 파탄에 직면하지 않으려면, 그들에게는 특별히 강한 품성이 있어야 했다는 것은 누구나 알 수 있다. 그들이 그러한 혁명적인 변화를 이루어 내는 과정에서 절대적으로 필수불가결한 그들에 대한 고객들과 노동자들의 신뢰를 얻어내고, 그들이 만나게 될 무수한 난관들을 극복하는 데 필수불가결한 활력을 유지하며, 특히 그들에게 요구되는 강도 높은 노동, 즉 예전의 안락한 생활방식을 더 이상 허용하지 않는 이전보다 무한히 더 높은 노동 강도를 감당하기 위해서는, 명석한 통찰력과 과감한 결단력과 아울러서, 그들의 내면에 철두철미하게 각인된 아주 확고한 "윤리적" 특질들이 요구되었다. 그리고 그러한 윤리적 특질들은 과거의 전통주의에 적합했던 특질들과는 질적으로 완전히 다른 것이었다.

---

25. 이것은 귀금속 재고의 변화가 경제적으로 아무런 영향도 미치지 않았다고 말하는 것은 아니다.

또한 겉으로는 잘 드러나지 않아도 실제로는 새로운 근대 자본주의 정신에 의거한 경제생활을 창출해 내는 데 결정적인 역할을 한 주역들은 경제 발전의 모든 시기에서 볼 수 있는 무모하고 비양심적으로 부를 좇는 투기꾼들

이나 경제적 모험가들이나 그저 돈이나 굴리는 대규모의 금융업자들이었을 것이라고 생각하기 쉽지만, 사실은 그런 사람들이 아니라, 냉혹한 인생 학교에서 성장하여 시민 계층으로서의 엄격한 시각과 "원칙"을 갖춘 가운데 신중하면서도 과감하게, 특히 냉정하고 꾸준하며 치밀하고 철저하게 자신에게 맡겨진 소명을 수행한 사람들이었다.

여기서 우리는 그러한 사람들이 지닌 도덕적 특질들 자체는 종교적 사상들은 말할 것도 없고 윤리적인 공리들과도 아무런 관련이 없었고, 단지 일종의 자유주의적인 계몽주의 아래에서 기존의 전통들을 무시해 버릴 수 있는 능력이 그들의 그런 생활양식을 떠받쳐 주는 적절한 토대였을 것이라고 생각하기 쉽다. 그리고 실제로 그런 생각은 오늘날의 상황과 관련해서는 분명히 옳다. 오늘날 사람들의 생활양식은 종교의 원리들, 즉 기본적인 가르침들과는 아무런 상관관계가 없는 것이 일반적이고, 그러한 상관관계가 있는 경우라고 할지라도 적어도 독일에서 그것은 일반적으로 부정적인 성격의 상관관계이다. "자본주의 정신"에 의거해서 살아가는 그런 부류의 사람들은 교회에 대해서 딱히 적대적이지는 않지만 적어도 무관심한 경향을 보여준다. 활동적인 기질을 지닌 그들은 천국의 "거룩한 단조로움"을 지향하는 삶에 매력을 느끼지 못한다. 그들에게 종교는 그저 사람들이 여기 이 땅에서 일을 하지 못하게 방해하는 것쯤으로 보일 뿐이다.

그들은 자신들이 현재 소유하고 있는 것에 결코 만족하지 않고 끊임없이 부를 추구하는 모습을 보이고, 이것은 철저하게 현세적인 지향성을 지니고 살아가는 사람들에게는 도저히 이해할 수 없는 일로 보이기 때문에, 그들에게 그 이유를 묻는다면, 그들은 한참 머뭇거리다가 아마도 "후손들을 위한 것"이라고 대답할 것이다. 하지만 그러한 대답은 오직 그들에게만 특유하게 해당되는 것이 아니고 "전통주의"에 의거해서 살아가는 사람들에게도 해당되는 것이라는 점에서 별로 적절하지 않고, 단지 사업을 하고 끊임없이 일하는 것 자체가 "그들의 삶에 필수불가결한" 것이 되었기 때문이라고 대답하는 것이 훨씬 더 타당한 대답일 것이다. 사실 이 후자의 대답만이 그들의 생활양식을 설명해 줄 수 있는 유일하게 참된 대답이다. 그리고 아울러 이 대답은 그들의 생활양식이 지닌 비이성적인 요소, 즉 사업과 일이 인간을 위해 존재하는 것이 아니라 인간이 사업과 일을 위해 존재하는 것이 되어 버리는 불합리를 보여준다.

물론 거기에는 부를 소유하고 있다는 사실 자체가 그들에게 권력과 명예를 가져다준다는 의식이 한 몫을 하고 있는 것은 사실이다. 미국처럼 국민 전체가 질이 아니라 순전히 양에 대한 환상에 사로잡혀 있는 곳에서는, 이 사업가들이라는 "시인들"에게 숫자의 마법은 저항할 수 없는 마력을 지닌다. 그러나 미국 이외의 다른 곳들에서는 지도적인 기업가들, 특히 지속적으로 사업에 성공을 거두고 있는 사람들은 그런 마법에 별 흥미를 느끼지 못한다. 독일에서 자본주의적인 기업 활동으로 돈을 벌어 신흥 부자가 된 가문들은 귀족 신분을 돈으로 사고 막대한 재산을 자손들에게 물려 줄 뿐만 아니라, 자손들을 대학 교수나 군장교로 만들어서 자신들의 원래의 천한 신분을 은폐하고자 하는 것이 일반적인데, 그들의 그런 전형적인 행태는 졸부들의 퇴폐적인 행태의 전형으로 치부된다.

독일의 몇몇 두드러진 사례들에서도 보여주듯이, 자본주의적인 기업가의 "이념형"[26]은 졸부들의 그러한 행태 — 그것이 조잡하게 이루어졌느냐 좀 더 세련되게 이루어졌느냐와는 상관 없이 — 와는 거리가 멀다. 이상적인 자본주의적 기업가들은 불필요한 허례허식을 피하고, 자신에게 주어진 권력을 의식적으로 누리는 것을 꺼리며, 자신에게 쏟아지는 사회적인 존경의 외적인 표현들을 부담스러워한다. 달리 말해서, 앞에서 인용한 벤저민 프랭클린의 "설교"에서 분명하게 드러나듯이, 그들의 생활양식은 흔히 일정 정도 모종의 금욕주의적인 형태가 특징이다 — 이 현상은 우리의 논의에서 중요한 것이기 때문에, 추후에 이 현상이 역사적으로 어떤 의미를 지니는지를 좀 더 자세하게 살펴보게 될 것이다. 특히 그들에게서는 벤저민 프랭클린이 아주 완곡하게 권고한 것보다 훨씬 더 분명하고 뚜렷한 정직함과 겸손함이 단지 종종 나타나는 것이 아니라 사실은 대단히 일상적으로 나타난다. 그들이 성실하게 기업 활동을 해서 부를 축적하는 것은 그들 자신의 어떤 욕구나 목적을 충족시키기 위한 것이 아니라, 단지 "자신의 소명을 이루어야 한다"는 비합리적인 의식을 실천하는 것일 뿐이다.

---

26. "이념형"이라는 것은 우리가 여기에서 다루어 온 기업가 유형을 가리키는 것이고, 경험적으로 평균적인 유형을 가리키는 것은 아니다. "이념형"이라는 개념에 대해서는 『사회과학 및 사회정책 논총』 제19권 제1호에 수록된 나의 논문을 보라.

하지만 그들의 이런 의식과 태도는 자본주의 이전 시대의 인간에게는 도무지 이해할 수 없고 황당하며 추악하기 짝이 없고 경멸할 만한 것으로 보일 수밖에 없다. 일생 동안 엄청난 돈을 벌어서 막대한 부를 쌓아 두기만 할 뿐이고 정작 자신을 위해 쓰지는 않고 있다가 결국에는 죽어서 무덤으로 들어가는 것을 자신의 인생 목표로 삼고 살아가는 그들을 보았을 때, 자본주의 이전 시대의 사람들은 그들을 인간의 도착된 본능인 "돈 욕심"에 사로잡혀서 살아가는 수전노들이라고 생각할 수밖에 없다.

반면에, 정치와 법률과 교역 분야에서 자본주의에 고유한 제도들과 기업 형태와 경제 구조가 이미 발달되어 있는 오늘날에 있어서는, 사람들은 우리가 방금 말한 그러한 "자본주의적인 정신"을 전적으로 인간이 자신에게 주어진 환경에 적응한 결과로 이해할 것이다. 자본주의적인 경제 질서는 돈을 버는 것을 "소명"으로 여기고서 거기에 무조건적으로 헌신하는 사람들을 필요로 하고, 돈과 재화에 대한 그러한 태도는 오늘날의 경제 구조에 아주 적합하고 경제적인 생존 경쟁에서 승리하는 데 필수불가결한 조건들과 매우 긴밀하게 결부되어 있기 때문에, "돈벌이"를 중심으로 한 그런 생활양식이 그 어떤 특정한 획일적인 인생철학이나 세계관과 필연적으로 연결되어 있다는 말을 오늘날에는 더 이상 할 수 없다. 이제 사람들이 돈을 버는 것을 "소명"으로 여기고 거기에 헌신하는 것은 그 어떤 종교적 세력의 가르침에 의한 것이 아니고, 교회가 자신의 규범에 의거해서 사람들의 경제생활을 간섭하고 영향력을 미치려고 하는 일이 오늘날에도 여전히 존재한다면, 그것은 국가에 의한 규제와 마찬가지로 경제생활에 대한 장애물로 여겨질 뿐이다. 이렇게 해서 오늘날에는 국가의 경제 정책과 사회 정책에 의해서 형성되는 이해관계들이 사람들의 "인생철학"을 결정하는 경향이 생겨났다. 왜냐하면, 자신의 생활양식을 자본주의적인 성공의 조건들에 적응시키지 못하는 사람들은 몰락하거나 실패할 수밖에 없기 때문이다.

그러나 그런 것들은 근대 자본주의가 결국 승리를 거둠으로써 과거의 질서를 떠받치고 있던 기둥들을 무너뜨리고 새로운 질서를 수립했을 때에 비로소 출현하게 된 현상들이다. 한때 근대 자본주의는 근대적인 신흥 국가 권력과 손을 잡았을 때에야 중세적인 경제 질서의 낡은 틀을 부술 수 있었는데, 바로 그러한 관계가 근대 자본주의와 근대적인 종교 세력 간에도 그대로 적용되었던 것으로 보인다. 과연 그런 일이 실제로 일어났는지의 여부, 그리고 어떤 의미에서 그런 일이 실제로 일어났다고 볼 수 있는가 하는 것이 바로 이제 우리가 여기에서 살펴보고자 하는 것이다.

사람들이 돈을 버는 것 그 자체를 하나의 목적이자 의무, 즉 "소명"으로 삼는 태도는 역사의 모든 시기에서 사람들의 도덕적인 정서에 역행하는 것임은 증명을 거의 필요로 하지 않는 사실이다. 교회법에는 "상인이 하느님을 기쁘게 하는 것은 거의 불가능하다"는 조항이 있었고, 이 조항은 이자를 받아서는 안 된다고 한 복음서 본문과 마찬가지로[27] 상인들이나 사업가들의 활동에 적용되었다. 토마스 아퀴나스는 심지어 어쩔 수 없는 사정에 의해 행해지는 이윤 활동, 따라서 윤리적으로도 허용될 수 있는 그런 이윤 활동을 포함해서 이윤을 추구하는 모든 행위를 "추악한 행위"(turpitudo)로 규정했다. 돈을 버는 영리 활동에 대해 광범위하게 유포되어 있던 철저하게 부정적인 견해들에 비하면 상당한 정도로 완화된 것들이라고 할 수 있는 입장을 표명하고 있던 가톨릭 교리들은 가톨릭 진영과 정치적으로 긴밀하게 밀착되어 있던 이탈리아의 여러 도시들의 금권 세력들의 이해관계를 반영한 것들이었다.[28] 피렌체의 대주교이자 뛰어난 도덕신학자였던 안토닌(Antonin, 1389-1459)의 인식에서 볼 수 있듯이, 현실을 더 많이 반영해서 그러한 교리들이 한층 더 완화되었을 때조차도, 영리 추구 자체를 목적으로 하는 활동은 기본적으로 "수치스러운 일"이고, 기존의 삶의 질서 속에서 이미 하나의 관행으로 굳어져서 행해져 온 경우에만 용납될 수 있다는 정서가 여전히 존재했다.

물론 몇몇 윤리 사상가들, 특히 유명론을 추종하던 인물들은 당시에 이미 발달되어 있던 자본주의적인 사업 관행들을 기정사실로 받아들이고서, 그런 것들이 허용될 수 있을 뿐만 아니라 상업 활동이 꼭 필요하고, 그런 활동 속에서 생겨난 "근면함"이 이윤의 정당한 원천이기 때문에 윤리적으로 비난받을 만한 것이 되지 않는다는 것을 증명하고자 했다. 하지만 영리를 추구하고자 하는 자본주의적인 정신을 도덕적으로 추악한 것으로 규정하여 배척하거나, 적어도 윤리적으로 긍정적인 것으로 평가하기를 거부하는 것이 지배적인 견해였다.

---

27. 아마도 이 대목은 논의의 맥락으로 볼 때 앞에서 언급한 『괴레스 협회 총서』 제12권으로 출간된 프란츠 켈러(Franz Keller)의 저작 및 좀바르트가 『부르주아』(Der Bourgeois)에서 그것과 관련해서 말한 것과 연관이 되기 때문에, 우리는 여기에서 이 두 사람의 말들에 대해 간략하게 살펴보는 것이 좋을 것 같다.

나는 켈러가 이자 취득을 금지한 교회법 규정에 대해 논증의 전체적인 맥락과는 상관없이 그저 지나가는 말로 단 한 번 언급했을 뿐인 논문을 보고서는, 마치 그 논문이 세계의 거의 모든 종교 윤리에서 그 유사한 것이 발견되는 바로 그 이자 취득 금지를 종교개혁의 윤리와 반대되는 가톨릭의 윤리의 특징이라고 주장한 것처럼 전제하고서 그 주장을 비판하는 것을 보고서 경악을 금할 수 없다. 왜냐하면, 다른 사람들의 논문을 실제로 읽어 보았거나, 그렇게 읽은 그 논문의 논증들을 아직 잊지 않고 기억하고 있는 경우에만 비판하는 것이 마땅하기 때문이다.

16세기의 위그노파의 교회사와 네덜란드의 교회사는 불법적으로 이자를 받는 것과의 싸움으로 점철되어 있었다. 은행가들이었던 롬바르디아인들은 그들이 은행가들이라는 이유만으로 성찬식에 참여하지 못하는 경우가 흔했다(제1부 제1장 주 13을 보라). 칼뱅은 이자를 받는 것에 대해 좀 더 관용하는 견해를 취했지만, 그렇다고 해서 교회법의 초안에 이자를 받는 것을 금지하는 규정이 포함되지 않게 할 수는 없었고, 그런 견해는 살마시우스(Salmasius) 때에야 비로소 현실화되었다. 따라서 가톨릭의 윤리와 종교개혁의 윤리의 차이는 이자를 받는 것과 관련된 견해 차이에 있었던 것이 아니었다.

하지만 이것보다 훨씬 더 나쁜 것은 켈러의 논증 자체다. 풍크(Funk) 및 여러 가톨릭 학자들의 글들(내가 보기에 켈러는 이들의 논지를 제대로 알지도 못하고 인용한 것으로 보인다), 그리고 오늘날 개별적인 부분들에 대한 서술에서는 시대에 뒤떨어진 것이 되었을지라도 근본적인 통찰은 여전히 가치 있는 빌헬름 엔데만(Wilhelm Endemann)의 연구와 비교해 보면, 켈러의 논증은 천박하기 짝이 없고, 그래서 불쾌감을 불러일으킨다. 물론, 켈러는 좀바르트의 몇몇 말들(앞의 책 321쪽)에 분명하게 드러나 있는 과장으로부터는 자유롭다.

좀바르트는 "경건한 사람들"(이것은 기본적으로 시에나의 베른하르딘과 피렌체의 안토닌을 가리킨다)이 이자를 받는 것을 금지한 것이 (우리 식의 용어를 사용하자면) "생산적인" 자본 투자를 막았다고 주장함으로써 "온갖 방법을 다 동원해서 기업 정신을 부추기고자 했다"고 지적한다. 또한, 그는 한편으로는 로마인들을 "영웅적인 민족들" 중의 하나로 평가하면서도, 다른 한편으로는 경제적 합리주의가 카토에게서 "완전한 형태로" 발전했다고 보는데, 이것은 전체적으로 양립할 수 없는 모순된 말일 뿐만 아니라, 아울러 그의 저작이라는 것이 가장 나쁜 의미에서 "이런저런 주장들을 모아 놓은 잡동사니 책"에 불과하다는 것을 보여주는 하나의 징후라는 말도 해두고자 한다.

좀바르트도 켈러와 마찬가지로 이자를 받는 것을 금지한 것의 중요성을 철저하게 왜곡했다. 이자 취득 금지의 중요성은 여기에서 자세하게 설명할 수 없기는 하지만, 이전에는 흔히 과대평가 되다가 나중에는 과소평가 되었고, 가톨릭계 백만장자들의 시대이기도 한 지금에는 호교론적인 목적에서 완전히 역전되었다. 잘 알려져 있듯이, 이자 취득을 금지한 교회법 조항은 성경에 근거를 둔 것임에도 불구하고 19세기에 이르러 로마 교황청의 성무성의 교서를 통해 폐기되었다. 하지만 그것은 단지 일시적이고 간접적인 것이었다. 즉, 그것은 향후 다시 이자 취득이 금지되는 교회법이 발효되는 경우에 신자들이 거기에 순종하기만 하면 되기 때문에, 사제들이 이제 고해성사에서 불법적인 이자 취득에 대해 질문함으로써 신자들을 불안하게 만들지 않게 한 것일 뿐이었다.

이자 취득에 관한 가톨릭교회의 교리와 관련된 극도로 얽히고설킨 역사를 철저하게 연구한 사람들은, 지대 징수권 매매, 어음 할인, 그 밖의 다른 다양한 계약들의 허용 여부를 둘러싼 끝없는 논쟁들을 고려했을 때, 그리고 특히 앞에서 언급한 성무성의 조치가 한 도시의 차입금으로 인해 취해진 것임을 고려했을 때, 이자 취득의 금지가 오직 긴급 채무에만 한정된 것이었고 "자본을 보전하기 위한" 목적으로 행해진 것이었으며(앞의 책 24쪽) "자본주의적인 기업을 돕기 위한"(앞의 책 25쪽) 것이었다고 할 수 없다. 진실은 가톨릭교회는 꽤 늦은 시기가 되어서야 이자 취득 금지 조항을 다시 검토하기 시작했다는 것이다. 그 때에도 전적으로 사업적인 투자의 일반적인 형태는 고정이자율을 기반으로 한 대부가 아니었고, 소수의 엄격한 교회법학자들을 제외하고는 대체로 가톨릭교회의 이자 취득 금지 조항과는 상관없는 것으로 여겨진 해상 대부, 코멘다, 조합 대부, 위험 대부(위험 등급에 따라 손익배당률을 조정하는 대부) 같은 유형들의 대부였다.

하지만 고정이자율을 기반으로 한 자본 투자와 어음 할인이 가능해지고 보편화되자, 후자에 속한 유형들의 대부는 이자 취득을 금지하는 진영으로부터 상당한 불이익을 당하게 되었는데, 상인 조합들은 블랙리스트를 작성해서 자주 징벌 조치를 가했다. 그럼에도 불구하고 그런 경우들에도 이자 취득 금지에 대한 교회법학자들의 논의는 전적으로 법적이고 형식적인 것일 뿐이었고, 켈러가 주장한 것과는 달리 가톨릭교회는 "자본을 보호하고자" 하는 경향을 보이지는 않았다.

끝으로, 자본주의에 대한 가톨릭교회의 태도는, 확인할 수 있는 한도 내에서 말하자면, 한편으로는 비인격적이고 윤리적으로 규제하기 어려운 자본의 엄청난 힘에 대한 전통주의적이거나 대체로는 모호했던 적대감에 의해서 결정되었고(이런 적대감은 푸거 가문과 금융업에 대한 루터의 평가에도 반영되어 있다), 다른 한편으로는 자본주의에 적용해야 할 필요성에 의해서 결정되었다. 하지만 이 문제는 우리의 연구 주제가 아니다. 왜냐하면, 이미 앞에서 언급했듯이, 이자 취득 금지와 가톨릭교회에서 그 조항의 운명은 우리의 연구와 관련해서는 기껏해야 징후로서의 의미만을 지니고, 그것도 단지 제한적으로만 의미를 지니기 때문이다.

스코투스파 신학자들과 15세기의 탁발수도사 신학자들, 그 중에서도 시에나의 베른하르딘과 피렌체의 안토닌(특히 합리적이고 금욕적인 지향성을 지녔던 수도사 저술가들)의 경제 윤리는 하나의 연구 주제로 따로 연구할 가치가 있다는 것은 분명하고, 우리의 연구와 관련해서도 결코 부수적으로 다루어질 수 없기 때문에, 나중에 가톨릭의 경제 윤리와 자본주의 간의 긍정적인 관계를 논의할 때 다루고자 하지만, 여기에서 "반론"을 전개해 나가는 과정에서 그것에 대해 언급하지 않을 수 없는 입장이 되었다. 이런 저술가들은 상인들의 이윤을 "근면"에 대한 보상으로 보고서 윤리적으로 허용될 수 있는 것으로 정당화하고자 애썼고, 그런 점에서 많은 예수회 수도사들의 선구자들이었다고 할 수 있다. 켈러도 이 이상으로 주장할 수 없었다는 것은 두말할 필요가 없다.

"근면" 개념과 거기에 대한 높은 평가가 궁극적으로 수도사들의 금욕주의에서 기원했다는 것은 분명하고, 알베르티가 자신의 저작의 등장인물인 자노초를 통해 얘기한 "합리적 가계 관리"라는 개념도 거기에서 기원했다. 우리는 수도사들의 윤리가 개신교 분파들의 세속적 금욕주의의 선구자로서의 역할을 했다는 것에 대해서는 나중에 논의할 것이지만, 그런 비슷한 개념의 씨앗들은 고대의 견유학파나 후기 헬레니즘의 묘비명들에서, 그리고 그런 것들과는 사회적으로 완전히 다른 상황에서이기는 하지만 고대의 이집트에서도 발견된다. 하지만 우리의 연구에서 결정적으로 중요한 것은 그런 씨앗들과 알베르티에게 없었던 요소인데, 앞으로 보게 되겠지만 그것은 금욕주의적인 개신교의 특징을 이루고 있던 것, 즉 사람들이 자신의 직업을 소명으로 여기고 행함으로써 자신의 "구원의 확실성"(certitudo salutis)을 확증하고 구원에 대한 확신을 갖고자 한 것이었다.

이것은 개신교 신앙이 "근면"에 대해 약속한 심리적인 보상이었고, 가톨릭에서 구원을 얻는 방법은 개신교와는 완전히 달랐기 때문에, 가톨릭은 사람들에게 그런 보상을 줄 수 없었다. 견유학파나 고대 이집트, 또는 알베르티 같은 저술가들에게 중요했던 것은 윤리적 가르침과 그 가르침이 사람들의 행위에 미치는 효과였던 반면에, 금욕주의적인 개신교에서 중요했던 것은 구원에 대한 사람들의 관심을 토대로 그들에게 실천적인 동력을 제공하는 것이었다. 또한, 개신교의 세속적 금욕주의에서는 자신들의 종교적 신앙을 중심으로 실천적 행동과 관련된 논증을 전개해나가는 것을 중시했던 반면에, 그런 저술가들은 실제적인 "적응"을 중시했다(안토닌과 베른하르딘에 대한 연구는 오래 전부터 행해졌고, 켈러가 수행한 것보다 더 훌륭한 연구들이 이미 나와 있다는 것을 여기에 덧붙여둔다). 게다가 그런 저술가들이 말한 "적응"은 오늘날까지도 논란이 되어 왔다.

우리는 수도사들의 이러한 윤리 사상이 개신교의 세속적 금욕주의의 "징후"로서 갖는 의미를 결코 무시해서는 안 되지만, 소명으로서의 근대적 직업 사상 속으로 흘러들어온 종교 윤리의 실제적인 "씨앗들"은 금욕주의적인 분파들과 이단 운동들, 그 중에서도 특히 위클리프파에서 발견된다. 브로드니츠(Brodnitz)는 위클리프의 영향력이 대단히 강력해서 청교도들은 그 이상으로 더 할 것을 발견할 수 없었다고 말할 정도였다(『영국 경제사』[*Englische Wirtschaftsgeschichte*] 제1권). 하지만 우리는 여기에서 이 모든 것들을 다룰 수 없고 다룰 필요도 없다. 이 논문에서 중세 시대의 기독교 윤리가 자본주의 정신에 필요한 조건들을 만들어 내는 데 실제로 기여했는지, 그리고 어느 정도나 기여했는지에 대한 문제를 본격적으로 다루는 것은 부적절하다.

28. 아델베르트 메르크스(Adelbert Merx)는 "아무것도 바라지 말고"(그리스어로 '메덴 아펠피존테스,' 누가복음 6:35)와 이 본문에 대한 불가타 번역인 "nihil inde sperantes"는 "아무에게도 바라지 말고"('메데나 아펠피존테스')가 와전된 것이기 때문에, 가난한 형제들은 말할 것도 없고 모든 형제들에게 이자를 바라지 말고 돈을 꾸어 줄 것을 명령한 것이라고 주장한다. "상인이 하느님을 기쁘게 하는 것은 불가능하다"라는 명제는 아리우스파에게서 나온 것으로 생각되지만, 이것이 사실인지의 여부는 우리의 논증에 아무런 영향도 미치지 않는다.

––––––––––

벤저민 프랭클린이 보여준 것 같은 "도덕적" 관점은 도저히 생각할 수 없는 것이었다. 그리고 무엇보다도 중요한 것은 자본주의적인 활동에 직접적으로 참여하고 있던 사람들의 견해도 거기에서 벗어나지 않았다는 것이다. 그들은 교회의 전통에 의거해서 살아갔기 때문에, 그들이 평생에 걸쳐 한 일은 기껏해야 도덕적으로 중립적이거나 관용되는 수준의 일이었고, 고리대금을 금지하는 교회법과 충돌할 위험이 상존했기 때문에, 자신들이 영적으로 구원받지 못하게 될 위험성을 늘 감수해야 했다. 과거의 문헌들을 살펴보면, 죽은 부자들의 막대한 돈은 "양심의 돈"으로 불려서 교회에 헌납되었고, 그 중 일부는 부당하게 거둬들인 "이자"로 규정되어 이전의 채무자들에게 되돌려주기도 했다.

이단에 속한 사람들이나 신앙이 있는지 의심스러운 사람들, 그리고 이미 내면적으로 종교적 전통들로부터 벗어나 있었던 도시 귀족 계층은 그렇지 않았다. 하지만 그들은 신앙에 회의적인 사람들이나 교회에 나가지 않는 사람들임에도 불구하고, 자신들의 지난날의 모든 잘못들을 용서받기 위해서 한 번에 막대한 금액을 헌금으로 바침으로써 교회와 화해하고자 하는 것이 일반적이었다. 왜냐하면, 교회는 사람들에게 교회의 명령에 겉으로만 복종해도 구원을 얻어 천국에 들어가는 것이 가능하다고 가르쳤고, 그러한 믿음은 사람들 사이에서 널리 유포되어 있었던 까닭에, 그들은 비록 확고한 신앙은 없었지만, 자신들의 사후에 어떤 일이 벌어질지 확실하게 알지 못하는 상황에서 그런 식으로라도 보험을 들어 두는 것이 좋겠다고 생각했기 때문이었다.[29]

그들의 이런 관행은 그들 스스로도 자신들의 자본주의적인 영리 활동을 비도덕적이고 심지어 반도덕적인 것으로 생각했다는 것을 분명하게 보여준다.

---

29. 이런 경우에 사람들이 이자 취득 금지 조항과 어떤 식으로 타협했는지는 예컨대 "칼리말라 길드" 규약 제1편 제65조가 잘 보여준다. 내가 참조한 것은 파올로 에밀리아니-주디치(Emiliani-Giudici)의 『이탈리아 자유도시사』 제3권 246쪽이다. "조합은 재판받는 형제들이 재판장들로부터 벌을 받지 않도록 배려해야 하는데, 그 형제들이 모든 사람에게서 받는 사랑과 증여와 보수와 사례, 그리고 금년과 내년에 발생하는 이자를 다 고려해서 배려해야 한다." 달리 말하면, 이 조항은 조합이 한편으로는 공식적으로 교회의 권위에 복종하면서도, 다른 한편으로는 조합원들에게 면벌부를 조달해 주는 방식으로 이자 취득 금지 조항에 대처했음을 보여준다. 또한, 이 규약에서 계속해서 규정하고 있는 지시들, 예를 들면 이 조항 바로 직전에 나오는 지시, 즉 모든 이자와 이윤을 장부에 기재할 때에는 "선물"로 기록하라는 지시(제63조)는 자본 수익이 비도덕적인 것으로 여겨졌음을 잘 보여준다. 오늘날 증권시장에서 차액에 대해 이의를 제기하는 사람들을 블랙리스트에 기재하듯이, 당시에는 불법적인 것으로 규정된 것이 아닌 이자 취득을 종교재판소에 고발한 조합원들은 조합으로부터 불이익을 당했다.

그렇다면 기껏해야 도덕적으로 용인된 것에 지나지 않았던 활동이 어떻게 해서 벤저민 프랭클린이 보여준 것과 같은 "소명"이 될 수 있었던 것인가? 또한, 이윤을 추구하는 활동이 전 세계적으로 자본주의 발전의 중심지이자 모든 강대국들의 금융과 자본의 시장이었던 14-15세기의 피렌체에서는 도덕적으로 의심을 받을 만하고 기껏해야 용인될 수 있는 일 정도로 치부되었던 반면에, 돈이 부족해서 경제가 붕괴되어 물물교환 시대로 되돌아갈 위험을 항상 안고 있었고 대규모 기업이나 상업 활동의 흔적은 거의 찾아볼 수 없었으며 은행업도 겨우 초기 단계에 있었을 뿐인 18세기의 펜실베이니아

의 초보적인 소시민 경제 상황에서는 도덕적으로 칭송 받을 만할 뿐만 아니라 심지어 의무로 여겨지기까지 한 생활양식의 핵심으로 등장한 것은 역사적으로 어떻게 설명될 수 있는가? 여기에서 "물질적" 조건들이 "관념이라는 상부구조"에 "반영된" 것이라고 말하는 것은 터무니없는 것일 수밖에 없다. 따라서 여기에서 우리가 물어야 하는 것은, 겉으로 볼 때에는 전적으로 이윤만을 추구하는 것으로 보이는 활동을 개개인이 자신에게 주어진 의무라고 느끼는 "소명"의 범주로 바꾸어 놓은 일련의 관념들은 무엇이었는가 하는 것이다. 왜냐하면, "새로운 유형"의 기업가들의 생활양식을 떠받치고 있던 윤리적 토대를 제공한 것은 바로 그러한 일련의 관념들이었기 때문이다.

일반적으로, 그리고 특히 좀바르트가 종종 자신의 성공적이면서 적절한 연구들에서 말했듯이, 근대 경제의 기본적인 특징은 "경제적 합리주의"로 설명되어 왔다. "경제적 합리주의"가 생산 과정을 과학적인 시각에서 구조화해서 기존의 자연적이고 "유기적인" 생산 과정이 지닌 한계들을 제거하여 노동 생산성을 높이는 것을 가리키는 것으로 이해하는 경우에는 그 말은 의심할 여지 없이 옳다. 기술 분야 및 경제 분야와 관련된 이러한 합리화 과정은 이 두 분야는 물론이고 실제로는 근대 시민 사회의 "이상들"의 상당 부분을 결정했다. 즉, "자본주의 정신"을 대표하는 사람들의 사고 속에서는, 인류에게 필요한 재화들을 공급하는 과정을 합리화하고자 하는 노력은 언제나 자신의 일생을 바쳐 하는 일에 방향을 설정해 주는 목표들 중의 하나였다.

예컨대, 벤저민 프랭클린이 필라델피아 지역을 발전시키기 위해 자신이 어떠한 노력들을 했는지를 스스로 설명하고 있는 글들을 읽어보기만 해도, 우리는 그것이 너무나 명백한 사실이라는 것을 금방 알 수 있다. 그가 자신의 고향 도시에서 많은 사람들에게 "일자리를 만들어 주고," 인구 증가와 활발한 거래라는 자본주의적인 의미에서 그 도시가 경제적인 번영을 구가할 수 있게 한 것에서 느낀 기쁨과 자부심은 사실 근대적인 기업가 집단이 자신들의 "이상"을 실현해 냄으로써 느끼는 전형적인 기쁨이자 자부심이었다.

마찬가지로, 정확한 계량적인 계산을 기반으로 기업을 합리화해서 조직적이고 냉철한 방식으로 경제적인 성공을 추구하는 것은 자본주의적인 개인 경제의 기본적인 특징들 중의 하나인데, 이러한 특성은 주먹구구식으로 한 해 농사를 지어 일 년을 사는 농민, 독점과 특권을 통해 영업을 해서 이윤을 남겼던 과거의 길드 수공업자들, 정치 권력과 결탁해서 비합리적인 투기를 통해 부를 축적하고자 했던 "투기적인 자본가들"과 아주 뚜렷하게 대비된다.

따라서 "근대 자본주의 정신"의 발전은 합리주의가 전체적으로 발전해 가는 과정의 일부로서, 삶의 궁극적인 문제들에 대한 합리주의의 기본적인 태도로부터 생겨난 것으로 보는 것이 가장 무리 없는 견해처럼 보일 수 있다. 이 경우에 개신교는 단지 역사적으로 순수한 합리주의적인 세계관에 자양분을 제공해 준 "선작물"로서의 역할을 일정 정도 수행했다는 평가만을 받을 수 있게 될 뿐이다. 하지만 이 문제를 진지하게 살펴보는 순간, 우리는 역사적으로 합리주의는 인간의 삶의 모든 개별적인 분야들에서 동일한 보조나 수준으로 발전해 오지 않았다는 것을 확인할 수 있기 때문에, 이 한 가지 이유만으로도 이 문제를 그런 식으로 단순하게 접근하는 것이 불가능하다는 것이 분명해진다.

ι. "선작물"은 윤작을 통해 여러 종류의 작물들을 재배하는 경우에 현 시점에서 재배되는 작물보다 앞서 심어서 거두어들인 작물을 가리킨다. 선작물은 그 후에 심는 작물에 유익한 효과를 미친다.

예컨대, 우리가 민법의 합리화라는 것은 단순화된 개념들을 사용해서 민법에서 다룰 내용들을 합리적으로 조직하고 체계화하는 것이라고 이해한다면, 민법은 고대 후기의 로마법에서 이미 가장 높은 수준의 합리화에 도달했지만, 경제적으로 가장 고도로 합리화된 몇몇 나라들, 특히 영국에서는 로마법을 부활하고자 하는 시도가 당시에 강력한 힘을 지니고 있던 법률가 협회의

반대로 좌절되어서 여전히 가장 낙후된 형태로 존재하는 반면에, 가톨릭이 지배하고 있는 남부 유럽 지역들에서는 로마법의 지배가 중단 없이 지속되었다.

18세기의 전적으로 세속적인 합리주의 철학은 전적으로 자본주의가 가장 발달한 나라들에서 확립되었던 것이 아니었고, 심지어 그런 나라들이 주류를 이루고 있는 것도 아니었다. 볼테르(Voltaire, 1694-1778)의 철학은 오늘날까지도 가톨릭 국가들의 광범위한 상류층에 의해 공유되고 있고, 우리의 연구에서 더 중요한 것은 그런 나라들의 중산층에 의해서도 공유되고 있다는 것이다. 우리가 "실천적 합리주의"는 개개인이 의식적으로 자신의 세속적인 이해관계의 관점에서 세계를 판단하는 생활양식을 가리키는 것으로 이해한다면, 그러한 생활양식은 "자유의지"를 신봉하는 국민들의 아주 "전형적인" 특징이었고, 오늘날에도 여전히 그러해서, 현재의 이탈리아인들과 프랑스인들에게 깊이 각인되어 있는 특징이다. 하지만 우리가 앞에서 이미 확인했듯이, 그것은 자본주의가 필요로 하는 사람들, 즉 자신에게 주어진 일을 자신의 "소명"으로 인식하여 헌신하는 사람들이 생겨난 토양이 결코 아니었다.

사실 인간의 삶은 극히 다양한 궁극적 관점들에서, 그리고 아주 판이하게 서로 다른 방향들로 "합리화하는" 것이 가능하다 ─ 이 간단한 사실은 사람들이 자주 잊어버리기 때문에, "합리주의"를 다루는 모든 연구에서 가장 먼저 언급되는 것이 마땅하다. "합리주의"는 무수히 많은 모순들로 가득한 세계를 그 자신 속에 담아내는 역사적 개념이다.

따라서 우리가 지금부터 탐구해야 할 것은 한편으로는 자본주의적인 우리의 문화를 구성하고 있는 특징적인 요소들 중의 하나였고 지금도 여전히 그러한 "소명"으로서의 "직업" 개념, 다른 한편으로는 앞에서 이미 살펴보았듯이 개인적인 행복 추구라는 관점에서는 불합리하기 짝이 없는 직업 노동에 대한 철저한 헌신, 이 두 가지를 탄생시킨 바로 그 "합리적인" 사고와 삶은 어떤 "정신"에서 생겨난 것인가 하는 것이다. 여기에서 우리가 주목하는 것은 바로 이 "직업" 개념 속에 들어 있는 "비합리적인" 요소의 기원이다.

제3장

루터의 직업 개념 : 연구 과제

직업을 의미하는 독일어 '베루프'(Beruf)에 "하느님이 수여한 과업"이라는 종
교적인 함의가 들어 있다는 것은 아주 분명하고, 영어 '콜링'(calling)은 더 말
할 것도 없다. 우리가 구체적인 사례에서 이 단어를 더 강하게 강조하면 할
수록, 그러한 함의는 우리에게 더욱 강력하게 느껴지게 된다. 그리고 여러 문
명 언어들 속에서 역사적으로 이 단어를 추적해 보면, 인간의 삶 속에서 어
떤 사람에게 주어진 지위 또는 그가 일하게 되어 있는 정해진 영역이라는 의
미를 지니는 독일어 '베루프'와 유사한 표현이 고대의 고전 시기의 나라들이
나 가톨릭 계열의 나라들에는 존재하지 않는 반면에,[1] 개신교가 주류를 이루
고 있는 나라들에는 존재한다는 것이 분명하게 드러난다.

---

1. 고대 언어들 중에서는 오직 히브리어에만 그런 비슷한 뉘앙스를 지닌
표현이 있는데, 가장 먼저 들 수 있는 것은 '멜라카'라는 단어다. 이 단어는 아
주 다양하게 제사장이 하는 일들(출애굽기 35:21; 느헤미야서 11:22; 역대상 9:13;
23:4; 26:30), 왕을 섬기는 일(특히 사무엘상 8:16; 역대상 4:23; 29:6), 왕궁 관리의
일(에스더 3:9), 노동 감독관의 일(열왕기하 12:12), 노예의 일(창세기 39:11), 농업
노동(역대상 27:26), 수공업자들의 일(출애굽기 31:5; 35:21; 열왕기상 7:14), 상인
들의 일(시편 107:23) 등을 가리키는 데 사용되었다. 그리고 곧 다루게 될 집회서
11장 20절에서는 모든 "직업 노동"을 가리키는 데 이 단어가 사용된다. 이 단어
는 "보내다"라는 의미를 지닌 어근 '라아크'에서 파생된 것으로서 원래 "소임"을

의미했다. 위에서 인용한 성경 본문들은 이 단어가 공역 국가였던 이집트를 모델로 한 솔로몬의 공역 국가에서 공역과 제의를 중심으로 한 관료제와 관련된 개념 세계로부터 생겨났다는 것을 분명하게 보여준다. 아달베르트 메르크스(A. Merx)가 말한 대로, 어근 '라아크'가 원래 지니고 있던 의미는 고대에 이미 완전히 없어져서, 이 단어는 원래의 뉘앙스를 상실한 채 모든 종류의 "노동"을 가리키는 데 사용되었는데, 이것은 원래 종교적인 일들에만 사용되었던 독일어 '베루프'(Beruf)가 거쳐 온 운명과 동일한 것이었다.

또한 집회서 11장 20절에 등장하고 구약성경을 그리스어로 번역해놓은 칠십인역에서 '디아테케'로 번역된 히브리어 '호크'("과업")라는 표현도 '데바르욤'(출애굽기 5:13)과 마찬가지로 공역 관료제와 관련된 용어들에서 생겨났다 (칠십인역에서는 출애굽기 5:14에 나오는 '호크'도 '디아테케'로 번역했지만, 집회서 43:10에 나오는 것은 '크리마'로 번역했다). '호크'라는 단어도 집회서 11장 20절에서 하느님이 준 계명들을 이루어내는 것을 가리키는 데 사용되고 있고, 이 점에서 독일어 '베루프'와 비슷하다. 여기에서 언급한 집회서의 해당 본문들은 집회서에 대한 슈멘트(Smend)의 유명한 저작인 『예수 시락의 지혜』(*Die Weisheit des Jesus Sirach*)를 보고, '디아테케,' '에르곤,' '포노스' 등과 같은 그리스어들은 그의 『예수 시락의 지혜에 대한 색인』(*Index zur Weisheit des Jesus Sirach*)을 보라. 잘 알려져 있듯이, 집회서의 히브리어 원본은 처음에는 실전된 것으로 알려져 있었는데, 셰흐터(Schechter)가 발견해서 탈무드에 인용된 본문들을 부분적으로 참조해서 복원했다. 루터는 집회서의 히브리어 원본을 갖고 있지 않았기 때문에, 이 두 개의 히브리어 단어는 그에게 전혀 영향을 미치지 않았다. 잠언 22장 29절에 대해서는 아래의 논의를 보라.

그리스어에는 '베루프'라는 독일어가 지닌 윤리적인 함의를 보여주는 단어가 전혀 존재하지 않는다. 루터가 '베루프'의 오늘날의 의미를 그대로 사용해서 (아래의 논의를 보라) 집회서 11장 20절과 21절을 "너의 직업에 머물러라"(bleibe in deinem Beruf)로 번역한 것과는 달리, 칠십인역에서는 한 대목은 '에르곤'으로 번역했고, 본문이 완전히 훼손되었던 것으로 보이는 다른 한 대목은 '포노스'로 번역했다(이 대목의 히브리어 본문은 하느님의 구원의 광채에 대해 말한다!). 또한, 고대에는 '타 프로세콘타'라는 단어가 "의무"를 가리키는 데 일반적으로 사용되었고, 스토아학파에서는 어원상으로는 아무 상관이 없는 '카마토스'라는 단어를 그런 비슷한 윤리적인 뉘앙스로 사용하기도 했다(이것은 알브레히트 디터리히[Albrecht Dieterich]가 내게 환기시켜 주었다). 그 밖에 '탁시스' 등과 같은 다른 표현들에는 윤리적인 뉘앙스가 없다.

라틴어에는 우리가 "직업"으로 번역하는 것, 즉 사람이 분업에 근거해서 지속적으로 행하는 활동이자 생존의 경제적 토대로서의 소득의 원천을 가리키는 단어로는 특별히 윤리적인 뉘앙스를 지니지 않는 '오푸스'(opus)라는 단어만이 아니라 독일어 '베루프'와 비슷한 윤리적인 뉘앙스를 지닌 단어들도 존재한다. '오피키움'(officium)이라는 단어는 '오피피키움'(opificium)에서 파생되어서 처음에는 윤리적인 뉘앙스가 없었지만, 나중에는 "직업"을 의미하게 되었는데, 특히 세네카(Seneca)의 『자선에 대하여』(De benef) 제4권 제18장에서 그렇게 사용했다. 또한, 고대 시민 공동체의 공역의 의무에서 유래한 '무누스'(munus)가 있었고, 끝으로 '프로페시오'(professio)가 있었다.

공적인 의무들을 가리키는 데 사용된 '프로페시오'는 고대에 시민들에게 부여되었던 조세 신고 의무에서 유래한 것으로서, 나중에는 특별히 근대적인 의미에서의 "자유업"을 가리키는 데 사용되었고, 그런 의미로 사용된 이 단어는 독일어 '베루프'와 모든 점에서 비슷했는데, 이 단어가 지닌 내적 의미에서는 더욱더 '베루프'와 비슷해서, 키케로(Cicero)는 "그는 자신에게 고유한 직업을 알지 못한다"는 의미로 이 단어를 사용해서 "non intelligit quid profiteatur"라고 말하기도 했다. '프로페시오'와 '베루프'의 유일한 차이는 전자는 후자와는 달리 철저하게 현세적인 것으로서 종교적인 뉘앙스를 전혀 지니지 않았다는 것이다. 제정 로마 시대에 수공업을 가리키는 데 사용된 '아르스'(ars)도 마찬가지였다.

구약성경을 라틴어로 번역한 불가타 역본에서는 앞에서 말한 집회서의 본문들을 20절은 '오푸스'(opus)로, 21절은 '로쿠스'(locus)로 번역했는데, '로쿠스'라는 번역 속에는 사회적 지위라는 뉘앙스가 있었다. 금욕주의자였던 히에로니무스는 거기에 "지켜야 할 계명"(mandatorum tuorum)이라는 어구를 첨가했고, 브렌타노는 그 점을 올바르게 지적하긴 했지만, 다른 곳에서나 여기에서나 그 어구가 이러한 개념이 종교개혁 이전에는 내세적 금욕주의, 그 이후에는 세속적 금욕주의에서 기원했음을 보여주는 것이라는 사실은 지적하지 않는다. 물론 히에로니무스가 어떤 히브리어 본문을 대본으로 해서 번역했는지는 확실하지 않지만, '멜라카'라는 단어가 지닌 과거의 제의적 의미에 의해 영향을 받았을 가능성은 얼마든지 있다.

로만어 계통에서는 오직 스페인어의 vocacion만이 사제직으로의 소명에서 유래한 내적인 "소명"이라는 의미를 지니고 있어서 독일어 '베루프'의 의미와 부분적으로 일치하기는 하지만, 외적인 의미에서의 "직업"을 가리키는 데는 결코 사용되지 않았다. 또한, 성경의 로만어 역본들에서 사용된 스페인어 vocacion, 이탈리아어 vocazione와 chiamamento가 곧 다루게 될 루터교와 칼뱅주의에서의 용법과 부분적으로 일치하는 의미를 지니지만, 이런 단어들은 복음에서 영원한 구원으로의 부름을 나타내는 신약성경의 그리스어 '클레시스'를 번역하는 데만 사용된다. 불가타에서는 '클레시스'를 vocatio로 번역했고, 나는 내 자신의 견해를 제시하기 위해 이 사실을 인용한 것일 뿐인데도, 어이없게도 브렌타노는 마치 내가 이 사실이 종교개혁 이후의 "직업" 개념이 그 이전에도 이미 존재했음을 보여주는 증거라고 주장한 것처럼 말한다. 하지만 나는 그런 주장을 한 적이 없다. 불가타에서 '클레시스'를 vocatio로 번역했다는 것은 사실이지만, vocatio라는 단어는 중세 시대에 그 어디에서도 근대적인 의미에서의 "직업"을 가리키는 데 사용된 적이 없었다. 이 단어가 성경을 번역할 때 사용되기는 했지만 실생활에서는 그런 의미로 사용되지 않았다는 것이 근대적인 "직업" 개념이 중세 시대에 존재하지 않았음을 분명하게 보여준다. 1887년 볼로냐에서 간행된 『미간행본과 희귀본 총서』에 수록된 이탈리아어 역본 성경에서는 현대 이탈리아어 역본 성경에서 사용되는 vocazione 외에도 chiamamento도 '클레시스'를 번역하는 데 사용했다.

반면에, 로만어에서 통상적인 영리 활동을 가리키는 외적이고 세속적인 의미에서의 "직업"을 나타내는 데 사용하는 단어들은, 모든 사전들과 나의 존경하는 친구인 프라이부르크 대학의 바이스트(Baist) 교수의 지적이 보여주듯이, 그 어떤 종교적인 함의도 지니고 있지 않다. 이것은 ministerium이나 officium에서 파생되어서 처음부터 어떤 윤리적 뉘앙스를 지니고 있던 단어들이나, ars, professio, implicare(impiego)에서 파생되어서 원래부터 그런 뉘앙스를 지니고 있지 않던 단어들이나 마찬가지다.

앞에서 언급한 집회서의 본문들에서 루터가 '베루프'로 번역한 단어들은 프랑스어 역본에서는 office(20절)와 labeur(21절, 칼뱅주의 역본)로 번역했고, 스페인어 역본에서는 obra(20절)와 lugar(21절, 불가타를 따라)로 번역했으며, 최근의 역본에는 posto(개신교 역본)로 번역되었다. 로만어 계통의 나라들에서 활동했던 개신교도들은 소수였기 때문에, 루터가 학문적인 의미에서 덜 합리화된 공공부문에서의 독일어에 끼칠 수 있었던 창의적인 영향력을 그들 자신의 모국어에서는 행사할 수 없었고, 그런 시도를 할 엄두조차 낼 수 없었다.

또 한 가지 분명한 것은 이 단어가 오늘날 지니고 있는 의미는 어떤 문명 언어가 지닌 인종적인 특성, 예를 들면 "게르만족의 민족정신"으로부터 기원한 것이 아니라, 성경이 각각의 문명 언어로 번역될 때에 성경 원문에 나타난 정신이 아닌 성경 번역자들의 정신으로부터 유래했다는 것이다.[2] 루터는 성경을 독일어로 번역하면서 집회서 11장 20-21절에서 처음으로 이 단어를 정확히 오늘날의 의미로 사용한 것으로 보인다.[3] 그런 후에 얼마 되지 않아서 이 단어는 모든 개신교 국가들의 세속 언어에서 오늘날의 의미로 사용되게 되었다. 그 이전에는 그러한 국가들의 세속 문헌들에서 이 단어가 그런 의미로 사용되었음을 보여주는 예는 전혀 찾아볼 수 없고, 심지어 우리가 알고 있는 설교 문헌들에서도 루터에게 큰 영향을 미친 것으로 알려진 독일의 한 신비주의자[a]의 설교를 기록한 문헌에서만 이 단어는 그런 의미로 사용되고 있다.

2. 반면에, 아우크스부르크 신앙고백에서는 이 개념이 부분적으로만 발전되어 있고 암묵적으로만 내포되어 있다. 이 신앙고백의 제16조에서는 다음과 같이 말한다(Kolde 판 43쪽): "사실 복음은 ……세속적인 정부와 경찰과 혼인과 대립하지 않는다. 도리어 복음은 사람들이 그런 것들을 하느님의 질서로 여기고서 유지해 나가고, 각자가 자신의 지위 속에서 자신의 직업에 따라 기독교적인 사랑과 합당한 선행을 증명하기를 원한다"(라틴어로는 "et in talibus ordinationibus exercere caritatem"[그런 지위 속에서 사랑을 행하고]로 되어 있다, 같은 책 42쪽). 이것으로부터 생겨나는 필연적인 결론은 사람은 기존의 권세에 복종해야 한다는 것이다. 또한, 이 조항은 "직업"이 적어도 일차적으로는 고린도전서 7장 20절의 본문에서 말하는 객관적인 질서에 속하는 것으로 이해하고 있음을 분명하게 보여준다.

그리고 제27조에서는 "직업"(라틴어로는 in vocatione sua)을 오직 하느님이 명한 지위들, 즉 성직자들과 관리들과 군주들과 귀족들에만 적용한다(Kolde 판 83쪽). 게다가 그런 내용은 오직 독일어로 된 『일치서』에만 나오고, 이 신앙고백 본문에는 나오지도 않는다.

오직 제26조에서만 "직업"이라는 용어가 오늘날 우리가 사용하는 의미를 포함하는 방식으로 사용될 뿐이다(Kolde 판 81쪽): "금욕은 은총을 얻기 위해서 행해서는 안 되고, 각자가 자신의 직업에 따라(라틴어로는 juxta vocationem suam) 하느님이 행하도록 명령한 것이 방해받지 않도록 육체를 단련할 목적으로 행해져야 한다."

3. 사전들이 잘 보여줄 뿐만 아니라, 친절하게도 나의 동료들인 브라우네(Braune) 교수와 호프스(Hoops) 교수가 내게 직접 확인해 주었듯이, 루터가 성경을 번역하기 이전에는 "직업"(Beruf)이라는 단어(네덜란드어의 beroep, 영어의 calling, 덴마크의 kald, 스웨덴어의 kallelse)가 오늘날처럼 세속적인 의미로 사용된 예는 전혀 없다. Beruf와 동일한 의미로 중세 시대에 사용되었던 고지 독

일어, 저지 독일어, 네덜란드어 단어들은 예외 없이 현대 독일어의 Ruf("부름")의 의미로 사용되었고, 특히 중세 후기에는 성직임명권자가 성직 후보자를 성직으로 호출하는 "부름"의 의미로도 사용되었다. 이것은 특별한 용법으로서 스칸디나비아계 언어들의 사전에도 자주 언급되고, 루터도 이 단어를 종종 그런 의미로 사용했다.

하지만 이 단어의 그러한 특별한 용법이 나중에 이 단어의 의미 변화에 일조했을 수는 있지만, 이 단어가 근대적인 "직업" 개념을 나타내게 된 것은 언어학적으로 성경 번역, 즉 개신교의 성경 번역에 기인한다. 앞으로 보게 되겠지만, 이것과 관련된 또다른 단초는 오직 타울러(Tauler, 1361년에 죽음)에게서 찾아볼 수 있을 뿐이다. 개신교의 성경 번역에 의해 지대한 영향을 받은 모든 언어에는 근대적인 "직업" 개념을 담은 단어가 탄생한 반면에, 로만어 같이 그런 영향을 받지 못한 언어들에서는 적어도 그런 근대적인 개념의 단어가 형성되지 못하였다.

루터는 서로 판이하게 다른 두 개념을 Beruf라는 동일한 단어로 번역했다. 그 중 첫 번째 개념은 하느님이 사람을 영원한 구원으로 부르는 "부름"을 의미하는 데 바울이 사용한 그리스어 '클레시스'였다(고린도전서 1:26; 에베소서 1:18; 4:1, 4; 데살로니가후서 1:11; 히브리서 3:1; 베드로후서 1:10을 보라). 이 모든 본문들에서 사용된 '클레시스'는 사도들이 선포한 복음을 통해서 이루어지는 하느님의 "부름"을 가리키는 전적으로 종교적인 개념이기 때문에, 근대적인 의미에서의 세속적인 "직업"과는 아무런 상관도 없는 것이었다. 루터 이전의 독일어 역본 성경들에서는 이 경우에 ruffunge라는 단어를 사용했고(하이델베르크 도서관에 소장된 모든 초기 판본들은 다 그렇게 되어 있다), "하느님에 의해 부름받았다"(von Gott geruffet)는 표현 대신에 "하느님에 의해 호출되었다"(von Gott gefordert)는 표현을 사용했다.

두 번째 개념은 앞의 주에서 이미 언급했듯이 집회서에 나오는 본문들(칠십인역에는 '엔 토 에르고 수 파라이오테티'와 '카이 엠메네 토 포노 수'로 되어 있다)을 "너의 일에 머물러라"(bleibe bei deiner Arbeit)로 번역하지 않고 "너의 직업에서 떠나지 말라"(beharre in deinem Beruf)와 "너의 직업에 머물러라"(bleibe in deinem

Beruf)로 번역한 것이었다. 나중에 나온 가톨릭교회의 공인 역본들(예를 들어, Fleischütz 역본, Fulda, 1781 같은 것들)은 루터의 번역을 그대로 따랐다. 내가 아는 한, 집회서 본문들에 대한 루터의 이 번역들은 독일어 Beruf를 오늘날의 전적으로 세속적인 의미의 "직업"을 가리키는 데 사용한 최초의 사례였다. 집회서가 탈무드를 인용해서 히브리어 '호크'를 사용한 것과 상응해서, 14장 1절과 43장 10절을 통해 '디아테케'도 독일어의 Beruf와 비슷한 의미, 즉 "운명" 또는 "과업"을 의미한다는 것을 보여주었음에도 불구하고, 루터는 20절에 나오는 '스테티 엔 디아테케 수'라는 권면을 "하느님의 말씀에 머물러라"(bleibe in Gottes Wort)로 번역했다.

앞에서 이미 말한 대로, 오늘날의 근대적인 의미에서의 "직업"(Beruf)이라는 단어는 루터 이전의 독일어에는 존재하지 않았고, 내가 아는 한 루터 이전의 성경 번역자들이나 설교자들도 그런 단어를 사용한 적이 없었다. 루터 이전에 번역된 독일어 성경들에서는 집회서의 해당 본문을 "일"(Werk)로 번역했고, 레겐스부르크의 베르톨트(Berthold)는 자신의 설교에서 오늘날의 "직업"(Beruf)을 나타내는 데 "일"(Arbeit)이라는 단어를 사용했다. 이렇게 루터 이전에는 오늘날의 "직업"을 표현하는 용법이 고대에서와 동일했다. 내가 아는 한, '클레시스'에 대한 번역으로서 전적으로 세속적인 노동을 가리키는 데 Beruf는 아닐지라도 그나마 Ruf라는 단어를 처음으로 사용한 것은 타울러가 에베소서 4장에 대한 자신의 설교 속에서 "거름을 주러 가는" 농부가 때때로 성직자보다 더 훌륭한 경우가 있는데, 그것은 "성직자는 자신의 Ruf를 소홀히 하는 반면에, 농부는 자신의 Ruf를 충실히 행하는" 경우라고 말한 것이었다(바젤 판 117쪽). 하지만 이 단어의 이러한 용법은 일상생활의 언어 속으로 들어가지 못했다.

루터는 처음에 Ruf와 Beruf를 둘 다 사용했는데(『루터전집』 에어랑겐 판 제51권 51쪽), 이것이 타울러의 직접적인 영향 때문이었는지의 여부는 확실하지 않다. 그의 『기독교인의 자유』(Freiheit eines Christenmenschen)에는 타울러의 설교를 연상시키는 구절이 많이 나오지만, 그는 타울러와는 달리 Ruf라는 단어를 전적으로 세속적인 의미로는 사용하지 않았기 때문이다. 저명한 루터 연구

자인 하인리히 조이제 데니플레(Heinrich Seuse Denifle, 1844-1905)는 『루터와 루터교』(Luther und Luthertum) 163쪽에서 이것과 정반대의 견해를 제시한다.

분명한 것은 칠십인역에 나오는 시락의 권면 속에는 하느님을 의지하라는 일반적인 권면 외에는 세속적인 직업 노동과 관련한 특별히 종교적인 가치 판단이 전혀 나오지 않는다는 것이다(만일 앞에서 인용한 21절의 본문이 훼손되지 않았다면, 거기에서 사용된 '포노스'["수고"]는 그렇지 않았을 것이다). 시락이 말한 것은 시편 기자가 "땅에 거하여 성실로 양식을 삼으라"(시편 37:3)고 권면한 것과 일치하는데, 이것은 "하느님이 가난한 자를 부유하게 하는 것은 쉬운 일이니 믿음 없는 자들의 행위에 미혹되지 말라"(21절)는 시락의 권면과 비교해 보면 분명하게 드러난다. 단지 "과업('호크')에 머무르라"(20절)는 시락의 첫 번째 권면만이 복음의 '클레시스'와의 유사성을 보여주지만, 거기에서 루터는 그리스어 '클레시스'를 Beruf로 번역하지 않았다. 루터가 얼핏 보면 전혀 상관이 없어 보이는 두 개념을 표현하는 데 동일하게 Beruf라는 단어를 사용한 근거는 고린도전서의 본문들과 그 번역문들이었다.

루터가 번역한 성경에서 해당 본문들이 나오는 맥락은 고린도전서 7장이다. "하느님이 각 사람을 부르신 그대로 행하라(17절). 할례자로서 부르심을 받은 자가 있느냐 무할례자가 되지 말며 무할례자로 부르심을 받은 자가 있느냐 할례를 받지 말라(18절). 할례 받는 것도 아무것도 아니요 할례 받지 아니하는 것도 아무것도 아니로되 오직 하느님의 계명을 지킬 따름이니라(19절). 각 사람은 부르심을 받은 그 부르심 그대로 지내라('엔 테 클레세이 헤 에클레테,' 20절)[추밀고문관 아달베르트 메르크스가 내게 말해 준 대로 이것은 히브리어식 표현이 분명하다; 불가타에는 in qua vocatione vocatus est로 되어 있다]. 네가 종으로 있을 때에 부르심을 받았느냐 염려하지 말라 그러나 네가 자유롭게 될 수 있거든 그것을 이용하라(21절). 주 안에서 부르심을 받은 자는 종이라도 주께 속한 자유인이요 또 그와 같이 자유인으로 있을 때에 부르심을 받은 자는 그리스도의 종이니라(22절). 너희는 값으로 사신 것이니 사람들의 종이 되지 말라(23절). 형제들아 너희는 각각 부르심을 받은 그대로 하느님과 함께 거하라(24절)."

그런 후에 29절에서는 때가 얼마 남지 않았다는 말이 나오고, 이어서 종말론적인 기대에 의거해서 아내가 있는 사람들은 아내가 없는 것처럼 지내고 매매하는 사람들은 물건이 없는 것처럼 지내라는 저 유명한 명령들이 나온다(31절).

루터는 1523년에 이 장을 주석하면서 20절에 나오는 '클레시스'(부르심)를 이전의 독일어 역본들을 따라 Ruf로 번역하고(앞의 책 제51권 51쪽), "지위"(Stand)라는 의미로 해석했다. 사실 오직 이 구절에 나오는 '클레시스'가 혼인의 지위, 종의 지위 등등과 같은 의미에서 라틴어 status나 독일어 Stand에 해당되는 것은 분명하지만, 브렌타노(앞의 책 137쪽)가 전제하듯이 근대적인 "직업"이라는 의미로서 그런 것은 아니다(그는 그 구절이나 내가 그 구절에 대한 말한 것을 주의 깊게 읽지 않은 것 같다). 그리스어 문헌들 중에서 '에클레시아'(부름 받은 자들)와 동일한 어원에서 유래한 '클레시스'를 근대적인 "직업"이라는 의미로 사용한 예로 사전에서 확인되는 것은 할리카르나소스의 디오니시우스(Dionysius)의 글에 나오는 한 구절이 전부이고, 이 사례는 그리스어에서 빌려온 라틴어로서 "군복무를 위해 소집된 시민들"을 가리키는 classis와 동일한 의미다. 11-12세기에 테오필락토스(Theophylaktos)는 고린도전서 7장 20절을 "사람은 삶 속에서나 지위에서나 시민으로서의 활동에서나 부르심을 받은 위치에 머물러야 한다"로 해석했다(나의 동료인 다이스만[Deissmann] 교수가 이것을 내게 환기시켜 주었다). 그럼에도 불구하고 '클레시스'는 오늘날 우리가 사용하는 "직업"(Beruf)이라는 단어와 부합하지 않는다. 그런데도 루터는 "각 사람이 자신의 현재의 지위에 머물러 있어야 한다"는 종말론적인 권면에 나오는 '클레시스'를 Beruf로 번역했고, 나중에 외경을 번역할 때에도 시락이 재물에 관심을 두는 것을 반대하는 전통주의적인 동기에서 "각 사람은 자신의 수고에 머물러야 한다"고 권면한 대목도 단지 이 둘이 서로 실질적으로 유사하다는 이유로 '포노스'(수고)를 Beruf로 번역했는데, 이미 지적한 대로 고린도전서 7장 17절에서는 '클레시스'를 제한적인 개념인 "직업"을 가리키는 의미로 사용하지 않았다는 점에서 루터가 그렇게 한 것은 아주 중요하고 특별한 것이었다.

그동안에 또는 거의 동시에 1530년의 아우크스부르크 신앙고백에서는 세속적인 도덕을 능가하고자 하는 가톨릭교회의 시도는 쓸데없는 것이라고 선언한 개신교의 교리를 정립했고, "각자는 자신의 직업에 따라서"라는 표현을 신앙고백문에 삽입했다(앞의 주를 보라). 1530년대의 이렇게 진전된 상황, 그리고 각 사람이 처해 있는 지위를 거룩한 것으로 평가하여 중시한 경향은 루터의 성경 번역에 그대로 반영되었다. 후자는 한편으로는 삶의 세세한 부분까지도 하느님의 아주 구체적인 섭리가 존재한다는 루터의 신앙이 좀 더 분명하게 구체화된 결과였기도 하지만, 다른 한편으로는 세속적인 질서를 하느님이 유지하고자 하는 질서로 받아들이고자 한 루터의 경향성에 의해 만들어진 결과이기도 했다.

전통적인 라틴어에서 vocatio는 특히 수도사나 사제로서 거룩한 삶으로의 하느님의 부르심을 가리키는 데 사용되었다. 하지만 방금 말한 개신교 교리의 영향으로 이 용어는 루터에게 있어서 신성한 의미를 지니게 된 세속적 직업 노동을 가리키게 되었다. 그래서 집회서에 나오는 '포노스'와 '에르곤'은 당시까지는 수도사들이 번역할 때 사용했던 이런저런 라틴어들로 번역되었지만, 루터는 그 단어들을 번역하는 데 Beruf를 사용했다. 반면에, 루터는 몇 년 전만 해도 집회서의 그리스어 본문에서 사용된 '에르곤'의 히브리어 원어이면서 독일어의 Beruf나 스칸디나비아계 언어의 kald와 kallelse와 마찬가지로 종교적인 "부르심"에서 유래한 잠언 22장 29절에 나오는 히브리어 '멜라카'를 창세기 39장 21절 등과 같은 다른 본문들에서와 마찬가지로 이전처럼 Geschäft(업무, 일)로 번역했는데, 칠십인역의 '에르곤,' 불가타의 opus, 영어의 business를 비롯해서 스칸디나비아계 언어들과 내가 아는 모든 성경 번역에서도 그런 식으로 번역되었다.

이렇게 루터가 새롭게 만들어 낸 Beruf라는 단어가 지닌 근대적인 의미는 처음에는 오직 루터교 내에서만 통용되었다. 칼뱅주의자들은 외경을 정경으로 인정하지 않았기 때문에, "구원의 확증"에 대한 관심을 전면에 부각시킨 교리적 발전이 있은 후에야 루터의 "직업" 개념을 받아들여서, 루터교보다 더 강조하게 되었다. 왜냐하면, 그들은 그 이전에는 성경을 로만어로 번역할 때에 자신들의 언어에 독일어 Beruf 같은 단어가 없어서 마땅한 단어를 찾을 수도 없었고,

이미 굳어져서 바꿀 수 없게 되어 버린 자신들의 언어 속에서 독자적으로 어떤 단어를 새롭게 만들어 내어서 널리 사용될 수 있게 할 수도 없었기 때문이었다.

16세기에 이르자 오늘날의 의미에서의 "직업" 개념이 세속적인 문헌들 속에서 자리를 잡게 되었다. 루터 이전에는 성경 번역자들은 '클레시스'를 "부름 받음"(Berufung)으로 번역했고(예를 들어 하이델베르크 대학에 소장되어 있는 1462-1466년과 1485년의 성경 역본들), 1537년에 출간된 에크(Eck)의 잉골슈타트 역본은 "각자가 부름 받은 그 부르심 대로"(in dem Ruf worin er beruft ist)로 번역했다. 그 이후에 나온 가톨릭교회의 역본들은 대체로 루터를 따랐다. 영국에서 최초의 성경 번역이었던 위클리프 역본(1382년)은 cleping(나중에 차용어인 calling으로 대체된 고대 영어)으로 번역했는데, 이렇게 나중에 종교개혁에서 사용하게 된 단어 및 용법과의 일치를 보여준 것은 위클리프파의 윤리의 특징이었다. 반면에, 1534년의 틴데일(Tyndale) 역본은 '클레시스'를 "지위"로 이해해서 "in the same state wherein he was called"(그가 부름 받은 그 동일한 지위에)로 번역했고, 이것은 1557년의 제네바 역본도 마찬가지였다. 1539년의 크랜머(Cranmer)의 공인 역본은 state를 calling으로 바꾸었지만, 1582년의 가톨릭 진영의 랭스(Rheims) 성경과 엘리자베스 시대의 성공회 성경은 불가타를 따라 다시 vocation을 사용하는 것으로 회귀했다. 머리(Murray)는 영국에서 크랜머 역본이 청교도들이 "부르심"(calling) 개념을 "직업"이라는 의미로 사용하게 된 원천이었다는 것을 이미 올바르게 지적한 바 있다. "부르심"(calling)은 16세기 중반에 이미 그런 의미로 사용되었고, 1588년에는 "불법적인 직업들"(unlawful callings)이라는 표현이 사용되었으며, 1603년에는 "greater callings"라는 표현이 "고등" 직업이라는 의미로 사용되었다(머리, 앞의 책을 보라).

브렌타노(앞의 책 139쪽)는 중세 시대에는 vocatio가 "직업"으로 번역되지도 않았고 "직업"이라는 개념도 알려져 있지 않았다고 말하면서, 오직 자유민만이 "직업"을 가질 수 있었는데, 당시 시민 계층에는 자유민이 존재하지 않았기 때문이라는 아주 특이한 주장을 편다. 하지만 중세 상공업과 관련된 사회 조직 전체는 고대에서와는 달리 자유민의 노동을 토대로 했고, 특히 상인 계층은 거의 언제나 자유민들이었다는 점에서, 그의 주장은 이해하기 어렵다.

　a. 이 신비주의자는 요한네스 타울러(Johannes Tauler, 1300?-1361)를 가리킨다. 그는 도미니쿠스 수도회에 소속되었던 신학자였다. 그는 마이스터 에크하르트, 하인리히 주조와 함께 중세 시대 독일의 신비주의를 대표하는 인물이었다. 타울러의 신학과 설교는 토마스 아퀴나스의 신학에 기초하여 사변적인 신비주의 신학보다 실천적인 면을 강조했고 에크하르트의 영향을 크게 받았다.

―――――――

　이 단어의 의미가 새로운 것이었듯이, 이 단어에 담긴 사상도 새로운 것이었는데, 그 사상이 종교개혁의 결과물이었다는 것은 일반적으로 잘 알려져 있다. 물론, 이러한 직업 개념에 내재되어 있는 세속의 일상적인 노동을 존중하는 태도는 이미 중세 시대에도 존재했고, 심지어 고대에 해당하는 후기 헬레니즘 시대에도 존재했음을 보여주는 몇몇 증거들이 있다 ― 이것에 대해서는 나중에 좀 더 자세하게 살펴볼 것이다. 하지만 이 새로운 직업 개념에는 이전에는 없었던 완전히 새로운 것이 적어도 한 가지 있었는데, 그것은 세속적 직업과 관련된 의무를 다하는 것이 최고의 도덕적 행위로 여겨지게 되었다는 것이다. 이것은 필연적으로 세속적인 일상 노동이 종교적인 의미를 지니는 결과를 가져왔고, 이렇게 해서 새로운 의미의 직업 개념이 탄생했다. 따라서 이러한 "직업" 개념은 모든 개신교 종파들의 핵심적인 교리를 담게 되었는데, 그것은 기독교의 도덕규범을 "계명"(praecepta)과 "권고"(consilia)로 구분하는 가톨릭의 교리를 거부하고,**b** 유일하게 하느님을 기쁘게 해 드리는 삶은 수도사적인 금욕주의를 통해 세속적인 도덕을 뛰어넘는 삶이 아니라, 오로지 각 개인이 자신이 현재 처해 있는 사회적 지위로부터 주어진 "직업"과 관련해서 생겨난 세속적인 의무들을 다하는 삶이라는 것이었다.

―――――――

　b. 가톨릭에서는 성경에 나오는 명령들을 모든 신자들이 지켜야 하는

"계명"과 수도원에서만 지킬 수 있고 일반 신자들에게는 지킬 의무가 부여되지 않는 "권고"로 나누는 두 단계의 윤리를 가르쳤다.

루터는 종교개혁에 뛰어들고 나서 처음 10년 동안에 그러한 사상을 발전시켰다.[4] 처음에는 토마스 아퀴나스 같은 인물들에 의해 대변된 주류의 중세적인 전통에 따라서,[5] 비록 하느님이 원하는 것이라고 할지라도 세속적인 노동은 육체를 보양하기 위한 세속적인 성격을 지닌 것으로 보았고, 신앙생활을 유지하기 위해 필요한 자연적이고 본성적인 토대이긴 하지만, 먹고 마시는 것과 똑같이 도덕적으로는 중립적인 것으로 보았다.[6]

---

4. 아래에서의 논의에 대해서는 카를 에거(K.Eger)의 『루터의 직업관』(*Die Anschauung Luthers vom Beruf*)에 나오는 유익한 설명을 참조하라. 그 설명의 유일한 결점이라고 말할 수 있는 것은 아마도 거의 모든 신학 저술가들의 경우와 마찬가지로 자연법(lex naturae) 개념에 대한 부적절한 분석일 것이다. 자연법이라는 주제에 대해서는 제베르크(Seeberg)의 『교리사』(*Dogmengeschichte*)에 대한 에른스트 트뢸치(Ernst Troeltsch)의 서평(*Gött. Gel. Anz.* 1902), 그리고 『기독교회의 사회 교리』(*Soziallehren der christlichen Kirchen*)의 해당 부분을 보라.

5. 토마스 아퀴나스는 사람들이 여러 가지 신분과 직업으로 나뉘어져 있는 것을 하느님의 섭리에 의한 것이라고 했을 때, 그것은 그런 것이 사회와 관련된 객관적인 만유의 질서라고 보았지만, 개개인이 일정한 "직업"(토마스 아퀴나스는 "직분"[ministerium] 또는 "직무"[officium]라는 용어를 썼다)을 갖게 되는 것은 "자연적인 원인들"(causae naturales)에 의한 것이라고 보았다. 그는 이렇게 말한다. "하지만 사람들의 직무의 다양성은 첫째로는 하느님의 섭리에 의한 것으로서 인간의 삶을 위해 필요한 것들이 하나도 빠짐없이 있게 하기 위해 사람들의 신분을 배분하기 위한 것이고, 둘째로는 자연적인 원인에 의한 것으로서 사

람들마다 직무에 이끌리는 성향이 다양한 데 기인한다"(『자유문제 논집』, 제7장 제17c조). "직업"에 대한 파스칼(Pascal)의 평가도 아주 비슷해서, 그는 개개인의 직업 선택은 "우연"에 의한 것이라고 말한다. 파스칼에 대해서는 아돌프 쾨스터(Adolf Köster)의 『파스칼의 윤리』(*Die Ethik Pascals*)를 보라. 이것과 다른 태도를 보이는 것은 "유기체론"에 의거한 종교 윤리들 중에서 가장 폐쇄적인 인도의 종교 윤리뿐이다.

토마스주의와 개신교의 직업 개념이 서로 대립되는 것은 너무나 분명하고, 후기 루터교가 특히 섭리를 강조한다는 점에서 가톨릭과 근접해 있음에도 불구하고 가톨릭과 루터교의 직업 개념이 서로 대립되는 것도 너무나 분명할 뿐만 아니라, 가톨릭의 직업 개념에 대해서는 나중에 다시 다루게 될 것이기 때문에, 여기에서는 이 인용문으로 충분할 것이다. 토마스 아퀴나스에 대해서는 마우렌브레허(Maurenbrecher)의 『당시 경제생활에 대한 토마스 아퀴나스의 입장』(*Thomas von Aquinos Stellung zum Wirtschaftsleben seinerzeit*)을 보라. 다른 점들에서 루터가 일련의 세부적인 내용들에서 토마스 아퀴나스와 견해가 일치하는 것은 그가 특히 아퀴나스가 아니라 스콜라 신학 일반의 가르침들로부터 영향을 받았기 때문이었던 것으로 보인다. 데니플레(Denifle)의 논증에 의하면, 루터는 실제로 토마스 아퀴나스를 잘 알지 못했던 것 같다(앞의 책 501쪽). 데니플레의 책에 대한 평가로는 쾰러(Köhler)의 『데니플레의 루터 연구에 대한 일언』(*Ein Wort zu Denifles Luther*, 1904), 25-26쪽을 보라.

6. 루터는 『기독교인의 자유』(*Von der Freiheit eines Christenmenschen*)에서 먼저 (1) 인간이 자신의 육체와 사회 공동체에 묶여 있는 데서 기인하는 "이중적" 본성으로 인해 인간에게는 자연법(lex naturae, 그는 이것을 세계의 자연 질서라는 의미로 사용한다)에 의거한 세속적 의무들이 존재하는 것으로 이해한다(에어랑겐 판 제27권 188쪽). (2) (이 두 번째 논거는 첫 번째 논거와 연결되어 있다.) 인간이 그러한 상황에 처했을 때, 신앙이 있는 기독교인은 전적인 사랑으로 말미암아 자신에게 주어진 하느님의 구원의 은혜에 감사해서 이웃 사랑을 통해 그 사랑에 응답하고자 하는 결심을 하게 된다(같은 책 196쪽). "신앙"과

"사랑" 간의 이러한 연결관계는 아주 느슨한 것이다. (3) 하지만 그러한 연결관계 속에서 노동은 "정신적인" 인간에게 육체를 지배할 수 있게 해 주는 수단이라는 옛 금욕주의적인 사상이 힘을 얻는다(같은 책 190쪽). (4) (루터는 여기에서 육체를 지배하는 수단으로서의 노동이라는 개념과 자연적인 도덕성이라는 의미에서의 자연법 개념을 얘기하면서 이렇게 말한다.) 노동은 하느님이 타락 이전의 아담 속에 심어 놓은 본성이기 때문에, 인간은 "오직 하느님을 기쁘게 하기 위해" 이 본능을 사용해야 한다. (5) 끝으로, 마태복음 7장 18-19절에 의거해서, 유용한 노동은 신앙으로 말미암아 획득된 새로운 삶의 결과이고 반드시 그래야만 한다(같은 책 161, 199쪽). 루터의 이러한 사상은 칼뱅주의의 "구원에 대한 확증" 사상으로 발전하지는 않았지만, 위의 다섯 가지 이질적인 요소들은 루터의 이 책을 지배하는 강렬한 열정의 힘으로 서로 결합될 수 있었다.

―――――――

하지만 루터가 신앙에 있어서 "오직 믿음으로"(라틴어로 sola fide['솔라 피데'])라는 사상이 지닌 의미를 모든 분야에 전면적으로 철저하게 관철시켜 나가게 되자, 가톨릭 진영이 수도원의 삶을 "복음이 권장하는 것"이라고 가르친 것과의 충돌이 점점 더 극심해졌고, 그런 와중에서 그가 그런 수도원의 삶을 "마귀가 명령한 것"으로 규정함으로써, 세속적인 "직업"의 의미와 중요성이 점차 커지게 되었다. 루터의 관점에서 볼 때, 이제 수도사적인 생활양식은 "하느님 앞에서 의롭다 함을 얻는"ᶜ 수단으로서는 완전히 쓸데없는 것이었을 뿐만 아니라, 각 사람에게 주어진 세속적인 의무들을 회피하고서 철저하게 이기주의적이고 냉정하게 살아가는 삶일 뿐이었다. 반면에, 세속적인 직업을 갖고 성실하게 일하는 것은 기독교적인 신앙에서 요구하는 최고의 계명인 이웃 사랑을 적극적으로 실천하는 것으로 여겨졌다.

특히 루터는 노동의 분업이 각 사람으로 하여금 "다른 사람들을 위해" 일하지 않을 수 없게 한다는 사실을 근거로 해서 그런 논리를 폈는데, 그런 논리는 애덤 스미스(Adam Smith, 1723-1790)의 저 유명한 명제와 반대되는 극히 비현실적이고 거의 기괴하기까지 한 것이었다.[7] 하지만 그런 본질적으로 스콜라주의적이라고 할 수 있는 논리는 얼마 후에 슬그머니 자취를 감췄고, 그 대신에 루터는 각자에게 주어진 세속적인 의무들을 다하는 것이야말로 하느님을 기쁘게 하는 유일한 길이고, 오직 그것만이 하느님의 뜻이며, 따라서 각 사람에게 합법적으로 주어진 직업은 하느님 앞에서 절대적으로 평등한 가치를 지닌다는 논리를 점점 더 강조하기 시작했다.[8]

---

c. 기독교에서 "의롭다 함을 얻는다"는 것은 구원을 얻는다는 의미이고, 종교개혁자들의 사상을 요약하는 표어 중의 하나인 "오직 믿음으로"는 사람들의 선행을 "공로"로 여기고서 그러한 공로를 쌓는 것을 구원의 조건으로 제시했던 가톨릭의 교리에 맞서 사람들에게 구원을 가져다주는 것은 오직 믿음이라는 것을 강조한 것이었다.

7. "우리가 식사를 할 수 있는 것은 우리에 대한 도축업자, 양조업자, 제빵업자의 호의 덕분이 아니라 그들 자신의 이익 추구 덕분이다. 우리는 그들의 이웃 사랑의 마음이 아니라 그들의 이기심에 호소한다. 그래서 우리는 그들에게 우리 자신의 필요에 대해서는 결코 말하지 않고 오직 언제나 그들의 이득에 대해 말할 뿐이다." 애덤 스미스(Adam Smith)의 『국부론』(Wealth of Nations) 제1권 제2장을 보라.

8. "하느님은 모든 일에서 너를 통해 일하실 것이다. 우유를 짜는 것도 너를 통해서 하실 것이고, 네가 하는 일이 아무리 비천한 일일지라도, 그 일을 하나의 작품으로 만드실 것이다. 가장 위대하고 웅장한 일들은 물론이고 가장 미미한 일들에도 은혜를 주실 것이다." 이것은 엘스페르거(Elsperger)가 편집한 『창세기 주석, 라틴어 저작 주석』(Exegese der Genesis, Op. lat. exeg.) 제7권 213쪽에 나온다. 이러한 사상은 루터 이전에는 성직자라는 "직업"(Ruf)과 세속적인 직업의 가치를 동일시했던 타울러에게서 발견된다.

토마스주의와의 대립은 독일 신비주의와 루터에게서 공통적인 것이었는데,

그 대립은 이렇게 표현해 볼 수 있다. 토마스 아퀴나스는 일차적으로는 관상기도의 도덕적인 가치를 공고히 하기 위해서, 그리고 다음으로는 탁발 수도회를 옹호하기 위해서, "일하지 않는 자는 먹지도 말라"는 바울의 가르침을 인류 전체에게 부과된 자연법상의 노동 의무로 해석했을 뿐, 모든 개인에게 부과된 의무로 해석하지는 않았다. 그는 노동의 종류에 따라 등급을 매겨 농민 계층의 "노예 노동"을 가장 천시하는 등 노동의 가치를 다르게 평가했는데, 이것은 물질적인 이유로 인해 도시 지역에 거주해야 했던 탁발 수도사들의 특별한 상황과 결부된 것이었다. 노동에 대한 토마스 아퀴나스의 그러한 차등적인 평가는 모든 직업의 가치를 똑같은 것으로 보면서도 사회적인 신분 질서를 하느님의 뜻이라고 보았던 독일 신비주의자들과 농민의 아들 루터에게도 이질적이고 낯선 것일 수밖에 없었다. 이 설명과 관련해서 토마스 아퀴나스가 말한 아주 중요한 것들에 대해서는 막스 마우렌브레허(Maurenbrecher)의 『당시 경제생활에 대한 토마스 아퀴나스의 입장』(*Th. v. Aquinos Stellung zum Wirtschaftsleben seiner Zeit*) 65-66쪽을 보라.

이렇게 세속적인 직업을 가지고 살아가는 삶에 도덕적인 성격을 부여한 것은 종교개혁, 그 중에서도 특히 루터가 이룩한 가장 중요한 업적들 중의 하나였다는 것은 의심의 여지가 없다는 점에서 하나의 자명한 사실이라고 할 수 있다.[9] 이것은 파스칼(Pascal, 1623-1662)이 세속적인 활동들에 대한 그 어떤 호의적인 평가도 거부하고서, 그런 활동들은 오직 허영과 간교함의 표출일 뿐이라고 철석 같이 확신하고 증오심을 드러낸 것과 거리가 멀었고,[10] 가톨릭의 수도회 중의 하나인 예수회가 자신들이 주장하는 "개연주의"[d]에 의거해서 대체로 세상을 공리주의적으로 바라본 것과는 한층 더 거리가 멀었다. 하지만 개신교의 그러한 업적이 지닌 실천적 의미가 개별적인 경우들에서 세부적으로 어떻게 나타났는가 하는 것은 전체적으로 명확하게 인식되지는 않았고 단지 희미하게만 느껴져 왔을 뿐이다.

9. 한층 더 놀라운 것은 루터가 이룩한 이러한 새롭고 창조적인 업적이 이후의 사람들의 삶과 행위에 전혀 영향을 미치지 않았을 것이라고 믿는 학자들이 있다는 것이다. 나는 그들의 그런 인식을 도무지 이해할 수가 없다.

10. "허영심은 인간의 가슴에 아주 깊이 배어 있어서, 잡역부, 주방 보조, 짐꾼들조차도 자신을 자랑하며 자신을 칭송하는 자들을 얻고자 한다"(파스칼의 『팡세』, Faugères 판, 제1판 208쪽; Köster, 앞의 책 17, 136쪽 이하). "직업"에 대한 포르 루아얄(Port Royal)과 얀센주의의 원칙적인 입장에 대해서는 나중에 다시 언급할 것이다. 지금으로서는 파울 호니스하임(Paul Honigsheim) 박사의 훌륭한 저작인 『17세기 프랑스 얀센주의자들의 국가 및 사회에 대한 교리』 238쪽 이하를 보라. 이 저작은 그가 1914년에 하이델베르크 대학의 역사학 박사 학위 논문으로 제출한 『프랑스 계몽주의 전사』라는 방대한 저작 중에서 그 일부를 따로 출판한 것이다.

d. "개연주의"는 어떤 행동의 합법성에 대해 서로 다른 두 견해가 존재하고, 그 중 어느 견해에 대해서도 확고한 논거가 성립되고, 단지 합법성만이 문제가 되는 경우에는, 두 견해 중에서 좀 더 확실한 것을 따라 행할 의무는 없고, 어느 쪽의 견해든 똑같이 자유롭게 취할 수 있다고 보는 사상이다. 엄숙주의와 반대된다.

먼저, 이 논의에서 지금까지 사용해 온 의미로든, 또는 그 밖의 다른 어떤 의미로든 "자본주의 정신"과 루터의 사상 간에는 내적인 친화성(親和性)이 존재한다고 주장할 수 없다는 것은 굳이 말할 필요조차 없을 정도로 분명하다. 이것은 종교개혁이라는 저 "위대한 업적"을 가장 열렬히 찬양하는 종파에 속한 사람들조차도 오늘날 그 어떤 의미의 자본주의에 대해서도 결코 호의적이지 않다는 사실만 보더라도 아주 분명하게 드러난다. 루터가 자신이 벤저민 프랭클린이 보여준 것과 같은 "정신"과 그 어떤 친화성이 있다는 주장에 대해서도 단호하게 부정했을 것임은 전혀 의심의 여지가 없다.

하지만 여기에서 우리는 루터가 푸거(Fugger) 가문 같은 당시의 거상들에 대해 비판적이었던 사실을 그 증거로 제시해서는 안 된다.[11] 왜냐하면, 16-17세기에 일부 대상인 집단이 누리고 있던 법률적이거나 사실적인 특권들에 반대해서 일어난 투쟁은 기껏해야 오늘날의 반독점운동에 해당되는 것일 뿐이고, 그 자체가 전통주의의 표출인 것은 아니었기 때문이다.

청교도들과 위그노파 교도들도 영국과 프랑스에서 왕과 의회와 성공회의 비호를 받고 있던 거대 상기업들, 롬바르디아의 환전상인들, 독점적인 기업들, 대규모의 투기업자들, 은행업자들을 반대하는 격렬한 투쟁을 했다.[12] 그리고 크롬웰은 1650년 9월에 있었던 던바(Dunbar) 전투를 끝내고 나서 "장기 의회"에 보낸 서한에서 이렇게 말했다. "모든 직업들에서 나타나고 있는 적폐를 중단시켜라. 소수를 부유하게 하기 위해 다수를 빈곤하게 만드는 일이 있다면, 그것은 공화국에 어울리지 않는 일이다." 하지만 우리는 그 서한의 다른 대목들에서 그가 그런 식으로 말하는 동기가 아주 독특한 "자본주의적" 사고방식에 기인하는 것임을 알게 된다.[13]

반면에, 고리대금과 이자를 받는 것을 무수히 비판했던 루터의 글들에 나타나 있는 자본주의적인 영리 활동의 본질을 바라본 그의 관점과 사고방식은 자본주의적 관점에서 보면 후기 스콜라주의와 비교해서 대단히 "후진적"이라는 것이 드러난다.[14] 특히 그가 돈의 비생산성이라는 문제에 대해 논한 것이 그 전형적인 예다. 왜냐하면, 그 문제는 피렌체의 안토닌에 의해서 이미 해결된 문제였기 때문이다.

---

11. 루터는 푸거 가문에 대해 이렇게 말한다. "한 사람이 일생 동안 왕에 필적할 만한 막대한 재산을 축적한 것은 정당한 것일 수도 없고 신성한 것일 수도 없다." 그의 이러한 견해는 본질적으로 부에 대한 농민들의 전형적인 불신을 대

변한 것이었다. 또한, 그는 지대 징수권 매매를 경제적 의도가 투명하지 않다는 이유로 "새롭게 고안해 낸 교활한 술수"로 규정해서 의심의 눈으로 바라보았는데(『루터전집』 에어랑겐 판 제20권 109쪽), 이것은 근대의 성직자들이 선물 투자를 의심의 눈으로 바라보는 것과 비슷한 것이었다.

12. 헤르만 레비(Hermann Levy)는 자신의 저작인 『영국 경제사에서 자유주의 경제의 토대들』에서 이러한 대립을 적절한 서술을 통해 보여준다. 또한, 예컨대 크롬웰의 군대 내의 수평파들이 1653년에 독점권 및 상사(商社)들과 관련해서 낸 청원도 보라. 이 청원은 새뮤얼 가디너(Samuel R. Gardiner)의 『공화국과 호민관 정치의 역사』 제2권 179쪽에 수록되어 있다. 반면에, 로드(Laud) 정권은 국왕과 교회가 이끄는 "기독교적이고 사회적인" 경제를 추구했고, 국왕은 그런 경제로부터 정치적이고 재정적이며 독점적인 이익을 기대했지만, 청교도들은 그런 계획에 맞서 투쟁했다.

13. 1650년 1월에 크롬웰이 아일랜드인들에 대해 선전포고를 한 것을 예로 들어 보면, 여기에서의 이러한 설명을 잘 이해할 수 있다. 크롬웰은 1649년 12월 4일과 13일에 클론먹노이즈(Clonmacnoise)의 아일랜드인 가톨릭 성직자들이 행한 선전포고에 대응해서 이 같은 선전포고를 통해 아일랜드인들을 섬멸하는 전쟁을 시작했는데, 그 핵심적인 내용들은 이런 것들이었다. "영국인들은 자신들의 상당한 세습재산을 [아일랜드에] 소유하고 있고, 그 재산들은 대부분 자신들의 돈으로 구입한 것들이다 …… 그들은 아일랜드인들에게서 장기간 동안 임차한 상당한 토지들 및 그 토지들과 관련된 엄청난 채권들, 자신들의 비용을 들여서 위험부담을 안고 세운 가옥들과 대규모 농장들을 소유하고 있다 …… 아일랜드가 완벽한 평화 가운데 있고, 영국 산업의 모범 및 상업과 교역으로 인해 아일랜드 전체가 아일랜드인들의 수중에 있는 것보다 영국의 수중에 있는 것이 아일랜드인들에게 더 좋은 시점에 …… 너희는 동맹을 깨뜨렸다 …… 과연 하느님이 그런 너희와 함께 하고 있고 앞으로도 함께 할 것이라고 생각하는가? 나는 그렇지 않을 것이라고 확신한다."

보어 전쟁 시기에 영국의 신문에 게재된 사설들 중의 하나를 연상시키는 이 선전포고문의 독특성은 영국인들이 자신들의 "자본주의적인" 이해관계를 자신들의 전쟁을 정당화하는 근거로 제시한 데 있지 않았다. 그런 논리는 아주 흔해 빠진 것으로서, 예를 들어 베네치아와 제노바가 동방에서의 자신들의 이권을 놓고 벌인 협상에서도 얼마든지 사용될 수 있는 것이었다(내가 이렇게 강조해서 말하는데도, 브렌타노[앞의 책 142쪽]가 나의 주장을 왜곡해서 나에 대해 이의를 제기한 것은 정말 이해할 수 없는 일이다). 도리어 이 선전포고문의 독특성은 크롬웰이 하느님을 증인으로 호출한 가운데 영국의 자본 덕분에 아일랜드인들이 노동을 배울 수 있게 된 것을 아일랜드에 대한 영국인들의 압제의 도덕적 정당성의 근거로 주장했다는 데 있다 — 크롬웰을 잘 아는 사람은 그가 개인적으로도 이것을 깊이 확신했다는 것을 쉽게 알 수 있다. 이 선전포고문은 토머스 칼라일(Thomas Carlyle)의 『올리버 크롬웰의 서신과 연설』과 새뮤얼 가디너(Samuel R. Gardiner)의 앞의 책 제1권 163~164쪽에 수록되어 있고, 독일어 번역문은 회니히(Hönig)의 『올리버 크롬웰』(Oliver Cromwell)에 나와 있다.

14. 이 주제를 여기에서 자세하게 다루는 것은 적절하지 않다. 이 주제에 대해서는 아래의 주 16에서 인용하고 있는 저자들의 글을 참조하라.

하지만 종교적인 의미에서의 "직업" 개념은 현세의 생활양식과 관련해서는 얼마든지 서로 다른 아주 다양한 결과들을 낳을 수 있었다는 점에서, 여기에서는 그런 것들을 군이 세부적으로 자세하게 다룰 필요는 없다고 본다. 종교개혁의 의의는 무엇보다도 세속적인 노동이나 직업에 대한 가톨릭 진영의 입장과는 반대로 직업으로 조직화된 세속 노동이 지니는 도덕적 성격과 종교적 가치 또는 보상을 월등하게 강조했다는 데 있고, 그런 의미에서의 "직업" 개념이 그 후에 어떻게 발전하게 되었는가 하는 것은 종교개혁으로부터 파생된 서로 다른 여러 종파들이 그 개념을 신앙과 관련해서 어떤 식으로 구체화했는가에 의해 좌우되었기 때문이다.

루터는 자신이 정립한 직업 개념이 성경의 권위를 토대로 하고 있다고 믿었지만, 사실은 전체적으로 볼 때 직업에 대한 전통주의적인 개념이나 해석이 더 성경적인 것이었다. 특히 구약성경에서 예언서들은 세속적인 노동이나 직업의 도덕성을 전혀 인정하지 않았고, 그 밖의 다른 책들도 아주 드물게만 그런 것을 인정하는 듯한 흔적이나 단서를 보여주고 있을 뿐이라는 점에서, 세속적인 노동이나 직업에 대한 전통주의적인 개념과 아주 유사한 사상을 담고 있다고 할 수 있다. 성경에서 세속적인 일들을 직접적으로 다루는 모든 구절들에서는 이윤 추구는 믿지 않는 불경건한 자들이나 하는 짓이기 때문에, 모든 신자는 각자에게 주어진 "생업"을 충실히 행하는 것이 마땅하다는 취지로 말할 뿐이다. 단지 나중에 탈무드에서는 이 문제와 관련해서 부분적으로 다른 입장을 보여주기는 하지만, 그것도 역시 원칙적이고 근본적인 입장은 아니다.

이 문제와 관련해서 예수가 개인적으로 취한 태도는 고대 근동의 전형적인 기도문에 나오는 "오늘 우리에게 일용할 양식을 주소서"라는 표현에 고전적이고 순수한 형태로 집약되어 있고, 그가 사용한 "불의의 재물"이라는 표현은 세속적인 것들에 대한 근본적이고 철저한 배척을 보여주기 때문에, 근대적인 직업 개념을 예수 개인과 직접적으로 결부시키는 것은 불가능하다.[15]

신약성경에 나타나 있는 사도 시대의 기독교, 특히 바울을 비롯한 초대 교회 기독교인들은 세상 종말에 대한 기대로 가득해서 세속적인 직업을 가지고서 일하며 살아가는 것에 별 의미를 두지 않았다는 점에서 구약성경과 마찬가지로 본질적으로 전통주의적인 개념을 지니고 있었다. 주가 재림하면 모든 것이 변하게 될 것이기 때문에, 모든 신자의 삶의 핵심은 주의 재림을 기다리는 삶이다. 따라서 그들은 주가 그들을 부른 바로 그 사회적인 지위와 세속적인 직업에 머물면서 계속해서 이전처럼 일하며 생계를 해결하는 것이 합당한데, 그것은 형제들에게 짐이 되지 않기 위한 것임과 동시에, 그렇게 세속적인 일을 하며 살아가는 것은 단지 단기적이고 잠정적인 것이었기 때문이다.

성경에 대한 루터의 해석은 특정한 시기에 그가 지니고 있던 관점에 의해서 결정되었는데, 1518년에서 시작해서 1530년경에 이르기까지의 시기에 그의 관점은 전통주의를 고수하고 있었을 뿐만 아니라, 전통주의적인 성향이 한층 더 강해져갔다.[16] 종교개혁 초기에 루터는 직업을 기본적으로 세속적인 것으로 보았기 때문에, 바울이 고린도전서 7장에서 세속적인 일들에 대해 표명한 종말론적인 무관심과 비슷한 견해를 지니고 있었다.[17] 모든 사람은 사회적으로 어떤 지위나 신분에 있느냐와는 상관없이 구원을 받을 수 있고, 인생은 천국으로 가는 순례 도중에 잠시 통과하는 것에 불과하기 때문에 이 세상에서 어떤 직업에 종사하느냐는 전혀 중요하지 않다는 것이었다. 그렇기 때문에 자신에게 필요한 것 이상으로 이윤을 추구하는 것은 하느님의 은혜 가운데 있지 않다는 증거일 뿐만 아니라, 남들을 희생시키고 자신의 이익을 추구한다는 점에서 비난 받을 일일 수밖에 없었다.[18]

---

15. 아돌프 율리허(Adolf Jülicher)의 훌륭한 저작인 『예수의 비유』(*Die Gleichnisreden Jesu*) 제2권 636, 108-109쪽에 나오는 설명을 보라.

16. 아래의 설명에 대해서는 무엇보다도 또다시 카를 에거(Karl Eger)의 앞의 책을 보라. 오늘날에도 시대에 뒤떨어지지 않는 슈네켄부르거(Schneckenburger)의 훌륭한 글인 『루터교와 개혁교회의 교리 개념 비교』를 참조하라. 크리스토프 루타르트(Christoph E. Luthardt)의 『루터의 윤리 개요』 제1판 84쪽에서는 그 발전과정에 대해서는 분석해 놓지 않았다.또한, 라인홀트 제베르크(Reinhold Seeberg)의 『교리사』 제2권 262쪽을 보라. 『개신교 신학과 교회 백과사전』에 수록된 "Beruf" 항목은 직업 개념과 그 기원을 학문적으로 분석한 것이 아니라, 여성 문제를 비롯해서 온갖 문제들에 대한 표피적인 서술로 일관하고 있기 때문에 참고할 가치가 전혀 없다. 루터를 경제학적인 관점에서 연구한 문헌들로는 슈몰러(Schmoller)의 "종교개혁 시기 독일에서 국가경제에 대한 견해들의 역사", 비스케만(Wiskemann)의 현상 논문(1861), 프랑크 바르트(Frank G. Ward)의 논문인 "국가와 그 경제적 과제에 대한 루터의 견해에 대

한 서술과 평가" 등이 있다. 루터 및 루터교의 사회 윤리에 대해서는 특히 트뢸치(Troeltsch)의 『기독교 교회와 집단의 사회 교리』에 나오는 관련 부분들을 참조해야 한다.

17. 『고린도전서 7장 강해』에어랑겐 판 제51권 1-2쪽. 거기에서 루터는 이 본문에 언급된 하느님 앞에서 "모든 직업"의 자유라는 사상을 여전히 다음과 같이 해석한다. (1) 수도사 서약이나 잡혼 금지 같이 인간이 제정한 규율은 폐기되어야 한다. (2) 하느님과 아무 상관이 없이 이웃에 대한 전통적이고 세속적인 의무로 내려온 것들에 대한 이행은 이웃 사랑의 명령을 수행하는 것으로 승화되어야 한다. 실제로 55-56쪽 같은 데서 루터의 논의의 특징적인 관심은 하느님 앞에서의 정의와 자연법이라는 이분법이다.

18. 좀바르트가 "수공업 정신," 즉 전통주의의 정신을 다룰 때, 그러한 논의 전반을 이끄는 상징적인 문구로서 마르틴 루터(Martin Luther)의 『상행위와 고리대금』(1524)에 나오는 다음과 같은 구절을 인용한 것은 옳았다. "따라서 너희는 그런 사업에서 생계를 위해 적절한 것 이상의 것을 추구하지 않아야 한다. 그렇게 하기 위해서는 비용과 수고, 노동과 위험을 계산하고 평가해서, 너희의 노동과 수고에 적절한 대가를 받을 수 있도록 상품의 가격을 높게 또는 낮게 책정해야 한다." 여기에서 루터의 기본적인 접근방식은 토마스 아퀴나스의 정신이었다.

하지만 종교개혁 활동을 하기 위해 세상사에 점점 더 깊이 관여하게 되는 과정에서, 루터는 직업을 가지고 노동하는 것의 가치를 더 높이 평가하는 쪽으로 바뀌었고, 개개인이 종사하고 있는 구체적인 직업은 하느님이 섭리를 통해서 개개인에게 어떤 구체적인 지위를 정해 주고서 거기에서 생겨나는 의무들을 수행하도록 한 특별한 명령이라고 생각하게 되었다. 하지만 종교적인 "열광주의자들"과 농민 폭동에 대항해서 싸우고 나서는, 하느님이 개개인을 사회적으로 특정한 지위와 직업으로 보내어 거기에서 자신의 의무를 수

행하며 살아가게 한 것보다도 그렇게 해서 만들어진 객관적인 역사적 질서가 한층 더 하느님의 뜻의 직접적인 표출이라고 생각하게 되면서,[19] 개개인의 구체적이고 세부적인 삶의 과정과 관련해서 "섭리"를 강조하는 쪽으로 나아감으로써, "운명" 사상과 비슷한 전통주의적인 개념을 지니게 되었다. 즉, 개개인은 원칙적으로 하느님이 정해준 직업과 지위에 머물러 있어야 하고, 오직 자신에게 주어진 사회적 지위의 테두리 내에서만 일하고 살아가야 하고, 그 테두리를 벗어나서는 안 된다는 것이었다.

이렇게 전통주의적인 경제 개념은 처음에는 바울이 취하였던 종말론적인 무관심을 기반으로 해서 생겨난 것이었지만, 나중에는 섭리론을 토대로 해서 한층 더 강화되었다.[20] 섭리론에서는 개개인이 현재 처해 있는 처지를 무조건적으로 받아들이고 순종하는 것이 바로 하느님에게 무조건적으로 순종하는 것이라고 보았다.[21] 이런 논리 때문에 루터는 종교적인 기본 교리들과 세속적인 직업을 근본적으로 새롭게 연결시킬 수도 없었고, 그런 것을 가능하게 하는 원칙을 수립함으로써 그런 연결의 토대를 마련할 수도 없었다.[22] 1520년대의 농민 폭동 이후에 루터에게서는 교리의 순수성을 지키는 것이야말로 교회가 잘못되지 않게 할 수 있는 유일한 수단이라고 생각하는 것이 점차 확고해져 갔고, 교리의 순수성을 고수하고자 하는 그러한 태도는 윤리 분야에서 새로운 관점들을 발전시켜 나가는 것을 가로막았다.

─────────

19. 루터는 1530년에 한스 폰 슈테른베르크(H. von Sternberg)에게 시편 117편을 주석한 저작을 헌정하면서 함께 보낸 서신에서, 하층 귀족의 "신분"은 비록 그들이 도덕적으로 타락했다고 할지라도 여전히 하느님이 정한 것이라고 말한다(에어랑겐 판 제40권 282쪽). 이 서신은 뮌처(Münzer)의 소요가 루터의 그러한 견해를 발전시키는 데 결정적인 역할을 했다는 것을 분명하게 보여준다(282쪽). 또한 에거(Eger)의 앞의 책 150쪽도 참조하라.

20. 루터는 수도원으로 도피해서 세속적인 질서를 벗어나고자 하는 것을 비

판하는 입장을 1530년에 그가 쓴 시편 111편 5-6절에 대한 주석(에어랑겐 판 제 40권 215-216쪽)에서도 출발점으로 삼고 있지만, 이제는 자연법을 황제와 법률가들이 제정해서 시행하는 법과 대비시키면서 "하느님의 정의"와 등치시킨다. 즉, 자연법은 하느님에 의해 제정된 것으로서, 사람들이 여러 가지 다양한 신분 계층들을 이루고 있는 것도 자연법에 속하는 것으로 여겨진다(215쪽). 루터는 그렇게 말하면서도, 모든 신분이 하느님 앞에서 평등하다는 것을 강조한다.

21. 루터는 특히 자신의 저작들인 『공의회와 교회』(*Von Konzilien und Kirchen,* 1539)와 『거룩한 성례전에 대한 짤막한 고백』(*Kurzes Bekenntnis vom heiligen Sakrament,* 1545)에서 그러한 순종을 설파했다.

22. 칼뱅주의를 지배한 것으로서 우리의 논의에서 특히 아주 중요한 사상, 즉 기독교인은 직업 노동과 생활양식을 통해 자신의 구원을 확증해야 한다는 사상이 루터의 경우에는 여전히 뒷전으로 밀려나 있었다는 사실은 『공의회와 교회』에 나오는 다음과 같은 말에서 잘 드러난다. "참된 교회임을 알려 주는 이 일곱 가지 주된 표지 외에도 거룩한 기독교회임을 알아볼 수 있게 해주는 몇몇 좀 더 외적인 표지들도 존재한다 …… 우리가 술 취하는 자가 되지 않고, 방탕하거나 교만하거나 오만불손하거나 사치하지 않으며, 절개를 지키고 겸손하고 절제하는 것이 그것이다"(376쪽). 루터에 의하면, 이것들은 교리의 순수성, 기도 등과 같은 "일곱 가지 주된 표지들"만큼 확실한 표지들은 아니다. "왜냐하면, 이 교도들도 그런 식으로 행할 뿐만 아니라, 그들이 기독교인들보다 더 거룩해 보이는 경우도 종종 있기 때문이다." 나중에 논하게 되겠지만, 칼뱅 자신의 입장도 루터와 크게 다르지 않았다. 하지만 청교도들의 사상은 이 두 사람과 확연히 달랐다. 어쨌든 루터는 기독교인은 "직업을 통해서"가 아니라 단지 "직업 안에서" 하느님을 섬길 뿐이었다(에거의 앞의 책 117쪽 이하).

반면에, 독일 신비주의자들에게는 앞에서 말한 구원의 확증 사상이 적어도 초보적인 형태로는 존재했다. 하지만 그런 사상의 단초들은 칼뱅주의가 아니라 경건주의의 양식으로 표현되었고, 아직은 전적으로 심리학적인 방식으로만 작용하였다. 예를 들어, 제베르크(Reinhold Seeberg)의 『교리사』 제1권 195쪽에 인용된 주조(Suso)의 글과 앞에서 인용한 타울러(Tauler)의 글을 보라.

이렇게 해서 루터의 직업 개념은 전통주의에 묶여 버리게 되었다.[23] 즉, 루터 안에는 직업과 관련해서 두 개념이 존재했는데, 이 둘 중에서 직업은 하느님의 섭리로 여기고 좋든 싫든 무조건적으로 받아들여서 "순종하고" 따라야 하는 것이라는 개념이 직업을 가지고 일하는 것은 하느님이 개개인에게 맡긴 과업일 뿐만 아니라 유일무이한 과업이라는 또다른 개념을 압도해 버린 것이었다.[24] 게다가 정통 루터교가 발전해 감에 따라, 그러한 특징은 점점 더 강화되었다. 그 결과, 윤리 분야에서 루터가 이룩했던 진전은 단지 소극적인 것에서 그치게 되었다. 왜냐하면, 그는 금욕주의적인 의무가 세속적인 의무보다 우월하다는 사상을 무너뜨리는 데는 성공하긴 했지만, 아울러 세속 당국에 대해 복종하고 개개인의 삶 속에서 주어진 세속적 지위와 직업에 순복하라고 가르쳤기 때문이다.[25]

나중에 중세 시대의 종교 윤리를 논할 때에 좀 더 자세하게 살펴보겠지만, 루터가 제시한 이러한 직업 개념은 사실 독일의 신비주의자들에 의해서 상당 부분 이미 완성되어 있었다. 특히 그런 인물들 중 한 사람이었던 타울러(Tauler)는 인간의 영혼이 관상 기도°를 통해 탈혼상태에서 하느님의 영을 받아들이는 것을 신앙에서 가장 중요한 일로 보았기 때문에, 성직과 세속적인 직업은 가치에 있어서 기본적으로 별반 다를 것이 없는 것으로 여겼고, 금욕주의적인 행위를 통해 공로를 쌓는다는 전통적인 사상에도 별로 가치를 두지 않았다.[26]

어떤 의미에서 루터의 직업관은 신비주의자들의 직업관에 비해 뒤떨어진 것이었다. 왜냐하면, 신비주의자들의 금욕적인 신앙 훈련은 상당 부분 경건주의의 신앙 심리와 비슷했고 부분적으로는 퀘이커교도들의 신앙 심리와도 비슷했지만,[27] 루터에 의해 행위를 통해 구원받고자 하는 시도라는 의심을 받았고, 그런 이유로 루터교로부터 점점 더 배척을 받음으로써, 루터에게서는 물론이고 루터교에서는 더더욱 직업윤리의 심리학적 토대가 신비주의자에 비해 상당히 불안정해지고 모호해졌기 때문이다.

따라서 우리가 지금까지 살펴본 바로는, 루터나 루터교가 이해한 직업 개념을 우리가 찾고 있는 근대 자본주의적인 직업 개념의 기원으로 보기에는 문제가 있고, 우리는 여기에서 그 점을 확인하는 것만으로 충분하다.[28] 하지만 이것은 사람들의 종교생활이 루터교적인 형태로 새롭게 조직된 것이 우리가 지금 고찰하고 있는 주제와 관련해서 실제적으로 아무런 의미도 없다는 것을 의미하는 것은 아니다. 우리가 말하고자 하는 것은 단지 루터와 루터교의 직업 개념에서는 개신교의 다른 종파들에서 나타나는 직업 개념과는 달리 근대 자본주의적인 직업 개념에 직접적이고 실제적으로 영향을 미쳤다는 것을 보여 줄 정도의 의미를 찾을 수는 없다는 것이다. 그러므로 이제는 사람들의 실제적인 삶과 그 종교적 출발점의 연관관계를 루터나 루터교의 교리들보다 더 쉽고 더 뚜렷하게 드러내 주는 개신교의 다른 종파들을 고찰하는 것으로 나아가는 것이 최선인 것으로 보인다.

———————

23. 루터의 최종적인 입장은 그의 창세기 주석에 나오는 몇몇 말들 속에 잘 표현되어 있다(엘스페르거가 편집한 앞의 책 제4권): "오직 자신의 소명에만 뜻을 두고 그 밖의 다른 모든 것들을 쳐다보지 않는다는 것은 작은 시험이 아니다 …… 자신의 소명에 만족하며 살아가는 사람은 극히 드물다(109쪽) …… 하느님의 부르심에 순종하는 것은 우리의 의무다(111쪽) …… 따라서 우리 각 사람은 자신의 소명 안에 머물러 있어야 하고 자신의 은사에 만족하여야 하며 다른 것들에는 관심을 갖지 말아야 한다는 이 규범을 반드시 지켜야 한다(112쪽)."

결과적으로 이것은 토마스 아퀴나스(Thomas Aquinas)의 『신학대전』 제2부 제2편 118문 1절에 나오는 전통주의에 대한 다음과 같은 정의와 완전히 부합한다. "인간은 자신의 처지에 따라 삶을 영위하는 데 꼭 필요한 것들이 있기 때문에 …… 외적인 재물을 추구하며 살아가는 것은 어쩔 수 없는 일이다. 하지만 바로 거기에서 인간의 선악이 결정된다. 왜냐하면 바로 그것이야말로 선의 조건이고 선악의 기준이기 때문이다. 이 조건을 어기고 이 기준을 넘어서는 순간 죄가 발생한다. 즉, 어떤 사람이 이 조건과 기준에 의해 정해진 한계를 넘어 재물을 얻고 소유하고자 하게 되면, 그것은 탐욕이고 죄이다."

토마스 아퀴나스는 물질적 재화의 존재 이유와 관련된 자연법에 의거해서, 영리를 추구함에 있어서 각 사람이 처한 상황과 지위에서 꼭 필요한 것을 넘어서는 경우에 죄가 된다는 것을 증명한 반면에, 루터는 그것을 하느님의 섭리에 의거해서 증명한다.

루터가 신앙과 직업의 관계를 어떻게 보았는지에 대해서는 제7권 225쪽에 나오는 그의 말도 보라: "네가 신앙인이 된다면, 먹고 마시는 것, 깨어 있고 잠드는 것, 자연적이고 육체적이며 동물적인 것들, 일하는 것들 같이 육체적이고 동물적인 것들에 지나지 않는 너의 모든 행위들조차도 하느님이 긍정해 주실 것이다. 신앙은 이렇게 위대하다 …… 신앙이 없는 자들일지라도 자신의 직업에서 근면성실함과 부지런함을 보인다면, 그것은 하느님의 뜻과 일치한다는 것도 사실이다[직업 생활에서의 그러한 행위들은 자연법의 미덕이기 때문에]. 하지만 그들이 불신앙과 헛된 영광을 추구하는 것이 그들의 행위들이 하느님의 영광으로 돌아가는 것을 방해한다[이것은 칼뱅주의적인 표현이다] …… 따라서 신앙이 없는 자들의 선행들은 현세에서는 상을 받지만[이것은 아우구스티누스가 이런 선행들을 "도덕의 탈을 쓴 은폐된 악습"이라고 한 것과 대비된다], 내세에서는 미덕으로 인정되지 않는다."

24. 루터는 자신의 저작인 『교회설교집』(*Kirchenpostille*)(에어랑겐 판 제10권 233, 235-236쪽)에서 "사람은 누구나 특정한 직업으로 부르심을 받는다"고 말한다. 따라서 각 사람은 자신이 부르심을 받은 그 "직업"(236쪽에서는 아예 "명령"이라고 표현한다)에서 일함으로써 하느님을 섬겨야 한다. 하느님을 기쁘게 하는 것은 그 직업에서 무엇인가를 이루는 것이 아니라, 그 직업을 소명으로 알고 순종하는 것이다.

25. 이것은 근대의 기업가들이 종종 다음과 같이 주장하는 것과 일치한다.

경건주의가 여성 노동자들의 경제 활동에 미친 영향에 대해 앞에서 말한 것과는 대조적으로, 예컨대 베스트팔렌 지방에서 독실한 루터교 신앙을 지닌 가내 수공업자들은 오늘날에도 흔히 아주 전통주의적인 경제 윤리를 지니고 있어서, 굳이 공장제 기업으로 변신하지 않아도 노동 방식만을 바꾸는 것만으로도 더 많은 이윤을 남길 수 있는데도, 현세에서 많이 누리면 내세에서는 적게 누리게 된다는 신앙 때문에 그렇게 하기를 거부한다. 이것은 교회를 다닌다거나 신앙을 갖는다는 사실 자체는 그 사람의 생활양식 전체를 조직하는 데 본질적으로 중요한 의미를 지니지 않고, 자본주의의 초창기에 그런 영향을 강하게 끼쳤고 지금도 어느 정도는 끼치고 있는 것은 그 사람의 종교생활 속에 내포된 좀 더 구체적이고 실천적인 가치들과 사상들이라는 것을 보여준다.

e. 침묵기도의 한 가지 형태인 묵상 기도가 이미지, 개념, 상상력, 이성적 추론 등을 사용하여 머리를 채워감으로 하느님을 추구하는 기도로서 주로 서방교회 전통에서 발전된 기도 형태를 가리키는 반면에, 관상 기도는 이미지나 이성적 사고를 뛰어넘은 초이성적이고 초월적인 차원의 기도 형태를 의미한다. 기도자가 주체가 되지 않고, 하느님이 기도자에게 다가와 주기를 바라고 모든 것을 전적으로 의지하고 맡기고 조용히 하느님의 은총을 기다리는 기도, 기다림 가운데 하느님과 함께 하는 기도, 즉 수동적인 무념을 지향하는 마음의 기도를 지칭하는 것으로서 주로 동방교회 전통에서 발전된 기도이다.

26. 타울러의 앞의 책(바젤 판) 161–162쪽을 보라.

27. 타울러의 앞의 책(바젤 판) 161–162쪽 및 제17–18장과 제20장에 나오는 그의 독특한 정서가 배어 있는 설교를 보라.

28. 이 대목에서 루터에 대해 언급한 목적은 오직 그에게서 근대 자본주의적인 직업 개념을 찾는 것은 불가능하다는 것을 확인하고자 한 것뿐이기 때문에, 이렇게 허술하고 개략적인 설명만으로도 충분하다. 하지만 루터를 제대로 평가하고자 하는 경우에는, 물론 이런 설명만으로는 결코 충분할 수 없을 것이다.

앞에서 우리는 자본주의 발달사에서 칼뱅주의와 개신교의 여러 종파들이 주목할 만한 역할을 했다는 것에 대해서는 이미 언급한 바 있다. 루터가 츠빙글리에게서 자신과는 다른 "정신"이 살아 움직이는 것을 발견했던 것과 마찬가지로, 루터의 정신적인 후손들도 칼뱅주의에서 다른 정신이 살아 움직이는 것을 발견했다. 또한 가톨릭 진영에서는 종교개혁 당시는 물론이고 오늘날에 이르기까지도 늘 자신들의 주된 적은 칼뱅주의라고 생각해 왔다. 물론, 거기에는 정치적인 이유들이 있었다는 것은 의심의 여지가 없다. 왜냐하면, 종교개혁이 루터 개인의 종교적인 발전 없이는 생각할 수 없는 것이었고 언제나 루터라는 인물을 빼놓고 얘기할 수 없는 것이기는 하지만, 루터의 종교개혁은 칼뱅주의 없이는 그 목적을 이룰 수 없었을 것이기 때문이다.

가톨릭과 루터교가 둘 다 똑같이 칼뱅주의를 질색해하는 이유는 칼뱅주의의 독특한 윤리에 있다. 한 번 대충 훑어보기만 해도, 칼뱅주의가 종교적인 삶과 세속적인 활동의 관계에 대해서 가톨릭이나 루터교와는 완전히 다른 개념을 지니고 있다는 것이 드러난다. 이것은 특별히 종교적인 소재를 다룬 문학 작품들에서조차도 분명하게 드러난다. 예컨대, 『신곡』이라는 작품 속에서 시인이 낙원에서 자신의 모든 소원이 다 이루어진 상태에서 하느님의 신비를 바라보면서 할 말을 잃고 있는 것으로 묘사되고 있는 마지막 장면을 "청교도 신앙에 의거한 신곡"으로 알려져 있는 밀턴의 서사시인 『실낙원』의 마지막 부분과 비교해 보라. 거기에서 밀턴(Milton, 1608-1674)은 아담과 하와가 낙원에서 추방된 장면을 묘사한 후에 그 마지막 부분을 다음과 같이 끝맺는다.

> 그들은 고개를 돌려서 지금까지 그들이 행복하게 살아 왔던 처소였던
> 낙원이 있는 동쪽을 바라보았다.
> 낙원 위로는 불 칼이 돌고 있었고,
> 입구에는 무서운 얼굴과 불의 무기들이 가득했다.
> 그들의 눈에서는 눈물이 저절로 흘러내렸지만,

그들은 이내 그 눈물을 닦는다.

안식의 땅을 선택하도록 온 세계가 그들의 눈 앞에 전개되어 있고,

섭리는 그들의 안내자이다.

그들은 손을 맞잡고 방랑의 무거운 걸음을 옮겨 에덴을 통과해서

그 쓸쓸한 길을 갔다.

이보다 조금 앞에서는 천사장 미카엘이 아담에게 이렇게 말하는 장면이
나온다.

이 세상의 온갖 부를 다 향유하고, 모든 지배권, 즉 한 나라를 다 얻더라도,

다만 그대의 지식에 부합하는 행위를 더하고,

거기에 믿음을, 믿음에 덕을, 덕에 인내와 절제를, 절제에 사랑을,

그 밖의 일체의 영혼인 자비라는 이름으로 불리는 사랑을 더하라.

그러면 그대는 이 낙원을 떠나도 마다하지 않을 것이니,

한층 행복한 낙원을 그대 마음속에 갖게 되리라.

인간의 삶을 인간이 이루어내어야 할 과업으로 여기는 청교도적인 진지
한 현세성을 보여주는 이 아주 강력한 표현이 중세 시대의 작가의 입에서 나
오는 것은 불가능한 일이라는 것은 누구든지 즉시 알 수 있다. 하지만 이와
동시에 그러한 표현은 루터와 파울 게르하르트(Paul Gerhard, 1607-1676)가 쓴
찬송가들에 표현된 루터교 사상과도 일치하지 않는다.

여기에서 우리가 할 일은 그러한 차이들에 대해서 어떤 막연한 느낌으로
얘기하는 것이 아니라, 청교도 신앙과 루터교와 중세 사상 간에 그런 차이들
을 생겨나게 한 내적인 원인들이 무엇이었는지를 규명해서 어느 정도 정확
한 명제로 제시하는 것이다. 그런 차이들을 "국민성"으로 돌리는 것은 그 원
인들을 모른다고 고백하는 것일 뿐만 아니라, 이 경우에는 전적으로 부적절
하고 전혀 근거가 없는 주장이다. 왜냐하면, 17세기의 영국인들이 어떤 단일

한 "국민성"을 지니고 있었다고 가정하는 것 자체가 역사적으로 잘못된 것이기 때문이다. "왕당파"와 "의회파"는 그저 서로 다른 두 당파가 아니라 서로를 완전히 다른 종족으로 인식했는데, 이 문제를 면밀하게 연구해 본 사람들은 누구든지 그들의 그런 의식이 옳았다는 것을 수긍하지 않을 수 없게 된다.[29] 반대로, 영국의 모험 상인들과 옛 한자 동맹의 무역업자들 간에 그 성격에 있어서 그 어떤 차이도 발견할 수 없고, 중세 말기의 영국인들과 독일인들 간에도 그 성격에 있어서 그들의 서로 다른 정치적 운명에 의거해서 직접적으로 설명될 수 없는 차이는 존재하지 않는다.[30] 우리가 오늘날 느끼고 있는 그러한 차이들을 만들어 내는 데 가장 주도적인 역할을 한 것은 종교 운동들이 지닌 힘이었다.[31]

---

29. 우리가 수평파가 당시에 지녔던 역사 인식을 무조건적으로 수용해서 긍정하는 경우에는, 왕당파와 의회파 간의 이러한 차이도 인종적 차이로 돌려야 한다. 왜냐하면, 수평파에 속한 사람들은 자신들이 앵글로색슨족을 대표하는 자들로서 정복왕 윌리엄과 노르만족의 후손들에 맞서 자신들의 "장자상속권"을 옹호하는 것이 당연하다는 입장을 취했기 때문이었다. 하지만 그것은 수평파가 자신들의 행위를 정당화하는 논리일 뿐이었고, 그런 인식이 참인 것은 결코 아니었다. 만일 그런 식의 논리가 정당하다면, 평민들의 "의회파"가 "둥근 머리들"(Roundheads)로 불렸다는 이유로, 오늘날의 학자들은 그들이 인체측정학적 의미에서 "둥근 머리들"이었다고 주장해야 하지만, 실제로 지금까지 그런 주장을 한 학자는 아무도 없다는 것은 무척 놀라운 일이 아니겠는가!

30. 특히 "대헌장"(Magna Carta)과 17세기의 위대한 전쟁들을 통해서 형성된 영국인들의 국민적인 자부심은 "국민성"에 의거해서는 설명될 수 없다. 오늘날 독일에서 흔히 예쁜 외국인 소녀를 보면 사람들이 "영국 소녀 같이 생겼다"고 말하는 습관은 이미 15세기에도 존재했다.

31. 이러한 차이는 당연히 영국에도 남아 있다. 오늘날 대지주 계층은

"즐거운 옛 영국"의 주역으로서 여전히 존재한다. 종교개혁 이후의 영국 역사는 두 가지 유형의 영국 정신의 투쟁의 역사로 이해할 수 있다. 그런 점에서 나는 슐체-게버니츠(Schulze-Gävernitz)가 영국 제국주의에 관해 쓴 훌륭한 저작에 대해 모리츠 율리우스 본(M. J. Bonn)이 『프랑크푸르터 차이퉁』(*Frankfurter Zeitung*)에 기고한 서평과 견해를 같이한다. 또한 『사회과학 및 사회정책 논총』 제46권 제3호에 수록된 헤르만 레비(Hermann Levy)의 "영국민에 대한 사회학적 연구"도 참조하라.

　이러한 의미에서 우리가 초기 개신교 윤리와 자본주의 정신의 발달 간의 관계를 연구하고자 할 때, 칼뱅과 칼뱅주의와 청교도 분파들이 만들어 낸 것을 우리의 출발점으로 삼는다고 하여도, 그것은 이러한 종교 공동체들의 창시자들이나 대표자들 중 한 인물이 우리가 여기에서 "자본주의 정신"이라고 부르는 것을 일깨우는 일을 자신의 전 생애를 바쳐 해나가야 할 목표로 보았음을 발견해내고자 하는 것은 결코 아니라는 것을 유념하여야 한다. 우리는 그런 인물들 중 한 사람이 세속적인 재화를 획득하기 위한 활동을 그 자체로 윤리적인 가치를 지닌 활동으로 여겼을 것이라고는 생각할 수 없다.
　도리어 우리가 확실하게 짚고 넘어가야 할 것이 한 가지 있는데, 그것은 메노(Menno), 조지 폭스(George Fox), 웨슬리(Wesley)를 포함한 모든 "종교개혁자들" 중에서 윤리 개혁을 위한 강령을 만들어내고 정립하는 것을 자신의 핵심적인 관심사로 삼았던 인물은 단 한 사람도 없었다는 것이다. 그들은 "윤리 문화"와 관련된 단체들의 창시자들도 아니었고 사회 개혁이나 문화적 이상과 관련된 인도주의적인 강령들을 대표하는 인물들도 아니었다. 영혼 구원, 오직 그것만이 그들의 삶과 일의 중심에 있었다. 그들의 가르침으로부터 파생된 윤리적인 목표들과 그 실천적인 효과들은 모두 영혼 구원에 관한 가르침에 근거를 둔 것들이고 순전히 종교적인 동기들에서 나온 결과들이었다.
　따라서 우리가 유의해야 할 것은 종교개혁이 가져온 문화적인 효과들은 상당 부분 — 그리고 우리가 이 논의와 관련해서 지니고 있는 관점과 관련해서는 지배적으로 — 종교개혁자들이 예상하지 못했거나 심지어 원하지 않았던 결과들이었고, 흔히 그들이 의도했던 것과는 거리가 멀거나 심지어 반대되는 결과들이었다는 것이다.

그렇기 때문에 이 연구는 "이념"이 역사 속에서 어떤 식으로 작용하는지를 어느 정도 예시해 주는 데도 부분적으로 기여할 수 있을 것이라고 본다. 그러나 순수한 이념적인 동기들이 역사에 영향을 미치는 힘일 수 있다는 우리의 단언에 대해서 오해할 여지를 사전에 차단한다는 의미에서, 이 단어와 관련해서 약간의 해명을 해둘 필요가 있을 것으로 보이기 때문에, 그러한 해명을 이 서론적인 논의의 결론으로 삼고자 한다.

먼저 분명히 해두고자 하는 것은 이러한 연구의 목적은 종교개혁 속에 담긴 사상을 사회정책적인 관점에서든 종교적인 관점에서든 어떤 의미로도 평가하려고 시도하는 것이 결코 아니라는 것이다. 우리의 연구를 위해서 우리는 종교개혁 속에 담긴 사상에 비추어보았을 때에는 주변적이거나 피상적인 측면들이라고 할 수밖에 없는 것들을 계속해서 다루게 될 것이다. 왜냐하면, 우리는 단지 무수히 많은 역사적인 개별 동기들로부터 직조된 특히 현세지향적인 오늘날의 근대 물질문화라는 직물에 종교적인 동기들이 어떤 식으로 기여해 왔는지를 해명하고자 하는 것이기 때문이다.

따라서 우리가 묻고자 하는 것은 이 근대 문화의 어떤 특징적인 요소들을 역사적 원인으로서의 종교개혁의 영향으로 돌릴 수 있는가 하는 것이다. 그렇게 함에 있어서, 한편으로는 우리는 "역사 발전의 필연"에 의해 경제 발전은 종교개혁으로 이어질 수밖에 없었다는 그 어떤 견해로부터도 벗어나 있어야 한다. 새롭게 탄생한 교회들이 계속해서 존재할 수 있기 위해서는, 그 어떤 경제적인 "법칙"이나 경제적 도식에 맞지 않는 무수히 많은 역사적 요인들, 특히 순전히 정치적인 여러 과정들이 함께 작용해야 했다는 것은 두말할 필요가 없다. 다른 한편으로는, 우리가 여기에서 이 연구가 끝날 때까지 잠정적인 의미로 사용하고 있는 "자본주의 정신," 또는 경제체제로서의 자본주의 자체가 오직 종교개혁의 결과로서 생겨날 수 있었다고 말하는 대단히 어리석고 독단적인 주장을 펼쳐서도 안 된다.[32] 자본주의적 기업의 몇몇 중요한 형태들이 종교개혁이 일어나기 훨씬 전부터 존재했다는 사실 하나만으로도 그러한 주장은 설 땅을 잃는다.

----

32. 나는 나의 이 말과 아래에서 한 말들을 단 한 번도 수정한 적이 없었고, 내 생각으로는 나의 태도를 충분히 밝혔다고 보는데도, 사람들은 내가 바로 그러한 입장들을 옹호한다고 계속해서 공격한다.

도리어 우리가 해야 할 일은 종교적인 영향이 근대 자본주의 "정신"의 질적 형성과 양적 증대에 다른 요인들과 함께 작용했던 것인지, 그리고 그랬다면 어느 정도로 작용했는지, 그리고 자본주의적인 문화의 어떤 구체적인 측면들이 종교적인 영향으로 돌려질 수 있는 것인지를 확인하는 것이다. 종교개혁 시기의 물질적 토대, 사회정치적 조직 형태들, 종교개혁의 정신적 내용이 어떤 식으로 서로 영향을 미쳤는가 하는 문제는 대단히 복합적일 수밖에 없다는 사실을 감안하면, 우리의 연구를 진행해 나갈 수 있는 유일한 길은 특정한 형태의 종교적 신념들과 근대 자본주의적인 직업의 윤리 간에 구체적이고 선별적인 친화력들이 존재하는지, 존재한다면 어떤 점들에서 존재하는지를 먼저 확인해나가는 것뿐이다. 그렇게 했을 때, 그러한 선별적인 친화력들의 결과로서, 종교 운동이 물질문화의 어떤 점들에 영향을 미쳤고 그 문화를 전체적으로 어느 방향으로 발전시켰는지가 어느 정도 분명해질 것이다. 오직 그렇게 했을 때에만, 근대 문화를 구성하는 요소들이 역사적으로 탄생하는 데 종교적 동기들이 어느 정도나 영향을 미쳤고 다른 요인들이 어느 정도나 영향을 미쳤는지를 평가할 수 있는 기반이 마련될 것이다.

제2부

금욕주의적 개신교의
직업윤리

제1장

현세적 금욕주의의 종교적 토대

역사적으로 이 논의에서 사용하는 의미에서의 금욕주의적 개신교라고 할 수 있는 종파는 주로 네 개이다. 첫 번째는 특히 17세기에 서유럽의 주요 지역들에서 받아들여진 형태의 칼뱅주의이고, 두 번째는 경건주의이며, 세 번째는 감리교이고, 네 번째는 재세례파 운동에서 생겨난 여러 분파들이다.[1] 이 종교 운동들은 그 어느 것도 서로에게서 완전히 단절되어 있지 않았고, 심지어 비금욕주의적인 개신교 종파들과도 엄격하게 단절되어 있지 않았다.

---

1. 츠빙글리파는 단기적으로 세력을 크게 확대했다가 급속하게 쇠퇴했기 때문에, 여기에서는 따로 다루지는 않을 것이다. 교리적으로 엄격한 형태의 예정론을 배격하고 "세속적 금욕주의"의 거부를 특징으로 했던 아르미니우스주의는 오직 네덜란드와 미국에서만 하나의 분파를 형성했기 때문에, 우리는 이 장에서 아르미니우스주의에는 관심을 두지 않았다. 좀 더 정확히 말하자면, 아르미니우스주의는 네덜란드의 상업적인 도시 귀족 계층의 종교였다는 점에서 오직 부정적인 의미로만 우리의 관심을 끈다(이것에 대해서는 아래의 설명을 보라). 아르미니우스주의의 교리는 성공회와 감리교에서 합법적인 것으로 통용되었지만, 아르미니우스주의가 지닌 "에라스투스주의적인" 입장, 즉 종교 문제도 국가가 주관할 수 있다는 입장은 전적으로 그런 입장을 자신들의 정치적인 이해관계에 유리하게 이용할 수 있었던 기존의 통치 집단들, 즉 영국의 장기의회, 엘리자베스 여왕, 네덜란드의 연방의회, 무엇보다도 특히 올덴바르네펠트

(Oldenbarneveldt)가 취한 입장이었을 뿐이다.

────────

18세기에 이르러서 성공회로부터 출현한 "감리교"를 창시한 인물들의 의도는 성공회와는 구별되는 완전히 새로운 교회를 세우고자 한 것이 아니었고, 단지 초기 성공회의 금욕주의적인 정신을 새롭게 부활시키고자 한 것이었기 때문에, 감리교는 생겨나서 발전한지 한참 지나서, 특히 신대륙인 미국으로 건너가서 전파되기 시작하면서 비로소 성공회로부터 분리되어 독립적인 종파를 이루게 되었다.

"경건주의"는 영국, 특히 네덜란드의 칼뱅주의로부터 생겨나서 계속해서 정통 칼뱅주의와 연결되어 있었지만, 눈에 보이지 않는 연결고리들을 통해서 서서히 루터교 쪽으로 이행하다가, 17세기 말에 슈페너(Spener, 1635-1705)[a]의 활동으로 말미암아 루터교로 통합되면서 교리적인 토대도 부분적으로 수정된 종파로서, 그 후로도 대체로 루터교 내의 하나의 운동으로 남아 있었고, 오직 한편으로는 친첸도르프(Zinzendorf, 1700-1760)를 따르면서 다른 한편으로는 모라비아 형제단 내에서 지속적으로 영향을 끼친 후스파와 칼뱅주의의 색채를 띤 분파였던 "헤른후트"(Herrnhut)만이 자신들의 의지와는 달리 감리교처럼 독자적인 종파를 형성하게 되었다.[b]

────────

a. 슈페너는 독일의 루터교 신학자로서 경건주의의 창시자로 여겨진다. "경건주의"라는 명칭은 그가 1670년에 주도한 "경건한 자들의 모임"에서 유래했다. 그의 신학은 루터교를 토대로 한 것이었지만, 교리보다는 실천적인 삶을 강조했고, 이신칭의의 중요성을 인정했지만 거듭남과 새롭게 되는 체험과 성경을 읽고 묵상하면서 하느님을 체험하는 것을 강조했다. 루터 이후로 독일 개신교 역사에서 가장 중요한 인물로 평가받는다.

b. 친첸도르프는 독일 경건주의 지도자들 중 한 명으로서 헤른후트파의 창

시자다. 그의 신학은 루터의 신학을 발전시킨 것으로서 십자가 사건을 마음으로 알고 행하는 것을 중시했다. 모라비아 교회, 즉 보헤미아 형제단의 지도자로서 세계 개신교 에큐메니컬 운동을 일으키려고 노력했다. 그가 할머니로부터 베르텔스도르프의 영지 일부를 유산으로 물려받아서 그 영지의 소작인 문제, 특히 보헤미아와 모라비아 난민집단 문제에 몰입하게 되면서, 박해를 피해온 이 '보헤미아 형제단' 난민들은 그의 도움으로 작센 헤른후트의 모라비아 교회 정착촌을 발전시킨 원래 의도도 엄밀히 말해 에큐메니즘적인 것이었다. 그는 슈페너의 가르침에 따라 "교회 속의 작은 교회"(ecclesiolae in ecclesia)을 발전시킴으로써 교회를 부흥시키고 결국 여러 교회를 단일한 루터교회로 통일시키기 위해 노력했지만, 모라비아 교회체제를 재편하는 과정에서 그는 공동체 중심의 사상을 갖게 되면서, "공동체 없이는 그리스도교도 있을 수 없다"는 사상을 갖게 되었다. "헤른후트 형제단 협약"(1727)의 규율들은 평소에 친첸도르프가 갖고 있던 이상, 즉 기독교 정착촌을 세워 그리스도와 즐거운 사귐을 갖는 가운데 모든 일상생활을 해나가려는 이상을 구현하는 내용들이었다.

———

칼뱅주의와 침례교 운동은 초기에는 첨예하게 대립했지만, 17세기 후반에 이르러서 침례교 운동은 칼뱅주의와 근접하게 되었는데, 실제로는 17세기 초반에 영국과 네덜란드에서 이 운동의 여러 독립적인 분파들 사이에서 이미 그런 변화가 서서히 생겨났다.

경건주의가 서서히 칼뱅주의에서 루터교로 이행해간 것과 마찬가지로, 그 외적인 성격과 그 가장 충성스러운 구성원들의 정신에 있어서 가톨릭과 가까웠던 성공회와 칼뱅주의의 관계에 대해서도 동일하게 말할 수 있다. 금욕주의적 운동이라는 대단히 모호한 개념의 가장 넓은 의미에서 "청교도 신앙"이라 알려진 운동을 신봉하던 사람들과 그 가장 열렬한 신자들이 성공회의 근본적인 토대들을 공격한 것은 사실이지만, 여기에서도 이 둘의 대립은 갈등 과정에서 서서히 첨예화되었다.[2]

2. 청교도 신앙이라는 개념의 발전에 대해서는 특히 존 샌포드(John L. Sanford)의 『대반란의 연구와 성찰』(*Studies and Reflections of the Great Rebellion*) 65쪽 이하를 보라. 이 논문에서 어떤 식으로든 이 용어를 사용해야 하는 경우에는 17세기의 일상 언어에서 사용되던 의미로 이 용어를 사용할 것이다. 따라서 청교도 신앙이라는 것은 교회 조직과 강령과 교리의 차이와는 상관 없이 네덜란드와 영국에서 금욕주의를 지향한 종교 운동들을 가리키기 때문에, "독립파," 회중교회, 침례교, 메노파, 퀘이커교를 포함한다.

여기에서 우리의 우선적인 관심사가 아닌 체제와 조직이라는 문제를 완전히 배제한다고 하여도, 아니 그렇게 할수록 한층 더 우리가 앞에서 말한 것들은 여전히 동일하다. 교리상의 차이들, 심지어 예정론과 칭의론 같이 가장 중요한 교리들의 차이도 다양한 방식으로 뒤섞이고 결합되었으며, 이것은 예외가 없었던 것은 아니지만 17세기 초반에서조차도 각 종파들이 자신들의 교회의 순수성을 보존하는 것을 자주 방해하였다.

특히 우리의 논의와 관련해서 중요한 "도덕적인 생활양식"은 앞에서 열거한 금욕주의적인 개신교의 원천이 된 네 개의 종파에서 생겨나거나 그 종파들이 서로 결합되어서 생겨난 아주 다양한 분파들의 추종자들에게서 똑같이 발견된다. 나중에 우리는 서로 유사한 윤리적인 공리들이 서로 다른 교리적인 토대와 결합될 수 있다는 것을 확인하게 될 것이다. 또한, 성직 수행을 위한 윤리적인 지침서들, 특히 여러 다양한 신앙고백문들에서 일반적인 원리들을 구체적인 경우들에 적용해서 정립해 놓은 윤리 규범들은 시간이 흐르면서 서로에게 영향을 미쳤기 때문에, 각 종파들의 생활양식은 서로 아주 다름에도 불구하고 그런 것들을 규정한 문헌들 간에는 두드러진 유사성이 존재한다. 따라서 교리적인 토대와 윤리적인 이론을 완전히 배제하고서, 오직 도덕적인 실천만을 확인해서 거기에 초점을 맞추는 것이 최선인 것처럼 보이기까지 하지만, 사실 그렇게 하는 것은 잘못이다.

물론, 금욕주의적인 도덕을 떠받치고 있던 서로 다른 여러 다양한 교리들은 서로 간의 끔찍한 투쟁들을 통과한 후에는 차례차례 소멸되어 갔지만, 금욕주의적인 도덕이 애초에 특정한 교리에 근거하고 있었다는 사실은 그 이후의 "교리와 무관한" 윤리에 자신의 분명한 흔적을 남긴 것은 두말할 필요도 없고, 오직 그러한 도덕을 떠받치고 있던 교리적인 사상을 알고 있을 때에만, 우리는 그런 금욕주의적인 도덕이 당시의 가장 사려 깊은 사람들의 생각을 절대적으로 지배하고 있었던 내세관과 어떻게 서로 결합될 수 있었는지를 이해할 수 있게 된다. 만일 다른 모든 교리들 위에 우뚝 솟아 있던 저 내세관의 힘이 없었더라면, 당시에 사람들의 실제적인 삶에 중대한 영향을 미쳤던 그 어떤 도덕적인 혁신도 이루어질 수 없었을 것이다.

따라서 우리가 관심을 갖는 것은 당시의 윤리적인 지침서들에서 가르친 것들이 아니다.[3] 그러한 것들도 교회의 치리와 목회와 설교를 통한 영향력으로 인해 실제적인 의미를 지니고 있었을 것임은 의심의 여지가 없지만, 우리가 주목하는 것은 그런 것과는 완전히 다른 것, 즉 종교적 신앙과 종교적인 삶의 실천을 통해 형성되어서 사람들의 생활양식에 방향을 설정해 주고 사람들을 그런 생활양식에 확고하게 붙잡아두는 역할을 한 "심리학적 동력들"이다. 이 심리학적 동력들은 상당 부분 독특한 종교적인 신앙 개념으로부터 생겨났다.

---

3. 내가 이렇게 두 가지 차원을 구별한 것은 이 문제를 연구하는 사람들로부터 철저하게 부정당해 왔다. 브렌타노도 마찬가지지만 특히 좀바르트는 대체로 나의 저작들을 통해 알게 된 생활규칙을 모아 놓은 윤리 관련 저술들을 끊임없이 인용하지만, 어떤 것들이 구원이라는 상을 보장해 주는 규칙들인지는 전혀 묻지 않는다. 하지만 오직 그런 규칙들만이 신자들의 행동에 심리학적인

영향을 미칠 수 있다.

———————

그 시대의 사람들은 추상적으로 보이는 교리들에 몰두했는데, 우리는 그 교리들과 실제적인 종교적 관심들의 상관관계를 이해할 때에야 비로소 왜 그들이 그런 교리들에 몰두했는지를 납득할 수 있게 된다. 그렇기 때문에, 우리는 몇몇 교리들을 고찰하지 않을 수 없는데,[4] 그러한 고찰은 신학을 하지 않은 독자들에게는 따분하고 힘들게 느껴질 것이고, 신학을 한 독자들에게는 경박하고 피상적인 것으로 느껴질 것임에 틀림없다. 아울러, 우리는 논리적인 일관성을 확보하기 위해서, 그런 종교적인 관념들을 역사적 현실에서는 거의 찾아볼 수 없는 "이념형"의 형태로 제시하지 않을 수 없다. 왜냐하면, 역사적 현실에서는 분명한 경계선을 긋는 것이 불가능한 까닭에, 어떤 관념을 관통하는 논리적으로 가장 일관된 형태를 검토할 때에만, 그 관념이 역사 속에서 구체적으로 끼친 영향이나 효과에 접근할 수 있는 가능성이 생겨나기 때문이다.

———————

4. 나의 이 간단한 설명은 전적으로 교리의 문제인 경우에는 오직 교회사와 교리사 문헌들 같은 2차 자료에 의존했기 때문에 결코 독창적인 것이 아니라는 것은 굳이 강조할 필요가 없을 것이다. 물론, 나는 힘이 닿는 한 종교개혁의 역사 속에서 생산된 1차 자료들을 좀 더 깊이 연구하려고 애썼지만, 오랜 세월에 걸쳐 전문가들이 깊이 있게 연구해 놓은 것들을 지침으로 삼아서 1차 자료들을 연구하는 것은 필수적인 것이었고, 만일 내가 그렇게 하지 않았다면, 그것이 도리어 지독하게 주제넘은 짓이 되었을 것이다. 나는 단지 내가 어쩔 수 없이 간략하게 서술하는 과정에서 잘못된 설명을 하거나 객관적으로 심각한 오류를 범하지 않았기만을 바랄 뿐이다. 여기에서의 논의는 모든 것이 우리의 연구에서 중요한 관점들에 맞추어져 있기 때문에, 중요한 신학 문헌들에 정통해

있는 사람들에게도 "새로운" 시각을 제공해 줄 수 있다. 왜냐하면, 우리의 관점들 중에서 예를 들어 금욕주의의 합리적 성격이나 그런 금욕주의가 사람들의 근대적인 "생활양식"에 미친 영향 같은 관점들은 신학자들이 별 관심을 두어 오지 않은 것들이기 때문이다.

이 논문이 처음으로 출간된 이래로, 앞에서 이미 인용한 에른스트 트뢸치(Ernst Troeltsch)의 저작은 이 주제와 관련해서 우리에게 아주 중요한 관점들과 이 문제의 사회학적 측면을 체계적으로 다루었고, 그의 또다른 저작인『게르하르트와 멜란히톤』(Gerhard und Melanchthon)이나『괴팅겐 지식인 리뷰』(Göttingische Gelehrte Anzeigen)에 실린 그의 다수의 서평들에는 그의 이 대작과 관련된 예비적인 연구들이 다수 들어 있다. 지면관계상 나는 내가 참조한 모든 문헌을 다 밝힐 수는 없었기 때문에, 본문의 논증과 직접적으로 관련되거나 그 논증의 근거로 삼은 것들만을 밝혔다. 꽤 오래된 저작이면서도 우리의 연구의 관점과 비슷해서 인용된 사례도 종종 있다. 독일 도서관들의 재정 형편이 그리 충분하지 않기 때문에 지방에 사는 사람들은 베를린 등지의 큰 도서관에 와야만 아주 중요한 1차 자료들이나 연구서들을 그나마 몇 주라도 빌려볼 수 있는데, 푀티우스(Voëtius), 백스터, 타이어먼(Tyerman)이 쓴 웨슬리 전기를 비롯해서 감리교, 침례교, 퀘이커교 저술가들의 모든 저작들,『종교개혁 총서』(Corpus Reformatorum)에 수록되어 있지 않은 초기 저술가들의 많은 저작들이 그런 것들이었다. 이 주제를 철저하게 연구하려면 사실은 영국, 특히 미국의 도서관들을 자주 방문하는 것은 필수적이다. 하지만 여기에서는 간단하게 서술했기 때문에 독일에 있는 자료만으로 쓸 수밖에 없었고 대체로 충분했다. 미국 대학들은 자신들의 "분파적이었던" 과거를 의도적으로 부정하고자 하는 경향이 일반화되어 있어서, 도서관을 통해서 그런 분야의 문헌들을 새롭게 구입하는 일은 아예 또는 거의 하지 않는다. 이것은 미국인들의 삶이 "세속화되어" 가고 있는 일반적인 경향성이 나타난 한 구체적인 현상이다. 궁극적으로 이러한 세속화는 얼마 지나지 않아 역사적으로 대물림되어온 전통을 파괴하고 미국의 근간을 이루어온 수많은 제도들의 "정신"과 풍토를 완전히 바꾸어 놓게 될 것이다. 그래서 미국에서 과거에 존재했던 분파들에 대한 자료들을 입수하기 위해서는 그런 분파들에 의해서 세워진 지방의 작은 대학들을 방문하지 않으면 안 되게 되었다.

---

1. 칼뱅주의

16-17세기에 자본주의가 가장 발달한 문명국가들이었던 네덜란드, 영국, 프랑스에서 정치적이고 문화적으로 중요한 투쟁들은[5] 칼뱅주의라는 신앙[6]의 이름으로 행해졌다. 당시에 칼뱅주의를 규정하는 가장 큰 특징이라고 할 수 있는 교리로 여겨졌던 것은 "예정론"이었고, 오늘날에도 일반적으로 그렇게 여겨지고 있다. 예정론이 칼뱅주의를 토대로 한 개혁교회의 "가장 본질적인" 교리인지, 아니면 "부속물"에 불과한 것인지를 놓고 논란이 있어온 것은 사실이다. 어떤 역사적인 현상이 "본질적인" 것인지를 판단하는 방법은 두 가지가 있다. 첫 번째는 가치 또는 신념을 기준으로 한 판단인데, 어떤 역사적 현상 속에 우리의 "관심을 끄는" 것, 또는 지속적으로 "가치 있는" 것으로 판단되는 것이 존재하는 것을 본질적인 것으로 평가하는 경우가 여기에 속한다. 두 번째는 어떤 역사적 현상이 다른 역사적 과정에 영향을 미치는 "인과적 중요성"을 기준으로 삼아서 본질적인 것인지의 여부를 판단하는 것인데, 이 경우에는 역사적 인과관계의 문제가 된다.

---

5. 아래에서 우리의 주된 관심은 금욕주의 운동들의 기원이나 전신이나 발달사가 아니기 때문에, 그런 운동들이 이미 완전히 발달해서 실제로 존재한 것으로 전제한 상태에서 논의를 진행해나갈 것이다.

6. 칼뱅과 칼뱅주의에 대한 논의로는 프란츠 빌헬름 캄프슐테(F.W. Kampschulte)의 기본 연구서 외에 에리히 마레크스(Erich Mareks)의 『콜리니의 가스파르: 그의 생애와 당시의 프랑스』(*Gaspard von Coligny: Sein Leben und das*

Frankreich seiner Zeit)가 가장 좋다. 캠벨(Campbell)의 『네덜란드, 영국, 미국의 청교도』(*The Puritans in Holland, England und Amerika*)는 대체로 비판적이지 않고 편향적이다. 피르손(Pierson)의 『요한 칼뱅 연구』(*Studien over Johan Calvijn*)는 반칼뱅주의적인 성향을 강하게 띤 저작이다.

네덜란드에서 칼뱅주의의 발전 과정에 대한 것으로는 모틀리(Motley)와 아울러 네덜란드 학자들의 고전적인 연구서들, 특히 흐룬 판 프린스터러(G. Groen van Prinsterer)의 『국사편람』, 『네덜란드와 칼뱅의 영향』, 근대 네덜란드에 대한 저서인 『네덜란드 교회 내의 반혁명적 신조주의 집단』을 보라. 또한, 프뢴(R. J. Fruin)의 『80년 전쟁 이후의 10년』을 나버(J. Naber)의 『칼뱅주의냐 자유주의냐』와 비교해서 보라. 그 외에도 뉘엔스(W. J. F.Nuyens)의 『네덜란드 연방공화국 내의 정치적 대립의 교회사』를 보고, 19세기와 관련해서는 쾰러(A. Köhler)의 『네덜란드의 개혁교회』를 보라.

프랑스와 관련해서는 폴렌즈(G. von Polenz)의 『프랑스 칼뱅주의의 역사』와 베어드(Henry M. Baird)의 『프랑스 위그노파의 발생사』를 보라.

영국과 관련해서는 칼라일(Thomas Carlyle), 매콜리(Thomas B. Macaulay), 매슨(David Masson), 그리고 순서상으로는 마지막이지만 앞에 언급한 인물들에 결코 뒤떨어지지 않는 랑케(Leopold von Ranke)를 보고, 최근의 것으로는 가디너(Gardiner)와 퍼스(Firth)의 여러 저작들을 보라. 또한, 테일러(John Tayler)의 『영국에서의 종교생활 회상』, 바인가르텐(Hermann Weingarten)의 훌륭한 저작인 『영국의 혁명교회』, 『개신교 신학과 교회 백과사전』 제3판에 실린 영국의 도덕주의자들에 대한 에른스트 트뢸치(Ernst Troeltsch)의 글과 그의 『기독교 교회와 집단의 사회 교리』, 『사회주의사』 제1권 507쪽 이하에 실린 베른슈타인(Eduard Bernstein)의 뛰어난 논문인 "17세기 영국혁명기 공산주의와 사회민주주의 사조들"을 보라. 최고의 서지는 7,000종 이상을 수록한 덱스터(H. M. Dexter)의 『문헌을 통해 본 지난 300년간의 회중교회 운동』인데, 주지하다시피 거기에서는 주로 교회법과 관련된 문제들을 다루지만, 이 저작은 프라이스(Theodore Price)의 『영국 개신교 비국교주의사』와 스키츠(H. S. Skeats)의

『1688-1851년 간의 영국 자유교회사』(1688-91)를 비롯한 여러 연구서들보다 훨씬 우수하다.

스코틀랜드와 관련해서는 자크(Karl H. Sack)의 『스코틀랜드의 교회』와 존 녹스(John Knox)에 관한 문헌들을 보라.

식민지 미국에 관한 수많은 연구서들 중에서는 도일(John Doyle)의 『미국의 영국인들』이 단연 탁월하다. 또한, 하우(Daniel Wait Howe)의 『뉴잉글랜드 매사추세츠 만의 청교도 공화국』과 브라운(John Brown)의 『뉴잉글랜드의 순례자 조상들과 그들의 청교도 후계자들』을 보라. 그 밖의 다른 문헌들은 논의를 진행해 나가는 과정에서 그때마다 밝히고자 한다.

교리의 차이에 대한 아래에서의 설명은 앞에서 언급한 슈네켄부르거(Matthias Schneckenburger)의 일련의 강의들을 묶은 『루터교와 개혁교회의 교리 개념에 대한 비교 연구』를 특히 많이 참고했다. 리츨(Albrecht Ritschl)의 주저인 『기독교의 칭의론과 화해론』 제3판은 역사적 사실과 가치 판단을 밀접하게 섞어 짜는 독특한 특징을 보여준다. 이 저자는 그의 날카로운 통찰력에도 불구하고 그러한 특징으로 인해서 어떤 사실들을 객관적으로 제시해 주지 못한다. 그래서 그가 슈네켄부르거의 견해들을 부정할 때, 나는 그의 판단들을 독자적으로 평가할 수 있는 능력이 되지 못하면서도, 과연 그의 판단들이 객관적인지를 의심할 수밖에 없게 된다. 게다가, 그가 루터가 보여주는 것들을 포함한 아주 다양한 종교 사상들과 정서들 중에서 특별히 "루터교적인" 교리로 판단하는 것조차 흔히 역사적 사실이 아니라 그의 가치 판단에 의거한 것으로 보인다. 즉, 그는 루터교에 실제로 존재해왔던 것들이 아니라, 그 자신이 보기에 루터교에 영속적으로 존재하는 것이 마땅한 것들이라고 생각한 것들을 "루터교적인" 교리들로 판단한다. 이 논의에서 내가 이 두 저작 외에도 카를 뮐러(Karl Müller)와 제베르크(Reinhold Seeberg)를 비롯한 여러 학자들의 연구 결과들도 곳곳에서 사용했다는 것은 굳이 언급할 필요가 없을 것이다.

내가 이 논의에서 마치 계속해서 번식해 나가는 악성 종양처럼 아주 많은 주들을 붙인 이유를 독자들과 내 자신에게 밝혀야 한다면, 독자들 중에서 신학자가 아닌 사람들이 여기에서 제시된 수많은 관련 문헌들을 찾아보고서 내가 이 논의에서 설명한 사상들과 개념들을 독자적으로 평가해 볼 수 있는 기회를 주고자 하는 마음이 가장 컸다는 것을 고백한다.

우리는 후자의 관점을 우리의 출발점으로 삼아야 하기 때문에, 예정론이 문화사에 미친 영향이라는 관점에서 이 교리에 어느 정도의 중요성을 부여해야 하는가를 묻는다면, 이 교리가 대단히 큰 중요성을 지니고 있었다고 대답할 수밖에 없다는 것은 의심의 여지가 없다.[7]

---

7. 나는 아래의 간략한 서술에서 내가 제시하고자 한 것은 칼뱅 개인의 견해들이 아니라 칼뱅주의의 견해들이라는 것을 미리 밝혀두고자 한다. 칼뱅주의는 16세기 말과 17세기 초에 광범위한 지역들에서 수많은 사람들에게 영향을 미쳤고 그 과정에서 자본주의 문화의 주역이 되었는데, 내가 여기에서 제시한 것은 바로 그런 형태의 칼뱅주의다. 독일에서는 칼뱅주의가 광범위한 영향을 미치지 못했기 때문에, 이 논의에서 독일은 배제되었다. "개혁교회"와 "칼뱅주의"가 동일하지 않았다는 것은 두말할 필요가 없다.

올덴바르네펠트(Oldenbarneveldt, 1547-1619)[c]에 의한 문화 투쟁은 예정론에 막혀서 와해되었고, 제임스 1세 아래에서 영국 교회 내에서의 분열은 예정론을 둘러싼 왕실과 청교도들 간의 갈등 때문에 돌이킬 수 없는 것이 되어 버렸을 뿐만 아니라, 국가가 칼뱅주의를 불온한 신앙 사상으로 규정하고 공격한 주된 이유도 바로 이 예정론에 있었다.[8]

c. 네덜란드의 정치가였던 올덴바르네펠트는 신학적으로 예정론을 부정하는 아르미니우스주의를 신봉했던 항변파에 속했고, 그의 정적이었던 마우리츠는 칼뱅주의자였는데, 결국 마우리츠에게 패배를 당하고 참수되었다.

8. 성공회 신앙고백 제17조의 선언, 즉 1595년의 램버스(Lambeth) 신조는 케임브리지 대학과 캔터베리 대주교 간에 합의되었음에도 불구하고, 이 신앙고백의 공식적인 본문과는 반대로 영원한 사망으로의 예정도 명시적으로 인정했다는 이유로 여왕의 재가를 받지 못하였다. 예컨대 핸저드 놀리스(Hanserd Knollys)의 신앙고백에서 볼 수 있듯이 급진파는 온건파가 주장했던 하느님에 의한 "영벌의 허용"만이 아니라 "영원한 사망으로의 예정"을 명시적으로 주장했다.

17세기에 열린 도르트레히트 종교회의(1618-1619)[d]와 웨스트민스터 종교회의(1643-1649)[e]를 비롯한 수많은 크고 작은 종교회의들에서 다루어진 주요 의제는 예정론을 정경[f]에 의해 유효함이 입증된 교리로 승격시키는 것이었다. 예정론은 "전투하는 교회"(ecclesia militans)의 무수히 많은 영웅들을 위한 확고한 준거점으로서의 역할을 했고, 18-19세기에는 교회의 분열을 초래하는 요인이 되었으며, 대규모의 신앙각성 운동들을 독려하는 함성으로서의 역할을 했다.

이렇게 예정론은 결코 간과해서는 안 되는 교리다. 하지만 오늘날에는 이제 더 이상 모든 지식인층이 그 교리를 알고 있다고 전제할 수 없기 때문에, 먼저 1647년에 발표된 『웨스트민스터 신앙고백』에 나오는 몇몇 대목들을 통해서 그 주된 특징들을 살펴보기로 하자. 왜냐하면, 독립파와 침례교에서 발표된 신앙고백들도 『웨스트민스터 신앙고백』을 그대로 재현한 것에 지나지 않기 때문이다.[9]

d. 도르트레히트 종교회의는 칼뱅주의 교리의 핵심을 담고 있는 5대 강령을 결의한 것으로 유명하다. 이 강령을 결의하게 된 배경에는 예정론을 둘러싼 아르미니우스주의와 칼뱅주의의 대립이 있었는데, 그 중에서 가장 파급력이 컸던 것은 아르미니우스(Jacob Arminius, 1560-1609)가 죽은 직후에 그를 추종하던 43명의 성직자들이 예정론에 반대하는 "항변서"를 발표한 것이었다. 이후에 그들은 "항변파"로 불리게 되었다.

e. 웨스트민스터 종교회의는 『웨스트민스터 신앙고백』, 『웨스트민스터 대요리문답』, 『웨스트민스터 소요리문답』 등과 같은 개혁교회 신앙과 신학의 전범들을 만들어 내었다는 점에서 중요하다.

f. 기독교에서 성경으로서의 권위가 수여된 책들을 정경이라고 한다. 가톨릭과 개신교는 정경으로 인정하는 범위가 서로 다르다. 정경에 속하지 않은 책들은 외경이라 불린다.

9. 내가 여기에서와 나중에 인용한 칼뱅주의적인 신앙고백들의 원문은 뮐러(Karl Müller)의 『개혁교회의 신앙고백서들』에 나와 있다. 그 밖의 다른 문헌들은 논의를 전개해 나가면서 그 때마다 밝히고자 한다.

제9장 자유의지에 대하여
제3절 : 인간은 죄의 상태로 타락함으로써 구원에 이르게 해 줄 영적인 선을 행할 모든 능력을 전적으로 상실했다. 그러므로 자연인은 선을 극도로 싫어하고 죄 가운데 죽어 있어서 자신의 힘으로는 회심할 수 없거나 회심할 준비가 되어 있지 않다.

제3장 하느님의 영원한 작정에 대하여
제3절 : 하느님은 자신의 영광을 나타내기 위해 자신의 작정을 통해서 어떤 사

람들은 영원한 생명으로, 어떤 사람들은 영원한 죽음으로 예정하셨다.

제5절 : 인류 중에서 영원한 생명으로 예정된 자들은 하느님이 창세 전에 자신의 영원하고 불변한 목적과 비밀한 계획과 선하고 기뻐하는 뜻에 따라 그리스도 안에서 영원한 영광으로 택한 자들인 바, 이것은 하느님이 거저 주시는 은혜와 사랑으로부터 이루어진 것일 뿐, 그들의 믿음이나 선행을 예견하거나 그들이 장차 그 둘 중의 하나를 잘 지킬 것을 예견해서 그렇게 하신 것이 아니고, 피조물 속에 있는 그 무엇이 하느님으로 하여금 그렇게 하시도록 움직이는 조건이나 원인이 된 것도 아니며, 모든 것은 하느님의 영광스러운 은혜를 찬송하게 하기 위한 것이다.

제7절 : 하느님은 자신이 기뻐하시는 대로 긍휼을 베풀기도 하시고 베풀지 않기도 하시는 저 헤아릴 수 없는 자신의 뜻에 의한 계획에 따라 인류 중에서 택함 받지 못한 자들이 자신들의 죗값으로 수치와 하느님의 진노를 당하도록 내버려 두심으로써 자신의 영광스러운 공의가 찬송을 받게 하시는 것을 기뻐하셨다.

제10장 유효한 부르심에 대하여

제1절 : 하느님은 생명으로 예정하신 모든 사람들, 오직 그 사람들만을 자신이 정하신 적합한 때에 말씀과 성령을 통해 유효적으로 부르셔서 ……그들의 돌 같은 마음을 제거하시고 살 같은 마음을 주시며, 그들의 의지를 새롭게 하시고, 자신의 전능하신 능력으로 그들을 선한 일로 작정하신다.

제5장 섭리에 대하여

제6절 : 의로우신 심판자이신 하느님은 악하고 불경건한 자들이 이전에 저지른 죄들에 대한 책임을 물어서 그들의 눈을 멀게 하시고 그들의 마음을 완악하게 하시는 경우에는, 그들의 심령에 역사하고 조명해서 그들을 명철하게 만들수도 있었을 자신의 은혜를 거두어들이실 뿐만 아니라, 때로는 그들이 가지고 있던 은사들까지 거두어들이시고서, 그들의 부패한 심령이 죄를 짓게 내버려

두시며, 더 나아가 그들을 그들의 정욕과 세상의 유혹과 사탄의 권세에 내어
주신다. 이로 말미암아 그들은 하느님이 다른 사람들을 부드럽게 하시기 위해
사용하시는 수단들 아래에서조차도 스스로 완악하게 된다.[10]

"만일 하느님이 그런 하느님이라면, 비록 내가 지옥에 떨어진다고 해도,
나는 그런 하느님을 절대로 섬기지 않을 것이다." 예정론에 대한 밀턴(Milton)
의 이러한 평가는 유명하다.[11] 그러나 여기에서 우리가 관심을 갖는 것은 예
정론 자체에 대한 평가가 아니라, 예정론이 역사 속에서 어떤 위치를 점하고
있었느냐 하는 것이다. 따라서 예정론이 어떤 과정을 통해 탄생되었고, 어떤
사상적인 맥락 속에서 칼뱅주의 신학에 편입되게 되었는가 하는 문제는 여
기에서 길게 다룰 필요가 없기 때문에, 간단히 살펴보기로 하자.

---

10. 사보이(Savoy) 선언과 (미국판) 핸저드 놀리스(Hanserd Knollys) 선언을
참조하라. 위그노파의 예정론에 대해서는 폴렌즈(Polenz)의 앞의 책 제1권 545
쪽 이하를 보라.

11. 밀턴(Milton)의 신학에 대해서는 『신학 연구와 비판』(*Theologische Studien
und Kritiken*) 제52권(1879)에 수록된 아이바흐(R. Eibach)의 논문 "신학자로서
의 존 밀턴"(John Milton als Theologe)을 보라. 1823년에 발견된 밀턴의 『기독교
교리』(*Doctrina Christiana*)를 섬너(Sumner)가 번역한 것(Tauchnitz 총서 제185권
1쪽 이하에 수록됨)을 계기로 매콜리(Thomas Macaulay)가 쓴 논문(『비판적 및 기
타 에세이』[Critical and Miscellaneous Essays] 제1권에 수록됨)은 그 내용이 피상적
이다. 좀 더 자세한 것으로는 다소 도식적이기는 하지만 6권으로 나온 영문 저
작인 매슨(David Masson)의 『존 밀턴의 생애』와 그 저작을 토대로 해서 슈테른
(Alfred Stern)이 쓴 밀턴에 대한 독일어로 된 전기인 『밀턴과 그의 시대』를 보라.
밀턴은 초기부터 "이중 예정" 형태의 예정론에서 벗어나는 조짐을 보였고,
노년에 이르러서는 모든 속박에서 완전히 벗어난 기독교 신앙으로 나아갔다.

그는 자신이 살았던 시대로부터 벗어나 있었다는 점에서 어떤 의미에서는 세바스챤 프랑크(Sebastian Franck)와 비교되는 인물이었지만, 밀턴의 기질이 실천적이고 긍정적이었던 반면에, 프랑크는 상당히 비판적이었다. 밀턴은 자신의 실제적인 삶을 하느님의 뜻에 따라 합리적으로 조직했다는 좀 더 폭넓은 의미에서만 청교도였다고 말할 수 있다. 사람들의 삶의 이러한 합리적 지향성은 칼뱅주의가 세계에 물려 준 영속적인 유산이었다. 그런 의미에서는 프랑크도 청교도였다고 말할 수 있다. 이 두 사람은 시대로부터 벗어나 있던 "독특한 인물들"이었기 때문에 우리의 연구 대상이 아니다.

예정론이 탄생한 과정과 관련해서 두 가지 가능성이 있다. 기독교 역사를 살펴보면, 아우구스티누스 이래로 특히 가장 열정적이고 적극적인 신자들 가운데서는, 한편으로는 구원이라는 종교적 감정의 체험, 다른 한편으로는 개개인의 구원은 오직 어떤 객관적인 권능의 작용에 의한 것으로 돌려야 하고, 개개인에게 속한 그 어떤 것도 거기에 아무런 영향도 미칠 수 없다는 확신이 서로 결합되어 있었다. 그들이 자신의 심령 속에서 죄의식에 의해 만들어진 엄청난 긴장 상태 가운데 있다가, 갑자기 그들의 심령에 엄청난 환희와 함께 물밀듯이 몰려온 구원의 확신을 경험했을 때, 그들은 자신들이 상상할 수 없었던 이 구원의 선물이 어떤 식으로든 그들 자신의 어떤 행위의 결과물이라고 생각할 수 없었던 것은 물론이고, 그들 자신의 믿음이나 의지의 어떤 특질이나 그들이 해낸 어떤 일이 그 구원의 은혜에 조금이라도 기여했을 것이라고 생각할 수도 없었다.

루터도 자신의 종교적인 은사와 감수성이 최고조에 달했을 때에 집필한 『기독교인의 자유』에서 하느님의 이러한 "비밀스러운 작정"이야말로 자신의 구원을 가장 확실하게 보장해 주는 유일한 원천이라고 보았다.[12] 그 후에도 그는 하느님의 "비밀스러운 작정"으로서의 예정론을 공식적으로 포기하지는 않았지만, 예정론은 그의 신학 사상에서 중심적인 위치를 차지하지 못했을 뿐만 아니라, 그가 교회에서 정치를 책임지는 위치에 있게 되면서 점점 더 "현실정치"에 깊이 관여하게 되지 않을 수 없게 됨에 따라 점차 그 중요성은 퇴색하게 되었다. 멜란히톤(Melanchthon, 1497-1560)은 이 "위험스럽고 암울한" 교리를 『아우크스부르크 신앙고백』에 집어넣는 것을 대단히 의도적으로 피했다. 루터교의 교부들은 예정론과 관련해서 확고한 입장을 지니고 있었는데, 그것은 구원은 "상실될 수 있는"(amissibilis) 것이기는 하지만, 겸손한 마음으로 회개하고 하느님의 말씀과 성례전을 신뢰하고 의지한다면 다시 회복될 수 있다는 것이었다.

---

12. "지극히 보잘것없는 자들을 구원하시는 하느님은 자비로우시고, 자신의 뜻을 따라 우리를 단죄하시는 하느님은 의로우시다고 믿는 것이 최고 단계의 신앙이다." 이것은 그의 『노예의지론』(*De servo arbitrio*)에 나오는 유명한 구절이다.

하지만 칼뱅에게서는 예정론과 관련된 상황이 정반대로 전개되었다.[13] 왜냐하면, 칼뱅이 그의 대적들과 교리를 놓고 논쟁을 벌이는 과정에서, 예정론이 얼마나 중요한지가 점점 더 뚜렷하게 드러나게 되었기 때문이었다. 예정론은 칼뱅의 『기독교 강요』 제3판에서야 완전한 형태로 제시되었고, 그가 죽은 후에 도르트레히트 종교회의와 웨스트민스터 종교회의에서 예정론을 강화해서 당시에 일어나고 있던 대규모의 문화 투쟁들을 분쇄하고자 했을 때에 중심적인 교리로서의 지위를 얻게 되었다.

---

13. 루터와 칼뱅은 두 사람 모두 기본적으로 "이중적인 하느님"을 인정했는데, 하나는 신약에 계시된 은혜와 자비의 아버지로서의 하느님이었고(이런 하느님은 칼뱅의 『기독교 강요』의 처음 몇 권에서 지배적으로 등장한다), 다른 하나는 이면에

서 자의적으로 다스리는 전제군주로서의 "감춰진 하느님"(Deus absconditus)이었다. 리츨(Ritschl)의 『경건주의 역사』(Geschichte des Pietismus)와 『개신교 신학과 교회 백과사전』 제3판에 쾨스틀린(Köstlin)이 쓴 "Gott" 항목을 보라.

루터는 형이상학적인 성찰을 무익하고 위험한 것으로 보고 점점 피했기 때문에, 그의 신학에서는 신약의 하느님이 우세했던 반면에, 칼뱅의 신학에서는 인간의 삶을 지배하는 초월적인 하느님이라는 사상이 우세했다. 물론, 칼뱅주의가 점차 대중적이 되면서 그런 사상은 유지될 수 없었지만, 초월적인 하느님은 신약의 자비로운 천부가 아니라 구약의 여호와로 대체되었다.

루터의 경우와는 달리 칼뱅의 경우에는 예정론이라는 하느님의 "무시무시한 작정"(decretum horribile)은 삶 속에서 체험된 것이 아니라 사고 속에서 나온 것이었기 때문에, 칼뱅의 종교 사상이 구체적인 인간, 즉 개개인들이 아니라 오직 하느님을 향한 그의 종교적 관심에 의해 규정되면서, 그 종교 사상의 일관성을 추구하면 할수록, 예정론의 중요성은 점점 더 커져가게 되었다.[14]

예정론에 의하면, 하느님이 사람들을 위해 존재하는 것이 아니라, 사람들이 하느님을 위해 존재하는 것이고, 칼뱅이 철석 같이 믿었던 교리, 즉 오직 소수만이 구원으로 예정되었다는 것을 포함해서 이 세계에서 일어나는 모든 일은 오직 하느님의 존엄이 찬송을 받게 하고자 하는 단 하나의 목적을 위한 것이다. 세상적인 "정의"의 잣대로 하느님의 절대적인 섭리를 판단하는 것은 무의미하고 하느님의 존엄을 손상시키는 것이다.[15] 하느님은, 아니 오직 하느님만이 자유롭고 그 어떤 법에도 속박되지 않기 때문이고, 하느님이 작정한 일들은 우리 스스로는 이해할 수 없고 오직 하느님이 우리에게 계시한 만큼만 알 수 있기 때문이다. 따라서 우리는 영원한 진리의 단편들만을 알 수 있을 뿐이고, 개개인의 운명을 비롯한 모든 것들은 어두운 신비로 감싸져 있어서, 우리가 그것들을 알거나 이해하거나 추측하는 것은 불가능하다. 예를 들어, 영원한 죽음에 처해지기로 예정된 자들이 자신들에게 주어진 운명이 부당하다고 항의하는 것은 짐승들이 왜 자신들을 인간이 아니라 짐승으로 태어나게 했느냐고 항의하는 것과 같다. 모든 피조물은 절대로 메울 수 없는 간격에 의해서 하느님으로부터 분리되어 있어서, 하느님이 자신의 존엄이 찬송을 받게 하기 위해 어떤 결정을 하지 않는 한, 모든 피조물을 기다리고 있는 것은 오직 영원한 죽음뿐이기 때문이다. 우리는 오직 인류 중에서 일부만이 구원을 받고 나머지는 영원한 죽음에 처해지게 되리라는 것만을 알 뿐이다. 만일 사람들의 공과가 그들의 운명을 결정하는 데 조금이라도 역할을 할 수 있다고 가정한다면, 영원 전부터 절대자로 존재하는 하느님이 절대적으로 자유롭게 내린 결정들을 사람들이 자신들의 힘으로 바꿀 수 있다는 말이 되는데, 칼뱅은 그런 것은 생각할 수조차 없는 일이라고 본다.

---

14. 아래의 설명에 대해서는 샤이베(Max Scheibe)의 『칼뱅의 예정론』을 보라. 칼뱅주의 신학 전반에 대해서는 헤페(Johann Heinrich Heppe)의 『복음적 개혁교회 교의학』을 보라.

15. 『종교개혁 총서』(*Corpus Reformatorum*) 제77권 186쪽 이하를 보라.

이렇게 칼뱅은 예정론을 통해서, 신약성경에서 은화 하나를 잃어버렸다가 다시 찾고서 기뻐한 여자처럼 죄인 한 명이 다시 돌아왔을 때 기뻐하는 것에서 알 수 있듯이 사람들이 이해할 수 있는 방식으로 행하는 "하늘에 계신 아버지"로 묘사한 하느님을 인간이 절대로 이해할 수 없는 초월적인 존재로 탈바꿈시킨다. 이 하느님은 영원 전에 인간이 절대로 알 수 없는 어떤 작정들을 통해서 모든 개개인의 운명을 이미 결정해 놓고서, 우주에서 일어나는 아주 미세한 일들까지도 모두 다 주관하는 하느님이다.[16] 하느님이 작정한 일들은 확고해서 변경될 수 없기 때문에, 하느님으로부터 받은 은혜는 절대로 상실될 수 없었고, 하느님이 은혜를 주지 않기로 작정한 사람들은 절대

로 은혜를 받을 수 없었다.

예정론이라는 이 암울하고 비인간적인 교리가 논리적으로 아주 일관되게 한 세대에 적용되었을 때, 그 세대에 속한 개개인들은 상상을 초월하는 내면의 고독감을 느끼게 되는 결과를 초래할 수밖에 없었다.[17] 종교개혁 시기 동안에 사람들의 가장 중요한 관심사는 영원한 구원이라는 문제였지만, 그들이 구원을 받게 될 것인지의 여부는 영원 전부터 확고하게 정해져 있는 것이었기 때문에, 그들이 할 수 있는 것은 단지 고독하게 자신의 인생 여정을 묵묵히 걸어가는 것뿐이었다.

---

16. 내가 지금까지 칼뱅주의적인 교리와 관련된 개념들에 대해 설명한 것은 호른벡(Hoornbeek)의 『실천신학』제2권 제1장 예정론 — 이 장은 특이하게도 "신론"이라는 표제 아래 나온다 — 을 거의 따랐다. 호른벡은 에베소서 1장을 근거로 삼아서 서술해 나간다. 하느님의 예정 및 섭리를 개인의 책임과 결합시켜서 인간의 의지의 "자유"를 확보하고자 하는 이런저런 시도들 — 이것은 아우구스티누스가 자신의 교리를 처음으로 발전시킨 때부터 시도되었다 — 은 굳이 여기에서 살펴보지 않아도 된다.

17. 다우든(Edward Dowden)은 그의 훌륭한 저작인 『문학 속에서의 청교도와 성공회』에서 "(하느님과의) 깊은 교통은 제도나 단체나 교회가 아니라 고독한 심령의 비밀들 속에서 발견된다"는 말과 함께 이 중요한 것을 정식화한다(234쪽). 개별 신자들의 이러한 깊은 정신적 고독감은 예정론자들이었던 포르 루아얄(Port Royal)의 얀센주의자들에게서도 동일한 방식으로 드러난다.

구원 문제와 관련해서 그들을 도와 줄 수 있는 사람은 아무도 없었다. 오직 "택함 받은 자들"만이 하느님의 말씀을 영적으로 이해할 수 있었기 때문에, 말씀을 전하는 성직자들도 사람들을 도울 수 없었다. 성례전도 그들을 도

울 수 없었다. 성례전은 하느님이 스스로 더욱더 영광을 받기 위해 사람들에게 명령한 것이어서 정성을 다해 지켜야 하는 것이긴 했지만, 하느님의 은혜를 얻게 해주는 수단이 아니라, 사람들의 믿음을 도와주는 "외적인 보조 수단"(externa subsidia)에 불과했기 때문이다. 교회도 사람들을 도울 수 없었다. 교회를 떠나 있는 사람들은 하느님에 의해 택함 받은 사람일 수 없다는 점에서, "교회 밖에는 구원이 없다"(extra ecclesiam nulla salus)는 말은 옳지만,[18] 하느님의 영광을 위해 교회에 다니며 그 치리에 복종하고 하느님의 계명들을 지킨다고 해서, 그들이 하느님이 택한 사람이 되는 것은 아니었기 때문이다. 끝으로, 하느님조차도 사람들을 도울 수 없었다. 그리스도는 인류의 죄를 대신 짊어지고 죽긴 했지만, 하느님이 영원 전에 작정한 대로 오직 택함 받은 자들만을 위해 죽은 것이었기 때문이다.[19]

---

18. "이런 종류의 모임(즉, 순수한 가르침과 성례전과 치리가 있는 교회)을 멸시하는 자들에 대하여 …… 그런 자들은 자신의 구원을 확신할 수 없고, 끝까지 그런 태도를 고집하는 자들은 택함 받은 자들이 아니다." 올레비안(Olevian)의 『하느님과 택함 받은 자들 간에 주어진 언약의 본질』222쪽을 보라.

19. "사람들은 하느님이 인류를 구원하기 위해 자기 아들을 보냈다고 말합니다. 하지만 하느님의 목적은 그런 것이 아니었습니다. 하느님은 오직 소수만을 타락에서 건져내고자 했습니다 …… 내가 여러분에게 말합니다. 하느님은 오직 택함 받은 자들만을 위해서 죽었습니다." 이것은 1609년에 네덜란드 브룩에서 행한 설교로서, 로제(H. C. Rogge)의 『요한네스 위텐보가르트와 그의 시대』제2권 9쪽에서 인용했다. 뉘엔스(Nuyens)의 앞의 책 제2권 232쪽을 참조하라. 핸저드 놀리스의 신앙고백에서는 중보자로서의 그리스도의 역할에 대한 논증도 잘 정립되어 있지 않다. 실제로는 하느님에게 그러한 중보가 필요하지 않았으리라는 생각이 지배적이었다.

이렇게 교회와 성례전의 도움을 받아서 구원을 받을 수 있다는 교리를 철저하고 완벽하게 폐기한 것이야말로 칼뱅주의와 가톨릭의 절대적이고 결정적인 차이였다. 루터교에서는 예정론을 그런 식으로 논리적으로 철저하고 일관되게 발전시키지 않았고, 그것이 칼뱅주의와의 차이였다. 종교사 속에서 구약성경에 나오는 고대 유대교의 예언들과 헬레니즘의 과학적 사고에 의거해서 인류가 온갖 주술적인 수단들을 통해서 구원을 추구하고자 하는 것을 미신이자 신성모독이라고 규정하고 비난하기 시작하면서 꾸준히 진행되어 온 일련의 여정, 즉 세계로부터 주술을 제거하고자 하는 저 위대한 종교사적 여정이 예정론에서 완성되었다.[20] 독실한 청교도들은 장례식에서조차도 그 어떤 애곡하는 노래나 예식도 없이 자신들이 사랑하는 사람들을 매장했는데, 그것은 오로지 사람들로 하여금 종교 의식이나 성례전이 마치 구원을 가져다줄 수 있는 것처럼 말하는 온갖 "미신"을 믿지 않도록 경고하기 위한 것이었다.[21] 하느님이 어떤 사람들에게는 은혜를 주지 않기로 영원 전에 절대적으로 작정했고, 사람들은 자기가 그런 사람들에 포함되어 있는지를 알 수도 없는데, 그런 극도로 불안한 처지에도 불구하고 그들로 하여금 은혜를 받을 수 있게 해주는 어떤 주술적인 수단은 존재하지 않았을 뿐만 아니라 존재할 수도 없었다.

———————

20. 이것에 대해서는 "세계 종교의 경제 윤리"에 관한 나의 논문들을 보라. 내가 그 논문들에서 지적했듯이, 심지어 고대 이스라엘의 윤리가 실질적으로 아주 밀접한 관계에 있던 이집트와 바빌로니아의 윤리와 대비되는 독특한 성격을 지니고 있었던 것과 그런 윤리가 선지자들의 시대 이후로 발전했던 것도 전적으로 이스라엘 윤리가 구원 수단으로서의 성례전적 주술을 거부한 이 근본적인 토대 위에서 이루어진 것이었다.

21. 가장 일관된 견해들에 의하면, 세례도 마찬가지로 교회에서 정한 규례로 인해서 의무적인 것이었을 뿐이고, 사람들이 구원을 받는 데 절대적으로 필

요한 것은 아니었다. 이런 이유에서 스코틀랜드의 엄격한 청교도들과 영국의 독립파에서는 하느님에게서 버림받은 자들임이 분명한 자들(예컨대, 술주정뱅이들)의 자녀들에게는 세례를 주지 않는 것을 기본적인 원칙으로 삼을 수 있었다. 어떤 성인이 세례를 받고자 하는데 그 품행이 성찬에 참여해도 될 정도로는 "성숙하지 않은" 경우와 관련해서, 1586년의 에담(Edam) 교회회의는 오직 그 행실에 결격사유가 없고 세례를 받고자 하는 그의 소원이 "미신적인 것이 아닌" 성인에게만 세례를 주도록 권고했다(제32조 제1항).

————————

예정론에 의해서 초래된 사람들의 내면적인 고독은 한편으로는 창조주인 하느님은 모든 피조물로부터 완전히 초월해 있는 영원한 존재인 반면에 피조물은 결국 썩어 없어질 존재이기 때문에 절대적으로 무가치한 것일 수밖에 없다는 냉혹한 교리와 결합되어서, 문화와 종교에서 감각이나 감정을 지향하는 온갖 요소들은 사람의 구원에는 아무런 도움이 되지 않고 도리어 피조물을 우상화하는 미신을 촉진시키는 것이라는 사고를 생겨나게 함으로써, 그런 요소들에 대한 절대적으로 부정적인 태도, 더 나아가 감각에 호소하는 모든 문화에 대한 근본적인 혐오를 낳았고,[22] 다른 한편으로는 과거에 청교주의를 신봉했던 국민들의 "국민성"과 그 제도들 속에서 발견되고 오늘날까지 여전히 영향을 미치고 있는 염세주의적이고 실용적인 경향성을 지닌 저 개인주의의 원천들 중 하나를 만들어냈다.[23] 이러한 염세주의적인 개인주의는 나중에 그것과는 완전히 다른 방식으로 인간을 바라보았던 "계몽주의"와는 뚜렷이 대비된다.[24]

————————

22. 다우든(Edward Dowden)이 앞에서 인용한 자신의 책에서 훌륭하게 설명한 대로, "감각"을 기반으로 한 모든 문화에 대한 이러한 부정적인 관계는 청교도 신앙의 핵심적인 구성 요소들 중 하나였다.

23. 사람들은 "개인주의"라는 용어를 우리가 상상할 수 있는 가장 이질적이고 서로 다른 현상들을 가리키는 데 사용해 왔기 때문에, 나는 여기에서 개인주의를 정의하기보다는 이후의 논의를 통해서 분명하게 드러나게 되기를 희망한다. 예를 들어, 어떤 사람들은 루터교가 인간의 삶에 대한 금욕주의적인 규율을 포함하고 있지 않다는 것을 근거로 삼아서 루터교를 "개인주의적"이라고 말하고, 디트리히 셰퍼(Dietrich Schäfer)는 『보름스 조약의 평가』라는 자신의 글에서 중세 시대를 "두드러진 개성"의 시대라고 부르면서, 중세 시대에는 역사학자들에게 중요한 사건들에서 오늘날과는 달리 "비합리적인 측면들"이 중요한 의미를 차지했기 때문이라는 것을 그 이유로 제시한다. 그의 말은 옳지만, 그를 반박하는 사람들도 옳다. 왜냐하면, 전자나 후자는 "개성" 또는 "개인주의"라는 용어들을 서로 완전히 다른 의미로 사용하기 때문이다.

개성과 개인주의에 대한 부르크하르트(Jacob Burckhardt)의 독창적인 서술은 오늘날에는 부분적으로 시대에 뒤떨어진 것이 되어 버렸기 때문에, 지금 개인주의를 역사적으로 철저하게 분석해서 개인주의가 무엇인지를 밝혀낸다면, 그것은 학문적으로 상당히 가치 있는 기여를 하게 될 것이다. 반면에, 어떤 역사학자가 장난기가 발동해서 역사의 한 시기의 특징을 표현하는 표어로 개인주의를 "정의한다면," 그것은 정반대의 평가를 받게 될 것이다.

24. 이러한 개인주의는 이후의 가톨릭 교리와도 대립된다 — 비록 첨예한 대립은 아니지만. 파스칼의 심한 염세주의는 예정론에 근거한 것이긴 하지만 다른 한편으로는 얀센주의에서 기원한 것이고, 그러한 염세주의에서 생겨난 그의 세계도피적인 개인주의는 가톨릭의 공식 입장과는 전혀 부합하지 않는다. 이것에 대해서는 제1부 제1장 주 11에서 인용한 프랑스의 얀센주의자들에 대해 쓴 호니스하임(Paul Honigsheim)의 『17세기 얀센주의자들의 국가 및 사회에 대한 교리』를 보라.

우리가 이 논문에서 다루는 시대(16-17세기)의 생활양식과 인간의 삶에 대

한 관점을 보여주는 기본적인 현상들 속에는 예정론의 영향을 받은 흔적들이 분명하게 드러나고, 이것은 예정론이 종교적 교리로서의 효력을 상실한 곳들에서도 마찬가지다.

사실 예정론은 오로지 하느님만을 신뢰하는 신앙의 가장 극단적인 형태라고 할 수 있고, 그것은 우리가 여기에서 분석하고자 하는 주제이다. 영국의 청교도 문헌들에, 다른 사람들의 도움이나 인간적인 우정을 믿어서는 안 된다는 경고가 눈에 띄게 빈번하게 반복해서 등장하는 것이 그 좋은 예다.[25] 청교도 중에서 온건파에 속하는 백스터(Richard Baxter, 1615-1691)조차도 신자들에게 아무리 친하고 선한 친구들이라도 깊이 믿어서는 안 된다고 충고했고, 베일리(Lewis Bayly, 1565-1631)는 아무도 믿지 말고 누구에게도 그 사람의 명예를 실추시키는 말을 하지 말라고 노골적으로 권면했다. 인간은 오직 하느님만을 믿고 신뢰하여야 하기 때문이라는 것이다.[26]

---

25. 얀센주의자들도 마찬가지였다.

26. 베일리(Lewis Bayly)의 『경건의 실천』(*Praxis pietatis*) 독일어판(1724) 187쪽을 보라. 슈페너(Spener)도 『신학적 성찰』(*Theologische Bedenken*) 제3판에서 친구가 하느님의 영광을 위해 충고해 주는 일은 드물고, 꼭 이기적인 동기에서는 아닐지라도 육욕적인 의도에서 충고하는 일이 다반사라고 말함으로써 이것과 비슷한 관점을 보여준다.

토머스 애덤스(Thomas Adams)는 이것을 다음과 같이 철학적으로 설명한다. "그(즉, 지혜 있는 자)는 다른 사람의 이해관계를 헤아리는 데에도 눈멀어 있는 것은 아니지만, 특히 자신의 이해관계를 헤아리는 경우에 그 눈이 가장 밝아진다. 그는 자신의 이해관계가 달려 있는 일들에만 관여하고, 다른 일들은 쓸데없는 일들로 여겨서 그런 불구덩이 같은 일들에 자신의 손을 집어넣지 않는다 …… 그는 그것(세상)의 거짓됨을 알기 때문에, 자기 자신만을 신뢰하고, 다른 사람들에 대해서는 그들이 배신한다고 해도 자신이 손해를 입지 않을 정도로만 신뢰

한다."『청교도 신학자 저작집』(Works of the Puritan Divines) 51쪽.

또한, 베일리는 아침마다 사람들 가운데로 나가는 것을 위험들이 득실대는 광야로 가는 것이라고 생각해서 문을 나서기 전에 먼저 하느님에게 "신중함과 정의로움의 외투"를 달라고 기도할 것을 권면한다(같은 책 176쪽).

세속에 대한 이러한 인식은 모든 금욕주의적인 종파들 속에 깊이 침투되어 있었고, 세속에서 활동하는 수많은 경건주의자들을 세속 내에서의 은둔하는 삶으로 이끌었다. 심지어 슈팡겐베르크(Spangenberg)조차 헤른후트파적인 자신의 이상을 글로 표현한『형제적 신앙의 이상』(Idea fidei fratrum) 382쪽에서 예레미야서 17장 5절("무릇 사람을 의지하는 자는 저주를 받을지어다")을 강력하게 환기시킨다.

이러한 인생관에 내포된 사람에 대한 기이한 혐오를 제대로 이해하기 위해서는 호르벡(Hoornbeek)이『실천신학』(Theologia practica) 제1권 882쪽에서 원수 사랑의 의무에 대해 말한 것도 주목할 필요가 있다. "결국 우리는 사람들을 우리 자신이 심판하는 것이 아니라 우리에게 벌 받지 않은 자들을 심판하시는 하느님에게 맡긴다 …… 우리 자신이 사람들을 더 많이 심판할수록, 하느님이 그 사람들을 심판하실 것은 그만큼 줄어든다." 이것은 바빌론 포로기 이후의 구약의 책들에 나타나는 "복수 유예" 사상, 즉 "눈에는 눈"이라는 고대의 복수 공식을 세련되게 강화시키고 내면화시킨 것이다. "이웃 사랑"에 대해서는 주 35를 보라.

───────

한편 칼뱅은 단지 사람들이 성례전을 오해할 소지가 있다고 말하며 성례전의 위험성을 지적했을 뿐인데도, 칼뱅주의가 지배한 지역들에서는 사람들이 앞에서 말한 그런 식의 삶의 태도를 취하게 되자, 루터교가 지배한 지역들과는 대조적으로 고해성사의 관행이 슬그머니 사라져 버렸는데, 이것은 큰 의미가 있는 사건이었다. 무엇보다도 먼저 이런 신앙 형태가 신자들의 삶에 어떤 식으로 작용하는지를 보여준다는 점에서 의미 있는 것이었고, 다음으로는 이런 신앙 형태가 신자들의 윤리적인 태도를 발전시키는 심리적인 자극제가 되었다는 것을 확인해 준다는 점에서 의미 있는 것이었다. 왜냐하면, 고해성사가 사라졌다는 것은 개개인의 마음속에 축적된 죄의식을 주기적으로 "해소할" 수 있게 해준 수단이 없어진 것이었기 때문이다.[27]

27. 고해소가 단지 그런 수단으로만 활용된 것이 아니었음은 두말할 필요가 없다. 예컨대 『종교심리학 저널』 제1권 제2호(1908) 65쪽에 수록된 "정신병학과 신학의 경계 문제들"에서의 무트만(A. Muthmann)의 논의는 고해에 내포된 아주 복잡한 심리학적인 문제들을 지나치게 단순화시킨다.

이렇게 해서 생겨난 변화가 사람들의 일상적인 삶 속에서의 도덕적인 실천과 관련해서 어떤 중요성을 지녔는지에 대해서는 나중에 다시 살펴보게 될 것이지만, 그것이 신자들이 처하게 된 종교적 상황 전체에 여러 가지 결과들을 초래했다는 것은 분명하다. 칼뱅주의자들은 구원을 받기 위해서 반드시 교회의 구성원이 되어야 했지만,[28] 자신들이 느끼는 깊은 내면적 고독을 극복하기 위해서 하느님과 직접 교통하고자 했다. 이 특별한 종교적 정서가 불러온 독특한 결과들을 경험해 보고자 하는 사람은[29] 청교도 문헌들 가운데 가장 널리 읽힌 존 버니언(John Bunyan)의 『천로역정』에서,[30] "크리스천"(Christian)이라는 등장인물이 자기가 "멸망의 도성"에서 살아가고 있음을 깨닫고서는 천국의 도성으로 순례를 떠나라는 부름을 따라 서둘러서 길을 나서는 장면을 묘사한 대목, 즉 그의 아내와 자녀들이 그에게 매달리는데도, 크리스천이 자신의 손가락들로 귀를 틀어막고서 "생명, 영원한 생명"을 외치며 들판을 가로질러 비틀거리며 내달려 가는 대목을 읽어 보면 된다.

28. 바로 이러한 결합은 칼뱅주의적인 사회 조직들이 어떤 심리학적인 토대

위에 서 있는지를 보여주는 아주 중요한 역할을 한다. 칼뱅주의적인 모든 사회 조직들의 내적인 동기는 "개인주의"와 "합리적 목적"과 "합리적 가치"다. 개개인들은 어떤 감정이 동기가 되어서 그런 조직들에 속하는 것이 아니다. "하느님의 영광"과 그들 자신의 "구원"이 언제나 그들의 의식을 사로잡고 있기 때문에, 그들이 그런 식으로 행동하기는 무척 어렵다. 오늘날에도 이것은 청교도적인 과거를 지닌 나라들에 존재하는 사회 조직들의 특성이다.

29. 기존의 지배 집단들은 이 교리가 기본적으로 신자들의 윤리와 구원에 교회와 국가가 간섭하는 것을 무의미한 것으로 폄하하는 반권위주의적인 특징을 지니고 있다는 이유로 늘 위험시했다. 예컨대 네덜란드 연방의회에서도 이 교리를 금지했고, 이 금지 조치로 인해 1614년 이후에 네덜란드에서는 비밀리에 집회를 갖는 소규모 집단들이 증가했다.

30. 존 버니언(John Bunyan)에 대해서는 몰리(Morley) 총서에 들어 있는 프로드(James A. Froude)가 쓴 전기인 『버니언』(1880)과 매콜리(Thomas B. Macaulay)의 『비판적 및 기타 에세이들』 제2권 227쪽에 나오는 버니언에 대한 서술을 참조하라. 버니언은 칼뱅주의에 속한 여러 종파들 간의 차이들에 대해서는 신경을 쓰지 않았지만, 자신은 엄격한 칼뱅주의적인 침례교인이었다.

―――――――

버니언이라는 한 땜장이가 감방에 갇혀 있으면서, 기본적으로 오로지 자기 자신에게만 관심이 있고 오직 자신의 구원만을 생각하는 경건한 청교도의 심정을 자신의 소박한 감성으로 묘사해서 전 세계 사람들로부터 박수갈채를 받았는데, 그 어떤 뛰어난 문학적 소질을 지닌 사람도 청교도들의 심정을 그보다 더 잘 포착해서 써낼 수는 없었을 것이다. 청교도들의 그런 심정은 "크리스천"이라는 등장인물이 다른 순례자들과 나눈 대화들, 즉 고트프리트 켈러(Gottfried Keller, 1819-1890)의 희곡인 『세 명의 정의로운 빗 제조공들』을 연상시키는 청산유수 같은 달변의 대화들 속에 잘 표현되어 있다. "크리스천"은 자신이 이제 안전하게 천국 길로 가고 있다는 것을 확인한 후에야 비로소 자기 가족들이 자기 곁에 있었으면 좋겠다는 생각을 하게 된다.

"크리스천"이 느꼈던 죽음과 내세에 대한 끔찍한 공포는 독일 가톨릭 신학자이자 교회사가였던 될링거(Döllinger, 1799-1890)가 묘사한 이탈리아의 주교였던 알폰소(Alfonso, 1696-1787)의 경험과 동일한 것이었다. 청교도들이 이렇게 자신의 구원 문제에 몰두하며 공포를 느끼고 불안해했던 태도는 마키아벨리(Machiavelli, 1469-1527)가 교황의 파문 통보에 맞서 싸우면서, 영혼 구원에 관한 문제보다도 자신들의 고향 도시를 더 사랑하며 거기에 긍지를 느끼고 살아가던 피렌체의 시민들을 자랑스러워하면서 나타내 보였던 현세성의 정신과는 아주 거리가 먼 것이었고, 리하르트 바그너(Richard Wagner, 1813-1883)가 죽음의 전투를 앞둔 지그문트의 입을 통해 다음과 같이 말함으로써 표현한 감정과는 더더욱 거리가 먼 것이었다. "보탄에게 나의 안부를 전해 주시고, 발할 성에도 내 안부를 전해 주시오. 하지만 발할 성의 차가운 환희에 대해서는 제발 내게 말해 주지 마시오."

그럼에도 불구하고, 우리가 주목해야 할 것은 영혼 구원의 문제에 대한 그러한 불안이 버니언과 알폰소에게 미친 효과가 서로 현저하게 달랐다는 것이다. 그러한 불안이 알폰소에게는 모든 면에서 자기를 철저하게 낮추게 만드는 동력이 되었던 것과는 반대로, 버니언에게는 인간의 삶과 끊임없이 조직적으로 싸우게 만드는 동력이 되었다. 도대체 이러한 차이는 무엇으로부터 생겨난 것인가?

한편으로는 개개인을 둘러싸고 아주 단단히 결박해서 사람들을 세상에 묶어 두고자 하는 모든 구속들에서 정신적으로 놓여나고자 하고 해방되고자 하는 칼뱅주의자들의 경향성, 다른 한편으로는 사회를 조직하는 일에서 칼뱅주의자들이 보여준 놀라울 정도로 탁월한 활기와 능력이 어떻게 서로 결합될 수 있는가 하는 것은 처음에는 도저히 풀 수 없는 의문처럼 보이지만,[31] 얼핏 보기에 이상해 보이는 바로 그것, 즉 사회를 조직하는 일에서의 탁월한 활기와 능력은 칼뱅주의가 개개인의 정신적 고독을 강조함으로써 전통적인 의미에서 벗어나게 된 기독교의 "이웃 사랑"이라는 개념이 새롭게 획득한 의미와 구체적인 지향성으로부터 생겨난 것이었다.

그러한 지향성은 무엇보다도 먼저 교리로부터 생겨났다.[32] 세계는 하느님에게 영광을 돌리기 위한 목적으로 존재하고, 오직 그 일만을 하도록 정해져 있다. 그리고 택함 받은 기독교인들은 자신들에게 주어진 자리에서 하느님이 명령한 것들을 행함으로써 이 세계에서 하느님의 영광을 높이기 위해 존재하고, 오직 그것만을 위해 존재한다. 그런데 하느님은 기독교인들이 사회 속에서 활동하면서 하느님의 명령들을 수행하는 것을 통해서 하느님의 영광을 높이기를 원한다. 따라서 칼뱅주의자들이 세계에서 행하는 사회적인 성격을 띠는 노동들은 결국 "하느님의 영광을 더 높이기 위한"(in majorem gloriam Dei) 노동일 뿐이었고,[33] 직업 노동이 사람들이 모여 사는 사회 전체의 현실적인 삶을 위한 것이라고 할지라도 거기에서 결코 예외가 될 수는 없었다.

---

31. 우리는 "그리스도의 몸 안에서의 연합"에 대한 명령(칼뱅의 『기독교 강요』 제3권 제11장 제10절)에서 생겨난 칼뱅주의적인 사상, 즉 하느님의 명령을 따르는 공동체에 속해 있는 것이 구원에 필수적이라는 사상은 종교개혁에 의거한 기독교의 사회적 성격과 관련해서 분명히 아주 중요할 것이라고 생각할 수 있다. 하지만 우리의 논의에서 채택한 특별한 관점에서 보면, 그런 사상은 우리의 연구에서 별 역할을 하지 못한다. 그런 교리 사상은 교회가 사회와는 상관없는 순전히 하나의 기관으로서의 성격을 지니고 있었다고 해도 얼마든지 생겨날 수 있었을 것이고, 잘 알다시피 실제로 가톨릭교회가 바로 그런 교회였다. 하지만 그런 교리 사상 자체만으로는 교회의 구성원들로 하여금 주도적으로 그런 공동체를 형성해나가도록 일깨울 수도 없었고, 칼뱅주의에서 볼 수 있는 것과 같은 동력을 사람들에게 주는 심리학적인 영향도 미칠 수 없었다.

반면에, 하느님의 명령을 따르는 공동체를 형성하고자 했던 칼뱅주의의 성향은 하느님이 정한 교회 회중을 넘어서서 "세속"에서도 영향을 미쳤는데, 그 이유는 칼뱅주의에서는 기독교인들은 스스로 "하느님의 더 큰 영광을 위해" 행함으로써 자신의 구원의 확실성을 확증해야 한다는 사상(아래의 설명을 보라)이 그 중심적인 교리였던 데다가, 피조물을 신격화하거나 인간관계를 의지하는 것을 엄격하게 단죄한 결과로, 신자들의 동력은 자신들도 모르는 사이에 비인격적인 영역으로 집중될 수밖에 없었기 때문이었다. 자신의 구원에 대한 확증을 바라는 신자들은 하느님의 뜻과 계획을 이루는 일에 헌신해야 했는데, 칼뱅주의의 교리 특성상 그 일들은 비인격적인 일에 집중되었다. 합리적이지 않고 전적으로 감정이나 정서를 기반으로 한 인간관계는 모든 금욕주의적인 윤리들에서와 마찬가지로 청교도적인 윤리에서도 피조물을 신격화하는 행위, 즉 피조물을 우상으로 섬기는 행위로 여겨졌다. 사람들 간에 정을 나누는 것에 대한 다음과 같은 경고는 칼뱅주의의 그런 성향을 한층 더 분명하게 보여준다. "이성이 허용하는 정도 이상으로 사람을 사랑하는 것은 비합리적인 행위로서 합리적인 존재인 인간에게 합당하지 않다…… 그런 사랑은 사람들의 마음을 사로잡아서 하느님에 대한 사랑을 방해하는 일이 비일비재하게 일어난다"(백스터의 『기독교 지도서』 제4권 253쪽). 앞으로 우리는 이런 식의 논리를 반복해서 접하게 될 것이다.

칼뱅주의자들은 하느님이 세계와 사회질서를 창조한 것은 사람들로 하여금 그 가운데서 비인격적이고 합목적적인 활동들을 통해서 하느님께 영광을 돌리게 하기 위한 것이었다고 하는 사상에 열광하였고, 그 결과 예정론을 통해서 해방된 신자들의 모든 왕성한 동력은 세계를 합리적으로 만드는 일에 집중적으로 투입되었다. "공공의 선"(또는, 백스터가 『기독교 지도서』 제4권 262쪽에서 로마서 9장 3절을 다소 무리하게 인용해서 나중의 자유주의적 합리주의에서 그랬던 것과 전적으로 동일한 방식으로 표현한 "다수의 선")이 "개인적인" 또는 "사적인" 선보다 우선한다는 사상도 그 자체로는 새로운 것이 아니었지만 청교도 사상에서는 피조물의 신격화를 거부한다는 관점에서 재해석되었다. 미국인들이 사람들에게 개인적으로 명령하는 것을 꺼리는 오래된 관행도 그들의 "민주주의적인" 정서와 관련된 다른 많은 이유들 외에도 간접적으로는 피조물의 신격화를 배격해왔던 전통과 연결되어 있다. 마찬가지로, 청교도적인 과거를 지닌 나라들에서 전제주의가 발호할 가능성이 상대적으로 낮은 것, 영국인들이 자신들의 위대한 정치가들을 인정하면서도 좀 더 자유롭게 비판하는 태도를 취하는 것, 다시 말해서 영국인들이 한편으로는 위대한 인물들을 기꺼이 인정하면서도, 다른 한편으로는 그런 위대한 인물들을 우상화하는 것을 배격함과 동시에, 그런 인물들에게 감사하는 것이 마땅하다는 이유로 그들에게 정치적으로 복종해야 한다고 생각하지 않는 것도 피조물의 신격화를 거부하는 전통과 맥이 닿아 있다. 이러한 것들은 독일에서 1878년 이후로 사람들이 겪은 긍정적이거나 부정적인 경험들과 대비되는 것들이다. 권위를 믿는 것은 오직 그 권위가 공식적인 문서 같은 비인격적인 것으로 표현된 경우에만 허용되고 인격적인 권위 자체를 의지하는 것은 죄이고, 아무리 위대하고 거룩한 사람이라고 할지라도 그 사람을 지나치게 높이는 것은 하느님에 대한 순종을 위태롭게 할 수 있다는 점에서 죄라는 신학 사상에 대해서는 백스터의 『기독교 지도서』(*Christian Directory*) 제2판(1678) 제1권 56쪽을 보라. 하지만 "피조물의 신격화"를 배격하는 신앙 원리 및 일차적으로는 교회 속에서, 궁극적으로는 삶 전체 속에서 오직 하느님이 "다스려야" 한다는 신앙 원리에 내포된 정치적인 의미를 다루는 것은 여기에서 우리가 논의해야 할 주제에 속하지 않는다.

32. 교리적인 "결과들"과 실천적이고 심리학적인 "결과들"의 관계는 자주 논의될 것이다. 이 두 가지 유형의 결과들이 동일하지 않다는 것은 굳이 말할 필요가 없을 것이다.

33. 여기에서 "사회적"이라는 말은 오늘날 이 말이 의미하는 것과는 조금도 관계가 없고, 단지 정치 조직들과 교회 조직들, 그 밖의 공동체 지향적인 조직들에서의 활동과 관련된 것이라는 의미로만 사용된다.

───────────

앞에서 우리는 이미 루터가 분업적인 직업 노동을 "이웃 사랑"과 결부시킨 것을 언급한 바 있는데, 그런 개념은 루터에게서는 하나의 불확실하고 단편적인 사고에 머물러 있었던 반면에, 칼뱅주의자들에게서는 체계적인 신앙

윤리 속에 편입된 하나의 독특한 요소로 자리를 잡게 되었다. "이웃 사랑"은 오로지 하느님의 영광에만 기여하고[34] 인간의 영광과는 아무 상관이 없는 것이 되어야 하기 때문에[35] 일차적으로는 자연법(lex naturae)에 의해 주어진 과업들, 즉 개개인에게 주어진 직업으로 인해 생겨나는 과업들을 성취하는 것으로 표현되고, 그 과정에서 우리를 둘러싼 사회 질서를 합리적으로 구성하는 데 기여하는 것이라는 객관적이고 비인격적인 특성을 지니게 된다. 왜냐하면, 성경의 계시에 의해서든 자연적인 통찰에 의해서든 하느님이 인류의 유익을 위해 계획한 것이 분명한 이 사회의 질서를 하느님의 목적에 맞게 형성하고 건설하는 것이 "이웃 사랑"을 표현해서 하느님께 영광을 돌리는 일이라면, 객관적이고 비인격적인 직업 노동을 통해서 사회의 유익에 기여하는 것은 하느님이 원하는 일로 인식될 수밖에 없었기 때문이다.

---

34. 사람이 하느님의 영광을 위해서가 아니라 다른 목적들을 위해 행하는 선행은 죄다(Hanserd Knollys의 신앙고백, 제16조).

35. 이렇게 사람들의 삶을 오직 하느님과만 연결시킴으로써 "이웃 사랑"의 계명이 비인격적인 것이 된 것이 종교적 공동체의 삶과 관련해서 지닌 의미는 "중국내륙선교회"와 "국제선교연합"의 활동을 한 번 훑어보기만 해도 아주 잘 알 수 있다. 이것에 대해서는 바르네크(Warneck)의 『개신교 선교사 개요』(*Abriß einer Geschichte der protestantischen Missionen*) 제5판 99, 111쪽을 보라. 예를 들어 오직 중국이라는 한 나라에만 큰 비용을 들여서 1,000여 명의 선교사를 파송한 것은 이 선교사들을 순회 전도자들로 활용해서 모든 이교도들에게 복음을 단지 "제공하기" 위한 것이었고, 이 선교회가 그렇게 한 이유는 그리스도가 그렇게 하도록 명령했고 온 세계의 모든 곳에 복음이 전해진 후에야 비로소 그리스도의 재림이 가능하다고 말했기 때문이었다. 이렇게 해서 복음을 들은 사람들이 기독교로 회심해서 구원을 받았느냐, 그리고 그들이 선교사들의 말을 이해했느냐 하는 것은 원칙적으로 철저하게 부차적인 문제였고 하느님이 알아서 할 문

제로 여겨졌다. 허드슨 테일러(Hudson Taylor)에 의하면, 중국에는 5,000만 가구가 있었기 때문에(바르테크의 앞의 책을 보라), 한 명의 선교사가 하루에 50가구를 다닌다면, 1,000명의 선교사가 1,000일이면, 곧 3년도 되지 않아서 모든 중국인들에게 복음을 "제공할" 수 있는 것으로 계산되었다.

칼뱅주의에 의한 교회 치리도 바로 그런 사고방식과 논리를 따라 수행되었다. 치리의 목적은 사람들의 영혼을 구원하고자 하는 것이 아니라 하느님의 영광을 높이는 것이었다. 사람들의 영혼 구원의 문제는 궁극적으로는 오직 하느님이 할 일이었고 실제적인 삶 속에서는 신자들 자신의 몫이었기 때문에, 교회의 치리를 통해 할 수 있는 일이 아니었다.

앞에서 말한 근대 시대의 선교 활동은 초교파적인 활동이었다는 점에서 칼뱅주의에 그 책임을 돌릴 수는 없다. 도리어 칼뱅 자신은 교회의 확장은 "한 분이신 하느님의 사역"(unius Dei opus)으로 규정해서, 신자들에게는 이교도들에게 선교할 의무가 있다는 것을 부정했다. 하지만 근대의 선교 활동이 청교도 윤리 전체를 지배한 사상, 즉 이웃 사랑의 명령도 하느님의 영광을 위해 실천하는 것이 합당하다는 사상으로부터 나왔다는 것은 분명하다. 이웃에게는 그에게 마땅히 돌아가야 할 몫만을 주면 되고, 그 이상의 것은 전적으로 하느님이 할 일이다. 말하자면, 이웃을 대하는 관계에서 "인간성"이라는 것은 사라져 버렸다. 이것은 온갖 형태로 뚜렷하게 드러났다. 칼뱅주의적인 삶의 기본적인 특징을 보여주는 예로 우리는 개혁교회에 의해 행해진 "자선"을 들 수 있다. 암스테르담의 고아들은 심지어 20세기가 되어서도 과거와 마찬가지로 검은 색과 붉은 색, 또는 붉은 색과 초록색의 조합으로 된 마치 광대가 입는 옷 같은 상의와 하의를 입고서 줄지어 거리를 행진해서 교회에 갔다. 이것은 과거 시대의 감수성으로는 사람들에게서 신앙심을 불러일으키기 위한 즐거운 쇼였다. 또한, 고아들은 인격적이고 인간적인 면에서 모욕감을 느낄 수밖에 없었지만, 이 일은 인간성이 모욕을 당하는 정도만큼 하느님에게는 더 큰 영광이 돌아가는 일이었다. 앞으로 보게 되겠지만, 이러한 "인간성"의 죽음은 개인적인 직업 생활의 모든 부분에서 나타났다. 물론, 이 사례는 단지 하나의 경향을 보여주는 것일 뿐이기 때문에, 우리는 나중에 거기에 몇몇 단서들을 달아서 제한하게 될 것이지만, 여기에서는 이러한 경향이 금욕주의적인 칼뱅주의 신앙의 아주 중요한 요소였다는 것은 반드시 기억해 두어야 한다.

이렇게 해서 청교도들은 유대인들과는 완전히 다른 근거들 위에서, 신정론이라는 문제를 비롯해서 다른 종파들의 신도들을 깊은 고뇌에 빠뜨려왔던 세계와 인간의 삶의 "의미"에 대한 문제들을 완전히 해결할 수 있게 되었다. 신정론의 문제를 이런 식으로 해결한 것은 어떤 의미에서는 기독교 중에서 신비주의적이지 않은 종파들 전체에도 그대로 적용될 수 있는 것이었다.

하지만 칼뱅주의에서는 신정론의 문제를 이런 식으로 아주 간단하게 해결했을 뿐만 아니라, 동일한 방향으로 작용하는 추가적인 동력이 출현했는데, 그것은 칼뱅주의는 종교적인 문제들과 관련해서 개개인을 전적으로 자율적인 존재로 여겼음에도 불구하고, 쇠렌 키에르케고르(Sören Kierkegaard, 1813-1855)가 말한 "개인"과 "윤리" 간의 분열은 거기에 존재하지 않았다는 것이다. 하지만 이렇게 말하는 근거와 그러한 사실이 칼뱅주의의 정치적이고 경제적인 합리주의에서 갖는 의미에 대해서는 이 자리에서 분석할 수 없지만, 칼뱅주의적인 윤리가 지닌 공리주의적 성격이 거기에서 유래했다는 것과 칼뱅주의적인 직업 개념의 중요한 특성들도 거기에서 유래했다는 것만을 말해두고서,[36] 다시 예정론에 대한 좀 더 구체적인 고찰로 돌아가고자 한다.

우리의 논의에서 핵심적인 문제는 내세에 관한 문제가 현세에서의 삶과 관련된 모든 일들보다 더 중요했을 뿐만 아니라 많은 점들에서 더 확실했던 시대에 어떻게 이런 교리가[37] 받아들여질 수 있었는가 하는 것이다.[38] 당시에는 모든 신자들에게는 "나는 택함 받았는가, 그리고 내가 택함 받았다는 것을 어떻게 확신할 수 있는가"라는 질문이 첨예하게 제기되었고,[39] 이 질문이 제기되는 순간 현세에서의 다른 모든 문제들은 뒷전으로 밀려날 수밖에 없었다.

36. 포르 루아얄(Port Royal)의 윤리는 예정론에 의해 형성된 것임에도 불구하고, 신비주의적이고 내세적인 가톨릭적인 지향성을 지니고 있었기 때문에 이 모든 점에서 완전히 달랐다. 호니스하임의 앞의 책을 보라.

37. 훈데스하겐(Karl Bernhard Hundeshagen)은 예정론은 신학자들의 교리였을 뿐이고 대중들의 교리는 아니었다는 견해를 제시했고, 그 후로도 그런 견해를 반복했다. 그의 『교회법제사와 교회정치 연구: 개신교를 중심으로』 제1권 37쪽을 보라. 하지만 그의 그러한 견해는 "대중"이라는 개념을 교육을 받지 못한 하층 서민 계층을 가리키는 것으로 이해하는 경우에만 옳고, 그런 경우에도 극히 제한된 범위 내에서만 타당할 뿐이다. 1840년대에 쾰러(Köhler, 앞의 책)는 그 "대중들"(네덜란드의 소시민 계층)이 예정론 사상을 철저하게 따랐다는 사실을 증명했다. 그들은 이중 예정론을 부정하는 자를 하느님으로부터 버림받은 이단으로 규정했고, 심지어 쾰러에게 예정론적인 의미에서 그가 거듭난 것이 정확히 언제였는지에 대해 묻기까지 했다.

또한, 다 코스타(da Costa)의 사상과 드 코크(de Kock)로 인한 교회 분열에도 예정론이 큰 영향을 미쳤다. 젤러(Zeller)가 자신의 저작인 『츠빙글리의 신학 체계』(Das Theologische System Zwinglis) 17쪽에서 예정론의 영향을 받은 대표적인 인물로 지목했던 크롬웰은 말할 것도 없고 그의 휘하에 있던 청교도 군인들도 예정론을 잘 알고 있었고, 도르트레히트 종교회의와 웨스트민스터 종교회의에서 예정론과 관련하여 결정한 사항들은 영국민들에게 아주 큰 사건들이었다. 크롬웰 지배 아래에서 성직자들을 조사해서 선별하고 추방하는 소임을 맡았던 심사관들과 추방관들은 오직 예정론을 신봉하는 사람들에게만 성직을 허용했고, 백스터는 다른 점들에서는 크롬웰의 반대자였지만, 크롬웰이 신봉했던 예정론이 성직자들의 질을 높이는 데 크게 기여했다는 것을 인정했다. 그의 『신앙생활』 제1권 72쪽을 보라.

개혁교회 경건주의자들, 즉 영국과 네덜란드의 소규모의 종교집단들에 참여했던 사람들이 예정론을 잘 몰랐다고 보는 것은 불가능하다. 도리어, 예정론을 신봉해서 "구원의 확실성"(certitudo salutis)을 추구하여 사람들이 모이게 되면서 형성된 것이 바로 그런 종교집단들이었다. 예정론이 단지 신학자들의 교리였을 경우에 어떤 영향을 미칠 수 있었는지는, 예정론을 신비에 싸인 교리로서 모호한 형태로 알고 있던 정통 가톨릭교회가 잘 보여준다. 거기에는 예정론에서 결정적으로 중요했던 것, 즉 개개인은 자기 자신을 택함 받은 자로 여기고서 그러한 사실을 자신의 행위들을 통해 확증해야 한다는 사상이 늘 배제되어 있었다. 가톨릭의 예정론에 대해서는 비크(Adolf Van Wyck)의 『예정론』(Tractatus de praedestinatione)을 보라. 파스칼이 믿었던 예정론이 어느 정도나 올바른 것이었는지에 대해서 살펴보는 것은 여기에서는 불가능하다.

예정론에 우호적이지 않았던 훈데스하겐의 그러한 판단은 주로 독일의 상황에 의거해서 형성된 것이었다. 예정론에 대한 그의 이 모든 반감은 예정론은 도덕적 숙명론과 도덕률 폐기론(반反 율법주의)으로 이어질 수밖에 없다는 순전히 추상적인 논리에 뿌리를 두고 있었다. 하지만 그런 논리가 잘못된 것임은 젤러(앞의 책)가 이미 밝혀낸 바 있다. 물론, 예정론을 도덕적 숙명론과 도덕률 폐기론의 방향으로 해석하는 것이 가능했고, 멜란히톤과 웨슬리도 그런 가능성을 제기했다. 하지만 이 두 사람의 특징은 예정론을 감정을 기반으로 한 "신앙"과 결합시켰다는 것이다. 그들에게는 행위를 통해 자신이 예정되었는지를 확증해야 한다는 합리적 사상이 결여되어 있었기 때문에, 예정론이 도덕적인 숙명론과 도덕폐기론으로 흐를 위험성이 그들에게서 전면에 부각된 것은 어쩌면 당연한 일이었다.

예정론이 숙명론으로 귀결되는 일은 이슬람교에서 나타나는데, 그 이유는 무엇인가? 이슬람교에서 가르치는 예정론은 우리가 말한 예정론이 아니라 결정론으로서 내세의 구원이 아니라 현세에서의 운명에 대한 것이었던 까닭에, 예정론에서 윤리와 관련하여 결정적으로 중요했던 사상, 즉 택함 받은 자들은 현세에서의 자신들의 행위를 통해 자신들의 구원의 확실성을 "확증해야" 한다는 사상이 이슬람교에는 없었고, 따라서 이슬람교의 예정론은 신자들이 자신의 삶을 합리적으로 조직하는 결과를 낳지 않았고, 단지 "모리아"(moria) 표상이 보여주는 것 같은 용맹스러운 전사만을 탄생시켰다. 울리히 (F. Ullrich)의 하이델베르크 대학 박사 학위논문인 『이슬람교와 기독교의 예정론』(*Die Vorherbestimmungslehre im Islam und Christenheit*)을 보라.

백스터의 사례처럼 실제적인 삶 속에서 예정론의 약화가 일어난 경우에도, 하느님의 예정은 개개인에 대해 행해지고 개개인은 자신의 삶 속에서의 행위들을 통해 자신이 택함 받은 자임을 확증해야 한다는 사상이 훼손되지 않는 한, 예정론의 위력은 결코 줄어들지 않았다. 마지막으로 무엇보다도 중요한 것은 청교도의 위대한 인물들은 하나 같이 젊은 시절에 예정론이 지닌 암울하고 심각한 분위기 속에서 자랐고, 예정론을 자신들의 삶의 여정의 출발점으로 삼았다는 것이다. 밀턴의 경우가 그랬고, 조금 정도가 약화되기는 했지만 백스터의 경우가 그랬으며, 후대에 아주 자유로운 사상가로 성장했던 프랭클린의 경우가 그랬다. 이런 인물들이 나중에 엄격한 예정론으로부터 해방된 것은 종교운동 전체가 그런 방향으로 발전해나갔기 때문이었다. 그럼에도 불구하고, 교회의 큰 부흥운동들은 네덜란드에서는 언제나, 영국에서는 대체로 예정론을 기반으로 해서 일어났다.

38. 이 문제는 존 버니언(John Bunyan)의 『천로역정』(*Pilgrim's Progress*)에서도 반복적으로 아주 강력한 기조를 형성하고 있다.

39. 이 문제는 예정론과는 상관없이 루터교의 발전 과정에서 일찍부터 칼뱅주의자들의 경우보다 더 거리가 멀었는데, 그 이유는 루터교가 칼뱅주의자들보다 영혼 구원에 관심을 덜 가졌기 때문이 아니라, 루터교의 발전 과정에서 교회가 개개인에게 구원을 확보해 주는 기관이라는 것이 강조됨으로써, 구원과 관련된 개개인들의 활동이 교회 중심으로 이루어지고 개개인들은 교회 속에서 구원의 확신과 안식을 찾았기 때문이었다. 특이하게도 루터교 내에서 신자들 개개인의 구원의 확신에 대한 문제를 처음으로 일깨워준 것은 경건주의였다. "구원의 확실성"(certitudo salutis)이라는 문제는 불교와 자이나교 등 구원의 수단을 성례전에서 찾지 않는 모든 종교에서 언제나 핵심적인 문제일 수밖에 없

었는데, 우리는 이 점을 똑똑히 알아야 한다. 왜냐하면, 바로 이 문제로부터 전적으로 종교적인 성격을 지니는 모든 심리학적 동력들이 발생했기 때문이다.

―――――――

하지만 구원의 문제는 칼뱅 자신에게는 문제가 되지 않았다. 그는 자기가 하느님에게 쓰임 받고 있는 "도구"라고 여겼고 자신의 구원을 확신했기 때문이었다. 따라서 "사람이 자기가 택함 받았다는 것을 어떻게 확신할 수 있는가"라는 질문에 대해서 기본적으로 오직 다음과 같은 대답만을 되풀이했다. "우리는 하느님이 택하셨다는 것을 믿고 만족해야 하고, 참된 신앙으로부터 생겨난 그리스도에 대한 견고하고 변함없는 믿음으로 만족해야 한다." 아울러, 어떤 사람의 행실을 보고서 그 사람이 택함 받은 자인지 버림받은 자인지를 알 수 있다는 주장을 하느님의 비밀을 훔쳐보고자 하는 주제넘은 짓으로 규정하고 단호하게 배척했다.

그는 택함 받은 자들이라고 해도 현세에서는 외적으로는 그 어떤 점에서도 버림받은 자들과 구별되지 않고,[40] 택함 받은 자들의 모든 주관적인 경험들조차도 그들이 믿음을 끝까지 지켜낸다는 이 한 가지만을 제외하고는 "성령의 희롱"(ludibria spiritus sancti)으로 말미암아 버림받은 자들에게도 가능하다는 점에서 서로 구별되지 않는다고 믿었다. 따라서 택함 받은 자들은 "하느님의 보이지 않는 교회"로 남는다.

하지만 늘 그렇듯이, 칼뱅의 후계자들과 이미 광범위한 층을 형성하고 있던 평신도들의 경우에는 사정이 달랐고, 그런 조짐은 이미 베자(Beza, 1519-1605)에게서 나타났다. 그들에게는 자신들이 은혜 안에 있다는 것을 안다는 의미에서의 "구원의 확실성"(certitudo salutis)이 다른 그 어떤 문제들보다도 절대적으로 중요한 의미를 지닐 수밖에 없었기 때문에,[41] 예정론이 받아들여진 곳마다 자신이 "택함 받은 자들" 중의 한 사람이라는 것을 확인할 수 있는 확실한 증표들이 존재하는가 하는 질문이 제기되는 것을 피할 수 없었다.

40. 이것은 마르틴 부처(M. Bucer)에게 보낸 서신에 분명하게 나와 있다(『종교개혁 총서』 제29권 883쪽 이하). 이것과 관련해서는 샤이베(Scheibe)의 앞의 책 30쪽을 참조하라.

41. 웨스트민스터 신앙고백은 사람은 아무리 끊임없이 노력하고 애써도 여전히 "무익한 종"일 뿐이고(제16장 제2절) 악과의 싸움은 일생 동안 지속된다고 말하면서도(제18장 제3절), 택함 받은 자들에게 주어질 은혜의 확실성을 약속한다(제18장 제2절). 하지만 택함 받은 자들은 "구원의 확실성"을 결코 박탈당하지는 않지만, 흔히 그러한 인식을 획득하기 위해서는 오랜 기간 동안 고군분투하며 자신에게 주어진 의무들을 행해야 한다고 말한다.

앞에서 이미 말했듯이 개혁교회에서 생겨나서 발전한 경건주의에서는 끊임없이 이 질문을 자신들의 가장 중요한 질문으로 여겼고, 어떤 의미에서 이 질문은 경건주의의 본질과도 깊은 관계에 있는 것이었다. 또한 개혁교회의 성찬론과 그 실천이 정치적이고 사회적으로 아주 폭넓은 의미를 지니고 있었다는 것을 감안했을 때, 우리는 경건주의 이외의 신앙 형태들에서도 개개인의 구원 여부를 확인하는 것이 17세기 전체에 걸쳐 어떤 역할을 했는지도 아울러 살펴보지 않으면 안 된다. 예컨대, 당시에 성찬은 개개인의 사회적 지위를 규정하는 데 결정적으로 중요했던 종교 의식이었는데, 성찬에 참여할 수 있느냐 하는 것은 개개인의 구원 여부와 연결되어 있었다.

그런데 적어도 개개인들의 구원 여부에 관한 문제가 제기되었을 때에는, 정통주의의 교리가 적어도 원칙적이고 공식적인 측면에서는 단 한 번도 포기하지 않았던 입장을 그대로 대변했던 칼뱅의 가르침,[42] 즉 변함없이 견고한 믿음은 은혜가 사람들 안에서 작용한 결과로 생겨난다는 가르침으로 신자들이 만족하는 것은 실제로 불가능했고,[43] 특히 이 교리로 말미암아 신자들이 겪어야 했던 온갖 고통을 목회적으로 돌보는 데에는 칼뱅의 가르침은 더더욱 만족스럽지 못했다. 목회 현장에서는 그러한 난점들에 다양한 방식으로 대처했는데,[44] 예정론을 재해석하거나 완화시키거나 기본적으로 폐기하지 않은 곳들에서는,[45] 두 가지 유형이 서로 결합된 형태의 권면이 목회 현장에서 사용되었다.

---

42. 예를 들어, 올레비안(Olevian)의『하느님과 택함 받은 자들 간에 주어진 언약의 본질』257쪽; 하이데거(Heidegger)의『기독교 신학 총서』논제 24, 87-88쪽; 헤페(Heppe)의『복음주의 개혁교회 교의학』425쪽에 나오는 구절들도 보라.

43. 칼뱅주의의 교리는 처음에는 한편으로는 "신앙," 다른 한편으로는 성례전들을 통해 얻어지는 하느님과의 교통에 대한 "의식"을 강조했고, "성령의 다른 열매들"은 부차적인 것으로 여겼다. 헤페의 앞의 책 425쪽을 보라. 칼뱅은 루터교도들과 마찬가지로 선행이 신앙의 열매라는 것은 인정했지만, 그것이 하느님의 구원의 은혜를 받았음을 보여주는 증표라는 것에 대해서는 강력하게 부정했다(『기독교 강요』제3권 제2장 제37, 38절). 원래 칼뱅의 교리는 루터와 마찬가지로 참된 교회임을 보여주는 표지는 일차적으로 교리의 순수성과 성례전에 있다고 보았지만, 나중에 개혁교회의 교리가 교회의 치리도 그런 표지에 속한다고 보는 쪽으로 변화됨으로써, 금욕주의의 특징인 "선행을 통한 신앙의 확증"으로의 실제적인 전환이 일어났다. 이러한 변화는 헤페의 앞의 책 194-195쪽에서도 확인할 수 있고, 16세기 말에 네덜란드에서 교회 공동체의 구성원이 되기 위해서는 교회의 치리에 복종하겠다는 서약이 핵심적인 조건이었다는 사실에서도 확인할 수 있다.

44. 이것에 대해서는 슈네켄부르거(Schneckenburger)의 앞의 책 48쪽에 나오는 설명을 보라.

45. 예를 들면, 백스터(Baxter)는 자신의 저작들에서 "사함 받을 수 없는 죄"와

"사함 받을 수 있는 죄"를 완전히 가톨릭적인 방식으로 구별한다. 어떤 사람이 "사함 받을 수 없는 죄"를 범했다는 것은 그 사람에게 구원이 존재하지 않는다는 것을 보여주는 증표였다. 따라서 그런 경우에는 그 사람은 전인격적인 "회심"이 이루어질 때에만 구원의 은혜를 소유할 수 있게 된다. 반면에, "사함 받을 수 있는 죄"는 구원의 은혜를 소유한 사람들도 범할 수 있는 죄였다.

첫 번째는 신자들에게 그들 자신이 택함 받은 자라는 것을 믿고서, 그들이 구원받았다는 것을 의심하는 생각이 그들의 마음속에서 올라올 때마다 그런 모든 의심을 마귀의 시험으로 여기고서 물리치는 것을 그들의 절대적인 의무라고 권면해 주는 것이었다.[46] 자기가 택함 받은 자라는 것을 확신하지 못하는 것은 믿음이 부족하기 때문이고, 믿음의 부족은 오직 하느님의 은혜를 제대로 받지 못한 데서 오는 결과라고 여겨졌기 때문에, 이런 유형의 권면은 꽤 설득력이 있어 보였다. 사도가 신자들에게 그들 자신의 부르심을 "굳게 하라"고 권면한 것은 자기가 택함 받았고 의롭게 되었다는 주관적인 확신을 얻거나 유지하기 위해서 날마다 싸우는 것이 신자들의 의무라고 말한 것으로 해석되었다. 이렇게 해서, 믿음 가운데서 회개하며 하느님에게 자신을 맡겨 드리면 하느님의 은혜를 받을 수 있다는 루터의 가르침을 따라 자신을 낮추고 겸손하게 살아가는 죄인들과는 대조적으로, 자본주의라는 영웅적인 시대에 무쇠같이 굳세었던 청교도 상인들에서 발견되고 오늘날에도 개개인들에게서 종종 발견되는 자기 확신에 찬 "성도들"이 탄생하게 되었다.[47]

---

46. 이러한 사상은 정도 차이는 있지만 백스터(Baxter), 베일리(Bayly), 세즈윅(Sedgwick), 호른벡(Hoornbeek)에게서 찾아볼 수 있다. 슈네켄부르거의 앞의 책 262쪽에 나오는 예들도 보라.

47. 어떤 사람이 "구원의 은혜의 상태"에 있다는 것을 마치 가톨릭교회에서 금욕주의자들이 누렸던 것과 같은 일종의 사회적 지위와 신분으로 보는 견해가 자주 발견된다. 빌헬무스 쇼르팅휘스(Wilhelmus Schortinghuis)의 『내면적 기독교』라는 책이 그 예인데, 이 책은 네덜란드 연방의회에 의해 금서로 지정된 책이었다!

―――――――

두 번째는 하느님이 각 개인을 부르신 자리인 개개인의 직업에서 자신에게 맡겨진 일들을 부지런히 성실하게 행하는 것이야말로 자기가 택함 받은 자들에 속해 있다는 자기 확신을 가질 수 있는 최고의 수단이라고 권면해 주는 것이었다.[48] 직업적인 노동에 매진할 때에만, 구원에 대한 의심은 사라지고, 자신이 구원받은 자들 중의 한 사람이라는 것을 확신할 수 있게 된다는 것이다.

―――――――

48. 나중에 보게 되겠지만, 이것은 백스터의 『기독교 지도서』(*Christian Directory*)의 많은 구절들과 마지막에 나오는 구절들에서 찾아볼 수 있다. 이렇게 도덕적인 열등감에서 생겨난 불안감을 다른 곳으로 돌리기 위해 직업 노동을 권장한 것은 재화에 대한 추구와 직업에 있어서의 금욕주의에 대한 파스칼의 심리학적 해석과 맥이 닿아 있다. 파스칼은 예정론과 원죄로 인해 모든 피조물이 무가치하다는 교리의 결합이, 죄의식에서 벗어나 구원의 확신 속에서 살아갈 수 있는 유일한 길로서 세속을 거부하고 묵상의 삶을 살아가는 것을 권장하는 데 결정적인 역할을 했다고 주장한다.

파울 호니스하임(Paul Honigsheim)은 앞에서 인용한 그의 박사 학위논문에서 정통 가톨릭 진영과 얀센주의가 "직업" 개념을 어떤 식으로 형성했는지를 정확하게 분석했는데, 나는 그의 이 방대한 연구가 계속해서 이루어지기를 바란다. 얀센주의자들이 "구원의 확실성"을 신자들의 세속적인 활동과 연결시켰음을 보여주는 증거는 전혀 존재하지 않는다. 그들의 "직업" 개념에서는 루터교와 정통 가톨릭 진영의 직업 개념에서보다도 훨씬 더 각 사람에게 주어진 삶을 그대로 받아들인다는 "순응" 사상이 두드러진다. 얀센주의자들의 이러한 "순응" 사상은 가톨릭의 경우처럼 단지 사회 질서에 의해서 규정된 것이 아니라 그들 자신의 양심의 목소리이기도 했다(호니스하임의 앞의 책 139쪽).

그런데 세속적인 직업 노동을 구원과 관련된 종교적인 불안을 잠재우는 적절한 수단으로 인식하게 된 이유는 개혁교회가 길러낸 종교 의식에 깊이 뿌리내리고 있던 특성들에서 찾아져야 한다. 개혁교회의 그러한 독특한 특성들과 루터교 교리의 극명한 대비는 오직 믿음으로 말미암아 의롭다 함을 얻는다고 하는 이신칭의 교리에서 가장 분명하게 드러난다. 이 둘 간의 차이들은 슈네켄부르거(Schneckenburger)의 일련의 탁월한 강의들에 가치 판단이 완전히 배제된 가운데 아주 치밀하고 객관적으로 분석되어 있기 때문에,[49] 이하의 간략한 고찰은 대체로 그의 분석과 닿아 있다.

루터교 신앙, 특히 17세기에 전개된 루터교 신앙이 추구한 궁극적인 종교 체험은 하느님과의 "신비적 합일"(unio mystica)이었다.[50] 개혁교회에서는 사용되지 않았던 "신비적 합일"이라는 표현이 보여주듯이, 루터교 신앙에서 중요시했던 것은 하느님을 실체적으로 느끼는 것, 즉 신적인 실체가 신자들의 영혼 속으로 실제로 뚫고 들어오는 것을 느끼는 것이었다. 이렇게 하느님을 실체적으로 느끼는 것은 독일의 신비주의자들이 마음을 하나로 모아서 깊은 묵상 상태로 들어가서 기도하는 것인 관상기도를 통해서 경험하는 것과 질적으로 동일한 것으로서, 하느님 안에서 자신의 모든 것을 내려놓고 쉼을 얻고자 하는 갈망을 이루는 것을 목표로 하는 "수동성"과 외적인 것들이 전혀 개입됨이 없이 오로지 영혼만이 느끼고 누리는 체험이라는 의미에서 순수한 "내면성"을 특징으로 하는 것이었다.

49. 슈네켄부르거(Schneckenburger)의 관점은『하인리히 홀츠만을 위한 기념 논문집』에 수록된 롭슈타인(Lobstein)의 논문인 "루터교적 관점과 개혁교회적 관점에서 본 복음적인 삶의 이상"에 나타나 있는 대단히 명쾌한 분석에도 그대로 반영되어 있는데, 아래의 논의와 관련해서 이 논문을 참조하면 도움이 될 것이다. 롭슈타인은 선도적인 동기로서의 "구원의 확실성"을 지나치게 강조했다는 비판을 받아왔지만, 사실은 바로 그 지점에서 칼뱅의 신학과 칼뱅주의가 구별되어야 하고, 신학적 체계와 목회에서 필요했던 것들이 구별되어야 한다. 사회의 각계각층에 속한 사람들을 광범위하게 포괄한 모든 종교 운동은 "내가 구원받았다는 사실을 어떻게 확신할 수 있는가"라는 질문에서 출발했다. 이것은 단지 칼뱅주의에서만이 아니라 일반적으로 인류의 종교사에서 확인되고, 예컨대 인도에서도 확인된다. 이것은 낭연한 것이 아니겠는가?

50. 이 개념이 루터 이후의 시대에 프레토리우스(Praetorius), 니콜라이(Nicolai), 마이스너(Meisner) 등을 통해서 완전하게 발전되었다는 것은 부정할 수 없다. 요한네스 게르하르트(Johannes Gerhard)도 여기에서 사용된 것과 완전히 동일한 의미로 이 개념을 사용했다. 그래서 리츨(Ritschl)은『경건주의의 역사』(Geschichte des Pietismus) 제4편에서 루터교가 이 개념을 도입한 것은 가톨릭적인 경건을 부활시키거나 차용한 것이라고 주장하면서(제2권 3쪽 이하), 개개인의 "구원의 확실성"이라는 문제는 루터에게나 가톨릭 진영의 신비주의자들에게나 동일했다는 데 동의하지만(10쪽), 해결방식은 정반대였다고 생각한다. 나로서는 이것에 대해 독자적으로 판단할 위치에 있지 않지만, 루터의『기독교인의 자유』를 관통하는 정서가 한편으로는 후대의 루터교 문헌들에 나타나는 "사랑스러운 아기 예수"와의 정다운 노닥거림과 다르고, 다른 한편으로는 타울러(Tauler)의 종교적인 정서와 다르다는 것은 누구나 다 안다. 마찬가지로, 루터의 성찬론이 신비적이고 주술적인 요소를 유지한 것은 "베르나르(Bernardus)적인" 경건과 다른 종교적 동기로 인한 것임이 분명하다. 리츨은 아가서의 분위기

와 비슷한 베르나르의 경건으로부터 그리스도와 "신부"의 교제라는 신학적인 개념이 탄생했다고 보았다. 하지만 루터의 성찬론도 신비적인 종교 감정의 부활에 영향을 미쳤다고 보아야 하지 않겠는가?

또한, 신비주의자의 자유는 세속으로부터 은둔했을 때에만 존재할 수 있었다고 주장하는 것(리츨의 앞의 책 11쪽)도 합당하지 않다. 특히 타울러는 종교심리학과 관련해서 아주 흥미로운 분석에서, 불면에 좋은 야밤의 묵상이 가져다주는 실제적인 효과는 "질서"이고, 야밤의 묵상을 통해 얻어진 "질서"는 세속적인 직업 노동에서도 이어진다고 말한다. "오직 이런 식으로만, 즉 야밤의 잠자기 전에 하느님과의 신비적 합일을 통해서만, 이성은 정화되고, 그 결과 사고가 강화되기 때문에, 사람은 하느님과 진정으로 하나가 되는 훈련으로 말미암아 하루 종일 더욱 평안하고 거룩한 삶을 살 수 있게 되고, 모든 행위에 질서가 부여된다. 따라서 사람이 이런 식으로 자신의 행위들이 미덕 위에서 이루어질 수 있도록 미리 준비하고서 일상생활을 시작하게 되면, 그의 행위들은 거룩하고 덕스러운 행위들이 된다"(『설교』 제318장). 나중에 이 문제를 다시 다루게 되겠지만, 어쨌든 이것은 신비적 묵상과 합리적인 직업관은 서로 배타적인 관계에 있지 않다는 것을 보여준다. 이 둘 간의 배타성은 오직 종교적 신앙이 분명하게 열광적인 성격을 지니는 경우에만 성립하게 되는데, 모든 신비주의자들, 특히 모든 경건주의자들은 그런 열광주의자들이 아니었다.

철학사가 잘 보여주듯이, 신비주의를 지향하는 종교적 신앙은 경험 세계에서 자신들이 처해 있는 상황과 관련해서 대단히 투철한 현실 감각과 밀접하게 결합되는 것이 얼마든지 가능했고, 이 둘을 적당히 서로 뒤섞고 혼합하는 변증법적인 종합을 통해 현실과 타협하는 어중간한 신앙을 추구하는 것을 거부하는 태도가 실제로는 그러한 현실 감각을 더욱 직접적으로 강력하게 떠받쳐 주는 작용을 하기도 했다. 또한 비슷한 맥락 속에서, 신비주의는 비록 간접적이기는 하지만 인간의 삶을 합리적이고 이성적으로 조직하는 것

을 밑받침해 줄 수도 있었다. 이렇게 신비주의는 한편으로는 세계에 대한 현실 감각을 강력하게 떠받쳐 주고 세계 속에서의 인간의 생활양식을 합리적으로 조직하는 것을 적극적으로 지원하는 역할을 하면서도, 당연한 말이지만 다른 한편으로는 자신들의 그런 외적인 활동을 긍정적으로 평가하지는 않는다. 게다가 루터교에서 추구했던 "신비적 합일"은 인간은 원죄로 말미암아 무가치하다는 아주 뿌리 깊은 정서와 결합되어 있었고, 그러한 정서는 루터교도들로 하여금 속죄를 위해 필수불가결한 겸양과 순수함을 유지하기 위한 목적으로 "매일의 회개"(poenitentia quotidiana)를 세심하게 행하게 만들었다.

반면에, 개혁교회 신앙은 처음부터 명상을 통해 세계로부터 도피하고자 했던 파스칼이나 내면으로 파고들어가서 하느님을 체험하고자 했던 루터교와는 반대편에 서 있었다. 신적인 것이 인간의 영혼에 실제로 침투해 들어온다는 루터교 사상은 하느님은 모든 피조물 위에 절대적으로 초월해 존재한다는 개혁교회의 교리로 인해서 설 자리가 없었다. 칼뱅에 의하면, "유한은 무한을 담을 수 없다"(finitum non est capax infiniti). 따라서 하느님과 하느님에 의해 택함 받은 자들의 교통은 오직 하느님이 그들 안에서 "작용하고" 그들이 그 작용을 인식하는 방식으로만 일어날 수 있으며, 오직 그런 식으로만 그들은 하느님을 알 수 있다. 그러므로 그들은 자신들의 행위가 하느님의 은혜로 말미암아 주어진 믿음으로부터 생겨났다는 것도 알 수 있고, 그 믿음이 하느님으로부터 주어졌다는 사실은 하느님이 그들 안에서 작용해서 생겨나게 한 행위의 특질을 통해서 확인할 수도 있다고 믿었다.

모든 실천적인 신앙을 분류하는 데 결정적인 역할을 하는 개별 신자들의 구원 상태와 관련된 대단히 중요한 차이는[51] 이제 이렇게 표현되었다. 독실한 신자들은 자신이 하느님의 능력을 담고 있는 "그릇"이라고 느끼거나 하느님의 능력을 드러내는 "도구"라고 느끼고 있는 한 자신이 구원을 받았고 은혜 가운데 있다는 것을 확신할 수 있다. 자신들을 "그릇"이라고 느끼는 전자에 속한 사람들의 종교적인 삶은 내면의 정서와 감정을 중시하는 신비주의 문화를 지향하고, 자신들을 "도구"라고 느끼는 후자에 속한 사람들의 종교적인 삶은 금욕적인 행위를 지향하게 된다. 루터는 전자에 가까웠고, 칼뱅주의는 후자였다.

물론, 개혁교회 교도들도 루터교도와 마찬가지로 "오직 믿음으로" 구원 받고자 했다. 하지만 칼뱅은 감정이나 기분은 겉으로는 아무리 고상해 보인 다고 할지라도 여전히 의심스러운 것이기 때문에,[52] "구원의 확실성"(certitudo salutis)을 보장해 주는 토대가 될 수 있는 참된 믿음이 되려면, 그 믿음이 만들 어 내는 행위들을 통해서 참된 믿음인지가 반드시 객관적으로 증명되어야 한다고 말한다. 즉, 사보이 선언(Savoy Declaration, 1658)[g]에서 표명한 대로, 신 앙은 현실에서 증명된 "유효한 신앙"(fides efficax)이어야 하고,[53] 구원으로의 부 르심은 현실에서 증명된 "유효한 부르심"이어야 한다는 것이다.

---

51. 이것에 대해서는 "세계 종교의 경제윤리"와 관련해서 내가 쓴 여러 편의 논문들의 "서론"에 해당하는 논문을 보라.

52. 이것을 전제한다는 점에서 칼뱅주의는 정통 가톨릭 신학과 맥을 같이 한다. 하지만 이 전제로부터 가톨릭은 고해성사의 필요성이라는 결론을 이끌 어 낸 반면에, 개혁교회는 세속에서의 활동을 통해 구원을 확증할 필요가 있다 는 결론을 이끌어 내었다.

g. 사보이 선언은 회중 교회의 대표자들이 영국 런던에서 모여 발표한 신앙 진술서다. 서문, 신앙고백, 규율 등 3부분으로 이루어져 있다. 교리면에서는 주 로 장로교 웨스트민스터 신앙고백(1646)을 재진술한 것이지만, 교회정치에 관 한 선언에서는 각 지역교회들의 자치권을 옹호했다. 다른 회중교회 대회에서 채택한 신앙진술서처럼 교인들이 공유하는 신앙진술서로 간주되었지만 교리 법으로 간주되지는 않았다.

53. 예를 들어, 전에 테오도르 베자(Theodor Beza)가 『로마서 9장에 대한 강 해에 의거해서 예정론과 그 참된 사용에 대해: 라파엘 엘리노의 초록에서』(De praedestinat. doct. ex praelect. in Rom. 9. a. Raph. Eglino exc.) 133쪽에서 한 말을 보

라: "우리가 선행에 의해서 거룩하게 되는 은사를 받고, 거룩하게 되는 것에서 신앙으로 나아가는 것처럼, 우리는 지속적인 선행을 통해서 우연적인 부르심이 아니라 유효한 부르심을 받게 된다. 그리고 이 부르심으로부터 선택을 받고, 이 선택으로부터 그리스도 안에서 예정의 은사를 얻게 되는데, 이 예정의 은사는 하느님의 보좌만큼이나 요지부동인 원인과 결과의 확고한 결합을 통해 우리에게 임한다." 사람은 하느님으로부터 "버림받은 자"임을 보여주는 표지들이 자신에게 존재하는지에만 주의를 기울여야 하는데, 그것은 그 표지들에 자신의 최종적인 운명이 달려 있기 때문이라는 것이다. 이 점에 대해서 처음으로 다른 생각을 갖기 시작한 것은 청교도들이었다. 이것에 대해서는 슈네켄부르거(Schneckenburger)의 앞의 책에 나오는 자세한 논의를 보라. 하지만 거기에서 인용된 문헌들은 제한적이다.

이 특징, 즉 구원의 표지들에 관한 내용은 모든 청교도 문헌들에서 반복해서 중요하게 취급된다. 존 버니언은 "'당신은 믿었는가'라는 질문을 받지 않고, '당신은 행하는 자였는가 아니면 말뿐인 자였는가'라는 질문을 받게 될 것"이라고 말한다. 가장 온건한 형태의 예정론을 가르쳤던 백스터(Baxter)는 신앙이라는 것은 마음과 행위로 그리스도에게 순종하는 것이라고 말한다(『성도의 영원한 안식』 제12장). "먼저 당신이 할 수 있는 것을 행하라. 그런 후에도 하느님이 당신에게 은혜를 주지 않으신다면 그 때 가서 불평하라." 이것은 인간의 의지는 자유롭지 않고, 오직 하느님만이 인간에게 구원을 줄 수 있는 능력을 소유하고 있다는 불평에 대해 그가 대답한 말이다(『청교도 신학자 저작집』 제4권 155쪽). 교회사가였던 토머스 풀러(Thomas Fuller)는 어떻게 신자가 자신의 행위를 통해 자신의 구원 여부를 실제로 스스로 확인할 수 있고 남들에게 나타내 보일 수 있는가 하는 문제를 연구하는 데 몰두하였고, 하우(Howe)의 경우도 우리가 앞에서 인용한 그의 글에서 보여준 태도도 이것과 다르지 않았다. 『청교도 신학자 저작집』을 전부 치밀하게 조사해 보면 이런 내용들은 곳곳에서 발견된다.

금욕주의에 대해 쓴 가톨릭의 문헌들이 청교도로의 "개종"에 직접적인 영향을 미친 경우도 드물지 않았는데, 예컨대 백스터는 한 예수회 수도사의 글을 읽고 청교도로 개종했다.

칼뱅 자신의 가르침과 비교해 보면, 이러한 사상들이 완전히 새로운 것이 아님이 드러난다(『기독교 강요』, 1536년 초판 제1장 97, 112쪽). 단지 칼뱅은 "구원의 확실성"은 그런 방식으로도 확인될 수 없다고 본 것만이 다를 뿐이었다(같은 책 147쪽). 일반적으로 구원의 확실성에 대한 성경적인 근거로 제시된 것은 요한 일서 3장 5절 및 그 비슷한 본문들이었다. 미리 말해 두자면, "유효한 신앙"(fides efficax)을 요구한 것은 단지 칼뱅주의자들만이 아니었다. 침례교의 신앙고백 문들에서도 예정론에 관한 항목에서 칼뱅주의와 마찬가지로 신앙의 열매에 대해 말한다. "거듭남의 올바른 증거는 회개와 신앙과 새로운 삶이라는 거룩한 열매로 나타난다." 브라운(J. N. Brown)의 『침례교회 전범』(The Baptist Church Manual)에 나오는 신앙고백문 제7조. 또한, 메노파의 영향 아래서 1649년의 할렘(Harlem) 종교회의에서 채택된 "올리브파 신앙고백"(Olijf-Tacxken)은 "우리가 하느님의 자녀라는 것을 어떻게 아는가"라고 질문하고 거기에 대답하는 것으로 시작한다. "오직 신앙의 아주 분명한 열매들만이 …… 자신이 구원 받은 자에 속해 있다는 신자들의 생각을 증명해 주는 확실하고 절대적으로 믿을 만한 표지를 제공해 준다"(10쪽).

따라서 여기에서 우리는 "개혁교회 교도들은 어떤 증표들을 보고서 그것이 참된 믿음이라고 의심할 여지 없이 확신할 수 있는가?"라고 물을 수 있는데, 그러면 그들은 "하느님에게 더 많은 영광을 돌리는 데 기여하는 기독교적인 생활양식을 영위하는 것이 그 증표가 된다"고 대답할 것이다. 하느님에게 영광을 돌리는 삶이 어떤 삶인지는 직접적으로는 성경에 계시되어 있고 간접적으로는 하느님이 창조한 합목적적인 세계 질서(자연법)로부터 도출해 낼 수 있는 "하느님의 뜻"을 통해 알 수 있다.[54] 신자들은 특히 구약 시대의 족장들 같은 성경에 나와 있는 택함 받은 자들의 영적 상태와 비교해 봄으로써 자신의 영적 상태가 어떠한지를 알 수 있다.[55] 오직 택함 받은 자들만이 실제

로 "유효한 믿음"을 가질 수 있기 때문에,[56] 오직 그들만이 하늘로부터 다시 태어나는 중생(regeneratio)과 실질적으로 거룩해지는 성화(sanctificatio)를 토대로 한 진정한 선행, 즉 단지 겉모양이 아닌 참된 선행을 통해 하느님에게 영광을 돌리는 삶을 살아갈 수 있다. 그리고 그들은 자신의 행위들이 적어도 그 기본적인 성격과 의도에 있어서는 하느님의 영광을 드러내기 위한 목적으로 그들 속에서 살아 움직이는 하느님의 능력에 의거한 것이고,[57] 따라서 그 행위들은 단지 자신이 원한 것일 뿐만 아니라 무엇보다도 하느님이 작용한 것임을 알기 때문에,[58] 개혁교회가 추구하는 최고의 목표인 "구원의 확실성"에 도달하게 된다.[59]

---

54. 자연법이 사회윤리의 실질적인 내용과 관련해서 어떤 의미를 지니는지에 대해서는 앞에서 이미 언급한 바 있지만, 여기에서 우리의 관심사는 사회윤리의 내용에 대한 것이 아니라, 그 윤리를 실제로 행하게 만드는 동력에 대한 것이다.

55. 이러한 개념이 구약적이고 유대교적인 정신이 청교도 신앙에 큰 영향을 미치는 것을 강화시켰을 것임에 틀림없다는 것은 너무나 분명하다.

56. 사보이 선언은 "참된 교회"(ecclesia pura)의 구성원들에 대해서 이렇게 말한다. 그들은 "유효하게 부르심을 받아서 자신의 직업과 행실을 통해 그 부르심을 가시적으로 드러내는 성도들"이다.

57. 이것은 차녹(Stephen Charnock)이 『청교도 신학자 저작집』 175쪽에서 말한 "선의 원리"(a principle of goodness)다.

58. 세즈윅(Sedgwick)은 종종 "회심"은 "하느님이 구원으로의 예정을 작정했다는 것과 똑같은 말"이라고 표현하고, 베일리(Bayly)는 택함 받은 자들은 순종하도록 부르심을 받은 자들이기도 하기 때문에 순종할 능력이 있다고 가르치며, 핸저드 놀리스(Hanserd Knollys)의 신앙고백은 오직 하느님이 신앙으로 부른 자들(이것은 그들의 행실을 통해서 드러난다)만이 "일시적인 신자들"이 아닌 진정한 신자들이라고 가르친다.

59. 백스터의 『기독교 지도서』의 결론 부분을 보라.

신자들이 구원의 확신을 가질 수 있다는 사실은 고린도후서 13:5에 의해 확증된다.[60] 선행은 인간으로 하여금 구원을 얻게 해주는 수단이 될 수 없다. 왜냐하면, 구원받는 자들도 구원받지 못한 자들과 마찬가지로 피조물에 불과한 인간에 지나지 않는 까닭에, 그들의 모든 행위들로 하느님이 요구하는 수준을 만족시키는 것은 절대적으로 불가능하기 때문이다. 그럼에도 불구하고, 택함 받은 자임을 보여주는 증표로서의 선행은 반드시 필요하다.[61] 선행은 보조적인 수단, 즉 구원을 얻기 위해 사용될 수 있는 수단이 아니라, 이미 구원받았음을 확인해 줌으로써 구원 여부를 둘러싸고 벌어지는 불안을 잠재우는 수단이다. 그런 의미에서 사람들은 선행을 종종 공개적으로 "구원에 필수불가결한" 것이라고 말하기도 하고,[62] "구원의 획득"(possessio salutis)과 직접적으로 결부시키기도 한다.[63]

---

60. 예컨대, 차녹(Stephen Charnock)은 자신의 글인 "자기성찰"(Self-Examination)에서 그런 식의 설명을 제시하면서, 사람은 일생동안 자신의 구원 여부에 대해 늘 의심하는 태도를 가져야 한다는 가톨릭의 "의심"(dubitatio) 교리를 반박한다(『청교도 신학자 저작집』 183쪽).

61. 이러한 논증은 호른벡(John Hoornbeek)의 『실천신학』에서 반복적으로 등장한다. 예컨대, 제2권 70, 72, 182쪽과 제1권 160쪽을 보라.

62. 예를 들어, 스위스 신앙고백(Confessio Helvetica) 제16조에서는 이렇게 말한다. "구원을 행위에 돌리는 것은 합당하지 않다."

63. 위에서 말한 모든 것에 대해서는 슈네켄부르거(Schneckenburger)의 앞의 책 80-81쪽을 보라.

이러한 교리가 실천의 차원에서 의미하는 것은 기본적으로 "하느님은 스스로 돕는 자를 돕는다"는 것이다.[64] 그래서 사람들은 "칼뱅주의자들은 자신의 구원을 스스로 만들어 낸다"는 말을 종종 한다. 이것을 좀 더 정확하게 표현한다면, "칼뱅주의자들은 자신의 구원의 확실성을 스스로 만들어 낸다"고 말할 수 있을 것이다.[65] 하지만 그들이 자신의 구원에 대한 확신을 획득하는 방식은 가톨릭교도들처럼 공로들을 차곡차곡 쌓아가는 방식을 통해서가 아니라, 그들에게 매 순간 주어지는 "내가 택함 받은 자인가, 아니면 영원히 멸망에 처해질 자인가"라는 혹독한 기로에 서서 그 때마다 "조직적인 자기 통제"를 보여주는 것을 통해서다. 여기에서 우리는 우리의 논의에서 아주 중요한 지점에 도달하게 된다.

64. 아우구스티누스는 이미 아주 오래전에 이렇게 말했다. "네가 구원으로 예정되지 않았다면, 네가 구원으로 예정되게 하기 위하여 행하라."

65. 우리는 여기에서 이것과 본질적으로 동일한 의미를 지니는 괴테(Goethe)의 격언을 떠올리게 된다. "어떻게 사람이 자기 자신을 알 수 있는가? 관찰을 통해서는 아예 불가능하고, 행위를 통해서는 가능할 것이다. 네게 주어진 의무들을 이루어내기 위해 힘써라. 그렇게 하면, 너는 네가 어떤 존재인지를 알게 될 것이다. 그렇다면 너의 의무라는 것은 무엇인가? 그것은 너의 일상에서 요구되는 것들이다."

개혁교회들과 그 분파들에서 점점 더 분명한 형태로 발전하게 된 이러한 교리에 대해서[66] 루터교 진영이 지속적으로 오직 믿음이 아니라 행위를 통해서 구원을 받고자 하는 "행위구원 사상"이라고 공격했다는 것은 잘 알려져 있는 사실이다.[67] 이렇게 공격을 받은 개혁교회 진영이 루터교 진영을 향하여 자신들의 교리를 가톨릭의 교리와 똑같이 취급하는 것은 잘못된 것이라고 반발한 것이 아무리 옳은 것이었다고 하더라도, 이 교리가 개혁교회에 속한 일반 평신도들의 일상적인 삶에 미친 실천적인 영향이라는 측면에서는 그러한 공격은 충분히 수긍할 수 있는 것이었다.[68] 왜냐하면, 칼뱅주의보다 더 강력하게 신자들의 도덕적인 행위에 종교적인 가치를 부여한 종파는 아마도 찾아볼 수 없을 것이었기 때문이다. 그런데 이런 유형의 "행위구원 사상"이 지닌 실천적인 의미와 관련해서 가장 중요한 것은 구원에 관한 그러한 사상이 신자들 가운데서 어떠한 생활양식을 형성했는지, 그리고 그런 생활양식이 중세의 일반적인 가톨릭교도들의 생활양식과 어떤 차이들이 있었는지를 확인하는 것이다.

윤리적인 문제들과 관련해서, 중세 시대에 일반적인 가톨릭교도들은 그때그때 즉흥적인 삶을 살았다.[69] 그들은 자신들에게 주어진 전통적인 의무들에 대해서는 양심적으로 충실하게 이행해 나가는 삶을 살았지만, 그런 전통적인 의무들을 벗어난 경우에 그들이 행하는 "선행들"은 통상적으로 서로 간에 필연적인 연관관계가 존재하지 않는 개별적이고 단편적인 행위들이었을 뿐이고, 합리적인 원리를 토대로 해서 조직화된 특정한 생활양식이나 체계로부터 나온 행위들이 아니었다. 그들은 단지 그때그때 상황에 따라 그들에게 요구되는 선행들을 행할 뿐이다. 예컨대, 그 선행들은 그들이 저지른 구체적인 죄들을 씻기 위한 보속의 행위들이거나, 사제들이 권면해 준 것을 충실히 이행하기 위한 행위들이거나, 죽을 때가 가까웠을 때에 자신의 사후의 운명에 대한 일종의 보험금으로서 행하는 행위들이었다.

---

66. 칼뱅은 "구원"이 신자의 외적인 모습 속에서도 드러나야 한다고 믿었지만(『기독교 강요』 제4권 제1장 제2, 7, 9절), 사람들의 외적인 행위들을 토대로 해서 인간의 지식으로 구원받은 자들과 구원받지 못한 자들을 아는 것은 불가능

하다고 생각했다. 칼뱅의 입장은 하느님의 법에 따라 조직되고 운영되는 교회들에서 하느님의 말씀이 순수한 형태로 선포되는 경우에는, 우리는 누가 택함 받은 자들인지에 대해서는 알 수 없지만 거기에는 택함 받은 자들이 존재한다는 것을 믿어야 한다는 것이었다.

67. 칼뱅주의적인 신앙은 사실 종교사에서 많이 발견되는 사례들, 즉 특정한 종교 사상이 사람의 실천적이고 종교적인 행위 양태에 미친 논리적인 결과와 심리학적인 결과의 관계를 보여주는 사례들 중의 하나다. 예정론은 논리적으로 보는 경우에는 당연히 숙명론으로 귀결될 것이지만, 거기에 "확증" 사상이 결합되면서 심리학적으로는 정반대의 결과를 가져왔다. 니체의 추종자들은 원칙적으로 동일한 이유를 들어서 그의 영원회귀사상에도 적극적인 윤리적 의미를 부여하는 것이 마땅하다고 주장한다. 하지만 그들의 경우에는 미래의 삶에 대한 책임이 그들의 내면에서의 어떤 종류의 지속적인 의식을 통해서 그들과 결코 연결되지 않는 반면에, 청교도들의 경우에는 미래의 삶에 대한 책임이 "바로 그들 자신의 일"(tua res agitur)이었다는 것이 달랐다.

호른벡(Hoornbeek)은 자신의 『실천신학』(*Theol.pract.*) 제1권 159쪽에서 구원으로의 예정과 사람들의 행위의 관계를 훌륭하게 분석해서 당시의 언어로 잘 제시했다. 그의 분석에 의하면, 택함 받은 자들은 자신들이 택함 받았다는 바로 그 사실로 인해서 숙명론에 빠지지 않고, 도리어 숙명론을 거부하는 행위들을 통해서 자신들이 "구원으로의 예정에 의해 깨어나서 자신들의 의무와 본분에 충실하게 된 자들"이라는 것을 확증해 보이고자 한다. 그들은 이렇게 확증 사상으로 인해 실천적인 관심에 몰두하게 됨으로써, 예정론의 논리적 귀결인 숙명론으로부터 벗어나게 된다.

다른 한편으로, 칼뱅주의가 우리에게 보여주듯이, 특정한 종교의 사상적인 내용물들은 윌리엄 제임스(William James) 등이 인정하고자 하는 것(『종교적 체험의 다양성』 444쪽 이하)보다 훨씬 더 중요한 의미를 지닌다. 종교적 형이상학에서 합리적 요소가 얼마나 중요한 의미를 지니는가 하는 것은 하느님 개념을 둘러싼 칼뱅주의의 사상 체계가 인간의 삶에 미친 엄청난 영향 속에 전형적으로 잘 드러나 있다. 청교도들의 하느님이 인류에 전무후무한 영향을 미쳤다면, 그 영향력은 주로 칼뱅주의적 사상 체계가 하느님에게 돌린 속성들로부터 생겨났다. 여담으로 한 마디 하자면, 종교 사상들의 중요성을 그 사상들이 신자들의 삶에서 확증되는 정도에 따라 평가하는 윌리엄 제임스의 "실용주의적인" 입장도 사실은 이 훌륭한 학자가 자랐던 자신의 고향의 청교도적인 분위기에 의해 형성되어 있던 사상 세계의 유산이었다.

종교적 체험은 그 자체로는 다른 모든 체험과 마찬가지로 분명히 비합리적이다. 가장 신비적인 형태의 종교적 체험은 체험 그 자체로서, 제임스가 아주 훌륭하게 분석했듯이, 다른 사람들에게 전달하는 것이 절대적으로 불가능하다는 것을 특징으로 한다. 종교적 체험은 특정한 성격을 지니고 우리에게 인식되기는 하지만, 인간의 언어와 개념으로 적절하게 포착해서 제시하는 것은 불가능하다. 또한, 모든 종교적 체험은 이성적으로 정식화하는 즉시 그 내용물의 상당 부분은 이미 상실되어 버리고, 개념적인 정식화가 진척될수록 그러한 상실은 더욱 심화된다. 이것이 17세기의 재세례파에 속한 분파들이 알고 있던 것과 같은 모든 합리적인 신학이 안고 있는 비극적인 운명이다. 이러한 비합리성은 단지 종교적 체험에만 해당되는 것이 아니라, 다양한 의미와 다양한 정도로 모든 체험에 해당되지만, 종교적 체험이 비합리적이라는 사실은 종교적 체험이 사람들의 실제적인 삶과 행동에 극히 중요한 의미를 갖는다는 사실에 전혀 영향을 미치지 않는다. 종교적으로 "체험된 것"은 종교적인 사상 체계라는 틀 속에 집어넣어지고, 거기에서 어떤 의미가 산출된다. 교회가 인간의 삶에 강력한 영향을 미쳤고 교회 안에서 교리에 대한 관심이 고조되어 있던 시기들에는 종교에서 실천적으로 아주 중요한 윤리적 결과물들이 서로 다르게 나타났는데, 그러한 차이는 대부분 각각의 종교의 사상 체계에 기인한 것이었다. 역사적인 문헌들을 알고 있는 사람이라면 누구든지 종교의 대투쟁기였던 16세기와 17세기에는 평신도들 중에서조차 교리에 대한 관심이 오늘날의 기준으로 보았을 때는 거의 믿을 수 없을 정도로 엄청났다는 것을 안다. 이 관심과 맞먹는 것으로는 오늘날 대중들이 "과학"이 이룰 수 있고 증명할 수 있는 범위와 관련해서 갖고 있는 기본적으로 미신적이기까지 한 관심을 들 수 있을 것이다.

68. 백스터는 『성도의 영원한 안식』(*The Saints' Everlasting Rest*) 제1장 제6절에서 "구원을 우리의 목적으로 삼는 것은 보상을 바라는 것인가, 아니면 합당한 것인가"라는 질문에 대해서 이렇게 대답한다. "우리가 마치 일한 것에 대한 삯으로서 구원을 기대하는 것이라면, 그것은 보상을 바라는 것이다 …… 그렇지 않은 경우에는 그리스도가 명한 것을 보상으로 바라는 것일 뿐이다 …… 그리스도를 구하는 것이 보상을 바라는 것이라면, 나는 기꺼이 보상을 바라겠다." 하지만 실제로는 정통 칼뱅주의자로 여겨지던 사람들 가운데서도 자신의 삶 속에서는 형편없이 조잡한 "행위구원 사상"으로 빠지는 경우가 많았다. 베일리 (Bayly)는 구제는 현세에서의 형벌을 미연에 막아 주는 수단이라고 말했다(『경건의 실천』 262쪽). 어떤 신학자들은 선행을 하면 내세에서 받을 저주가 좀 더 참을 만한 것이 될 것이라는 논리를 펴며, 하느님으로부터 버림받은 자들이라고 해도 선행을 해야 한다고 권했고, 택함 받은 자들이 선행을 하게 되면, 하느님은 그들을 "이유 없이" 사랑하는 데서 한 걸음 더 나아가 이제는 구체적인 "이유 위에서" 사랑하게 될 것이고, 하느님의 그러한 사랑에는 어떤 식으로든 보상이 뒤따를 것이라고 주장했으며, 선행이 사람의 구원의 정도에 영향을 미친다는 것을 암묵적으로 긍정하는 논리를 펴기도 했다(슈네켄부르거의 앞의 책 101쪽).

69. 여기에서도 특징적인 차이들을 분리해 내기 위해서 "이념형적인" 개념들을 사용해서 설명하는 것이 불가피하다. 그렇게 하는 것은 어떤 의미에서 역사적 현실과 실체를 어느 정도 왜곡하는 일이기는 하지만, 그렇게 하지 않는 경우에는 무수히 많은 단서들을 끊임없이 덧붙여야 하는 것은 물론이고, 명확한 정식을 세우는 것 자체가 불가능하다. 따라서 여기에서 나는 서로 대립되는 차이들을 가급적 선명하게 드러낼 것이지만, 실제로 그런 차이들은 상대적인 것일 뿐이기 때문에, 어느 정도나 대립되고 차이가 나는지는 나중에 따로 다루어야 한다.

가톨릭교회에서 공식적으로 제시한 교리에서도 이미 중세 시대에 구원을 위해서 신자들이 자신들의 삶 전체를 통해 체계적이고 조직적으로 노력해야 한다는 이상을 정식화했다는 것은 너무나 분명하다. 하지만 (1) 교회의 가장 효과적인 치리 수단인 고해성사가 일상화됨으로써, 본문에서 말한 것 같이 그것이 신자들이 신앙과 관련해서 받는 압박감을 해소하는 수단이 되었고, (2) 칼뱅주의자들에게서 기본적으로 볼 수 있는 삶에 대한 엄격하고 냉정한 태도 및 구원과 관련해서 전적으로 자기 자신이 책임을 져야 한다는 고독감은 중세 시대의 가톨릭의 평신도들에게 없었기 때문에, 가톨릭 신자들이 구원을 위해 자신의 삶을 "체계적으로" 조직하고자 하는 동력은 현저하게 약화될 수밖에 없었다.

———————

가톨릭이 가르친 윤리는 개별적인 행위의 배후에 존재하는 구체적인 의도(intentio)가 그 행위의 가치를 결정한 "신념 윤리"였다. 개별적인 행위는 선한 행위이든 악한 행위이든 그 행위자인 신자가 책임을 져야 했고, 그 신자의 현세적인 운명과 내세에서의 영원한 운명에 영향을 미쳤다. 철저하게 현실주의적이었던 가톨릭교회는 인간이라는 것은 절대적이고 명료하게 결정된 통일체가 아니고, 그런 존재로 보아서는 안 된다는 것을 아주 잘 알고 있었기 때문에, 신자들의 도덕적인 삶도 통상적으로 서로 상반되고 모순되는 동기들과 행위들이 혼재하는 삶이라는 것을 인정했다. 가톨릭교회는 신자들에게 하느님의 계명들을 따라 그들의 삶을 근본적으로 변화시키는 것을 그들의 이상으로 삼을 것을 요구했지만, 한편으로는 가톨릭교회의 권력을 유지시켜 준 가장 중요한 수단이자 교회가 원하는 대로 신자들을 교육시키는 수단이었고, 다른 한편으로는 가톨릭 신앙의 가장 본질적인 특징과 깊이 결부되어 있던 "고해성사"를 통해서 그러한 요구를 실질적으로 약화시켜 버렸다.

세계의 "탈주술화", 즉 주술을 인간의 구원 수단으로 사용하는 것을 배제하고자 하는 시도는[70] 과거에는 오직 유대교에서만 진행되었고 그 후에는 청교도 신앙에서 철저하고 일관되게 전개되었지만, 가톨릭에서는 그 정도로 수행되지는 않았기 때문에, 가톨릭교도들은 교회에서 행해지는 성례전에 참여했을 때 거기에서 그들에게 수여되는 "은총"을 자신들의 여러 가지 결핍들을 보완하고 상쇄하는 수단으로 활용할 수 있는 기회가 주어져 있었다.[71] 사제는 성찬이라는 성례전에서 떡과 포도주를 그리스도의 살과 피로 바꾸어 놓는 "화체"의 이적을 행하고 천국에 들어가는 문을 열 수 있는 열쇠를 쥐고 있는 주술사였다.[h]

---

70. 앞에서 이미 지적했듯이, 이 주제가 얼마나 중대하고 결정적인 의미를 지니는지는 "세계 종교의 경제 윤리"에 관한 일련의 논문들에서 점차 드러나게 될 것이다.

71. 이것은 어느 정도는 루터교도들에게도 해당되는 것이었다. 루터는 성례전이 지닌 주술적인 성격을 담아내는 이 마지막 잔재가 완전히 사라지는 것을 원하지 않았다.

h. "화체"는 성찬식에서 떡과 포도주가 그리스도의 살과 피로 변하는 것을 의미한다. 성찬을 어떻게 이해하느냐를 놓고서 가톨릭교회와 개신교가 대립했고, 개신교 내에서도 각 분파들의 이해가 달랐는데, 가톨릭교회에서는 화체설을 주장했다.

신자들은 자신들이 지은 죄들을 회개할 때에 사제를 의지하고 사제의 도움을 받을 수 있었다. 사제에게는 죄를 사해 주는 권한이 주어져 있었기 때문에, 사제는 고해성사를 통해 자신의 죄를 고백한 신자들의 죄를 사해 줌으로써 그들에게 그들이 구원받았다는 소망과 그들의 죄가 사함을 받았다는 확신을 줄 수 있었다. 따라서 죄 사함을 얻었다는 것을 확신할 수단이 주어지지 않은 칼뱅주의자들이 저 무시무시한 긴장 상태를 벗어날 수도 없고 덜어낼 수도 없어서 오직 그 속에서 살아갈 수밖에 없었던 것과는 달리, 가톨릭교도들은 그런 긴장 상태에서 얼마든지 벗어날 수 있었다.

하지만 칼뱅주의자들에게는 그들의 마음을 편하게 해줄 수 있는 위로라는 것은 아예 존재할 수 없었고, 가톨릭교도들이나 루터교도처럼 인간의 연약함으로 말미암아 잘못 살아왔다고 할지라도 다시 마음을 다잡아서 강하고 선한 의지로 살아감으로써 이전의 잘못들을 보속할 수 있는 기회도 주어지지 않았다. 칼뱅주의자들이 섬기는 하느님은 자신의 신자들에게 그때그때 즉흥적으로 행해지는 개별적이고 산발적인 "선행들"을 요구한 것이 아니라, 조직적으로 구성된 하나의 체계 속에서 서로 유기적으로 연결되어 있는 일련의 선행들을 요구했다.[72] 죄에 빠졌다가 회개하고 보속을 행하여 마음의 평안을 다시 회복한다는 진정으로 인간적인 순환에 대한 가톨릭적인 해법 같은 것은 칼뱅주의에는 존재하지 않았고, 아예 언급조차 없었다. 또한 교회가 준비해 놓은 성례전이라는 수단을 통해서, 신자들이 현세에서 저지른 죄들에 대해 현세에서 형벌을 받아 죗값을 치르고서 죄 사함을 얻게 함으로써, 신자들의 현세에서의 삶을 바로 이 현세에서 확실하게 결산할 수 있게 해주는 것이 칼뱅주의에는 존재하지 않았고, 아예 언급조차 없었다.

---

72. 세즈윅(Sedgwick)의 『참회론과 은혜론』(Buss- und Gnadenlehre, 1689, 뢰셔[Röscher]의 독일어본)를 보라. 회개한 사람에게는 "확고한 규범"이 주어지고, 그는 그 규범을 엄격히 지키는 쪽으로 자신의 삶을 변화시켜야 한다(591쪽). 그는 그 규범을 따라 경각심을 가지고 의식적으로 주의 깊게 살아가야 한다(596쪽). 오직 구원으로 예정된 사람만이 자신의 인격 전체를 지속적으로 변화시켜서 그런 삶을 살아갈 수 있다(852쪽). 참된 회개는 행실 속에서 지속적으로 표현된다(361쪽). 호른벡이 앞의 책 제1권 제9편 제2장에서 자세하게 설명하고 있듯이, "성령의 역사"(opera spiritualia)에 의한 선행이 오직 "도덕적인" 것일 뿐인 선행과 다른 것은 전자는 거듭남의 결과이고 후자에서는 점점 더 성장하는 것을 감지할 수 있다는 것인데, 이러한 성장은 오직 하느님의 은혜의 초자연적인 역사의 결과로서만 이루어질 수 있다(190-191쪽). 이것은 개신교의 모든 종파들에 공통되는 사상이고, 가톨릭 신앙이 가장 이상적인 것으로 여기는 것 속에서도

발견된다. 하지만 이 사상이 세속의 삶에 강력한 영향력을 미치게 된 것은 철저하게 금욕주의적이었던 청교도 분파들에 의해서였고, 오직 이 분파들 속에서만 이 사상에 대해 대단히 강력한 심리학적 보상이 주어졌다.

이렇게 해서 가톨릭에서 즉흥적이고 비조직적인 성격을 지니고 있던 일반적인 신자들의 윤리적인 행위들은 칼뱅주의에서는 조직적이고 일관된 하나의 체계로서의 생활양식으로 변모하게 되었다. 18세기에 청교도 신앙과 그 이념들을 마지막으로 크게 각성시키고 부흥시켰던 사람들에게 "방식주의자들"(Methodists, 이것이 우리가 감리교도들이라고 부르는 것의 원래의 의미다)이라는 이름이 붙여진 것, 또는 17세기에 네덜란드에서 활동했던 그들의 정신적인 선조들에게 "엄격주의자들"(이것은 방식주의자들과 실질적으로 완전히 동의어이다)이라는 이름이 붙여진 것은 결코 우연히 그렇게 된 것이 아니었다.[73] 이런 일이 일어나게 된 것은 칼뱅주의에 있어서 인간을 "자연 상태"(status naturae)에서 "은혜 상태"(status gratiae)로 변화시키는 하느님의 은혜의 작용이 어느 특정한 사람에게서 일어나고 있느냐를 증명해 줄 수 있는 것은 오직 그 사람의 삶 전체가 근본적으로 변화되어서 거기로부터 조직적이고 일관되게 흘러나오는 행위들뿐이었고, 그랬을 때에만 그 사람은 자신의 구원의 확실성을 알고 확신할 수 있었기 때문이었다.[74]

----

73. 쾨티우스가 지적하듯이, 네덜란드에서 "엄격주의자들"이라는 말은 "독실한 신자들"이 성경에서 명령하고 있는 것들을 따라 엄격하게 삶을 살아간 데서 유래하였다. 또한, 17세기에는 "방식주의자"라는 명칭은 청교도들을 지칭하는 데도 종종 사용되었다.

74. 청교도 설교자들, 예컨대 『청교도 신학자 저작집』126쪽에 나오는 버니언(Bunyan)의 "바리새인과 세리"라는 글이 강조했듯이, 불가능한 일이기는 하

지만, 설령 하느님이 사람이 한 어떤 일들을 "공로"로 인정하고, 사람이 그런 공로들을 쌓으며 한평생 완벽한 삶을 살 수 있다고 할지라도, 개별 신자가 일생 동안 "선행들"을 통해서 공로를 쌓아 올려도, 그런 공로는 단 한 번의 죄로 모두 무너질 수 있었다. 가톨릭에서는 공로와 죄를 서로 상쇄시키는 일종의 은행의 당좌계정 같은 것이 존재했고, 그런 표상은 고대에 흔한 것이었지만, 청교도 신앙에는 그런 것이 존재하지 않았다. 청교도들에게는 자신이 구원으로 예정되었느냐 아니면 영원한 멸망으로 예정되었느냐 하는 것만이 일생을 지배했다. 은행의 당좌계정이라는 표상에 대해서는 주 103을 보라.

━━━━━━━

칼뱅주의를 신봉한 "성도들"의 삶은 오로지 초월적인 목표인 "구원"을 향해 있었다. 하지만 바로 그런 이유로 인해서 그들의 현세적인 삶은 이 땅에서 하느님에게 영광을 돌리는 삶이라는 유일한 관점의 지배 아래에서 철저하게 합리적으로 조직되었다. 이전에는 "모든 것을 하느님의 더 큰 영광을 위하여"(omnia in majorem Dei gloriam)라는 관점이 이렇게 철저하고 진지하게 인간의 삶의 모든 것을 지배한 적이 없었다.[75] 게다가 거기에서 더 나아가, 오직 끊임없이 자기를 성찰하는 삶을 통해서만이 하느님으로부터 오는 능력을 덧입어서 "자연 상태"를 극복하는 삶을 살 수 있는 것으로 여겨졌다. 그래서 초기 청교도들은 "나는 생각하기 때문에 존재한다"(cogito ergo sum)는 데카르트(Descartes)의 명제를 그런 관점에서 윤리적으로 재해석해서 사용하였다.[76] 이렇게 현세적인 삶을 합리적으로 조직하게 되자, 개혁교회 신앙은 독특한 금욕주의적인 성격을 띠게 되었고, 그 결과 한편으로는 가톨릭 신앙과 독특한 대비를 이루고 다른 한편으로는 가톨릭 신앙과 내적 "친화성"을 지니게 되었다.[77] 그런 식의 발전 과정은 가톨릭에서도 결코 낯선 것이 아니었기 때문이다.

━━━━━━━

75. 존 버니언이 "도덕성"(Morality)이라는 도시에 "세속 현자"(Worldly Wiseman) 씨의 동료로 함께 살아간다고 말한 "합법"(Legality) 씨와 "공손"(Civility) 씨와의 차이가 여기에 있다.

76. 스티븐 차녹(Stephen Charnock)은 "자아에 대한 성찰과 지식은 합리적 본성의 특권이다"라고 말하고서, 다음과 같은 주를 단다. "'나는 생각하기 때문에 존재한다'(cogito, ergo sum)는 새로운 철학의 제1원리다."『청교도 신학자 저작집』에 수록된 그의 "자기성찰"(Self-examination) 172쪽을 보라.

77. 결코 주류가 된 적이 없고 늘 이단으로 여겨지거나 기껏해야 겨우 용인되는 처지를 벗어나지 못했던 둔스 스코투스(Duns Scotus)의 신학과 금욕주의적인 개신교의 일련의 사상들 간에 어떤 유사성들이 존재했는지는 여기에서 다룰 주제가 아니다. 루터는 후대의 경건주의자들이 아리스토텔레스의 철학에 대해 나타낸 적대감을 약간 다른 방식이긴 하지만 공감하였고, 칼뱅도 가톨릭과 대립하고 있는 상황에서 의식적으로 그런 적대감에 공감하였다(『기독교 강요』 제2권 2장 4절, 제4권 17장 24절). 빌헬름 칼(Wilhelm Kahl)의 말을 빌리면, 이 모든 종파들에게 공통적이었던 것은 "의지의 우세"였다.

기독교적인 금욕주의가 외적인 모습에 있어서나 내적인 실질적 의미에 있어서 극히 다양한 형태로 전개되어 왔다는 것은 의심의 여지가 없지만, 서방에서 출현한 가장 발달한 형태의 금욕주의는 이미 중세 시대부터 철저하게 합리적 성격을 지니고 있었고, 심지어 고대에 나타난 몇몇 금욕주의도 합리적 성격을 지니고 있었다. 서방 기독교의 수도원 제도, 특히 그 수도원들에서 이루어진 수도사들의 생활양식이 갖는 세계사적 의미가 하나의 유형으로서의 동방 기독교의 수도원 제도가 갖는 세계사적 의미와 결정적으로 다른 이유는 바로 그러한 합리적 성격에 있었다.

서방 기독교에서 수도사들의 생활양식이 무분별한 현실 도피와 온갖 무지막지한 자학으로부터 원칙적으로 해방된 것은 이미 성 베네딕투스의 수도원 규칙에서였고, 그러한 해방은 클뤼니 수도회에서는 한층 더 실질적으로 이루어졌으며, 시토 수도회에서는 더 큰 진전이 이루어졌고, 마침내 예수회 수도회에서는 가장 결정적으로 이루어졌다. 이렇게 해서 서방 기독교에서 수도사들의 생활양식은 "자연 상태"를 극복하고자 하는 목표를 중심으로 철저하게 합리적이고 체계적으로 조직화되었다. 이 생활양식이 지향한 목표는 수도사들을 비이성적인 충동들의 힘과 세상 및 자연에 대한 종속으로부터 해방시켜서 최고의 의지, 즉 하느님의 뜻에 복종시키고,[78] 그들로 하여금 자신의 행위를 끊임없이 절제하는 가운데, 자신의 행위가 가져올 윤리적 결과를 늘 성찰하게 함으로써, 수도사들을 객관적으로는 하느님의 나라를 섬기는 일꾼들로 교육시키고, 주관적으로는 영혼 구원에 대한 확신을 얻게 하는 것이었다.

이러한 적극적으로 절제하는 삶은 성 이그나티우스의 경건 훈련이 추구했던 목표이자 가장 합리적인 형태로 발전한 수도사의 덕목 전체가 추구한 목표였을 뿐만 아니라,[79] 청교도 신앙이 현실에서 추구한 이상적인 삶의 모습이었다.[80] 청교도에 속한 순교자들을 심문한 기록들에는 그들이 보여준 태도가 드러나 있는데, 거기에서 우리는 그들이 귀족적인 주교들과 관리들이 절제 없이 제멋대로 무분별하게 말하고 행하는 것을 철저하게 경멸하면서, 청교도들의 침착하고 절제된 태도와 대비시켜 말하는 것을 볼 수 있다.[81] 그들의 그러한 태도 속에는 오늘날에도 영국과 미국의 "신사들"을 가장 잘 대표하는 사람들에게서 볼 수 있는 "절제"를 존중하는 태도가 뚜렷하게 드러나 있다.[82]

---

78. 예를 들어, 가톨릭교회 사전인 『가톨릭 신학과 그 보조학문들의 교회 사전 또는 백과사전』(1847)에 수록된 "금욕주의" 항목에서는 수도사들의 생활양식에 대해 이것과 똑같은 정의를 하고 있고, 이것은 실제로 역사 속에 등장한 최고 형태의 수도사들의 생활양식과 전적으로 부합한다. 제베르크(Seeberg)가

『개신교 신학과 교회 백과사전』에서 말하고 있는 것도 마찬가지다. 나는 금욕주의라는 개념을 더 넓은 의미나 더 좁은 의미로도 정의할 수 있다는 것을 알고 있기는 하지만, 우리의 연구의 목적을 위해서 "금욕주의"를 바로 그런 식으로 정의해서 사용하는 것은 필수적이다.

79. 새뮤얼 버틀러의 『휴디브라스』(*Hudibras*)에서는 청교도들을 "맨발의 수도사들"에 비유했고(제1편 제18-19연), 제네바 대사였던 피에스키(Fieschi)는 자신의 보고문에서 크롬웰의 군대를 "수도사들"의 회중이라고 지칭했다.

80. 내가 탈세속적인 수도사들의 금욕주의와 직업과 관련된 세속적인 금욕주의 간의 내적인 연속성을 이렇게 확고하게 단언하고 있는데도, 브렌타노(Brentano)가 수도사들이 금욕주의적인 노동을 권장했다는 사실을 나의 논증을 반박하기 위한 증거로 사용한 것(앞의 책 134쪽 등)에 대해서 나는 놀라움을 금치 못한다! 그가 나를 반박하기 위해 덧붙인 그의 책의 부록은 바로 이 논거를 제시하는 데서 절정에 도달한다. 하지만 누구나 알 수 있듯이, 이 둘 간의 내적 연속성은 나의 논증 전체에서 기본적으로 전제하고 있는 것이다. 따라서 나는 종교개혁은 합리적인 기독교 금욕주의를 토대로 해서, 수도원의 조직적인 생활양식을 세속적인 직업 생활의 영역으로 옮겨온 것으로 이해했다. 원래의 것에서 조금도 수정하지 않은 아래의 나의 서술을 보라.

81. 이것은 닐(Daniel Neal)의 『청교도사』(*The History of the Puritans*)와 크로스비(Thomas Crosby)의 『영국 침례교사』(*The History of the English Baptists*)에 수록된 청교도 이단들에 대한 많은 기록들 속에서 분명하게 드러난다.

82. 샌포드(Sanford)는 "절제"라는 이상이 청교도에서 기원했다고 보았는데(앞의 책), 그가 이 말을 하기 전이나 후에도 다른 많은 사람들이 동일한 견해를 제시했다. 이 이상에 대해서는 제임스 브라이스(James Bryce)가 미국의 대학들에 대해 말한 것들도 참조하라. "절제"라는 금욕주의적인 원리는 청교도 사상을 근대적인 군대 규율의 아버지들 중 하나로 만들기도 했다. 근대적인 군대의 창시자인 오렌지 공 마우리츠(Maurice)에 대해서는 『프로이센 연보』(*Preußische Jahrbücher*, 1903) 제111권 255쪽에 나오는 롤로프(G.Roloff)의 글을 보라. 총을

장전하고도 발사하지 않고 적진으로 돌진한 크롬웰의 "철기군"은 광신적이고 열광적인 신앙 때문이 아니라 냉정한 "절제" 능력 때문에 "왕당파"의 군대를 이길 수 있었다. 철기군은 절제의 미덕을 지니고 있어서 언제나 지휘관의 통제 아래에서 일사불란하게 움직일 수 있었던 반면에, 왕당파의 군대는 중세 기사도의 정신을 따라 개인적인 용맹함을 따라 움직였기 때문에 전투할 때마다 각개 전투밖에 할 수 없었다. 이것과 관련해서 자세한 내용은 퍼스(Charles Firth)의 『크롬웰의 군대』(Cromwell's Army)에서 볼 수 있다.

―――――

이것을 우리에게 친숙한 일상적인 용어들을 사용해서 표현해 보자면,[83] 청교도 신앙의 금욕주의는 모든 합리적 금욕주의와 마찬가지로 사람들로 하여금 일시적인 "감정들"을 통제하고 "영속적인 동기들," 특히 금욕주의적인 삶 자체를 통해 "훈련되고" 습득된 동기들에 의거해서 말하고 행하는 능력을 기르게 만드는 역할을 했다. 다른 식으로 표현하자면, 사람들을 형태심리학적 의미에서 "인격체"로 만드는 역할을 했다. 사람들이 흔히 생각하는 것과는 달리, 청교도적인 금욕주의의 "목표"는 자각적이고 의식적이며 자기주도적인 삶을 살아갈 수 있는 능력을 키우는 것이었고, 그렇게 하기 위해 가장 절실한 "과제"는 충동적인 본능을 따라 쾌락을 추구하는 삶을 분쇄하는 것이었으며, 그렇게 하기 위해 가장 중요한 "수단"은 사람들의 생활양식에 질서를 부여하는 것이었다.

한편으로, 이 모든 결정적으로 중요한 관점들은 가톨릭의 수도생활 규칙[84]과 칼뱅주의자들의 조직화된 생활양식의 기본적인 원칙들에서 가장 발전된 형태로 똑같이 분명하게 나타난다.[85] 이렇게 사람들을 전인적으로 조직적이고 체계적으로 통제한 것이 가톨릭과 칼뱅주의 모두에서 "자연 상태"를 극복하는 엄청난 힘의 원천이었고, 칼뱅주의가 루터교와는 대조적으로 "전투하는 교회"로서 개신교를 성공으로 이끌 수 있었던 힘의 원천이었다.

83. 이것에 대해서는 빈델반트(Wilhelm Windelband)의 『의지의 자유』(*Über Willensfreiheit*) 77쪽 이하를 보라.

84. 하지만 이것은 가톨릭의 수도원 생활양식에서는 칼뱅주의자들의 생활양식보다는 덜 순수한 형태로 존재했다. 수도원 생활에서 종종 감정적인 요소가 결합되어 있던 묵상은 이러한 합리적인 요소들과 여러 가지 다양한 방식으로 섞여서 짜여 있었다. 바로 그런 이유 때문에 묵상은 조직적으로 규제되었다.

85. 리처드 백스터(Richard Baxter)는 하느님이 우리에게 우리의 행위의 규범으로 삼으라고 준 "이성"을 거스르는 모든 것이 죄라고 말한다. 달리 말하면, 죄악된 내용을 담고 있는 감정들만이 아니라, 무의미하고 무절제한 감정들도 죄라는 것인데, 이것은 후자에 속한 감정들은 "냉정함"을 파괴할 뿐만 아니라, 그런 감정들은 전적으로 육체적인 욕망들로부터 나온 것들인 까닭에, 우리의 모든 행위와 인식에서 하느님과 합리적인 관계를 갖지 못하게 방해함으로써, 하느님을 모독하는 것이 되기 때문이라는 것이다. 예컨대, 백스터가 분노가 왜 죄인지에 대해 말한 것을 보라(『기독교 지도서』 제2판[1678] 제1권 285쪽). 그는 287쪽에서는 이 주제와 관련해서 타울러의 말을 인용한다. 불안이 죄라는 것에 대해서는 287쪽을 보라. 또한, 그는 우리가 "식욕"을 "식사의 규범이나 척도"로 삼는다면, 그것은 피조물을 신격화하는 우상 숭배가 된다는 것도 아주 심각하게 강조한다(같은 책 310, 316쪽 등). 그는 이런 것들을 다루면서 언제나 일차적으로는 성경의 "잠언"을 인용하지만, 플루타르코스(Plutarch)의 『영혼의 평안』(*De tranquillitate animi*)도 인용하고, 성 베르나르, 성 보나벤투라 등과 같이 금욕주의에 대한 중세 시대의 저작들도 종종 인용한다.

"술과 여자와 노래를 좋아하지 않는" 사람들에 의해서 대표되는 생활양식과 반대되는 것은 우상 숭배 개념을 확장해서 모든 감각적인 즐거움들에 적용할 때 가장 생생하게 표현될 수 있었다. 하지만 스포츠나 오락 같은 경우와 마찬가지로 그런 즐거움들도 "위생상" 필요한 때에는 허용되었는데, 이것에 대해서는 나중에 자세하게 살펴볼 것이다. 여기에서 및 다른 곳들에서 내가 인용한 문헌들은 교리적이거나 교회를 위한 저작들이 아니고 목회 현장에서의 경험을 통해 생겨난 저작들이기 때문에, 사람들의 실제적인 삶의 모습을 우리에게 잘 전달해 준다.

―――――――

다른 한편으로, 칼뱅주의적인 금욕주의를 중세 가톨릭의 금욕주의와 대립되는 것으로 만든 것은 무엇이었는지는 분명한데, 그것은 가톨릭에 있던 "복음적 권고"(consilia evangelica)[i]가 칼뱅주의에서는 없어짐으로써, 칼뱅주의적 금욕주의가 전적으로 세속적인 것이 된 데 있었다.

물론, 중세 가톨릭에서 "조직적이고 합리적인" 삶이 수도원의 골방들에만 국한되어 있었던 것은 아니었고, 이론적으로나 실천적으로나 결코 그렇지 않았다. 도리어 이미 지적한 대로, 가톨릭은 상대적으로 강력한 도덕적 절제를 요구했음에도 불구하고, 신자들은 윤리적으로 합리적으로 체계화되지 않은 삶을 영위함으로써, 세속적인 삶에서조차 그 최고의 이상을 실현할 수 없었다.[86] 예를 들면, 성 프란체스코 수도회의 제3회는 일상생활 속에 금욕주의를 철저하게 관철시키고자 한 강력한 시도였고, 잘 알려져 있듯이 그런 시도들은 종종 있어 왔다. 하지만 『그리스도를 본받아』 같은 글들이 큰 영향을 미친 것에서 알 수 있듯이, 그런 글들에서 설파한 생활양식이 지닌 종교적인 의미와 가치는 최소한으로 행하는 것만으로도 충분한 일상생활의 도덕과는 비교할 수 없을 정도로 고귀한 것으로 여겨졌고, 게다가 그런 최소한의 일상생활의 도덕조차도 청교도 신앙이 이미 적용하고 있던 기준에 따라 평가되지 않았다.

게다가 가톨릭교회가 시행했던 어떤 제도들, 특히 면죄부의 발행은 체계적인 세속적 금욕주의가 발달할 수 있는 싹을 반복적으로 잘라 버렸다. 종교개혁 시기에 면죄부가 가톨릭교회의 주변적인 폐단이 아니라 근본적인 해악으로 지목된 것도 그런 이유 때문이었다.

i. 여기에서 "복음적 권고"는 오직 수도원에서만 행할 의무가 부여된 것들로서 일반 신자들에게는 의무가 아닌 복음의 명령들을 가리킨다. 앞에서 말한 가톨릭의 2단계 윤리를 보라.

86. 내가 여기에서 이런저런 종파들에 대해 서술한 내용들을 마치 그 종파들에 대한 가치평가를 한 것으로 받아들이는 사람이 있다면, 그것은 유감스러운 일이다. 나는 여기에서 가치평가 같은 것을 하고자 하는 의도가 전혀 없다. 나의 의도는 전적으로 이런저런 종파들의 신앙 형태가 지닌 특징들이 사람들의 실천적인 행위에 어떤 영향을 미치는가를 살펴보는 것이다. 각각의 종파들이 지닌 그런 특징들은 종파들을 종교적인 입장에서 평가할 때에는 주변적이고 지엽적인 것일 수도 있지만, 사람들의 실천적인 행위와 관련해서는 중요한 의미를 지닌다.

하지만 칼뱅주의적인 금욕주의와 중세 가톨릭의 금욕주의 간의 결정적인 차이는 이런 것이었다. 중세 가톨릭에서 종교적인 의미에서 조직적이고 체계적인 삶을 살았던 사람들은 실제로 오직 수도사들뿐이었고, 진정으로 거룩하다고 할 수 있는 삶은 오직 일상생활의 도덕을 초월하여 살아가는 삶 속에서만 발견될 수 있는 것으로 여겨졌기 때문에,[87] 금욕주의가 개인을 강력하게 지배할수록, 그 개인은 더욱더 일상생활로부터 멀어질 수밖에 없었다.

수도사적인 생활양식을 종교적인 삶의 최고의 이상으로 여기는 것을 분쇄한 최초의 인물은 루터였고, 칼뱅주의는 단지 루터를 뒤따른 것일 뿐이었다.[88] 하지만 루터는 역사적인 발전의 추세를 수행하는 자로서 그렇게 한 것이 아니었고, 단지 전적으로 개인적인 경험에 의거해서, 그것도 처음에는 그렇게 했을 때 어떤 결과가 초래될 것인지를 몰라서 주저하다가 나중에 정치적 상황에 떠밀려서 어쩔 수 없이 그렇게 한 것이었다.

세바스찬 프랑크(Sebastian Franck, 1499-1542)가 종교개혁의 의의는 이제는 모든 기독교인이 일생 동안 수도사가 되어야 하는 새로운 영적 상황에서 찾아볼 수 있다고 지적한 것은 종교개혁을 통해 이제 막 출현하게 된 신앙 유형의 핵심을 제대로 잘 포착해 낸 것이었다. 이제 세속적인 일상생활 전체가 금욕주의라는 담으로 둘러쳐져서 누수를 막는 조치가 행해졌고, 전에 가톨릭교회가 수도원에 들어가서 금욕주의적인 방식으로 최고의 열정과 진지함을 가지고 자신의 내면을 탐구했던 신자들을 길러냈듯이, 이제 종교개혁을 통해 탄생한 교회는 세속적인 직업 생활 속에서 금욕주의적인 이상을 추구하는 사람들을 길러냈다.

하지만 칼뱅주의는 발전하는 과정에서 또 하나의 적극적인 요소, 즉 세속적인 직업 생활을 통해서 반드시 자신의 신앙을 확증해야 한다는 사상을 추가했다.[89] 이렇게 함으로써 칼뱅주의는 한편으로는 종교적인 지향성을 지닌 무수히 많은 사람들에게 금욕주의를 행하고자 하는 적극적인 동기를 제공했고, 다른 한편으로는 이러한 윤리를 예정론과 결합시킴으로써, 세속을 떠나서 수도원으로 들어가 초세속적인 소명을 추구했던 "수도사들의 귀족주의"를 하느님에 의해 영원 전에 예정되어 세상에 보내져서 세상 속에서 자신에게 주어진 직업을 통해 자신의 소명을 다해야 하는 "세속적인 성도들의 귀족주의"로 변화시켰다.[90]

---

87. 이것에 대해서는 특히 『개신교 신학과 교회 백과사전』 제3판에 수록된 에른스트 트뢸치(Ernst Troeltsch)가 쓴 "영국의 도덕론자들"이라는 항목을 보라.

88. "역사적으로 우연한 사건들"인 것처럼 보였던 아주 구체적인 종교적인 사상들과 상황들이 얼마나 큰 영향을 미쳤는가 하는 것은 다음 두 가지 사례가 아주 극명하게 보여준다. (1) 개혁교회를 기반으로 해서 생겨난 경건주의 분파들이 수도원의 부재를 종종 노골적으로 유감스럽게 여긴 것; (2) 장 드 라바디(Jean de Labadie) 등에 의한 "공산주의적인" 실험은 결국 수도원적인 삶을 대체하고자 한 시도였다는 것.

89. 실제로 이 사상은 종교개혁 시대의 여러 종파들 속에 존재했다. 리츨 (Ritschl)조차도 이후의 발전을 종교개혁 사상의 퇴보로 보긴 했지만, 갈리아 신 앙고백 제25-26조, 벨기에 신앙고백 제29조, 제2 스위스 신앙고백 제17조 등 이 보여주듯이, "개혁교회는 전적으로 경험적인 특징들에 의해 규정되었고, 신 자들은 윤리적 행실을 보여주는 표지 없이는 이 참된 교회의 일원이 될 수 없 었다"는 것에 이의를 제기하지 않는다(『경건주의의 역사』 제1권 258쪽 이하). 이것 에 대해서는 주43을 보라.

90. "우리가 다수에 속하지 않게 해 주신 하느님을 찬송합니다"(토머스 애덤 스, 『청교도 신학자 저작집』 138쪽).

중세 수도사들의 귀족주의는 단지 외적으로만 세속과 단절되어 있었던 반면에, 세속적인 성도들의 귀족주의는 거기에 각인된 절대로 지울 수 없는 그 특성으로 인해서 근본적으로 메울 수 없을 뿐만 아니라 눈에 보이지 않아 서 더욱 무시무시한 깊은 간격을 통해 영원 전에 이미 구원받을 수 없는 자 들로 결정되어 버림받은 자들로부터 단절되어 있었고,[91] 이러한 단절은 모든 사회관계에 가차 없이 냉혹하고 빈틈없이 적용되었다. 왜냐하면, 하느님의 은혜로 말미암아 택함 받은 거룩한 자들이 불신자들인 이웃들, 즉 영원 전에 버림받은 자들로 이미 결정되어 죄를 짓고 있는 자들에 대해 취해야 하는 합 당한 태도는 자신들도 인간으로서 연약함을 지니고 있다는 것을 생각해서 그 이웃들을 불쌍히 여겨서 그들의 연약함을 감싸주고 도와주는 것이 아니 라, 자신들의 몸에 영원한 저주의 증표를 지닌 그들을 하느님의 원수로 규정 하고서 증오하고 경멸하는 것일 수밖에 없었기 때문이었다.[92]

---

91. 이렇게 해서 역사적으로 아주 중요했던 "장자상속권" 사상은 영국에서 상당한 기반을 확보했다. "하늘에 기록되어 있는 장자 …… 장자의 상속은 폐

기될 수 없고, 하늘에 기록된 이름들은 결코 말소할 수 없기 때문에, 그들은 반드시 영생을 물려받게 될 것이다"(토머스 애덤스, 『청교도 신학자 저작집』 14쪽).

92. "참회의 통회"라는 루터교도들의 정서는 칼뱅주의자들의 발전된 금욕주의에서 볼 때에는 이론적으로는 아니지만 실천적으로는 본질적으로 이질적인 것이었다. 칼뱅주의자들이 볼 때에는, 그런 통회의 정서는 윤리적으로 무가치한 것으로서, 하느님으로부터 "버림받은 자들"에게는 아무 소용도 없는 것이었고, 자신이 택함 받은 자임을 확신하는 자들에게는 자신들의 죄를 인정하고 통회하는 행위는 그들이 자신의 구원을 확신하고 힘 있게 앞으로 전진해나가지 못하고 퇴보하는 징후일 뿐이었다. 왜냐하면, 칼뱅주의자들은 죄를 통회하는 것이 아니라 도리어 증오하는 가운데 하느님에게 영광을 돌리는 행위들을 통해 죄를 이기려고 하는 것이 마땅하다고 여겼기 때문이었다.

1656년부터 1658년까지 크롬웰의 신앙을 담당했던 목회자였던 하우(Howe)가 "하느님에 대한 인간의 적대감"(Of Men's Enmity Against God)과 "하느님과 인간의 화해"(Of Reconciliation Between God and Man)에서 다음과 같이 말한 것들을 보라: "육체적인 욕망들에 의해 움직이는 정신은 하느님을 적대하는 것이다. 따라서 새로워져야 하는 것은 단지 사변적인 정신이 아니라 실천적이고 행동하는 정신이다"(『청교도 신학자 저작집』 237쪽); "하느님과의 화해는 …… (1) 하느님에 대한 이전의 적대감을 깊이 깨닫고 …… 자신이 하느님에게서 멀어졌다는 것을 인식하며(246쪽), (2) 자신의 그런 상태가 얼마나 끔찍한 죄이고 악인지를 …… 분명하고 생생하게 인식하는 것에서 시작되어야 한다"(251쪽). 그는 오직 죄에 대한 증오만을 말할 뿐이고, 죄인에 대해서는 말하지 않는다.

하지만 "레오노라"(Leonore)의 어머니인 에스테 가문의 레나타(Renata) 공작부인은 칼뱅에게 보낸 저 유명한 편지를 통해서 그녀의 아버지와 남편이 하느님으로부터 "버림받은 자들"이라는 확신이 들게 되는 경우에는 그녀가 그들에게 드러낼 "증오"에 대해 말하고 있는데, 이것은 죄에 대한 증오에서 죄인에 대한 증오로 옮겨가는 것을 보여주는 사례이고, 앞에서 언급했듯이 예정론으로 인해 개별 신자들이 "자연적인" 감정을 기반으로 한 공동체적인 유대로부터 정신적으로 분리되는 현상을 보여주는 사례이다.

_____

사회와 세상을 바라보는 이런 인식 방식이 어떤 상황에서 극단적으로 강화되었을 때에는 따로 분파들이 형성될 정도였다. 실제로 17세기에 하느님으로부터 버림받은 자들이라도 하느님의 영광을 위해서 교회의 규례에 복종하게 해야 한다는 원래의 칼뱅주의 사상이 뒷전으로 밀려나고, 그 대신에 거듭나지 못한 자들이 하느님의 회중에 섞여서 성례전에 참여하고 심지어 성직자로 임명되어 성례전을 집례하는 것은 하느님에 대한 모독이라는 사상이 전면에 등장했을 때에 "독립파"(회중교회)라는 분파가 생겨났다.[93] 한 마디로 말해서, 칼뱅주의적인 침례교에서 그랬듯이, 어떤 사람의 믿음이 참된 것이 되기 위해서는 증거가 있어야 한다는 사상으로부터, 고대 로마 시대에 교회는 거듭난 것으로 확증된 자들만으로 구성된 "순수한" 교회가 되어야 한다고 주장했던 도나투스(Donatus)를 추종하는 교회관이 생겨난 것이 분파 형성을 위한 계기가 되었다. 그리고 교회는 거듭난 것으로 확증된 자들만으로 구성된 "순수한" 교회가 되어야 한다는 요구가 그 철저한 논리적인 귀결로 분파 형성으로 이어지지 않은 경우에도, 성례전에 참여할 수 있는 거듭난 신자들과 성례전에 참여할 자격이 없는 거듭나지 않은 신자들을 구별해서, 전자에 속한 신자들에게만 교회의 직분이나 일을 맡기고 오직 그들 중에서만 성직자를 세우고자 하는 시도로부터 이것과 관련된 여러 교회법들이 생겨났다.[94]

_____

93. 크롬웰 시대에 옥스퍼드 대학의 부총장으로 재직했던 독립파 칼뱅주의자 존 오웬(John Owen)은 『복음적 기독교의 기원에 대한 연구』(*Investigation into the Origin of Evangelical Christianity*)에서 독립파의 원칙을 다음과 같이 정식화했다. "오직 거듭난 자들 또는 거룩한 자들이라는 증거를 보여주는 사람들만이 가시적인 교회들의 합당한 구성원들로 여겨지거나 받아들여져야 한다. 그렇게

하지 않는다면, 교회의 본질 자체가 사라지게 된다." 이 주제에 대해서 자세한 것은 나의 논문인 『개신교 분파들과 자본주의 정신』을 보라.

94. 나의 논문인 『개신교 분파들과 자본주의 정신』을 보라.

그러한 금욕주의적인 생활양식이 영속적으로 지향해야 할 지침으로서 실제로 필요했던 분명한 규범은 당연히 성경으로부터 온 것이었다. 성경과 관련해서 자주 거론되어 온 것은 칼뱅주의의 "성경정치"였는데, 우리의 논의에서 가장 중요한 것은 성경에 대한 다음과 같은 관점, 즉 구약성경은 신약성경과 마찬가지로 성령의 감동을 따라 기록된 것이기 때문에, 거기에 담겨 있는 도덕적인 계명들은 오직 유대교의 역사적인 상황과 결부된 것임이 분명한 경우나 그리스도가 명시적으로 폐기한 경우를 제외하고는 신약성경과 전적으로 동등한 권위를 지닌다는 것이었다. 구약성경의 율법은 신자들이 온전히 행할 수 없다고 할지라도 하나의 이상으로서 여전히 유효한 것이었다.[95] 반면에, 루터는 칼뱅주의와는 정반대로 적어도 처음에는 율법의 속박으로부터 해방되는 것이 하느님이 신자들에게 수여한 특권이라고 찬양했다.[96] 하지만 청교도들 사이에서 가장 많이 읽힌 잠언과 시편에 기록되어 있는 지혜, 곧 하느님을 열렬히 섬기고 경배하면서도 아주 합리적이고 현실적이었던 히브리인들의 지혜가 그들에게 많은 영향을 미쳤다는 사실은 그들의 삶의 곳곳에서 감지된다. 샌포드(Sanford)가 보여주었듯이,[97] 특히 신비주의적이거나 감성적인 측면을 배제하고 합리성을 추구한 청교도 신앙이 지닌 특징은 구약성경의 영향을 받은 것이었다.

---

95. 제네바 요리문답(Catéchisme genevois) 제149항. 베일리(Bayly)는 『경건의 실천』(Praxis pietatis)에서 이렇게 말한다. "우리는 우리의 삶 속에서 마치 모세 외에는 아무도 우리에게 명령할 수 없다는 듯이 행하여야 한다."

96. "율법은 개혁교회 신자들에게는 이상적인 규범이었던 반면에, 루터교도들에게는 인간이 도달할 수 없는 규범으로서 인간을 억압하는 것이었다." 루터교의 요리문답에서는 신자들에게 필수적인 "낮아짐"을 일깨우기 위해서 율법을 가장 앞에 두는 반면에, 개혁교회의 요리문답에서는 복음을 먼저 말한 후에 율법에 대해 말하는 것이 보통이다. 개혁교회는 루터교도들이 "거룩하게 되는 것에 대한 진정한 두려움"을 지니고 있다고 비난했고(묄러), 루터교도들은 개혁교회 신자들이 "율법의 노예"이고 교만한 자들이라고 비난했다.

97. 샌포드(Sanford)의 『대반란의 연구와 성찰』(*Studies and Reflections of the Great Rebellion*) 79-80쪽을 보라.

그럼에도 불구하고, 구약성경의 합리주의는 본질적으로 소시민적이고 전통주의적인 성격을 지닌 것이어서, 거기에는 여러 예언서들과 시편들에 나타난 강력한 감성이라는 요소도 공존했고, 그러한 감성적 요소는 나중에 감성에 토대를 둔 중세 시대의 신앙의 발전에 큰 영향을 미쳤다.[98] 따라서 칼뱅주의는 자신에게 고유했던 기본적인 특성, 즉 좀 더 정확히 말하자면 금욕주의적 특성을 기반으로 해서, 구약의 경건을 구성하고 있던 요소들 중에서 자신과 동질적인 요소만을 선택해서 자신의 것으로 만든 것이었다고 말할 수 있다.

칼뱅주의적인 개신교의 금욕주의와 가톨릭의 수도사들의 삶에 공통적이었던 합리적이고 체계적으로 조직된 윤리적 생활양식은 "치밀한" 청교도들이 자신의 구원의 확실성을 지속적으로 점검하고 확인하는 삶을 통해 완전히 외적으로 명확하게 드러나게 되었다.[99] 사실 가톨릭 진영에서도 특히 프랑스에서 근대 가톨릭의 경건을 만들어 낸 예수회를 비롯해서 교회 개혁에 가장 열심을 냈던 집단들에서는 죄와 유혹, 은혜 안에서 이루어진 신앙의 성장을 신앙 일기라는 형식으로 기록하며 자신들의 삶을 치밀하고 체계적으로 점검하는 관행이 있었다.[100] 하지만 가톨릭 진영에서 행해진 그러한 신앙

일기는 고해 성사를 보완하기 위한 목적이었거나 "영혼의 지도자들"에게 신도들, 즉 주로 여신도들의 신앙을 권위 있게 지도하는 데 사용하기 위한 것이었던 반면에, 개혁교회 기독교인들은 그런 신앙 일기를 "자기 자신의" 영적인 맥박을 진단하는 데 사용했다.

모든 중요한 도덕신학자들이 신앙 일기의 중요성을 거론했지만, 이 분야의 고전적인 모범은 벤저민 프랭클린이 여러 개별적인 덕목들에서 자신이 어떤 식으로 얼마만큼 성장했는지를 통계를 들어서 체계적으로 기록해 놓은 것이었다.[101] 한편 이미 고대에서도 발견되는, 하느님이 개개인의 행실을 책에 기록한다는 초기 중세의 사상은 존 버니언에 이르러서는 거의 기계적인 개념이 되어서, 죄인과 하느님의 관계는 고객과 상점 주인의 관계에 비유되었고, 한번 빚을 지게 된 사람은 아무리 열심히 일해도 기껏해야 점점 늘어나는 이자만을 갚을 수 있을 뿐이고 채무 원금은 절대로 갚을 수 없는 것으로 여겨졌다.[102]

---

98. 특히 청교도들이 무시해 버리는 아가서를 잊어서는 안 된다. 거기에 나오는 근동의 "에로티시즘"은 성 베르나르 유형의 경건 개념의 발전에 영향을 미쳤다.

99. 이러한 "절제"의 필요성에 대해서는 앞에서 이미 인용한 바 있는 고린도후서 13장 5절에 대한 차녹(Charnock)의 설교를 보라(『청교도 신학자 저작집』 161-162쪽).

100. 대부분의 도덕신학자들이 그것을 권장했다. 예컨대, 백스터의 『기독교 지도서』 제2권 77-78쪽을 보라. 하지만 그는 거기에 수반되는 "위험"에 대해서도 말한다.

101. 신자들이 자신의 도덕적인 행실들을 일기 형식으로 기록해 나가는 것은 개혁교회에서만이 아니라 다른 종파들에서도 널리 행해졌다. 하지만 개혁교회가 도덕 일기를 쓰는 것은 영원 전에 하느님에 의해 결정된 "택함"과 "유기"를

확인하는 유일한 수단이라고 강조한 것과 그러한 성실하고 주의 깊은 "계산"은 반드시 상을 받게 될 것이라는 심리학적 보상에 대한 것은 다른 종파들의 경우에는 빠져 있었다.

102. 이것은 겉으로만 비슷했던 다른 행위 유형들과 결정적으로 중요한 차이였다.

———————

후기의 청교도들은 자기 자신의 행위를 점검하는 동시에, 하느님이 그들에게 어떻게 행하는지도 점검해서, 삶의 모든 세세한 일들 속에서 하느님의 손길을 찾아냄으로써, 칼뱅 자신의 가르침과는 반대로 하느님이 그들의 삶 속에서 이런저런 식으로 행한 이유를 알게 되었다. 이렇게 해서 그들이 자신의 삶을 거룩하게 만들려고 애쓰는 모든 것은 거의 사업의 성격을 띠게 되었다.[103] 청교도들이 자신의 삶 전체를 철저하게 기독교화하게 된 것은 성화를 목적으로 그들의 삶을 윤리적인 원칙들과 덕목들을 중심으로 대단히 합리적이고 체계적으로 조직한 결과였고, 칼뱅주의가 루터교와는 대조적으로 신자들에게 그런 식으로 삶을 조직화할 것을 강제한 결과였다.

———————

103. 백스터도 하느님의 "비가시성"을 이렇게 설명한다. "우리는 외국인을 우리 눈으로 보지 않고서도 단지 서신 교환만을 통해서 거래를 하고 이윤을 얻을 수 있는 것과 마찬가지로, 우리 눈에 보이지 않는 하느님과도 '거룩한 거래'를 통해서 '값비싼 진주'를 얻을 수 있다"(『성도의 영원한 안식』 제12장). 그가 이렇게 이전의 도덕주의자들이나 루터교에서 일반적으로 사용하던 법정과 관련된 비유 대신에 상업과 관련된 비유를 사용한 것은 사람들로 하여금 하느님과의 "거래를 통해" 자신들의 구원을 "획득하게" 한 청교도 신앙의 특징이다.

또한, 청교도의 설교 속에 나오는 다음과 같은 말도 보라: "우리가 어떤 물건의 가치를 제대로 잘 평가하는 방법은, 그 물건을 잘 알고 있을 뿐만 아니라 그 물건이 꼭 필요한 것도 아닌 어떤 지혜로운 사람이 그 물건에 얼마만큼의 가치를 매기는지를 보는 것이다. 하느님의 지혜이신 그리스도는 사람들이 어떤 존재인지를 아셨고 꼭 그들을 필요로 하지도 않았지만, 그런 사람들을 구원하기 위해서 자기 자신을 내어 주고 자신의 보배로운 피를 흘리셨다." 매튜 헨리(Matthew Henry)의 "영혼의 가치"(The Worth of the Soul) 『청교도 신학자 저작집』 313쪽.

———————

칼뱅주의가 신자들에게 미친 구체적인 효과를 제대로 이해하기 위해서는, 신자들의 삶이 이런 식으로 합리적이고 체계적으로 조직화된 결정적인 요인이 칼뱅주의였다는 것을 항상 염두에 두고 있지 않으면 안 된다. 우리는 이것으로부터 두 가지 결론을 이끌어 낼 수 있다. 그 중 하나는 기독교 중에서 칼뱅주의라는 이 신앙 형태가 가장 먼저 신자들에게 그런 영향을 미쳤다는 것이고, 다른 하나는 만일 개신교의 다른 종파들의 예정론이 칼뱅주의와 마찬가지로 신자 개개인의 구원의 확실성을 자신의 구체적인 삶 속에서 늘 확증해야 한다는 사상이 그들의 윤리적 행위들의 동기로 작용하는 방식으로 구성되었더라면, 다른 종파들의 신자들도 동일한 방향으로 움직였을 것이 틀림없다는 것이다.

지금까지 우리는 칼뱅주의적인 신앙을 중심으로 논의를 진행해 왔고, 예정론이야말로 청교도들의 윤리, 즉 그들로 하여금 자신의 삶을 합리적이고 체계적으로 조직화해서 윤리적인 원칙들과 덕목들을 실천하게 만든 교리적 틀이었다고 전제했다. 우리가 그렇게 한 이유는 예정론이라는 교리는 모든 점에서 충실하게 칼뱅주의를 따라온 종교 집단인 "장로교"의 테두리를 훨씬 뛰어넘어 모든 개혁교회의 교리들의 토대로서의 역할을 해왔기 때문이었다. 1658년에 "독립파"(회중교회)가 발표한 사보이 선언(Savoy Declaration)만이 아니라 1689년에 나온 침례교의 핸저드 놀리스(Hanserd Knollys, 1599-1691)의 신앙고백'에도 이 교리가 담겨져 있고, 감리교와 관련해서도 이 운동에서 가장 위대하고 천재적인 조직가이자 행정가였던 존 웨슬리(John Wesley)는

"보편 은혜"[k]를 주장했지만, 감리교 운동의 제1세대에 속한 위대한 대중연설가이자 가장 일관되고 철저한 사상가였던 횟필드(Whitefield, 1714-1770), 헌팅던(Huntingdon, 1707-1791) 부인을 중심으로 결집하여 일시적이긴 하지만 강력한 영향력을 발휘했던 집단은 "특별 은혜"를 주장하며 예정론을 옹호했다.

---

j. 핸저드 놀리스는 영국의 침례교 목사로서 침례교의 발전에 아주 중요한 역할을 한 인물이다. 이 신앙고백은 1689년에 발표된 침례교의 신앙고백을 가리키는데, 거기에 서명한 37명의 성직자들 중에서 핸저드 놀리스의 이름이 가장 먼저 나오고, 그가 이 신앙고백을 주도했다고 해서 이런 명칭으로 불린다.

k. 칼뱅은 예정론에 의거해서 구원으로의 예정과 멸망으로의 예정을 주장하면서 오직 소수의 사람들만이 하느님의 특별한 은혜를 입어서 구원을 얻게 된다는 "특별 은혜"(또는, 특별 은총)를 가르쳤는데, 그것과 반대되는 가르침이 보편 은혜이다. 보편 은혜는 예정론을 부정하고 누구에게나 은혜를 받을 기회가 열려 있는 것으로 본다.

이 교리의 철두철미한 일관성은 한편으로는 모든 것이 불안정했던 17세기라는 격동의 세월 속에서 개혁교회 신자들로 하여금 자신들은 이 세상과 사회 속에서 하느님에 의해 쓰임 받는 도구들이자 하느님의 섭리를 집행하는 자들이라는 확고한 믿음 속에서 "거룩한" 삶을 전투적으로 쟁취해나갈 수 있게 해주었고,[104] 다른 한편으로는 개혁교회의 종교 사상이 머지않아 단지 현세지향적이고 공리주의적인 "행위구원 사상"으로 변질되는 것을 막아 주었다. 만일 그런 변질이 실제로 일어났다면, 공리주의적인 "행위구원 사상"은 신자들이 비합리적이고 이상적인 종교적 목표들을 위해 전례 없는 희생을 기꺼이 감수하게 할 수 없었을 것이다. 게다가, 예정론이라는 교리는 무조건적으로 옳을 수밖에 없는 규범들에 대한 신앙을 모든 것은 절대적으로 결정

되어 있다는 사상 및 하느님은 우리의 인식능력을 완전히 벗어나 있는 절대적으로 초월적인 존재라는 사상과 기가 막히게 독창적으로 결합해 놓은 것이었는데, 이런 결합을 통해 탄생하게 된 예정론은 신자들의 감성에 호소하고 하느님조차 도덕법에 종속시킨 좀 더 온건한 교리들보다 원리상으로 훨씬 더 "근대적인" 것이었다.

---

104. 이것과는 대조적으로 루터는 친히 이렇게 말했다. "애통하는 것이 일하는 것보다 낫고, 괴로워하는 것이 온갖 행위보다 낫다."

앞으로 진행하게 될 논의에서 반복적으로 분명해지겠지만, 신자들이 자신의 구원의 확실성을 자신의 삶 속에서 날마다 확증해야 한다는 사상이 그들의 삶을 윤리라는 관점에서 합리적이고 체계적으로 조직화하도록 만든 심리학적인 출발점이었다는 것을 증명하는 것은 우리의 논의에서 가장 기본이 되는 것이었는데, 한편으로는 그런 사상이 예정론 및 예정론이 신자들의 일상생활에서 지니는 의미로부터 생겨났다는 것을 밝힐 필요가 있었고, 다른 한편으로는 종교적 신앙과 세속적인 도덕을 결합시키는 도식으로 사용된 그런 사상은 앞으로 우리가 살펴볼 종파들에서도 동일한 방식으로 반복된다는 점에서, 우리의 논의를 예정론에서 시작해야 했다.

개신교 내에서, 예정론이 그 최초의 신봉자들로 하여금 그들의 생활양식을 금욕주의를 기반으로 체계적이고 합리적으로 조직하게 만드는 강력한 동력이 된 것과 가장 근본적으로 대비되는 것은 루터교 신도들에게서 나타난 상대적인 "도덕적 무기력"이었다. 루터교의 "상실 가능한 은혜"(gratia amissibilis) 교리는 예정론과는 반대로 신자들은 언제든지 구원을 잃을 수 있지만 또한 언제든지 회개를 통해서 다시 구원을 회복할 수도 있다고 가르쳤기 때문에, 우리의 논의에서 중요한 것인 금욕주의적 개신교가 예정론과 만나면서 생겨나게 된 것, 즉 사람들로 하여금 자신들의 삶 전체를 윤리적인 원칙들과 덕목들을 중심으로 합리적이고 체계적으로 조직하지 않을 수 없게 만드는 동력이 될 수 없었다.[105] 따라서 루터교 신앙을 따르는 신자들의 삶과 행위 속에서는, 개신교의 다른 그 어떤 종파들을 따르는 신자들보다도, 자연스럽고 충동적인 감정들이 통제되거나 절제되지 않은 형태로 나타났다. 달리 말하면, 칼뱅주의의 저 무시무시한 예정론 속에는 신자들로 하여금 끊임없이 철저하게 통제하고 절제하는 삶을 살게 만드는 동력이 존재했던 반면에, 루터교 속에는 그런 동력이 존재하지 않았기 때문에, 루터교 신도들에게는 자신의 삶을 윤리적으로 체계화하고 조직화하고자 하는 동기가 존재할 수 없었다.

---

105. 루터교의 윤리 이론이 발전해 나가는 과정에서도 이것은 아주 뚜렷하게 표출된다. 이 주제에 대해서는 회니케(G. Hoennicke)의 『초기 개신교 윤리 연구』(*Studien zur altprotestantischen Ethik*)를 보라. 『괴팅겐 지식인 리뷰』 제8호(1902)에 수록된 이 책에 대한 에른스트 트뢸치(Ernst Troeltsch)의 유익한 서평도 보라. 루터교의 교리는 그러한 발전과정에서 종종 초기 정통 칼뱅주의의 교리와 상당히 유사한 모습을 보여주기도 했지만, 결국에는 둘 간의 종교적 지향성이 다르다는 것이 반복적으로 확인되었다.

루터의 조언자였던 멜란히톤(Melanchthon)은 도덕과 신앙을 연결시키기 위한 견고한 토대를 마련하기 위해서 "참회" 개념을 전면에 부각시켰다. 율법으로 인해 생겨나는 참회가 신앙보다 먼저 있어야 하지만, 신앙에는 선행이 수반되어야 하고, 그렇지 않은 신앙은 구원을 가져다주는 참된 신앙일 수 없다(이것은 거의 청교도적인 방식으로 표현되었다). 그는 일정 정도의 상대적인 완전함은 이 땅에서도 이룰 수 있는 것이라고 보았다. 심지어 처음에는 이렇게 가르치기도 했다. 칭의는 사람들로 하여금 선행을 할 수 있게 하기 위해 주어지는 것이고, 신자가 이 땅에서 이루어가는 완전함은 신앙이 현세에서 이룰 수 있는 정도만큼의 구원이 나타나는 것이다.

후대의 루터교 교의학자들도 선행은 신앙이 존재할 때 필연적으로 맺어지는 열매이기 때문에, 신앙은 새로운 삶을 만들어 낸다는 사상을 발전시켰고, 그러한 사상은 외적으로만 보면 개혁교회 신학자들이 발전시킨 사상과 아주 흡사했다. "선행"은 무엇인가 하는 질문에 대해서는 일찍이 멜란히톤부터 점점 더 율법과 관련해서 선행을 정의했고, 이런 경향은 후대의 루터교 신학자들에게서는 더욱 심화되었다.

이렇게 해서 루터의 원래의 사상들 중에서 루터교에 남아 있게 된 것은 오직 성경의 지배, 특히 구약성경의 개별적인 규범들을 중시하는 지향성뿐이었다. 하지만 그런 지향성조차도 루터에 비해 약화되어 있어서, 기본적으로는 오직 십계명만이 자연적인 도덕법의 가장 중요한 원리들을 법조문들로 만든 것으로서 인간의 행위 규범으로 인정되었을 뿐이었고, 게다가 "규범으로서의 십계명의 유효성"과 구원과 관련해서 유일하게 중요한 것으로 루터가 점점 더 강조했던 "이신칭의 사상"을 서로 이어주는 연결고리가 루터교에는 없었는데, 이런 연결고리의 부재는 앞에서 이미 말했듯이 루터교적인 신앙이 심리학적으로 칼뱅주의적인 신앙과 완전히 다른 성격을 지니고 있었기 때문이었다.

교회가 영혼 구원의 기관으로 자처하면서, 정통 루터교가 초창기에 가지고 있던 관점은 배제되었지만, 새로운 관점이 정립된 것도 아니었다. 특히 "오직 믿음으로"라는 교리적 토대가 제거될 것을 우려해서, 금욕주의를 토대로 해서 각자의 삶 전체를 합리적으로 조직하는 것이 개별 신자들에게 주어진 윤리적인 과제라고 천명할 수도 없었다. 왜냐하면, 칼뱅주의에서는 예정론으로 말미암아 "구원의 확증" 사상이 아주 중요해진 반면에, 루터교는 개별 신자가 자신의 구원을 "확증해야" 한다는 사상이 중요하게 대두될 수 있는 신학 체계를 전혀 갖추고 있지 않았기 때문이었다. 칼뱅주의적인 예정론의 부재 외에도, 성례전에 대한 주술적 해석, 특히 거듭남 또는 그 단초를 세례와 결부시켜서 "은혜 보편주의"를 수용한 것도 개별 신자들의 도덕적인 삶을 체계적으로 조직하는 것을 방해하는 요인으로 작용하였다. 왜냐하면, 성례전에 대한 주술적 해석은 "자연 상태"와 "은혜 상태" 간의 깊은 간격을 제대로 인식할 수 없게 만들었고,

원죄에 대한 루터교의 강조와 합해져서 그런 현상은 더욱 강화되었기 때문이었다. 아울러, 칭의를 전적으로 법정적인 의미로만 해석해서, 회심한 죄인의 구체적인 참회 행위를 통해 하느님의 결정이 바뀔 수 있다고 가르친 것도 신자들이 자신들의 도덕적인 삶을 조직하고자 하는 동력을 약화시킨 요인이었는데, 멜란히톤은 바로 그러한 해석을 점점 더 강조했다. 참회를 전면으로 부각시키면서 촉발된 그의 교리의 전반적인 변화는 내적으로는 그가 "의지의 자유"를 인정한 것과 연결되어 있었다.

이 모든 것이 루터교도들의 삶을 비조직적인 성격의 생활양식으로 이끌어 갔다. 루터교가 "고해" 제도를 존속시킴으로써, 일반적인 루터교도들은 자신들이 지은 구체적인 죄는 거기에 상응하는 구체적인 은혜의 행위를 통해 상쇄시키면 되었고, 그렇게 하는 것이 자신들의 구원을 유지하는 방식이라고 생각할 수밖에 없었기 때문에, 자신의 구원을 스스로 "확증해야" 하는 칼뱅주의적인 "성도 귀족 계층"은 생겨날 수 없었다. 율법으로부터 자유로운 도덕이나 율법을 지향하는 합리적인 금욕주의가 생겨날 수 없었고, 율법은 신앙과 유기적으로 연결되지 못한 채로 하나의 이상으로서 따로 존재했다. 게다가, 성경의 지배를 행위구원 사상으로 보고 반감을 가졌기 때문에, 율법이라고 말은 해도 그 정확한 내용으로 들어가면 극히 불확실하고 불분명하며 엉성했다.

그 결과, 에른스트 트뢸치(앞의 책)가 말했듯이, 루터교도들의 삶은 윤리론의 관점에서 보았을 때에는 "시작만 있을 뿐이고 끝까지 성공적으로 이루는 것은 전혀 없는 것들의 총합"이었고, 그들의 삶과 관련된 윤리적인 가르침들은 단지 서로 연결되어 있지 않은 "단편적이고 불확실한 지침들"일 뿐이어서, "삶 전체를 내적으로 연결시켜 주는" 지향성이 결여된 채로, 본질적으로 루터가 이미 걸어갔던 노선(앞에 나온 설명을 보라)을 따라 개별 신자에게 구체적으로 주어지는 모든 크고 작은 일들에 순응해서 살아가는 삶이 될 수밖에 없었다. 독일인들은 다른 민족들보다 외국의 문화에 더 잘 "순응하고" 자신의 국민성을 더 쉽게 바꾼다고 탄식하는데, 그들의 그런 경향성은 그들이 겪어왔던 정치적 운명들과 더불어서 루터교의 이러한 발전과정에서 생겨난 것이다. 루터교 신앙이 지닌 이러한 "순응"의 특질은 오늘날에도 독일인들의 모든 삶 속에서 계속해서 영향을 미치고 있다. 독일인들에게는 "권위에 의해" 주어진 것들을 수동적으로 받아들이는 것이 체질화되어 있기 때문에, 문화를 주체적으로 수용하는 능력은 그들에게서 지금도 여전히 약하다.

———————

종교라는 영역에서 천재였다고 할 수 있는 루터는 스스로 날아다닐 수 있는 힘이 지속되는 한에서는 아무런 제약도 없고 통제도 없는 분위기 속에서 세상을 훨훨 날아다니며 살아도 "자연 상태"(status naturalis)로 추락할 위험이 없었다. 또한 루터교에서 가장 높은 수준에 도달한 일부 신자들에게서 볼 수 있는 소박하면서도 섬세하고 감성이 살아있는 경건과 엄격한 규범에 얽매이지 않고 자유로운 도덕은 청교도 신앙을 토대로 한 사람들에게서는 거의 발견되지 않고, 도리어 후커(Hooker, 1554-1600)와 칠링스워스(Chillingsworth, 1602-1644) 같은 온건한 성공회 신자들 속에서 훨씬 더 많이 발견된다. 하지만 루터교에서 일반적인 신자들은 물론이고 좀 더 진지한 신자들의 경우에도, 회개나 설교의 효력이 지속되는 동안에는 일시적으로 "자연 상태"를 벗어날 수는 있었지만, "은혜 상태"를 계속해서 유지하는 것은 불가능했다는 것은 너무나 분명하다.

개혁교회에 속한 궁정관료들은 늘 변함없이 높은 수준의 윤리적인 언행을 보여주었던 반면에, 루터교에 속한 궁정관료들은 자주 술에 취해 있는 모습을 보이고 거친 언행을 일삼은 것은 당시 사람들의 주목을 받았고,[106] 재세례파가 금욕주의 운동을 전개하는 동안에 루터교의 성직자들은 오직 믿음만을 강조하는 설교를 하는 것 외에는 아무것도 할 수 없었다는 것도 사람들의 입에 널리 회자되었다.

오늘날에도 우리가 "자연 상태"를 철저하게 통제하고 말살한 결과로 영국인과 미국인들의 인상에서조차 나타나게 된 분위기와는 대조적으로 독일인들에게서 느낄 수 있는 "자연스럽고 정겨운" 분위기, 그리고 그런 독일인들이 영국인과 미국인들에게서 느끼는 이질감, 즉 전체적으로 무엇인가에 얽매여서 자유롭지 못하고 편협하게 살아가고 있다는 느낌을 받는 것은, 본질적으로 루터교가 칼뱅주의보다 훨씬 더 규범에 얽매이지 않고 금욕주의적이지 않은 생활양식을 형성해온 결과다. 루터교 신자들이 개혁교회 신자들에 대해서 느끼는 그런 감정은 그 어떤 것에도 얽매이지 않는 삶을 추구하는 "세속주의자"가 금욕주의적인 삶에 대해서 갖는 반감의 표출이다.

은혜와 구원에 관한 루터교의 교리 속에는 신자들의 생활양식을 합리적으로 조직화하도록 압박을 가하는 심리적 동력이 존재하지 않았다. 조금 후에 보게 되겠지만, 종교적 신앙의 금욕주의적인 성격을 생겨나게 하는 그러한 동력이 여러 가지 다양한 종교적 동기에 의해서 형성될 수 있었다는 것은 의심의 여지가 없기 때문에, 칼뱅주의의 예정론은 그러한 여러 가지 다양한 동기들 중 하나에 지나지 않았다. 그럼에도 불구하고, 칼뱅주의의 예정론은 유례를 찾아볼 수 없을 정도로 철저한 논리적 일관성을 지니고 있어서, 놀라울 정도로 대단한 심리적 효과를 초래했다는 것을 우리는 확인했다.[107] 따라서 개신교에서 칼뱅주의 이외의 금욕주의적인 종파 운동들은 오로지 종교적 동기라는 관점에서만 본다면 칼뱅주의가 지니고 있던 내적 일관성이 약화되어 있는 형태들이라고 보아야 한다.

실제로 역사적으로 전개된 과정 속에서 나타난 금욕주의적인 종파 운동들을 살펴보면, 그 운동들은 모두는 아니지만 대부분은 개혁교회의 금욕주의를 모방한 것이었거나, 자신들만의 독자적인 형태를 발전시킨 경우에도 그 과정에서 개혁교회의 금욕주의를 참조하고 보완한 것이었다. 개혁교회와 다른 신앙적 토대를 지닌 종파에서도 개혁교회의 금욕주의를 받아들인 경우도 있었지만, 그것은 일반적으로 해당 종파의 교리에서 필연적으로 나온 것이 아니라 단지 교회법의 규정을 통해 인위적으로 만들어 낸 것이었다. 이것에 대해서는 나중에 다른 맥락에서 다시 살펴보게 될 것이다.[108]

106. 이것에 대해서는 톨루크(August Tholuck)가 만연체로 쓴 『합리주의 전사』(*Vorgeschichte des Rationalismus*)를 보라.

107. 이슬람교의 예정론(좀 더 정확히 말해서, 결정론)이 미친 전혀 다른 영향과 그 이유들에 대해서는 앞에서 인용한 울리히(F. Ullrich)의 하이델베르크 대학 신학박사 학위논문인 『이슬람교와 기독교의 예정론』을 보라. 얀센주의자들의 예정론에 대해서는 호니스하임(P. Honigsheim)의 앞의 책을 보라.

108. 이것에 대해서는 나의 논문 『개신교 분파들과 자본주의 정신』을 보라.

2. 경건주의

역사적으로 볼 때, "경건주의"라 불린 금욕주의적인 운동의 시발점도 예정론이었다. 이 운동이 개혁교회 내에서 전개되었던 동안에는 경건주의적인 칼뱅주의자들과 비경건주의적인 칼뱅주의자들은 별 차이가 없어서,[109] 청교도를 대표하는 거의 모든 지도적인 인물들이 경건주의자들로 불리기도 했다. 또한 앞에서 설명한 바와 같이, 예정론과 개별 신자들이 자신의 삶 속에서 자신의 구원을 확증해야 한다는 사상의 결합, 그리고 그러한 결합의 토대가 된 것, 즉 "구원의 확신"을 얻고자 한 개별 신자들의 관심은 경건주의가 칼뱅주의에 이미 존재했던 고유한 교리들을 지속적으로 발전시킴으로써 생겨난 것이었다. 특히 네덜란드에서 개혁교회 공동체들 내에서 금욕주의적인 부흥 운동들이 일어난 것은 언제나 예정론이 일시적으로 잊혀졌거나 약화되었다가 다시 활활 타오르게 되었을 때였다. 이런 이유에서 영국과 관련해서는 통상적으로 "경건주의"라는 용어를 사용하지 않는 것이 보통이다.[110] 유럽 대륙을 살펴보아도, 심지어 네덜란드와 라인 강 하류의 남서부 독일에서 생겨난 개혁교회적인 경건주의조차도 베일리(Bayly)의 신앙처럼 처음에는 단지 개혁교회의 금욕주의가 강화된 형태일 뿐이었다.

---

109. 리츨(Ritschl)은 자신의 저작인 『경건주의의 역사』(*Geschichte des Pietismus*) 제1권 152쪽에서 오직 네덜란드의 사례들만을 토대로 해서 라바디 (Labadie) 이전 시기에 대해서 다음과 같은 특징들에 의거해 이 둘의 차이를 구별하고자 한다. (1) 경건주의자들은 작은 집단들을 형성했다는 것; (2) 경건주의 자들은 "육체적인 실존의 무가치성"이라는 사상을 "복음적인 구원에 대한 관심과 반대되는 방식으로" 발전시켰다는 것; (3) 경건주의자들은 "주 예수와의 달콤한 교제 속에서의 은혜의 확신"을 종교개혁 전통과는 반대되는 방식으로 추구했다는 것. 하지만 여기에서 세 번째로 거론된 것은 라바디 이전 시기에는 그가 언급한 경건주의의 대표적인 신학자들 중에서 오직 한 명만이 보여주는 특징일 뿐이었다. 게다가, "육체적인 실존의 무가치성"이라는 사상은 원래부터 칼뱅주의 정신의 산물로서, 오직 현실 세계로부터의 도피와 결합된 경우에만 개신교의 정상적인 노선을 벗어나는 것이 되었을 뿐이다. 또한, 특히 교리 교육을 목적으로 한 작은 집단들은 일정 정도 도르트레히트 종교회의 결의에 의거해서 만들어진 것이었기 때문에, 특별히 경건주의와 연관된 것은 아니었다.

리츨의 연구를 통해 앞에서 제시된 경건주의적인 신앙의 여러 특징들 중에서 다음과 같은 것들만이 우리의 논의와 관련이 있다. (1) 기스베르트 푀티우스 (Gisbert Voëtius)가 종종 언급한 것처럼, 삶의 모든 "외적인 면들"에서 맹종에 가까울 정도로 성경을 더욱 "엄밀하게" 따른 것; (2) 로덴슈타인(Lodensteyn)이 말하고 있는 것으로 보이지만 멜란히톤도 시사하고 있는 것처럼(주 105를 보라), 칭의 및 하느님과의 화해를 그 자체로 목적으로 삼지 않고 오직 금욕주의적이고 거룩한 삶을 살기 위한 수단으로 여긴 것; (3) 빌럼 텔링크(W. Teellinck)가 처음으로 지적했듯이, 참회를 위한 고군분투를 지칭하는 "참회투쟁"을 참된 거듭남의 표지로 여겨서 중시한 것; (4) 거듭나지 않은 자들이 성찬에 참여하는 것을 금지하고(이것에 대해서는 나중에 다른 것을 논의하는 맥락에서 다시 살펴볼 것이다), 도르트레히트의 신조가 정한 한계를 넘어서서 작은 집단들 속에서 "예언"이 부활되어서 신학자가 아닌 사람들과 여자들(예컨대, 안나 마리아 쉬르만)도 성경을 해석할 수 있게 된 것. 경건주의가 보여준 이 모든 특징들은 종교개혁자들의 가르침 및 실천과 다른 것들이었고, 그 중 일부는 상당한 정도로 다른 것들이었다. 그럼에도 불구하고 리츨이 자신의 연구에 포함시키지 않은 종파들, 특히 영국의 청교도 신앙과 비교해 보면, 경건주의의 이러한 특징들은 (3)을 제외하고는 종교개혁자들의 신앙의 전체적인 발전 과정 내에서 특정한 경향들이 강화된 것에 불과한 것이었다.

리츨이라는 위대한 학자는 교회정치 또는 좀 더 정확하게는 종교정치와 관련된 그의 지향성에 의해 형성된 가치판단에 의거해서 특정한 금욕주의적인 신앙에 대한 반감을 지니고 있었기 때문에, 어떤 종파가 그런 신앙 형태로 변화되어 갈 때마다 그것을 "가톨릭 신앙"으로의 퇴보로 규정하였고, 이것은 그의 연구가 객관적이지 못하고 편파적인 논의로 흐르는 데 일조했다. 따라서 그의 판단과는 달리, 초기 개신교에서는 가톨릭의 경우와 마찬가지로 "천차만별의 사람들"이 활동했지만, 그럼에도 불구하고 얀센주의자들의 가톨릭교회가 "엄격한 세속적 금욕주의"를 배격했듯이, 경건주의는 "17세기 가톨릭의 정적주의"를 배격했다는 것은 여전히 사실이다.

우리의 연구와 관련된 특정한 관점에서 중요한 것은 경건주의가 칼뱅주의와는 단지 양적으로만이 아니라 질적으로도 다른 영향력을 사람들에게 미치는 종파가 된 것은 경건주의자들에게서 점점 더 커지게 된 "세속"에 대한 불안이 결국 개인경제 속에서의 직업 생활로부터의 도피로 귀결되었을 때, 즉 "세속"에 대한 그들의 불안이 수도원적이고 공산주의적인 기반 위에서의 작은 집단들을 형성하는 쪽으로 귀결되거나(라바디의 경우), 당시 사람들이 일부 극단적인 경건주의자들에 대해 비난했듯이 의도적으로 세속적인 직업 노동을 소홀히 하고 "묵상"의 삶에 몰두하는 쪽으로 귀결되었을 때였다. 여기에서 이 "묵상"이 리츨이 베르나르의 아가서 주석에 대해 평가하면서 "베르나르주의"라고 지칭했던 특징, 즉 은밀한 성애적 특징을 지닌 "신비적 합일"(unio mystica)을 추구하는 신비주의적이고 감성적인 신앙 형태가 되었을 때, 경건주의에서 그런 식의 귀결이 특히 자주 일어나게 된 것은 어쩌면 당연한 일이었다.

이런 특징을 지닌 변질된 경건주의는 전적으로 종교심리학적인 관점에서 보는 경우에도 종교개혁자들의 신앙만이 아니라 푀티우스(Voëtius) 같은 사람들이 거기에 금욕주의적인 색채를 입힌 신앙 형태와도 구별되는 완전히 "다른 것"이었다. 그런데도 리츨은 이 신비주의적인 정적주의를 경건주의적인 금욕주의와 결부시켜서, 이 둘을 한꺼번에 싸잡아서 비난한다. 그는 경건주의 문헌들에 인용된 가톨릭적인 신비주의나 금욕주의에 관한 내용들을 일일이 다 찾아내어서, 마치 그것들이 경건주의적인 금욕주의인 것처럼 비난한다. 하지만 그 정통성을 "전혀 의심할 여지가 없는" 영국과 네덜란드의 도덕신학자들조차도 베르나르, 보나벤투라, 토마스 아 켐피스 등과 같은 신비주의자들의 글을 인용하고 있다. 따라서 우리는 종교개혁 시기에 개신교의 모든 종파들과 가톨릭의 관계는 아주 복잡하게 얽히고설켜 있어서, 우리가 어떤 특정한 관점에서만 보는 경우에는 각각의 종파들이 가톨릭 또는 가톨릭의 어떤 특징들과 동일한 것처럼 보일 수 있다는 점에 유의해야 한다.

110. 『개신교 신학과 교회 백과사전』 제3판에 수록된 미르프트(K. M. Mirbt)의 아주 유익한 글인 "경건주의"(Pietismus)라는 항목에서 경건주의의 기원을 서술하면서 개혁 신앙과 관련된 전신들에 대해서는 전혀 언급하지 않고 오직 슈페너(Spener)의 개인적인 종교 체험과만 연결시키고 있는 것은 다소 의아하다. 경건주의를 소개하는 것으로는 구스타프 프라이타크(Gustav Freytag)의 『과거 독일의 모습』(*Bilder aus der deutschen Vergangenheit*)에 나오는 서술이 오늘날에도 읽을 만한 가치가 있다. 영국의 경건주의의 기원에 대한 것으로는 당시에 씌어진 휘태커(W. Whitaker)의 『규율과 경건의 제1강령』(*Prima institutio disciplinaque pietatis*, 1570)을 참조하라.

경건주의에서는 그 모든 중점을 "경건의 실천"(praxis pietatis)에 두었기 때

문에, 교리의 정통성이라는 문제는 부차적인 것으로 취급되었고 때로는 전혀 관심조차 갖지 않았다. 구원으로 예정된 자들이라도 여러 가지 죄들을 지을 수 있고 잘못된 교리를 지닐 수 있다. 신학을 모르는 기독교인들이 신앙의 가장 분명한 열매들을 맺는 일이 무수히 많았다는 것은 경험이 보여준다. 반면에, 단지 신학적인 지식이 있다고 해서 실제의 삶 속에서 행실을 통해 참된 신앙이 있음이 확증되고 구원의 확실성을 얻을 수 있는 것이 아니라는 것도 마찬가지로 분명했다.[111] 따라서 신학적인 지식의 소유 여부를 통해서 자신이 택함 받은 자들에 속한다는 것을 확인하는 것은 불가능했다.[112]

---

111. 잘 알려져 있듯이, 이러한 사상으로 인해서 경건주의는 "관용" 사상의 주된 대표자 중 하나가 될 수 있었다. 이 기회에 이 주제에 대해서 몇 가지 말해 두고자 한다. 인문주의적이고 계몽주의적인 "무차별" 사상은 그 자체만으로는 실천적으로 큰 영향력을 지닐 수 없었기 때문에 여기에서 일단 그 사상을 배제한다면, 서양에서 "관용" 사상의 주된 원천은 다음과 같은 네 가지였다.

(1) 전적으로 정치적인 국가 이성(오렌지 공 윌리엄이 그 전형적인 예였다).

(2) 중상주의(이것은 어느 한 종파가 아니라 여러 다양한 종파의 신자들을 경제 발전의 중요한 주역들로 인식했던 암스테르담을 비롯한 많은 도시들과 영주들과 군주들에게서 특히 분명하게 표출되었다).

(3) 급진적인 형태의 칼뱅주의 신앙. 한편으로는, 예정론에서는 국가가 불관용의 원칙을 폈을 때 실제로 사람들의 신앙을 진전시킬 수 있다는 것을 기본적으로 부정했다. 예정론에 의하면, 국가의 불관용 정책은 한 명의 영혼도 구원으로 인도할 수 없고, 교회는 오직 하느님의 영광을 위해서 이단을 억제하는 데 국가의 도움을 요청할 수 있을 뿐이었다. 다른 한편으로는, 오직 택함 받은 자들만이 성직자가 될 수 있고 성찬에 참여할 수 있다는 원칙이 강조되면서, 국가가 성직자의 임명에 이런저런 방식으로 간섭하고, 거듭나지 않은 자들이라도 신학교를 졸업하면 국가 제도에 의해 성직자로 임명되며, 행실에서 문제가 있

는 정치 권력자들이 교회의 일에 간섭하는 것을 교회는 받아들일 수 없었다. 개혁교회의 경건주의에서 정확한 교리의 가치를 평가절하고, "교회를 떠나서는 구원이 없다"(extra ecclesiam nulla salus)는 명제가 점차 느슨해진 것도 국가의 간섭을 거부하는 경향을 강화시켰다. 칼뱅은 하느님으로부터 "버림받은 자들"이라고 할지라도 하느님이 친히 세운 교회의 지도에 따르는 것이 하느님의 영광과 부합하는 것이라고 여겼지만, 뉴잉글랜드에서는 교회를 오직 택함 받은 자들로만 이루어진 귀족 집단으로 만들고자 하는 시도가 행해졌고, 급진적인 독립파는 오직 개별 회중 내부에서만 가능한 개별 신자들의 구원의 확실성에 대한 "확증"에 세속적인 집단이나 정치권력이 개입하는 것을 배격했다. 하느님으로부터 "버림받은 자들"과 성찬을 함께 하는 것은 하느님의 영광을 욕되게 하는 것이라는 사상이 처음부터 존재하기는 했지만 시간이 흐르면서 점점 더 열광적으로 강조됨에 따라, "버림받은 자들"이라고 할지라도 교회의 지도에 복종하는 것이 하느님에게 영광이 된다는 사상은 완전히 밀려나게 되었다. 이러한 사상은 오직 거듭난 자들만으로 이루어진 종교 공동체인 "신자들의 교회"로 이어졌다는 점에서 의지를 중시하는 주의주의(Voluntarismus)로 귀결되었다고 할 수 있었다. 예를 들면, "성도들의 의회"의 지도자였던 프레이즈갓 베어본(Praisegod Barebone)이 속해 있던 칼뱅주의적인 침례교에서는 이러한 일련의 사상들로부터 도출된 결론을 가장 철저하게 실천한 집단이었고, 크롬웰의 군대는 양심의 자유를 옹호했다. 1653년 7월부터 12월까지의 영국 의회를 지칭하는 "성도들의 의회"에서는 국가와 교회의 분리를 주장했는데, 독실한 경건주의자들이었던 그들은 종교적인 이유에서 그런 주장을 편 것이었다.

(4) 재세례파에 속한 여러 분파들(이것에 대해서는 나중에 살펴볼 것이다). 이 분파들은 처음부터 끝까지 오직 거듭난 자들이 교회 공동체에 속할 수 있다는 원칙을 가장 강력하고 일관되게 견지한 집단들이었기 때문에, 교회를 하나의 제도로 보는 사상과 세속적 권력의 개입을 둘 다 거부했다. 따라서 이 경우에도 무조건적인 관용의 요구는 종교적인 이유에서 나왔다. 로버트 브라운(Robert Browne)은 그러한 종교적인 이유를 내세워서 침례교보다는 한 세대 전에, 그리

고 로저 윌리엄스(Roger Williams)보다는 두 세대 전에 무조건적인 관용 및 국가와 교회의 분리를 주장한 최초의 인물이었다. 이것과 관련된 교회 공동체의 최초의 선언은 1612년 또는 1613년에 영국의 침례교도들이 암스테르담에서 한 선언인 것으로 보인다. "당국은 종교나 양심의 문제에 개입해서는 안 된다……교회의 양심의 왕과 입법자는 그리스도이기 때문이다." 양심의 자유를 국가가 적극적으로 보호해야 할 하나의 권리로 요구한 최초의 공식문서는 1644년에 발표된 특수 침례교의 신앙고백 제44조였다.

다시 한 번 강조해 두어야 할 것은 "관용" 원칙이 자본주의에 유리하게 작용했다는 견해가 종종 제기되지만 당연히 완전히 잘못된 견해라는 것이다. 종교적 관용이라는 것은 특별히 근대적인 것도 아니었고 서양에 특유한 것도 아니었다. 그것은 중국, 인도, 헬레니즘 시대에 근동의 여러 제국들, 로마 제국, 이슬람 제국들에서 행해졌고, 오직 국가 이성과 관련해서 제한을 받은 경우(이것은 오늘날에도 적용된다)를 제외하고는 오랜 세월 동안 널리 행해져 왔다. 16세기와 17세기에는 세계의 그 어디에서도 그런 정도의 관용은 행해지지 않았고, 청교도 신앙이 지배한 지역들에서의 관용의 정도는 더욱 좁았다. 정치적이고 경제적으로 번영했던 시기의 네덜란드의 홀란트(Holland)와 젤란트(Zeeland), 청교도적이었던 잉글랜드와 뉴잉글랜드가 그 예다. 서양에서는 종교개혁 이전이든 이후든 페르시아의 사산 왕조와 마찬가지로 종교에 대한 불관용 정책이 특징이었다. 중국, 일본, 인도의 경우에도 어떤 시기들에는 대체로 정치적인 이유로 불관용 정책이 행해졌다. 결론적으로 말해서, "관용" 정책 자체는 자본주의의 발달과 조금도 관계가 없었고, 단지 그런 정책으로 인해서 구체적으로 누가 덕을 보았는가 하는 것이 문제가 될 뿐이었다.

"신자들의 교회"가 종교적 관용을 요구한 결과가 무엇이었는지에 대해서는 나의 논문인『개신교 분파들과 자본주의 정신』에서 자세하게 다룰 것이다.

112. 이러한 사상은 예컨대 성직 후보자들을 심사했던 크롬웰의 "심사관들"에게서 구체적으로 확인된다. 그들은 성직 후보자들을 심사할 때에 신학에 대한 전문적인 지식보다는 개별 후보자가 구원을 받았는지를 확인하려고 했다.

나의 논문인 『개신교 분파들과 자본주의 정신』을 보라.

———————

그래서 경건주의는 표면적으로는 계속해서 신학자들과 함께 교회를 이루고 있었지만(이것은 경건주의의 특징들 중의 하나다), 실질적으로는 그러한 교회에 대해 깊은 불신과 반감을 지니고 있었기 때문에,[113] "경건의 실천"에 공감하는 자들이 함께 모여서 세상 및 세속적인 활동을 멀리하는 "작은 집단들"을 형성하기 시작했다.[114] 그렇게 함으로써 경건주의는 개혁교회가 표방했던 "성도들로 이루어진 보이지 않는 교회"에 만족하지 않고 그런 교회를 이 땅에서 눈에 보이게 하고자 했고, 기존 교회로부터 독립한 분파를 형성하지 않으면서도, 자신들의 "보이는 교회"를 통해 세상의 영향들로부터 벗어나서 그들의 삶의 모든 세부적인 일들에서 하느님의 뜻을 지향하는 삶을 살고자 했으며, 자신들의 일상적인 삶에서 나타나는 외적인 증표들을 통해 자신들이 택함 받고 구원 받은 자들이라는 것을 확인하고자 했다.

———————

113. 아리스토텔레스를 비롯한 고전 철학 전반에 대한 불신이라는 경건주의의 특징은 이미 칼뱅에게서 그 초기형태로 나타났다(『기독교 강요』 제2권 2장 4절, 제3권 23장 5절, 제4권 17장 24절을 보라). 잘 알려져 있듯이, 루터에게서도 그러한 불신은 처음에는 마찬가지로 강하게 존재했지만, 나중에는 한편으로는 주로 멜란히톤으로 인한 인문주의의 영향에 의해, 다른 한편으로는 변증 및 성직자들에 대한 교육의 필요성에 의해 많이 약화되었다. 웨스트민스터 신앙고백에서는 굳이 교육을 받지 않은 사람들이라고 해도 그들의 구원에 필요한 것들은 성경에 다 나와 있다고 가르쳤는데(제1장 제7조), 이것은 개신교 전통과 부합하는 것이었다.

114. 공식적인 교회들에서는 경건주의에서의 그러한 발전에 항의했는데, 1648년에 나온 스코틀랜드 장로교회의 소요리문답이 그 예였다. 거기에서는

동일한 가족의 구성원이 아닌 사람이 가정예배에 참석하는 것을 성직에 대한 침해로 보고 금지했다(제7항). 모든 금욕주의적인 종교 집단들과 마찬가지로 경건주의도 성직에 부여된 특권과 결부되어 있던 가부장적인 가정으로부터 개인을 벗어날 수 있게 해주었다.

––––––––

또한 경건주의자들은 참되게 회심한 자들로 이루어진 "작은 교회"(ecclesiola)를 통해 금욕주의적인 삶을 강화해서 현세에서 하느님과 함께 살아가는 공동체적인 삶이라는 지극한 복을 누리고자 했다(이것도 온갖 형태의 경건주의의 공통적인 특징이었다). 그런데 그들의 이러한 시도는 루터교의 "신비적 합일"(unio mystica)과 아주 유사한 것으로서, 흔히 경건주의자들의 신앙 속에서 개혁교회의 일반적인 신자들의 경우보다 더 강력하게 감성적 측면을 강화해 주는 역할을 했다. 우리의 관점에서 보면, 이것은 개혁교회에서 생겨나서 발전한 "경건주의"의 중요한 특징이었다. 왜냐하면, 경건주의의 그러한 감성적인 요소는 칼뱅주의 신앙에서는 완전히 이질적인 것이었던 반면에 중세의 몇몇 신앙 형태들과는 유사한 것으로서, 자신이 내세에서 구원을 얻게 되었다는 사실을 확인하기 위해 금욕주의적인 치열한 삶을 살아가고자 했던 칼뱅주의를 현세에서 실제로 구원을 향유하고자 하는 아주 현실적인 신앙으로 그 흐름을 바꾸어 놓은 동력이었기 때문이다.

게다가, 경건주의에서는 그 종교적 감성이 신자 자신에 의해 통제될 수 없는 정도까지 고양될 수 있었기 때문에, 무수히 많은 사례들을 통해서 우리에게 알려졌고 정신병리학적으로도 증명된 현상, 즉 사람의 의식이 현저하게 약화되는 종교적 탈혼 상태와 신경이 고도로 소진되어서 하느님이 없는 것처럼 느껴지는 상태가 교대로 나타나는 현상에 신자들이 노출되면서, 청교도들이 거룩한 삶을 살기 위해서 자신의 삶을 철저하게 합리적이고 체계적으로 조직해서 자신들에게 주어진 엄격한 규율들을 지켜나간 것과는 완전히 반대되는 삶이 그들을 지배하게 되었다. 왜냐하면, 칼뱅주의자들의 이

성적 인격이 "감성이나 감정"에 의해 무너지지 않도록 막아주었던 엄격한 규율들이 경건주의자들에게서는 근본적으로 현저하게 약화되어 있었기 때문이었다.[115] 아울러, 모든 피조물은 타락하고 부패되어 있다는 칼뱅주의 사상이 경건주의에서 "감성적으로" 이해되어, 경건주의자들이 자기 자신을 "벌레 같은 존재"로 느끼게 되었을 때, 그것은 세속적인 직업 활동의 활력을 말살시키는 역할을 했다.[116] 또한 예정론도 경건주의자들에게 적용되어서 감성적이고 감정적인 동화가 일어날 경우에는 칼뱅주의의 합리적인 신앙에서와는 달리 암울한 숙명론이 될 수 있었다.[117] 끝으로, 성도들을 세속으로부터 격리시켜서 거룩한 삶을 살게 해야 한다는 경건주의의 목표도 감성적으로 고양되면 거의 공산주의와 비슷한 성격을 띤 수도원 같은 공동체를 형성하는 결과를 가져올 수 있었는데, 실제로 그러한 공동체들은 경건주의에서 반복적으로 생겨났고, 심지어 개혁교회에서 출현하기도 했다.[118]

----

115. 우리가 여기에서 이러한 종교적 인식의 실질적인 내용들의 "심리학적인"(심리학이라는 학문이라는 의미에서) 측면들을 다루는 것은 물론이고, 그런 논의에서 거론되는 용어들을 사용하는 것까지 의도적으로 피한 것은 타당하다. 왜냐하면, 정신의학을 포함한 심리학을 통해 확립된 일련의 개념들은 현재로서는 우리가 연구하고자 하는 분야에서 역사적 연구의 목적으로 사용하기에는 아직 객관성이 결여되어 있기 때문에, 그런 개념들을 사용하게 되면, 우리의 연구 대상에 대한 역사적 판단에서 객관성을 확보할 수 없게 되기 때문이다. 쉽게 이해할 수 있고 흔히 아주 사소하기도 한 사실들을 설명하는 데 심리학의 용어들을 사용하는 것은 난해하고 모호한 단어들을 잔뜩 사용해서 전달하고자 하는 개념들의 정확성과 정밀성을 높이는 것처럼 위장해서 사실은 자신의 현학적인 면모를 과시하고자 하는 것일 수밖에 없다.

유감스럽게도 우리는 그런 전형적인 사례를 카를 람프레히트(Karl Lamprecht)에게서 볼 수 있다. 특정한 역사적 집단 현상을 해석하는 데 정신병리학적 개념들을 사용한 시도들 중에서 어느 정도 평가받을 만한 것으로는 헬파흐(W. Hellpach)의 『히스테리 심리학 개요』 제12장과 『신경과민과 문화』를 보라. 내 생각에는 이 다재다능한 저자조차도 람프레히트의 몇몇 이론들로부터 나쁜 영향을 받은 것으로 보이지만, 이 자리에서는 그런 것들을 다룰 수 없다. 『독일사』(Deutsche Geschichte) 제7권에 나오는 경건주의에 대한 람프레히트의 도식적인 설명이 그 이전의 연구들에 비해 전혀 쓸모없는 것임은 경건주의에 대한 기본적인 문헌들을 읽어 본 사람들은 누구나 인정할 수밖에 없을 것이다.

116. 이것은 예컨대 쇼르팅휘스(Schortinghuis)의 『내면적 기독교』(Innigen Christendom)를 지지하는 자들에게서 발생했다. 이 사상은 종교사적으로는 제2이사야에 나오는 "여호와의 종"에 관한 구절들과 시편 22편으로 거슬러 올라갈 수 있다.

117. 이러한 현상은 네덜란드의 경건주의자들에게서 개별적으로 표출되었고, 나중에는 스피노자의 영향 아래 표출되었다.

118. 라바디, 게르하르트 테르스테겐 등을 보라.

앞에서 말한 그런 식의 감정의 고양을 통해 생겨나는 극단적인 현상들이 실제로 경건주의에서 나타나지 않은 경우에도, 즉 개혁교회적인 경건주의자들이 세속적인 직업을 통해 자신의 구원에 대한 확신을 얻고자 한 경우에도, 그들은 자신들이 추종한 경건주의적인 원리들을 자신들의 실제적인 삶에 적용해서, 제대로 된 경건주의자들에 의해서 세속적인 "명예"만을 추구하는 형편없는 기독교인이라는 욕을 먹었던 개혁교회 신자들보다 훨씬 더 엄격하게 금욕주의적으로 자신들의 직업을 중심으로 한 삶을 규율했고, 자신들의 직업윤리를 훨씬 더 종교적으로 엄격하게 지켜나갔다.

또한 개혁교회의 금욕주의가 진지하게 받아들여질수록 그 만큼 더 두드러지게 전면에 등장하게 되는 "택함 받은 자들의 종교적 귀족주의"는 네덜란드의 경우에는 자발적으로 조직된 교회 내의 "작은 집단"이라는 형태로 나타난 반면에, 영국의 청교도 내에서는 한편으로는 교회법의 테두리 내에서 능동적 신자와 수동적 신자라는 형식적인 구별로 나타났고, 다른 한편으로는 별개의 분파를 형성하는 것으로 나타났다.

이제 슈페너(Spener), 프랑케(Francke), 친첸도르프(Zinzendorf) 같은 인물들이 루터교에서 발전시킨 독일 경건주의의 발달 과정을 오직 예정론이라는 범주 내에서 설명하는 것은 불가능하지만, 그 발달 과정이 예정론에서 그 논리적인 정점에 다다른 저 일련의 신학적 사고에서 벗어나 있었던 것은 아니었다. 슈페너가 자기는 영국과 네덜란드의 경건주의로부터 영향을 받았다고 스스로 말한 것과 그가 속한 초기의 작은 집단에서 베일리(Bayly)의 글을 읽었다는 사실이 그것을 잘 보여준다.[119]

---

119. 이러한 사고는 슈페너(Spener)가 "무질서"와 "남용"의 경우를 제외하고는 당국에게는 작은 종교 집단들을 통제할 권한이 없다고 말한 데서 가장 분명하게 드러난다. 그가 보기에, 이 문제는 사도들의 교령이 보장한 기독교인들의 기본적인 권리들과 관련된 것이었다(『신학적 성찰』 제2권 81쪽). 이것은 개개인의 권리 및 그 효력의 범위와 관련한 청교도 사상의 관점과 원칙적으로 정확히 일치하는 것이었다. 청교도 사상에서는 개개인의 권리들은 "하느님의 법으로부터"(ex jure divino) 나오는 것으로서 양도할 수 없는 것으로 여겨졌다. 리츨도 루터교의 관점에서 보았을 때의 이러한 이단, 또는 나중에 베일리(Bayly)의 글에 언급된 이단을 간과하지 않았다(앞의 책 제2권 115, 157쪽). "기본권" 사상에 대한 리츨의 실증주의적인 비판은 속물적인 것은 말할 것도 없고 대단히 비역사적이다. 오늘날 우리는 이 기본권 사상에 아주 많은 빚을 지고 있고, 아무리 "반동적인" 사람도 자신의 개인적인 자유의 영역으로서 그러한 기본권이 기본적이라고 여긴다. 그럼에도 불구하고, 우리는 개개인의 권리의 범위 및 효력과 관련해서 슈페너의 사고 속에는 이 사상과의 유기적인 연결관계가 결여되어 있고, 그런 점에서 슈페너의 사고는 여전히 루터교적이라고 할 수 있다는 리츨

의 평가에 전적으로 동의한다.

슈페너가 자신의 유명한 저작인 『경건한 열망』(*Pia desideria*)에서 이론적으로 정립했고 실제로 창설하기도 한 작은 종교집단인 "경건한 자들의 집회"(collegia pietatis)는 기본적으로 영국의 "예언회"(prophesyings)와 동일한 종류의 모임이었다. 라스코(Lasco)가 런던에서 시작한 "성경연구회"(1547)에서 처음으로 등장한 "예언회"는 그 때 이래로 교회의 권위에 대항하는 데 사용된 청교도 신앙의 형태들의 목록에 빠짐없이 등재되었다. 끝으로, 슈페너는 잘 알려져 있듯이 제네바에서 결정한 교회 치리를 거부하면서, 그 결정에 참여한 "제3신분"(즉, 경제적 신분으로서의 평신도 기독교인들)이 루터교회에서는 교회 조직에 포함되어 있지 않다는 것을 그 근거로 들었다. 다른 한편으로, 파문에 대한 논의에서 군주에 의해 파견된 자들을 "제3신분"의 대표자들로 인정하고서 장로회의 세속적인 구성원들로 받아들인 것은 루터교의 약화를 보여주는 것이었다.

어쨌든 우리의 논의와 관련해서 볼 때에 경건주의라는 신앙 형태의 출현은 결국 체계적으로 세워지고 조직적으로 통제된 금욕주의적인 생활양식이 칼뱅주의 이외의 다른 신앙 형태들에도 침투했다는 것을 보여 줄 뿐이다.[120] 하지만 루터교는 그러한 합리적 금욕주의를 이질적인 요소로 받아들일 수밖에 없었고, 이것은 독일 경건주의 교리의 특징인 논리적 일관성의 부재를 초래했다.

슈페너는 교리의 토대 위에서 체계적이고 조직적인 종교적 생활양식을 정립하기 위해서, "하느님의 영광을 위하여" 선행을 한다는 개혁교회 신앙의 특징적인 사상[121] 및 거듭난 자들은 상대적으로 높은 수준의 기독교적 완전에 다다를 수 있다는 개혁교회적인 사상을 루터교의 여러 사상들과 결합시켰다.[122] 하지만 슈페너가 그런 식으로 정립한 교리에는 논리적 일관성이 결여되어 있었다. 체계적이고 조직화된 기독교적 생활양식은 그의 경건주의에서도 본질적인 특징이기는 했지만, 그는 신비주의자들에게서 강력한 영향을 받았기 때문에,[123] 그런 생활양식을 논리적으로 일관되게 확증하고자 하지 않고, 도리어 기본적으로 루터교적인 방식이기는 하지만 상당히 애매모호한 방식으로 설명하고자 했다. 즉, 그는 "구원의 확실성"을 성화와 연결시켜서 개별 신자의 거룩한 삶에 의해서 확증된다고 설명하지 않고, 루터가 그랬듯이 "구원의 확실성"을 개별 신자의 "믿음"과 느슨하게 연결시켜서 설명했다.[124]

---

120. "경건주의"라는 명칭이 루터교가 지배하던 지역들에서 처음으로 등장했다는 사실은 당시 사람들이 "경건"(pietas)으로부터 조직적인 기업이 생겨난 것을 특이한 현상으로 보았다는 것을 방증해 준다.

121. 우리는 이러한 동력이 칼뱅주의에서 특히 두드러지게 나타났다고 할지라도, 오로지 칼뱅주의에서만 고유한 것은 아니었다는 것을 인정해야 한다. 이러한 동력은 가장 오래된 루터교의 교회법들에서도 손쉽게 찾아볼 수 있다.

122. 이것은 히브리서 5장 13-14절의 의미에서 그러하다. 슈페너(Spener)의 『신학적 성찰』(Theologische Bedenken) 제1권 306쪽을 보라.

123. 베일리와 백스터 외에 슈페너도 특히 토마스 아 켐피스를 좋아했고, 누구보다도 타울러를 높이 평가했다. 슈페너(Spener), 『라틴어판 신학적 권고와 판결』(Consilia et judicia theologica latina) 3,6,1,1,47; 3,6,1,3,6을 보라. 하지만 슈페너가 타울러를 완전히 이해한 것은 아니었다(같은 책 3.6.1.1.1). 타울러에 대한 자세한 논의는 같은 책 1.1.1.7에 나와 있다. 슈페너는 루터의 사상이 타울러에게서 나온 것이라고 보았다.

124. 리츨의 앞의 책 제2권 113쪽을 보라. 슈페너는 후기 경건주의자들과 루터의 "참회투쟁"을 참된 회심을 증명해 주는 유일하게 중요한 표지로 보지 않았다(『신학적 성찰』 제3권 476쪽). 하느님과 화해가 이루어졌다는 것을 믿고 감사했을 때 그 결과물로서 생겨난 성화(이것은 루터교 특유의 정식이다; 『신학적 성찰』 제1부 제1장 제3절 주6)에 대해서는 리츨의 앞의 책 115쪽 주2에 인용된 구절들을 보라. "구원의 확실성"에 대해서는, 한편으로는 『신학적 성찰』 제1권 324쪽

에서 참된 신앙은 감정이 아니라 그런 신앙의 결과물인 하느님에 대한 사랑과 순종에 의해서 증명된다고 말하고, 다른 한편으로는 같은 책 335쪽에서 "당신이 구원의 은혜를 받은 상태에 있는지를 어떻게 확인해야 하는지에 대해 불안이 있다면 영국인들의 저술들보다는 우리의(즉, 루터교의) 저작들에서 더 확실한 지침을 얻을 수 있다"고 말한다. 하지만 슈페너는 구원의 본질에 대해서는 영국인들과 견해를 같이했다.

하지만 경건주의에서 합리적이고 금욕주의적인 요소를 감성적인 요소보다 중시하는 경우에는, 우리의 논의의 관점에서 볼 때 대단히 중요한 다음과 같은 개념들이 필연적으로 전면에 등장할 수밖에 없었다. (1) 개별 신자가 자신의 거룩한 삶을 체계적이고 조직적으로 발전시켜서 탁월하게 높은 수준에서 견고하고 완전하게 하느님의 율법에 의해 확증되는 단계에 점점 도달해 나갈 때, 그것이 그 신자가 "은혜 상태"에 있다는 것을 보여주는 증표라는 것;[125] (2) 개별 신자가 거룩함을 향하여 점점 더 성장하기 위해 자신의 삶의 모든 부분을 체계적으로 성찰하며 인내로써 열망하게 되면, 하느님은 자신의 섭리를 통해 그 신자 안에서 "역사하여" 그 신자가 "은혜 상태"에 있다는 것을 보여준다는 것.[126]

직업적인 노동은 프랑케에게도 금욕주의를 실천하는 데 대단히 유익한 수단이었다.[127] 앞으로 보게 되겠지만 청교도들과 마찬가지로, 그는 하느님은 자신의 택함 받은 자들의 노동에 복을 주는 방식으로 그들에게 복을 준다고 확신했다.

---

125. 아우구스트 헤르만 프랑케(A. H. Francke)가 권한 "신앙일기"도 경건주의에서 개별 신자들에게 그들이 은혜의 상태에 있다는 것을 확인해 주는 외적인 표지였다. 성화를 조직적으로 실천하고 습관화했을 때에 성화가 더욱 깊어

지고 선한 자들과 악한 자들이 더욱더 분리된다는 것이 프랑케의 저작인 『기독교적 완전』(*Von des Christen Vollkommenheit*)의 주제다.

126. 경건주의의 이러한 합리적인 섭리 사상이 정통적인 섭리 사상에서 벗어난 것이라는 주장이 할레(Halle)의 경건주의자들과 정통 루터교의 대표자였던 뢰셔(Löscher) 간의 저 유명한 논쟁에서 전면에 부각되었다. 뢰셔는 자신의 저작인 『티모테우스 베리누스』(*Timotheus Verinus*)에서 인간의 행위를 통해 이룬 모든 것은 하느님의 섭리에 의한 안배에 어긋난다고까지 말했다. 반면에, 프랑케는 우리가 하느님의 뜻을 조용히 기다릴 때 어느 순간 장차 무슨 일이 일어날지와 관련해서 주어지는 깨달음을 "하느님의 뜻에 대한 암시"로 보아야 한다고 말함으로써 단호하게 뢰셔의 입장을 반박했다. 이것은 퀘이커교에서의 심리학과 아주 비슷한 것이었고, "합리적이고 조직적인 방식"을 통해서 하느님에게 더 가까이 나아갈 수 있다는 금욕주의의 일반적인 사상과 일치하는 것이었다. 가장 중요한 문제들 중 하나를 결정할 때 자신의 공동체의 운명을 제비뽑기로 결정했던 친첸도르프(Zinzendorf)의 사상이 프랑케의 섭리 사상과 판이하게 다른 것이었음은 너무나 명백하다. 슈페너는 자신의 저작인 『신학적 성찰』(*Theologische Bedenken*) 제1권 314쪽에서 타울러의 말을 근거로 해서, 신자는 하느님의 역사에 자신을 내어맡겨야 하고 함부로 성급하게 행하여 하느님이 일하는 것을 방해해서는 안 된다고 말함으로써 기독교인의 "침착성"에 대해 말하는데, 이것은 본질적으로 프랑케의 입장이기도 했다. 경건주의 신앙은 현세에서의 평안을 추구했기 때문에 청교도 신앙에 비해서 활동성이 근본적으로 약했다는 것은 도처에서 아주 분명하게 드러났다. 경건주의의 이러한 신앙에 반대해서, 침례교의 지도자였던 조지 화이트(G. White)는 나중에 인용될 자신의 강연에서 자신의 교파의 윤리적인 강령을 이렇게 표현했다. "먼저는 의이고, 평안은 그 다음이다"(first righteousness, then peace). 『침례교 편람』(*Baptist Handbook*, 1904) 107쪽을 보라.

127. 프랑케(A. H. Francke)의 『권면집』(*Lectiones paraeneticae*) 제4권 271쪽.

또한 경건주의는 칼뱅주의의 "이중 예정론"을 대신할 수 있는 신학적인 개념들을 만들어 내었는데, 그런 개념들은 이중 예정론보다는 강도가 약하긴 하지만 기본적으로는 동일한 방식으로 하느님의 특별한 은혜에 의거해서 거듭나게 된 자들로 이루어진 귀족주의를 정립하였고,[128] 이로 인해서 앞에서 칼뱅주의가 신자들 안에서 불러일으킨 것으로 설명한 바 있는 모든 심리적 영향들과 결과들이 경건주의에서도 나타나게 되었다.

그런 개념들 중에는 반대자들이 경건주의에 부당하게 돌린 "은혜기한설"이 있었다.[129] "은혜기한설"은 구원을 받을 은혜는 누구에게나 보편적으로 주어지는 것을 인정하면서도, 그런 기회는 각 사람에게 일생 동안 특정한 때나 어느 순간에나 마지막으로 한 번 주어진다고 가르치는 교리다.[130] 따라서 이 교리에 의하면, 그 한 번의 기회를 놓친 사람은 "보편 은혜"로 말미암은 기회를 더 이상 얻을 수 없기 때문에, 칼뱅주의 교리에서 말하는 하느님에 의해 영원히 "버림받은 자"가 되어 버린다. 실제로 경건주의자들은 이러한 "은혜기한설"과 아주 유사한 사상을 지니고 있었는데, 프랑케가 자신의 개인적인 경험으로부터 도출해 내어서 경건주의 진영에 널리 퍼뜨린 사상도 "은혜기한설"과 비슷한 것이었다. 구체적으로 설명하자면, 그는 예컨대 "참회 투쟁" 후에 돌연히 회개가 이루어지고 구원이 임하는 경우처럼, 구원에 이르게 하는 은혜는 오직 대단히 독특하고 특별한 때에 일회적으로 나타난다고 말했다.[131]

하지만 경건주의에 특유한 견해에 의하면, 누구나 다 그런 구원의 은혜를 체험할 수 있는 소질을 지니고 있는 것이 아니었기 때문에, 경건주의자들은 사람들에게 그런 은혜 체험을 할 수 있게 해 줄 금욕주의적인 방법을 가르쳤다. 하지만 그 방법대로 했는데도 구원의 은혜를 체험하지 못한 자들은 거듭난 자들에 의해서 "소극적 기독교인"으로 분류되었다. 또한 경건주의에서는 사람들 안에서 "참회 투쟁"이 일어나게 하는 방법을 만들어 내어 실행함으로써, 하느님의 구원의 은혜를 얻는 일을 사실상 사람들이 계획하고 실천하는 일로 만들었다.

모두는 아니지만 수많은 경건주의자들, 특히 경건주의 성직자들이 슈페너에게 반복해서 던진 질문들이 보여주듯이(하지만 예컨대 프랑케는 그런 질문을 던지지 않았다), "개별 신자의 고해"의 유효성과 관련해서 끊임없이 제기된 많은 의혹들은 오직 소수에게만 구원의 은혜가 주어진다는 "은혜 귀족주의" 사상으로부터 생겨난 것으로서 고해의 토대를 약화시켜서 결국에는 루터교에서 개별 신자의 고해가 사라지게 하는 결과를 가져왔다. 이렇게 해서 개별 신자가 참회를 통해 얻은 은혜가 거룩한 행실이라는 눈에 보이는 효과로 나타났을 때에만 죄 사함이 이루어진 것이기 때문에, 단지 "참회"만으로는 죄 사함을 받기에 충분하지 않다는 사상이 점점 더 분명하게 정립되었다.[132]

---

l. 이중 예정론은 택함 받은 자로의 예정만이 아니라 버림받은 자로의 예정도 이미 영원 전에 정해져 있다고 보는 사상이다.

128. 리츨의 비판은 특히 계속해서 반복되어 등장하는 이러한 사상에 대한 것이다. 주 125에서 인용한 프랑케(Francke)의 『기독교적 완전』(Von des Christen Vollkommenheit)은 그러한 사상을 포함하고 있다.

129. 이것은 굿윈(Goodwin) 같이 예정론을 지지하지 않았던 영국의 경건주의자들에게서도 발견된다. 굿윈을 비롯한 그런 경건주의자들에 대해서는 헤페(Heppe)의 『개혁교회에서의 경건주의와 신비주의의 역사: 네덜란드 개혁교회를 중심으로』(Geschichte des Pietismus und der Mystik in der reformierten Kirche in Holland)를 보라. 리츨의 표준적인 저작이 나왔음에도 불구하고, 헤페의 이 저작은 영국 또는 때로는 네덜란드와 관련된 논의에서 빠져서는 안 되는 책이다. 쾰러가 자신의 저작인 『네덜란드의 개혁교회』에서 한 말에 의하면, 네덜란드에서는 19세기에 들어서서도 사람들이 그에게 언제 거듭났는지 그 구체적인 시점을 질문하곤 했다고 한다.

130. 이러한 주장을 통해서 그들은 개별 신자들이 잃어 버렸던 구원의 은혜를 다시 얻을 수 있는 가능성을 열어 준 루터교 교리로 인해 신자들이 해이한 마음을 가지는 폐해(특히, 평소에는 제멋대로 살다가 죽음 직전에 이르러서야 "회심"하

고자 하는 것)를 바로잡으려고 했다.

131. 슈페너는 "참회 투쟁" 및 "갑작스러운 체험"과 결부해서 "회심"의 진정성을 증명해 주는 절대적인 표지로서 "회심"의 구체적인 일시를 알아야 한다는 주장에 반대했다("신학적 성찰』, 제2권 197쪽). 멜란히톤이 루터가 말한 "양심의 공포"(terrores conscientiae)를 알지 못했던 것처럼, 슈페너도 참회하기 위해 고군분투하는 "참회 투쟁"을 알지 못했다.

132. 물론, 모든 금욕주의에 공통적으로 존재했던 "만인제사장론"이라는 반권위주의적인 해석도 한 몫을 했다. 루터교에서는 종종 성직자들에게 평신도들이 참회하더라도 참회의 진정성이 확인될 때까지는 죄 사함을 선언하는 것을 보류하라고 말했는데, 리츨이 그것을 원칙적으로 칼뱅주의적인 것이라고 한 것은 옳았다.

———————

친첸도르프가 제시한 "종교적 자기판단"이라는 사상은 정통주의의 공격으로 흔들렸음에도 불구하고 결국은 신자는 하느님의 손에 들린 "도구"라는 사상으로 귀결되었다. 하지만 이것을 제외하고는, 리츨(Ritschl)이 "종교적인 호사가"라고 불렀던 친첸도르프의 경우에, 우리의 논의에 중요한 주제들과 관련해서 그의 종교 사상적인 틀과 관점들을 분명하게 알아내는 것은 거의 불가능하다.[133]

친첸도르프는 늘 자기는 율법에 얽매여 살아가는 "경건주의와 야고보의 계보"에 반대해서 "바울과 루터의 계보"를 잇는 자라고 공언했다. 하지만 그는 루터교의 계보를 잇는 자라고 늘 주장했음에도 불구하고,[134] 공증을 받은 1729년 8월 12일의 의사록에서 분명히 보여주듯이, 여러 모로 칼뱅주의적인 "성도 귀족주의"를 지향했던 형제단의 활동을 권장했는데,[135] 많은 논란을 불러일으켰던 1741년 11월 12일의 의사록에 기록된 사건, 즉 예수 그리스도에게 장로직을 돌린 것도 그런 지향점이 외적으로 표출되어 나온 것이었다. 게다가, 형제단 내의 세 분파 중에서 칼뱅파와 모라비아파는 애초부터 기본적으로 개혁교회의 직업윤리를 지향했다. 나아가 그는 청교도적인 입장을 전적으로 받아들여서 존 웨슬리의 견해를 반박하고, 택함 받은 자가 자신이 택함 받았다는 사실을 늘 변함없이 인식할 수는 없겠지만, 남들이 그 사람의 행실을 보고서 그가 택함 받은 자임을 인식할 수는 있다고 주장했다.[136]

---

133. 우리의 논의에서 본질적으로 중요한 논점들은 다음의 저작에서 아주 쉽게 접할 수 있다. 플리트(H. Plitt)의 『친첸도르프의 신학』(*Zinzendorfs Theologie*) 제1권, 325, 345, 381, 412,429, 433 이하, 444, 448쪽; 제2권 372, 381, 385, 409 이하; 제3권 131, 167, 176쪽.또한, 베커(Bernhard Becker)의 『당시의 교회 및 종교생활과의 관계에서 본 친첸도르프와 그의 기독교』(*Zinzendorf und sein Christentum*) 제3편 제3장도 참조하라.

134. 친첸도르프(Zinzendorf)는 아우크스부르크 신앙고백은 우리가 거기에 "소독제"(그의 역겨운 표현을 빌리자면)를 붓기만 한다면 루터교 신앙을 표현한 문서가 될 것이라고 주장했다. 그는 모든 개념들을 녹여서 사라지게 만들어 버리는 언어를 사용하기 때문에, 그의 글을 읽는 것은 프리드리히 테오도르 피셔(F. Theodor Vischer)가 뮌헨의 정기간행물이었던 『기독교인들의 기쁨』(*Christoterpe*)과 논쟁을 벌이면서 그 저널이 "테레빈유를 바른 것처럼 요리저리 잘 빠져나간다"고 말하며 혀를 찼던 것보다 더 고역이다.

135. "우리의 신앙은 그리스도의 피 뿌림으로 씻음을 받고 완전히 변화되어서 정신의 성화를 계속해 나가지 않는 자들을 형제로 인정하지 않는다. 우리는 하느님의 말씀이 순전하고 순결하게 가르쳐지고 성도들이 하느님의 자녀들로서 그 가르침을 따라 거룩하게 살아가는 곳을 제외한 그 어떤 곳에서도 그리스도의 공동체의 존재를 인정하지 않는다." 이 마지막 문장은 루터의 소요리문답에 나온다. 하지만 리츨이 이미 강조했듯이, 이 문장이 루터에게서는 어떻게 하면 하느님의 이름을 거룩하게 할 수 있는가 하는 질문에 대한 대답으로서의 역할을 했던 반면에, 친첸도르프에게서는 성도들로 이루어진 참된 교회의 여부

를 결정하는 기준으로서의 역할을 했다.

136. 플리트의 앞의 책 제1권 346쪽을 보라. 이것보다 한층 더 중요한 것은 "구원을 위해서는 선행이 필수적인가"의 여부에 대해 같은 책 381쪽에 인용되어 있는 대답이다. 거기에서 친첸도르프는 이렇게 대답한다. "선행은 구원을 얻는 데에는 불필요하고 도리어 해롭지만, 구원을 얻은 후에는 필수적이기 때문에, 선행을 하지 않는 자들은 구원받지 않은 것이다." 따라서 그는 선행을 구원의 근거가 아니라 구원받았음을 확인해 주는 유일한 근거로 여기고 있음이 분명하다.

하지만 이와는 대조적으로 형제단 내의 헤른후트파에서는 감성적이고 정서적인 요소가 아주 중요한 역할을 했다. 특히 친첸도르프는 자신이 속한 공동체인 헤른후트파에서 청교도적인 금욕주의를 통해 성화로 나아가고자 하는 경향을 끊임없이 척결함과 동시에[137] 루터교적인 선행 개념을 확립하고자 했다.[138] 또한 그의 신앙은 "작은 집단"을 거부하고 "고해 성사"를 유지하고자 했던 사람들의 영향을 받아서, 성례전이 구원을 매개한다고 본 기본적으로 루터교적인 사상에 묶여 있었다. 더 나아가 종교적 감성이 어린아이 같이 순진무구하다는 것은 그 종교적 감성이 참되다는 것을 보여주는 증표라고 본 것이라든지, 제비뽑기는 하느님이 자신의 뜻을 계시하는 수단이라고 생각한 것 등과 같이 그의 독특한 신학 사상들은 신자들의 생활양식이 합리적이고 체계적으로 조직되는 것을 방해했다. 따라서 친첸도르프의 직접적인 영향 아래 있었던[139] 헤른후트파의 신앙에서는 비합리적이고 감성적인 요소가 경건주의의 다른 그 어느 분파나 집단보다도 훨씬 더 두드러졌다.[140] 그 결과 친첸도르프의 후임이었던 슈팡겐베르크(Spangenberg, 1704-1792)[m]가 쓴 『형제적 신앙의 이상』에서 설명하는 도덕적인 행실과 죄 사함의 상관관계는 루터교 전체에서와 마찬가지로 느슨한 것이었다.[141]

친첸도르프가 감리교도들처럼 이 땅에서 도덕적으로 완전한 삶을 추구하기를 거부한 것은 다른 것들에서와 마찬가지로 그의 기본적인 이상이었던 "행복주의"와 부합한다. 즉, 그는 신자들이 현세에서 합리적인 직업 노동을 통해서 내세에서의 자신의 구원의 확실성을 늘 확인하는 삶을 살아가야 하는 것이 아니라, 그들이 이미 얻은 구원의 환희(그는 이것을 "행복"이라고 부른다)를 현세에서[142] 정서적이고 감정적으로 느끼며 살아가는 것이 옳다고 생각했다.[143]

---

137. 루터의 『기독교인의 자유』를 희화화한 것이 그 예인데, 리츨은 그러한 희화화를 비난했다(앞의 책 제3권 381쪽).

138. 주로 구원론에서 "형벌만족사상"을 더욱 강조하는 방법으로 그렇게 하고자 했다. 미국의 분파들이 그의 선교 계획을 거부한 후에는, 이 사상을 성화 방법론의 근간으로 삼았다. 그는 이 시점부터 어린아이 같은 순진무구함과 자기를 낮추는 겸양의 미덕을 유지하는 것을 헤른후트적인 금욕주의의 목표로 설정하여 부각시켰고, 그 결과 자신의 공동체가 지니고 있던 청교도적인 금욕주의와 비슷한 성향과의 첨예한 대립이 생겨났다.

139. 하지만 친첸도르프의 영향은 제한적이었다. 따라서 이 한 가지 이유만으로도 람프레히트(Lamprecht)가 그의 신앙을 "사회심리학적인" 발전 단계 모형에 통합시킨 것은 적절하지 않다. 게다가, 그가 기본적으로 봉건주의적인 체질을 지니고 있던 백작이었다는 것이 그의 신앙 전반에 영향을 미쳤다. 따라서 사회심리학적인 관점에서 볼 때, 그의 신앙 전반에 배어 있는 "감성적 측면"은 단지 종교적 "체험"만이 아니라 중세 기사 계급의 감상적이고 퇴폐적인 정서와도 부합한다는 것을 간과해서는 안 된다. 서유럽의 합리주의와 대비되는 이러한 "감성적 측면"은 "사회심리학적으로" 보면 독일 동부 지역에 여전히 남아 있던 가부장적 전통과 연결시킬 때 가장 잘 설명될 수 있다.

140. 친첸도르프와 디펠(Dippel)의 논쟁, 그리고 친첸도르프가 죽은 후에 나온 1764년의 교회회의의 선언문이 이 동일한 결론으로 귀결되었는데, 이 선언문은 헤른후트가 구원의 기관으로서의 성격을 지니고 있었다는 것을 분명하게 보

여준다. 리츨이 앞의 책 제3권, 443쪽 이하에서 이것에 대해 비판한 것을 보라.

m. 슈팡겐베르크는 친첸도르프가 죽은 후에 그의 뒤를 이어 헤른후트파의 지도자가 되었다.

141. 예를 들어, 151, 153, 160항을 참조하라. 진정한 참회와 면죄에도 불구하고 구원이 일어나지 않을 수 있다는 입장은 특히 311쪽에 기록된 내용에서 분명하게 드러나는데, 이러한 입장은 루터교의 구원론과는 일치하고 칼뱅주의 및 감리교의 구원론과는 맞지 않는다.

142. 플리트의 앞의 책 제2권 345쪽에 인용되어 있는 친첸도르프의 말을 참조하라. 또한, 슈팡겐베르크(Spangenberg)의 『형제적 신앙의 이상』(*Idea fidei fratrum*) 325쪽도 보라.

143. 플리트의 앞의 책 제3권 131쪽에 인용되어 있는 마태복음 20장 28절에 대한 친첸도르프의 설명을 참조하라: "나는 하느님이 좋은 재능을 주신 사람을 보면 기뻐하고 그 재능을 기쁨으로 사용한다. 하지만 그 사람이 자신의 재능에 만족하지 않고 더 좋게 발전시키고자 하는 것을 보면, 나는 거기에서 그 사람의 파멸이 시작되는 것을 본다." 즉, 친첸도르프는 구원은 이루어가는 것이라는 사상을 부정했는데(이것은 1743년에 웨슬리와의 대화에서 특히 분명하게 드러났다), 그것은 그가 구원을 칭의와 등치시켰고, 오직 감정을 통해 얻어지는 그리스도와의 관계 속에서 구원이 확증되는 것으로 보았기 때문이었다. 플리트의 앞의 책 제1권 413쪽을 보라. 이렇게 해서 "하느님의 도구"라는 인식 대신에 "신적인 존재에 의해 사로잡힌다"는 감정이 등장한다. "세계 종교의 경제 윤리"에 대한 나의 일련의 논문에 대한 서론적인 논문이 보여주듯이, 그것은 금욕주의가 아니라 신비주의다. 청교도들도 현세에서 '하비투스'(habitus), 즉 하느님이 각자에게 주신 가능성을 완성하는 것을 자신들이 진정으로 추구하는 목적으로 삼은 것은 사실이었지만, 그들이 "구원의 확실성"에 대한 확신으로 해석한 이 '하비투스'는 자신들이 하느님의 뜻을 이루는 도구로 사용되고 있음을 느끼는 능동적인 감정을 의미하는 것이었다.

하지만 다른 한편으로는, 다른 종파나 분파와는 달리 형제단만이 지니고 있는 가장 중요한 가치는 기독교인의 적극적인 삶, 선교 활동, 선교와 관련된 직업 노동[144]에 있다는 사상은 그에게도 여전히 강력하게 존재했다. 아울러, "효용"이라는 관점에서 삶을 실천적이고 합리적으로 조직하는 것은 친첸도르프의 인생관을 구성하고 있던 본질적인 요소였다.[145] 그러한 사상은 한편으로는 경건주의의 다른 대표적인 인물들과 마찬가지로 그에게도 존재했던 신앙과 관련된 위험스러운 철학적 사변에 대한 깊은 반감, 그리고 경험에 의해서 획득되는 개별적인 지식에 대한 중시에서 나온 것이었고,[146] 다른 한편으로는 직업 선교사들이 세상에서 영리하게 처신해야 할 필요성에서 나온 것이었다. 선교 활동의 중심에 있었던 형제단은 사업 조직이기도 했기 때문에, 그 구성원들은 세속적인 금욕주의로 나아갈 수밖에 없었고, 따라서 선교 활동을 위해 간 모든 곳에서 자신이 수행해나가야 할 "과업들"을 찾아서 거기에 초점을 맞춰서 자신의 삶을 합리적이고 계획적으로 조직했다.

----

144. 하지만 그런 식의 논리를 토대로 한 직업 노동은 윤리적으로 일관된 토대를 지니지 못했다. 루터는 직업이 "하느님을 섬기는 일"이고, 그것이야말로 사람이 직업에 성실해야 하는 가장 중요한 이유라고 가르쳤지만, 친첸도르프는 루터의 그러한 직업 사상을 거부하고서, 사람이 직업에 성실해야 하는 것은 그것이 "구주가 자신의 구속 사업에 성실했던 것"에 대한 보답이기 때문이라고 말했다(플리트의 앞의 책 제2권 411쪽).

145. 그가 소크라테스와 관련해서 한 다음과 같은 명언은 유명하다. "이성적인 인간은 비신앙적이어서는 안 되고, 신앙적인 인간은 비이성적이어서는 안 된다." 이것은 그의 저작인 『소크라테스, 즉 알려져 있지 않다기보다는 아마도 쇠퇴해 간다고 해야 할 주요 진리들에 대한 숨김없는 공지』(*Sokrates, d.i. Aufrichtige Anzeige verschiedener nicht sowohl unbekannter als vielmehr in Abfall geratener Hauptwahrheiten*, 1725)에 나오는 말이다. 또한, 그가 피에르 벨(Pierre

Bayle) 같은 저술가들을 편애한 것도 잘 알려져 있다.

146. 개신교적인 금욕주의가 수학을 적용해서 합리적으로 구성된 경험론을 특히 선호한다는 것은 잘 알려져 있지만, 여기에서 자세하게 다룰 수 있는 주제는 아니다. 학문들이 수학적으로 합리화된 "정밀한" 연구로 바뀌게 된 것 및 그렇게 된 것과 관련한 철학적인 동기, 그러한 동기와 베이컨(Bacon)의 입장 간의 대립에 대해서는 빈델반트(Wilhelm Windelband)의 『철학사 교본』(*Lehrbuch der Geschichte der Philosophie*) 305-307쪽을 보고, 특히 근대의 자연과학을 물질적이고 기술적인 관심의 산물로 이해하는 사상을 올바르게 거부하고 있는 305쪽에 나오는 그의 설명을 보라. 하지만 이러한 관계는 훨씬 더 복잡하다. 또한, 빈델반트의 『근대철학사』(*Geschichte der neueren Philosophie*) 제1권 40쪽 이하도 보라.

슈페너(Spener)의 『신학적 성찰』 제1권 232쪽과 제3권 260쪽이 가장 분명한 형태로 보여주듯이, 개신교적인 금욕주의의 입장에서 가장 중요한 관점은 누가 기독교인인지는 그가 가진 신앙의 열매들을 보고 알 수 있듯이, 하느님과 그의 의도들도 하느님이 행한 일들을 보고 알 수 있다는 것이었다. 따라서 청교도와 재세례파와 경건주의에 속한 모든 기독교인들에게 인기가 있었던 과학 분야는 물리학이었고, 다음으로는 물리학과 비슷하게 수학적이고 과학적인 방법론을 통해 수행된 학문 분과들이었다. 이 기독교인들은 칼뱅주의적인 사상을 따라 하느님의 계시는 단편적이어서 개념적인 사변을 통해서는 세계의 "의미"를 결코 알 수 없다고 생각했기 때문에, 하느님이 창조한 자연에 내재하는 법칙들을 경험적으로 인식함으로써 세계의 "의미"를 알 수 있을 것이라고 믿었다. 이렇게 17세기의 경험론은 개신교적인 금욕주의의 관점에서 바라볼 때에는 "자연 속에서 하느님"을 찾고자 하는 시도였다. 이 기독교인들에게 경험론은 그들을 하느님에게로 인도하는 것인 반면에, 철학적인 사변은 그들을 하느님에게서 멀어지게 하는 것이었다. 슈페너(Spener)는 아리스토텔레스 철학은 근본적으로 기독교를 훼손하는 것이고, 플라톤 철학을 비롯한 그 밖의 다른 철학들은 그나마 조금 낫다고 보았다. 슈페너(Spener)의 『라틴어판 신학적 권고와 판결』 3.6.1.2.13을 보라. 그는 구체적으로 이렇게 말했다. "하느님이 인간의 어떤 권위를 주목하지 않고 오직 인간에게 알려져 있지 않은 하느님의 이성을 주목하는 참된 철학을 세우도록 용기를 북돋워 주고 계신다는 것을 사람들에게 보여주는 하나의 증표로서, 나는 데카르트를 옹호할 말이 내게 있기를 바랐고 지금도 바라고 있지만, 실제로는 내게 그런 말이 하나도 없다"(슈페너의 앞의 책 2,5,2). 하지만 슈페너는 데카르트를 읽지 않았다. 금욕주의적인 개신교의 이러한 입장이 교육, 특히 "실업 교육"의 발전에 크게 기여했다는 것은 주지의 사실이다. 이러한 입장은 "맹목적 신앙"(fides implicita)을 거부하는 태도와 결합되면서 "교육"에 대한 금욕주의적인 개신교의 강령을 정립시켰다.

———————

하지만 하느님의 "예정"을 통해 택함 받은 "제자들"이 사도들의 선교적인 삶, 즉 "무소유"를 기본으로 해서 선교 활동을 해 나갔던 것을 자신들의 모범이자 이상으로 여기고 따르게 되면서,[147] 경건주의가 신자들의 삶을 합리적이고 체계적으로 조직해 나가는 방향으로 발전해 나가는 것이 방해를 받았고, 그것은 결국 "복음적 권고"(consilia evangelica)가 부분적으로 되살아난 것이었다. 이렇게 해서 경건주의에서 칼뱅주의적인 합리적 직업윤리의 탄생은 재세례파 운동에서와 마찬가지로 완전히 배제된 것은 아니었고, 도리어 "소명"과 직업 노동 간의 내적인 관계 설정을 통해 칼뱅주의적인 직업윤리로 나아갈 수 있는 강력한 거점이 마련되긴 했지만, 그런 발전은 이런저런 요인들로 말미암아 좌절되고 말았다.

요약하자면, 우리의 논의에서 설정한 관점에서 바라보았을 때, 독일 경건주의의 금욕주의는 종교적으로 정착되는 과정에서 칼뱅주의에서 볼 수 있는 철저한 논리적 일관성이 결여되어 있었기 때문에 끊임없이 흔들리고 불안정한 모습을 노출했다고 말할 수 있는데, 그 원인들은 한편으로는 루터교의 영향으로부터 온 것이었고, 다른 한편으로는 경건주의 신앙의 정서적이고 감성적인 성격으로부터 온 것이었다. 여기에서 그러한 정서적이고 감성적인 성격이 루터교와 대비되는 경건주의에 특유한 것이라고 말하는 것은 지나치게 단순화시켜서 말하는 것이기는 하다.[148]

하지만 어쨌든 경건주의에서 신자들의 삶을 합리적으로 조직한 정도는 칼뱅주의에 비해서 약할 수밖에 없었다는 것은 엄연한 사실이고, 그 이유 중 한 가지는 개별 신자들이 영원한 구원을 받았음을 보여주는 "은혜의 상태"에 있다는 것을 자신의 삶을 통해서 늘 새롭게 확증해야 한다는 칼뱅주의 사상 속에 내재된 동력이 경건주의에서는 정서적이고 감성적인 방향으로 전환되면서 현세에서 개별 신자들이 자신의 내면에서 구원 체험을 통해 자신의 구원의 확실성을 확증하는 것으로 바뀌었기 때문이었고, 다른 한 가지는 칼뱅주의에서 구원으로 예정된 자들이 현세에서 직업 노동에서 끊임없이 성공함으로써 얻고자 했던 구원에 대한 확신이 경건주의에서는 전적으로 내면적인 체험으로서의 정서적 고양의 결과이자 경건주의에서 많은 의구심을 표명했지만 결국에는 대체로 용납되었던 루터교의 "고해" 제도의 결과로서 "존재의 겸비와 통회,"[149] 즉 신자들이 자신의 존재 자체가 전적으로 죄악된 것임을 인정하고 스스로 낮아져서 통회하는 것으로 대체되었기 때문이었다.[150]

─────────

147. "제자라는 인간 유형이 자신의 행복을 추구하는 방식은 대략 네 가지다. (1) 미천하게 되고 멸시받으며 모욕을 당하는 것; (2) 주를 섬기는 데 필요하지 않은 모든 지각을 무시하는 것; (3) 아무것도 가지지 않고, 받은 것은 전부 다시 주는 것; (4) 돈을 벌기 위해서가 아니라 소명을 따라 이웃을 위해 주의 일을 하기 위한 목적으로 매일의 임금을 기반으로 일하는 것"(친첸도르프의 『종교적 담화』 제2권 180쪽; 플리트의 앞의 책 제1권 445쪽). 모든 사람이 "제자"가 될 수 있는 것은 아니고, 오직 주의 부르심을 받은 자들만이 제자가 될 수 있다. 하지만 친첸도르프는 산상수훈은 모든 사람을 향해 말하고 있다는 점에서 여전히 난점은 존재한다고 고백했다(플리트의 앞의 책 449쪽). 그가 추구한 이러한 "세계를 초탈한 자유로운 사랑"은 초기 재세례파의 이상과 닮았다.

148. 감성과 감정을 기반으로 해서 신앙을 내면화하는 것은 루터교에 결코 낯선 것이 아니었고, 이것은 지도력이 약화된 후기에도 마찬가지였다. 도리어, 여기에서는 루터교도들로부터 "행위구원 사상"이라는 의구심을 불러일으킨 금욕주의적인 요소가 이 둘 간의 가장 중요한 차이였다고 할 수 있다.

149. 슈페너에게는 "확신"이 아니라 "참된 불안"이야말로 구원의 은혜를 받았음을 보여주는 증표였고(『신학적 성찰』 제1권 324쪽), 청교도 저술가들도 "거짓 확신"을 엄중하게 경고했다. 그럼에도 불구하고, 예정론은 현실적으로 사람들의 영혼을 돌보는 목회와 관련해서는 그런 것과는 정반대의 결과를 가져왔다.

150. 루터교에서 유지한 고해 제도의 심리적인 효과는 개별 신자들이 자신의 행실에 대해 스스로 져야 하는 책임을 덜어 주는 것이었고, 신자들은 바로 그런 효과를 바라고 고해 제도를 이용했기 때문에, 금욕주의의 요구들을 엄격하게 지켜내고자 하는 동력이 신자들에게서 약화될 수밖에 없었다.

우리는 경건주의의 이 모든 모습 속에서 다름 아닌 루터교에서 구원을 추구한 특유한 방식이 뚜렷하게 드러나 있는 것을 보게 된다. 즉, 루터교는 현세에서 거룩함을 이루고자 애쓰는 "실천적 성화"가 아니라 "죄 사함"을 받는 것을 중시했고, 그 결과 내세에서의 구원의 확실성을 알고자 애썼던 칼뱅주의와는 달리, 현세에서 하느님과 화해하고 함께 하고 있다는 것을 느끼고자하는 데 집중했다. 사람들이 자신들의 경제생활에서 "현재"를 누리고자 하는 성향이 "미래"를 준비하기 위해 자신의 경제생활을 합리적으로 조직하고자 하는 성향과 대립되는 것과 마찬가지로, 종교적인 삶에서도 이 둘은 서로 대립된다. 따라서 경건주의에서 현재적으로 내면에서 이루어지는 감성적 체험을 지향하는 신자들의 종교적인 욕구는 오직 내세에서의 구원의 확실성을 확증하고 확신하고자 하는 개혁교회 신자들의 욕구에 비해서는 신자들로 하여금 자신의 세속적인 삶을 합리적으로 조직하게 만드는 동력이 더 약했지만, 전통주의를 따라 하느님의 말씀과 성례전을 중시했던 정통 루터교에 비

해서는 신자들로 하여금 자신의 삶을 종교적인 관점에서 체계적으로 조직화된 생활양식으로 발전시키게 만드는 동력이 더 강했다.

경건주의는 프랑케와 슈페너의 체제에서 친첸도르프의 체제로 이행해가면서 전체적으로 점점 더 감성적인 성격을 강하게 띠게 되었지만, 그것은 경건주의 자체에 내재된 어떤 본질적 성향이 발전되어 표출된 것은 아니었고, 도리어 경건주의와 칼뱅주의의 대표적인 지도자들을 탄생시킨 종교적이고 사회적인 환경이 서로 달랐기 때문이었다. 하지만 그 점에 대해서는 여기에서 논의하지 않을 것이고, 독일 경건주의가 사회적으로 및 지리적으로 확장되는 과정에서 어떤 특성들이 나타나게 되었는지에 대해서도 여기에서 논의하지 않을 것이다.[151]

우리는 청교도들의 생활양식과 대비되는 경건주의자들의 생활양식이 지닌 이러한 감성적인 특성은 경건주의의 발달 과정에서 여러 가지 다양한 모습으로 변화를 겪었다는 것을 기억해야 하지만, 그럼에도 칼뱅주의와 다른 경건주의의 그러한 특성이 사람들의 현실적인 삶에서 초래한 결과가 무엇이었는지를 통상적으로 다음과 같이 제시할 수 있을 것이다. 즉, 경건주의가 지향한 신앙 덕목들은 한편으로는 "자신의 직업에 헌신하는" 관리와 피고용자와 노동자와 수공업자를 배출했고,[152] 다른 한편으로는 피고용자들에게 기본적으로는 가부장적인 태도를 취하면서도 친첸도르프의 지향성을 따라 하느님을 기쁘게 하는 겸손한 마음으로 피고용자들을 대하는 고용주를 배출했다. 반면에, 칼뱅주의가 지향한 덕목들은 시민 계층의 자본주의적인 고용주들의 엄격하고 정직하며 적극적인 자세와 훨씬 더 많은 유사성을 지녔던 것으로 보인다.[153] 따라서 리츨(Ritschl, 1822-1919)이 강조했듯이,[154] 전적으로 정서를 기반으로 한 온갖 형태의 경건주의는 "유한 계층"을 위한 종교적 유희였다.

우리가 지금까지 설명해 온 칼뱅주의와 경건주의의 특성들은 결코 충분히 설명되었다고 말할 수는 없지만, 칼뱅주의와 경건주의라는 두 가지 금욕주의적인 신앙 형태 중 어느 하나의 영향 아래에서 형성된 "국민들의 경제 체제"에서 오늘날에도 여전히 찾아볼 수 있는 독특한 차이들과 일치하는 것은 사실이다.

---

151. 이 과정에서, 심지어 경건주의와 관련해서도 전적으로 정치적인 요소들이 큰 역할을 했다는 것은 리츨이 뷔르템베르크의 경건주의를 설명할 때에 이미 언급한 바 있다. 우리가 자주 인용해 온 그의 저서『경건주의의 역사』제3권을 보라.

152. 주 147에서 인용한 친첸도르프의 말을 보라.

153. 마찬가지로 칼뱅주의, 그 중에서 적어도 원래의 칼뱅주의는 "가부장적인" 성격이 짙었다. 예컨대, 백스터의 사역이 성공을 거둔 것과 키더민스터(Kidderminster)의 산업이 가내수공업적인 성격을 지녔다는 것이 서로 상관관계가 있었다는 것은 그의 자서전에서 분명하게 드러난다.『청교도 신학자 저작집』에 수록되어 있는 그의 다음과 같은 말을 보라: "이 도시의 사람들은 키더민스터의 직물을 짜는 것으로 살아가지만, 그들은 베틀 앞에 서서 일하면서도 자기 앞에 책을 놓아두고 볼 수도 있고 대화를 통해 서로의 덕을 세울 수도 있다"(38쪽). 그럼에도 불구하고, 개혁교회 윤리, 특히 재세례파 윤리에 토대를 둔 가부장적 사고는 경건주의를 토대로 한 것과는 달랐는데, 이 문제는 다른 것을 논의할 때에나 다룰 수 있을 것이다.

154. 리츨(Albrecht Ritschl)의『기독교의 칭의론과 화해론』제3판 제1권 598쪽을 보라. 프리드리히 빌헬름 1세는 경건주의 신앙을 이자나 연금으로 살아가는 사람들에게 적합한 종교라고 말했는데, 이것은 슈페너와 프랑케의 경건주의가 어떤 것이었는지를 보여주기보다는 이 왕이 어떤 인물이었는지를 보여주는 말이다. 이 왕은 자기가 종교적 "관용"에 관한 포고를 통해서 경건주의에 자신의 나라를 개방한 이유가 무엇인지를 스스로 잘 인식하고 있었다.

---

3. 감리교(methodism: 방식주의)

감성을 기반으로 하면서도 금욕주의적인 신앙, 그리고 칼뱅주의적인 금욕주의의 토대가 된 교리들에 대한 무관심 또는 배척을 결합시킨 것이, 유럽 대륙의 경건주의를 영미에 옮겨 놓은 것이라고 할 수 있는 감리교의 특징이다.[155] 방식주의(methodism: 감리교)라는 명칭은 당시 사람들이 감리교도들의 삶의 특징을 무엇이라고 생각했는지를 잘 보여주는데, 그것은 "구원의 확실성"(certitudo salutis)을 확보하기 위한 목적으로 삶을 "체계적으로" 조직하는 것이었다. 왜냐하면, 감리교에서도 처음부터 "구원의 확실성을 확보하는 것"이 가장 중요한 문제이자 모든 종교적인 활동의 중심이었기 때문이다. 독일 경건주의 분파들과 방식주의자(감리교) 간에는 이런저런 차이들에도 불구하고 분명한 유사성이 존재했고,[156] 그것은 "회심"이라는 감성적 행위를 이끌어 내는 것을 목표로 해서 사람들의 삶을 체계적으로 조직하고자 했다는 것이었다.

───────────

155. 감리교를 전체적으로 소개한 글로는 『개신교 신학과 교회 백과사전』 제3판에 수록된 로프스(Loofs)가 쓴 훌륭한 글인 "Methodismus" 항목을 보라. 야코비(L. Jacoby), 특히 그의 『감리교 입문』(Handbuch des Methodismus), 콜데(Kolde), 융스트(Jüngst), 사우디(Southey)의 연구서들도 유익하다. 웨슬리에 대해서는 타이어먼(Luke Tyerman)의 『존 웨슬리 목사의 생애와 시대』(Life and Times of the Rev. John Wesley)를 보라. 독일어 번역본으로도 나와 있는 왓슨(Watson)의 『존 웨슬리 목사의 생애』(The Life of Rev. John Wesley)는 대중적인 저술이다. 시카고 근방의 에번스턴(Evanston)에 있는 노스웨스턴 대학에 있는 도서관은 감리교 역사에 대한 문헌들을 잘 갖추고 있는 최고의 도서관들 중의 하나다. 종교시인이었던 아이작 와츠(Isaac Watts)는 고전적인 청교도 신앙과 감리교를 이어주는 역할을 했다. 올리버 크롬웰의 전속 목사였던 하우(Howe)의 친구였던 그도

리처드 크롬웰의 전속 목사로 활동했다. 횟필드(Whitefield)도 그의 조언을 구했다. 스키츠(Skeats)의 『1688-1851년 영국 자유교회의 역사』 254쪽 이하를 보라.

156. 이러한 유사성은, 일단 웨슬리 형제의 개인적인 영향력을 배제한다면, 역사적으로는 한편으로는 예정론의 쇠퇴, 다른 한편으로는 감리교의 다른 창시자들이 "오직 믿음으로"라는 사상을 강력하게 다시 일깨운 결과이기도 하지만, 일차적으로는 중세적인 방법이었던 "부흥" 집회와 설교를 부활시켜서 경건주의적인 형태와 결합해 만들어낸 감리교만의 특유한 선교 방식의 결과였다. "구원의 확실성"을 확증하기 위한 목적으로 감리교가 신자들의 생활양식을 체계적으로 조직한 것은 분명히 "주관주의"로 나아가는 일반적인 발전 과정에 속하지 않았고, 도리어 그런 점에서는 경건주의만이 아니라 중세 시대의 베르나르적인 신앙 형태와 비교해서도 뒤떨어져 있었다.

게다가, 헤른후트파와 루터교의 영향을 받은 존 웨슬리로 인해, 감리교는 애초부터 대중적인 선교 활동을 지향했기 때문에, 그 감성은 대단히 강력한 "열광"의 성격을 띠었고, 미국이라는 토양에서는 특히 더욱더 그러했다. 강도 높게 진행된 "참회 투쟁"은 어떤 상황에서는 탈혼 상태에 이르게 되었고, 신자들은 그런 상태에서 하느님이 아무런 자격도 없는 그들에게 값없이 은혜를 주었다는 것이 믿어지는 경험을 함과 동시에, 그들이 하느님 앞에서 의롭다 함을 얻고 하느님과 화해하게 되었다는 것을 직접적으로 체험하게 되었는데, 미국의 감리교도들은 부흥집회들에서 그런 체험이 빈번하게 일어났던 강단 바로 앞의 자리를 "갈망의 자리"라고 불렀다.

그런데 감리교에서는 "감성"을 바탕으로 한 이러한 열광적인 신앙은 상당한 정도의 내적 갈등과 난관에도 불구하고 청교도적인 "합리주의"를 토대로 한 금욕주의적 윤리와 결합되었다. 먼저 칼뱅주의에서는 신앙과 관련해서 모든 감성적인 요소들을 기만적인 것으로 규정해서 의심의 눈길을 보냈던 반면에, 감리교는 성령의 직접적인 임재로부터 생겨나서 사람들의 내면에서 순수하게 느껴지는 죄 사함에 대한 절대적인 확신은 원칙적으로 "구원의 확실성"을 증명해 주는 유일무이하고 틀림없는 증표라고 보았고, 개별 신자들은 일반적으로 자신이 그러한 체험을 언제 했는지, 그 날과 시간을 알 수 있다고 보았다.

존 웨슬리는 일관되고 깊이 있게 강화시키고 발전시킨 성화론을 제시함으로써 개혁교회의 정통주의적인 성화론과 결정적으로 결별하게 되었는데, 그가 자신의 성화론에서 주장한 것은 개별 신자들은 "거듭남"이라는 최초의 구원 체험과는 별개로 그들 속에서 작용하는 하느님의 은혜로 말미암아 흔히 어느 날 갑자기 경험되는 "성화"라는 두 번째의 구원 체험을 통해서 현세에서 이미 죄가 없다는 의미에서의 "완전함"에 도달하고, 자신이 그런 상태에 도달했다는 것을 알 수 있게 된다는 것이었다. "성화" 체험이라는 목표에 도달하는 것은 아주 어려워서 대개는 생의 마지막에 가서야 그 목표에 도달할 수 있지만, 오직 그러한 "성화"만이 "구원의 확실성"을 최종적으로 보장해 주고, 칼뱅주의자들의 "암울한" 걱정을 복된 확신으로 바꾸어 주기 때문에,[157] 무조건 그 목표에 도달하기 위해 애써야 한다. 또한 참된 회심을 경험한 자들은 그런 완전함에 도달하기 위해 애씀으로써, 죄가 그들을 더 이상 지배하지 못한다는 것을 그들 자신 및 다른 사람들에게 증명하고자 하는 것이 마땅하다. 따라서 그에게 있어서 감성적인 체험을 통해서 "구원의 확실성"을 확증하는 것이 대단히 중요한 의미를 지니고 있었음에도 불구하고, 그가 신자들이 하느님의 율법에 비추어서 거룩한 삶을 살아야 하는 것이 대단히 중요하다고 강조한 것은 필연적인 논리적 귀결이었다.

존 웨슬리는 행위를 통해 의롭게 되고 구원을 얻는다는 당시의 신학 사상과 싸우면서, 행위는 구원을 얻기 위한 근거가 아니라 단지 구원의 존재를 확인해 주는 근거일 뿐이고, 게다가 후자가 성립하는 것도 그 행위가 오직 하느님의 영광을 위한 것임이 분명한 경우만이라고 주장했는데, 그의 그런 주장은 초기 청교도 신앙을 그대로 재현한 것일 뿐이었다. 그는 선행을 하는 것만으로는 충분하지 않고, 거기에 "구원의 확신"이라는 감성적 요소가 더해져야 한다는 것을 자신의 경험을 통해 알았다. 하지만 종종 선행을 구원의 "조건"이라고 말했고, 1771년 8월 9일의 선언[158]에서는 선행을 하지 않는 것은 참된 신자가 아니라는 증거라고 말하기도 했다.

이런 식으로 감리교도들은 자신들과 성공회(영국국교회) 간의 차이는 교리가 아니라 경건의 성격에 있다는 것을 끊임없이 강조하면서, 신앙에 있어서 "결과물"이 중요하다는 자신들의 사상의 근거는 요한일서 3장 9절이라고 주장했고, 선한 삶을 거듭난 자임을 증명해 주는 분명한 증표로 여겼다.

하지만 감리교도들은 여전히 여러 가지 난관에 봉착할 수밖에 없었다.[159] 예를 들어, "구원의 확실성"을 확보하는 방식이 개별 신자가 금욕주의적인 삶을 통해 늘 새롭게 확증해야 한다는 칼뱅주의 사상에 의거한 방식에서, 참회 투쟁을 통해서 단 한 번의 "성화" 체험을 함으로써 개별 신자가 자신이 완전하게 되었음을 느끼게 되면 그 확신이 "지속된다"는 감리교 사상에 의거한 방식으로 바뀌었을 때,[160] 그것은 감리교도들 중에서 예정론을 신봉하던 신자들에게 다음 둘 중의 하나를 의미하는 것이었는데, 하나는 약한 심성을 타고난 신자들의 경우에 해당되는 것으로서 "기독교인의 자유"를 도덕률 폐기론의 관점에서 해석해서 체계적으로 조직된 삶을 살아가는 것을 포기하는 것이었고, 다른 하나는 감성적 체험을 통해 구원에 대한 확신을 확보하고자 하는 삶을 극단적으로 밀어붙여서 "합리주의"를 중심으로 체계적으로 조직된 청교도적인 생활양식을 "감성 체험"을 중심으로 재편한 형태의 삶을 살아가는 것이었다.[161]

---

157. 웨슬리 자신이 감리교 신앙의 효과를 그런 식으로 설명했다. 이것은 친첸도르프가 말한 "행복"과 유사하다.

158. 예를 들어, 왓슨(Watson)의 『존 웨슬리 목사의 생애』의 독일어판 331쪽을 보라.

159. 슈네켄부르거(Matthias Schneckenburger)의 『개신교 소교회집단의 교

리 개념에 대한 강의』(Vorlesungen über die Lehrbegriffe der kleinen protestantischen Kirchenparteien) 147쪽을 보라.

160. 예정론을 지지했던 집단의 지도자였던 횟필드(Whitefield)는 웨슬리의 "완전" 교리를 본질적으로 거부했다(그의 집단은 조직화되지 않아서 그가 죽은 후에는 와해되었다). 사실 이 교리는 칼뱅주의의 "구원 확증 사상"을 대체한 것일 뿐이었다.

161. 슈네켄부르거의 앞의 책 145쪽을 보라. 로프스(Loofs)는 이것과 약간 다른 입장을 취한다(앞의 책). 이 두 가지 결론은 이것과 유사한 모든 신앙에서 전형적이다.

그 결과 반대 진영의 공격을 받게 된, 예정론을 신봉하던 감리교도들은 한편으로는 성경을 규범으로 삼아 살아가야 한다는 것은 여전히 유효하다는 것, 다른 한편으로는 거룩한 삶과 행실을 통해 구원을 확증하는 것은 여전히 필수불가결하다는 것을 한층 더 강조함으로써 앞에서 말한 두 가지 부작용을 바로잡고자 했다.[162] 하지만 반대 진영은 감리교 내에서 한 번 얻은 구원도 상실될 수 있다고 가르친 웨슬리의 반(反) 칼뱅주의적인 노선을 강화하는 데 성공했다. 웨슬리가 경건주의의 형제단을 통해 루터교의 영향을 강하게 받은 것은 감리교 내에서의 그러한 발전을 더욱 강화시켰고,[163] 그 결과 종교적 지향성을 지닌 감리교적인 도덕을 정립하는 것은 더욱더 어렵게 되었다.[164]

---

162. 이것은 1770년의 총회에서 행해졌다. 1744년의 제1차 총회에서는 성경 말씀은 한편으로는 칼뱅주의, 다른 한편으로는 도덕률 폐기론과 "머리카락 한 올의 차이"라는 것을 이미 인정했다. 따라서 성경 말씀이 명확하지 않다고 할지라도, 성경을 실천적 규범으로 받아들이는 확고한 입장이 세워져 있는 한, 교리의 차이로 인한 분열이 일어나서는 안 된다고 보았다.

163. 한편, 헤른후트파는 감리교가 신봉했던 "죄 없는 완전함"이 가능하다는 교리에 반대해서 감리교로부터 갈라져 나왔는데, 특히 헤른후트파의 창시자였던 친첸도르프(Zinzendorf)가 그 교리를 배척했다. 다른 한편으로, 웨슬리는 헤른후트파가 지닌 감성적이고 감정적인 요소를 "신비주의"로 인식했고, 루터의 "율법관"을 "신성모독"으로 규정했다. 여기에서 우리는 합리적으로 조직된 온갖 유형의 종교적 생활양식과 루터교 간에는 결코 뛰어넘을 수 없는 장벽이 계속해서 존재했다는 것을 알 수 있다.

164. 존 웨슬리(John Wesley)는 퀘이커교나 장로교나 성공회 등 모든 기독교 분파들에서는 "교리"를 믿어야 하지만, 감리교만은 그렇지 않다는 말을 종종 했다. 앞에서의 논의와 관련해서는 다소 개략적인 설명이기는 하지만 스키츠(Skeats)의 『1688-1851년 영국 자유교회의 역사』(History of the free churches of England 1688-1851)를 참조하라.

─────────

결국 기본적으로 감리교에서 끝까지 일관되게 유지된 것은 "중생"과 "성화" 개념뿐이었다. 즉, "중생"은 신자의 믿음으로부터 직접적으로 생겨난 구원에 대한 감성적 확신으로서, 신자가 "은혜의 상태"에 있기 위해 필수불가결한 토대이자 최종적인 구원인 "성화" 체험으로 나아가는 발판으로서의 역할을 하고, 그러한 "성화" 체험을 통해 신자는 그 논리적인 귀결로서 적어도 잠재적으로는 죄의 지배로부터 해방된다는 것이었다. 그 결과 거기에 비례해서 구원의 은혜를 얻기 위한 외적인 수단들, 특히 성례전의 의미는 퇴색되었다. 어쨌든 미국의 뉴잉글랜드 지역을 비롯한 각지에서 감리교를 따라서 "대각성운동"이 일어나게 된 것은 예정론이 강력하게 부각되었기 때문이었다.[165]

따라서 우리의 논의에서 중요한 윤리라는 관점에서 보았을 때, 감리교는 경건주의와 마찬가지로 위태로운 토대 위에 세워진 구조물이라고 할 수 있다. 감리교에서 한 차원 더 깊은 신앙에서 얻어지는 성별된 거룩한 삶인 "더 높은 삶"과 이 땅에서의 완전한 성화를 이루기 위한 "제2의 축복"을 추구한 것은 예정론을 대체하는 역할을 했고, 또한 영국이라는 토양에서 생겨난 감리교는 윤리적 실천에 있어서 영국의 개혁교회적인 기독교의 지향성을 받아들여서 개혁교회적인 윤리를 "부흥시키는" 역할을 했다. 그래서 감리교도들의 삶은 "회심"이라는 감성적 행위를 중심으로 체계적으로 조직되었고, 회심에 도달한 후에는 친첸도르프의 감성적 경건주의의 노선처럼 감성적 체험을 따라 하느님과 함께하는 삶을 추구한 것이 아니라, 도리어 "회심"을 통해 일깨워진 감성을 중심으로 즉시 "성화"를 통한 완전함을 이루기 위해 체계적으로 조직된 삶을 추구하게 되었다.

따라서 감리교 신앙은 그 감성적 성격에도 불구하고 독일 경건주의와는 달리 감성에 토대를 둔 내면적인 삶을 추구하는 기독교로 귀결되지 않았는데, 그것은 감리교에서 부분적으로는 감성적인 방식의 회심 과정으로 말미암아 죄의식을 강조하지 않은 것과 연관되어 있었다는 것은 이미 슈네켄부르거(Schneckenburger)가 지적한 바 있고, 그 후로도 감리교를 비판하는 사람들에 의해서 꾸준히 지적되어 왔다. 즉, 감리교에서 추구한 종교적 감성 속에는 개혁교회적인 토대가 계속해서 중심적인 것으로 남아 있어서, 감리교도들의 종교적 감성은 단지 가끔씩 열광적이고 폭발적인 상태가 되었다가 그 후에는 다시 가라앉는 그런 종류의 것이었기 때문에, 그들이 추구한 합리적이고 체계적으로 조직된 생활양식 자체는 결코 파괴되지 않았다.[166]

이렇게 감리교의 "중생"은 "행위구원 사상"을 방지하기 위한 보완적인 요소였을 뿐이었다. 즉, "중생" 개념은 감리교에서 예정론이 거부된 후에 금욕주의적인 생활양식을 종교적으로 조직하기 위한 중심축으로서의 역할을 했을 뿐이고, 참된 회심의 증표, 즉 존 웨슬리가 종종 구원의 "조건"으로서 개별 신자들에게 꼭 있어야 한다고 한 선하고 거룩한 행실은 기본적으로 칼뱅주의에서 제시한 증표와 완전히 동일했다. 따라서 감리교는 뒤늦게 나온 신학으로서[167] 우리가 논의하고 있는 직업 개념의 발전에 전혀 새로운 기여를 하지 않았기 때문에, 이하의 논의에서 감리교를 원칙적으로 배제해도 아무런 문제가 없을 것이다.[168]

165. 예를 들어, 덱스터(Dexter)의『문헌을 통해 본 지난 300년간의 회중교회 운동』(*The Congregationalism of the Last Three Hundred Years*) 455쪽 이하를 참조하라.

166. 물론, 감리교도들의 이러한 행태는 오늘날 미국의 흑인들에게서 볼 수 있는 것처럼 조직된 생활양식의 합리성을 훼손시킬 수 있다. 경건주의자들이 비교적 온건한 감성을 지니고 있는 것과는 대조적으로 감리교도들에게서 병적인 정서가 자주 나타나는 것은, 일단 전적으로 역사적인 원인들과 그 원인들이 대중적으로 일어났다는 사실을 배제하고 생각해 본다면, 감리교가 전파된 지역들에서 살아간 사람들의 삶 속에 금욕주의가 좀 더 강력하게 침투해 있었던 것과 밀접한 관련이 있을 수도 있다. 하지만 이것을 밝혀내는 일은 신경학자들의 몫이다.

167. 로프스(앞의 글 750쪽)는 감리교는 영국 계몽주의 시대(17세기)에 등장했다는 점에서 다른 금욕주의 운동들과 구별된다고 강조한 후에, 감리교를 19세기의 일삼분기에 독일에서 있었던 경건주의의 르네상스에 비교하면서, 경건주의 운동은 감리교에 비하면 훨씬 약한 운동이긴 했지만, 둘 사이에는 유사성이 존재한다고 주장한다. 리츨(Ritschl)은 슈페너나 프랑케와는 달리 계몽주의에 대한 반발이었던 친첸도르프 계열의 경건주의와 감리교 간의 유사성을 말하는 것도 가능하다고 보았다(『기독교의 칭의론과 화해론』 제1권 568쪽 이하). 하지만 계몽주의에 대한 감리교의 반발은 적어도 친첸도르프의 영향 아래에 있던 헤른후트파의 반발과는 아주 다른 방향을 취했다.

168. 하지만 위에서 인용한 존 웨슬리의 글이 보여주듯이, 감리교는 다른 금욕주의적인 종파들과 똑같은 방식으로 직업 사상을 발전시켰고, 그 결과도 완전히 똑같았다.

4. 재세례파 운동에서 생겨난 분파들

유럽 대륙의 경건주의와 영미의 감리교는 신학 사상이라는 측면에서나 역사적 발전과정이라는 측면에서나 이차적으로 발전된 것들이다.[169] 반면에, 칼뱅주의에 이어서 개신교적인 금욕주의를 독자적으로 확립한 종파는 재세례파였고, 16-17세기를 거치면서 거기로부터 직접적으로, 또는 그 신학 사상을 흡수하는 형태로[170] 침례교, 메노파, 그리고 무엇보다도 특히 퀘이커교 같은 분파들이 출현했다.[171] 이러한 종파들에게서 우리는 개혁교회의 교리와는 원칙적으로 다른 토대 위에 세워진 윤리를 지닌 종교 공동체들을 만나게 된다. 여기에서는 우리의 논의에서 중요한 것만 집중적으로 살펴보고 있는 까닭에, 이후의 개괄적인 설명에서 이 운동의 여러 다양한 형태를 다 다루는 것은 사실상 불가능하다. 따라서 우리는 앞에서와 마찬가지로 자본주의가 일찍부터 발달해 온 나라들에서 이 운동이 어떤 식으로 발전했는지만을 중점적으로 다룰 것이다.

---

169. 앞에서 보았듯이, 이것은 청교도 신앙의 일관된 금욕주의적 윤리의 느슨한 형태였다. 만일 우리가 오늘날 사람들이 더 선호하는 마르크스적인 관점을 따라서 이러한 종교 사상들을 단지 자본주의의 발전이 "표출되거나" "반영된 것들"로만 해석하고자 한다면, 이 윤리는 약화되지 않고 더욱 강화되었어야 논리적으로 맞는 것이 될 것이다.

170. 침례교도들 중에서 초기의 재세례파로 거슬러 올라가는 것은 "일반 침례교도들"뿐이었다. 앞에서 이미 언급했듯이, "특수 침례교도들"은 칼뱅주의자들로서, 원칙적으로 거듭난 사람들, 또는 "개인적으로" 신앙고백을 한 사람들만이 교회의 구성원이 될 수 있다는 입장을 견지한 주의주의자(主意主義)들이었고 국가 교회를 배격하였지만, 크롬웰 치하에서 실제로는 일관되게 그러한 입장을 견지하지는 않았다. 특수 침례교도들이든 일반 침례교도들이든 재세례파

전통의 담지자로서 역사적으로 중요한 분파였지만, 우리가 여기에서 그들의 교리를 구체적으로 분석하는 것은 적절하지 않다.

퀘이커교는 형식상으로는 조지 폭스(George Fox)와 그의 신앙 동지들에 의해 새롭게 창시된 종파이긴 했지만, 그 기본적인 신학 사상들을 살펴보면 결국 재세례파 전통을 계승한 집단이라는 것은 너무나 분명하다. 퀘이커교의 역사에 대한 최고의 입문서는 바클레이(Robert Barclay)의 『영국 공화정 시기 종교집단들의 내면적 삶』(The Inner Life of the Religious Societies of the Commonwealth)인데, 거기에는 침례교와 메노파에 대한 퀘이커교의 관계도 설명되어 있다.

침례교의 역사에 대해서는 특히 덱스터(H. M. Dexter)의 『그 자신과 동시대인들의 진술을 토대로 한 스스로 세례 준 자 존 스미스의 실화』(The true story of John Smyth, the Se-Baptist, as told by himself and his contemporaries)와 『침례교 계간 리뷰』(The Baptist Quarterly Review, 1883) 1쪽 이하에 실린 그 책에 대한 랭(J. C. Lang)의 서평; 머치(J. Murch)의 『영국 서부의 장로교회와 일반 침례교회의 역사』(A History of the Presbyterian and General Baptist Church in the West of England); 뉴먼(A. H. Newman)의 『미국 침례교사』(A History of the Baptist Church in the United States)(『미국 교회사 총서』 제2권); 베더(Henry Clay Vedder)의 『침례교 소사』(A Short History of the Baptists); 백스(Ernest Belfort Bax)의 『재세례파의 흥망』(Rise and Fall of the Anabaptists); 로리머(George Lorimer)의 『역사 속의 침례교』(Baptists in history); 사이스(Joseph Augustus Seiss)의 『침례교 체계 고찰』(The Baptist System Examined); 그 밖에도 『침례교 입문』(Baptist Handbook), 『침례교 지침서』(Baptist Manuals), 『침례교 계간 리뷰』(Baptist Quarterly Review), 『비블리오테카 사크라』(Bibliotheca Sacra) 등을 보라.

침례교와 관련한 문헌들과 관련해서 최고의 도서관은 뉴욕 주에 있는 콜게이트 대학(Colgate College) 도서관이고, 퀘이커교의 역사와 관련한 문헌들을 잘 수집해 놓은 곳은 (내가 이용하지는 않았지만) 런던의 데본셔 하우스(Devonshire House)의 장서다. 정통 퀘이커교의 공식 기관지는 루푸스 존스(Rufus Jones) 교수가 편집인으로 있는 『미국 친우회』(American Friend)이고, 퀘이커교의 역사에 대한 최고의 연구서는 존 론트리(John Rowntree)의 저작이다. 그 밖에도 존스 (Rufus B. Jones)의 『조지 폭스 자서전』(George Fox, an Autobiography); 토머스(Allen C. Thomas)의 『미국 친우회의 역사』(A History of the Society of Friends in America); 그럽(Edward Grubb)의 『퀘이커교 신앙의 사회적 측면』(Social Aspects of the Quaker Faith)이 있다. 퀘이커교와 관련된 문헌은 많고, 아주 좋은 전기적인 문헌들도 존재한다.

171. 카를 뮐러(Karl Müller)가 쓴 『교회사』(Kirchengeschichte)는 많은 기여를 했지만, 그 중 하나는 외적으로는 두드러져 보이지 않음에도 불구하고 실제로 는 위대한 신앙 운동의 하나였던 재세례파에 역사적으로 정당한 위치를 찾아 주고 거기에 걸맞게 재세례파에 대한 논의를 전개했다는 것이다.

재세례파는 다른 그 어느 종파 운동도 겪어 보지 못했던 가차 없는 박해를 모든 종파들로부터 받았는데, 그 이유는 이 종파가 특별한 의미에서 하나의 "분파"이고자 했기 때문이었다. 재세례파는 그 한 지류였던 뮌스터(Münster)의 교도들이 펼친 종말론적 신앙운동의 파국적인 결과로 인해 다섯 세대가 지난 후에도 영국을 비롯한 전 세계에서 불신을 받았다. 이렇게 재세례파는 반복적 으로 억압을 받고 음지로 내몰려서 은밀하게 활동해야 했기 때문에, 창시된 후 오랜 세월이 지난 후에야 자신의 신앙 사상들을 체계화할 수 있었다. 그런 이유 로, 그들은 비록 하느님에 대한 신앙을 마치 하나의 "학문"인 것처럼 전문적으 로 연구하는 것에 대해 반감을 지니고 있긴 했지만, 자신들의 그러한 태도에도 불구하고 정상적인 상황이었다면 만들어내었을 분량보다 훨씬 적은 "신학"을 만들어내었기 때문에, 당시에 있어서조차 전문적인 신학자들은 재세례파의 신 학에 거의 공감하지 못했고 별다른 인상도 받지 못했고, 그러한 사정은 오늘날 에도 여전히 지속되고 있다.

예를 들어, 리츨은 많은 선입견들과 편견들을 가지고 재세례파를 다루고, 그 들을 "다시 세례를 받은 자들"이라 부르며 경멸하는 입장에서 논의를 전개해 나 간다(『경건주의의 역사』 제1권 22쪽 이하). 그의 글을 읽는 독자들은 그가 마치 신 학적 "부르주아의 관점"에서 말하고 있는 듯한 인상을 받게 된다. 이미 수십 년

전에 재세례파에 대한 코르넬리우스(Cornelius)의 탁월한 연구서인『뮌스터 재세례파 폭동의 역사』(Geschichte des Münsterischen Aufruhrs)가 출간되었음에도 불구하고, 사정은 변하지 않고 있다. 리츨은 재세례파는 전체적으로 "가톨릭"으로 변질된 분파라는 입장을 고수하면서, 프란체스코 수도회의 영성주의자들로부터 직접적인 영향을 받았을 것이라고 의심한다. 하지만 재세례파가 실제로 그런 영향을 받았다는 것이 확인된다고 할지라도, 그 영향은 아주 미미한 것에 지나지 않았을 것이다.

게다가, 이 둘이 처해 있던 역사적 상황 자체가 서로 달랐다. 정통 가톨릭교회는 평신도들이 작은 집단을 만들어서 세속적인 금욕주의를 추구하는 것을 위험시해서, 한편으로는 평신도 수도회를 만들어서 탈세속적인 금욕주의를 추구하도록 유도하거나, 다른 한편으로는 평신도들이 추구하는 금욕주의를 기존의 수도원들에 편입해서 세속적인 금욕주의를 추구하는 독자적인 집단이 되지 못하도록 통제했다. 왜냐하면, 정통 가톨릭교회는 평신도들의 그런 시도를 그대로 방치하는 경우에는 개인주의적인 금욕주의적 윤리가 독자적인 세력을 형성하여 기존의 교회의 권위를 거부하고 이단이 우후죽순처럼 생겨나게 될 위험성이 있다는 것을 이미 감지했기 때문이었다. 엘리자베스 1세 시대에 영국의 성공회도 준경건주의적인 성경 연구 모임인 "예언회"가 성공회에 대해 조금도 부정적인 태도를 취하지 않았는데도 그들의 활동 속에서 앞에서 말한 것과 동일한 근거에서 동일한 위험성을 감지했고, 스튜어트 왕조가 공포한『스포츠의 서』(Book of Sports, 이 책에 대해서는 나중에 살펴볼 것이다)에도 그러한 위기의식이 표현되어 있다. "겸손파"와 "베긴 수녀회"의 역사를 비롯해서 수많은 이단 운동들의 역사, 그리고 성 프란체스코의 운명이 그것을 증명해 준다.

탁발 수도사들의 설교, 특히 프란체스코 수도사들의 설교는 개혁교회적인 재세례파 개신교의 금욕주의적인 평신도 윤리가 탄생하는 데 여러 모로 기여했다는 것은 사실이다. 하지만 서방 수도원의 금욕주의와 개신교의 금욕주의적 생활양식 간의 수많은 유사점들 ─ 이것은 우리의 논의에 대단히 시사해 주는 바가 크기 때문에 앞으로 반복해서 강조하게 될 것이다 ─ 은 그러한 설교에서 기인하는 것이 아니라, 성경적인 기독교를 토대로 하는 모든 금욕주의는 반드시 종파적 특성과는 상관없이 육체의 욕망들을 "억제하기" 위해서 검증된 수단들을 사용하게 된다는 하나의 공통점에서 기인한다.

아래의 서술과 관련해서 간단하게 말해 두어야 할 것이 하나 있는데, 그것은 이 연구에서 구체적으로 다루고 있는 문제, 즉 "시민 계층"의 직업 사상의 종교적 토대가 발전해 나가는 과정에서 재세례파의 윤리는 아주 제한된 의미만을 갖기 때문에 아래의 서술에서 간략하게 다루어지게 되리라는 것이다. 이 발전 과정에서 재세례파 윤리는 다른 개신교 분파들이 기여한 것 외에 새로운 기여를 조금도 하지 않았다. 이것보다 훨씬 더 중요한 재세례파 운동이 지닌 사회적 측면은 여기에서는 다루지 않을 것이다. 우리의 연구에서 다루는 것은 제한된 범위의 것이기 때문에, 초기 재세례파 운동과 관련된 역사적 내용들은 오직 우리의 연구에서 중요한 후대의 분파들인 침례교와 퀘이커교와 (조금 부차적이기는 하지만) 메노파의 특징과 연결되어 있는 부분들만 여기에서 언급할 것이다.

―――――――

역사적이거나 원리적으로 이 모든 공동체들에서 가장 중요했던 것은 앞에서 우리가 간단하게 살펴본 바 있는 "믿는 자들의 교회" 사상이다[172] ― 이 사상이 문화 발전에 어떤 영향을 미쳤는가 하는 문제는 우리의 논의를 벗어나 있기 때문에, 여기에서 그것까지 살펴볼 수는 없다. "믿는 자들의 교회" 사상에서는 이제는 종교 공동체들, 그러니까 종교개혁에 토대를 둔 교회들의 용어를 사용하자면[173] "보이는 교회들"이 아니라, 오로지 믿음으로 거듭난 개개인들, 그리고 그런 자들의 공동체만이 하느님의 영광을 더욱 드러내기 위한 것이든(칼뱅주의), 아니면 사람들에게 구원을 전해 주기 위한 것이든 (가톨릭과 루터교) 하늘로부터 어떤 소임을 위탁받은 기관이라고 말한다. 달리 말하면, 하늘로부터 그런 소명을 받은 기관은 "교회들"이 아니라 "분파들"로 존재한다는 것이다.[174] 유아들이나 어린아이들이 아니라 오직 내적으로 참된 믿음을 지니고서 공개적으로 자신의 신앙을 고백한 성인들만이 세례를

받을 수 있다는 이 분파의 독특한 사상도 바로 그러한 원리의 외적인 표현일 뿐이었다.[175]

그런데 재세례파의 여러 분파들이 모든 종교적인 논의들에서 반복적으로 일관되게 주장한 "이신칭의" 사상은 초기 개신교의 정통적인 "이신칭의" 사상, 즉 그리스도의 공로가 사람에게 돌려져서 사람이 하느님 앞에서 의롭다는 선언을 받게 된다는 "법정적" 칭의 사상과 근본적으로 다른 것이었다.[176] 도리어, 그들이 말하는 이신칭의의 핵심은 개별 신자들이 그리스도의 구속 사역을 "내면적으로 자신의 것으로 만드는" 데 있었고, 그런 일은 개개인에 대한 "개별적인 계시"를 통해서, 즉 오직 개개인의 내면에서 성령이 작용할 때에만 일어난다. 그러한 계시는 누구에게나 주어지기 때문에, 세상의 죄악된 것들에 사로잡혀서 성령이 임하는 것을 가로막는 것을 피하고 성령을 기다리는 사람에게는 이신칭의가 주어진다.

---

172. 위의 주 93을 보라.

173. 이 용어의 기원과 변천 과정에 대해서는 리츨(A. Ritschl)의 『논문집』(*Gesammelte Aufsätze*) 제1권 68쪽 이하를 보라.

174. 재세례파는 사람들이 그들을 "분파"라고 부르는 것을 지속적으로 거부했다. 그들은 자신들이 에베소서 5장 27절의 의미에서 참된 교회라고 생각했기 때문이다. 하지만 우리의 용어로 볼 때에는 그들은 분파였는데, 그것은 단지 그들이 국가와의 모든 관계를 거부했기 때문이 아니었다. 기독교의 초창기에 교회가 국가와 맺은 관계는 재세례파가 추구해야 할 이상이었고, 그것은 퀘이커 교도 마찬가지였다(바클레이의 앞의 책을 보라). 왜냐하면, 재세례파에게 있어서, 그리고 일부 경건주의자들(예컨대, 테르스테겐[Teersteegen])에게 있어서도 "오직 십자가 아래 있는 교회," 즉 초대 교회가 지닌 순수성만이 의심의 여지가 없는 것이었기 때문이었다. 하지만 십자가 아래 있던 국가, 즉 기독교를 국교로 한 국가에서조차도 불신앙이 판을 치는 것을 보았을 때, 재세례파는 물론이고 칼뱅

주의자들까지도 국가와 교회의 분리를 지지하는 것보다 더 좋은 대안을 찾을 수 없었다(그런 동일한 상황에서는 심지어 가톨릭도 마찬가지였다).

마찬가지로, 재세례파를 "분파"라고 불러야 하는 이유는 회중과 세례 지망자 간의 입회 계약을 통해서만 사람들은 이 교회의 구성원이 될 수 있었기 때문도 아니었다. 형식적으로만 본다면, 네덜란드 개혁교회에서도 최초의 정치적 상황으로 인해 옛 교회법에 따라서 그렇게 했기 때문이다. 이것에 대해서는 호프만 (H. von Hoffmann)의 『1618-1619년 도르트레히트 전국종교회의 직전까지의 네덜란드 개혁주의의 교회법』을 보라.

재세례파를 "분파"로 분류해야 하는 진짜 이유는 그들은 초대 교회의 모범을 따라 오직 거듭난 자들만을 교회의 구성원으로 받아들이기 위해서는 교회는 "제도"가 아니라 "자발적인 조직"이 되어야 한다고 생각했기 때문이었다. 우리는 바로 그러한 자발적인 조직을 "분파"라고 부른다. 칼뱅주의자들이 처음에 자발적인 조직이었던 것은 오직 역사적인 상황에 의한 것이었던 반면에, 재세례파에서는 그것이 "교회" 개념의 핵심이었다. 칼뱅주의자들 가운데도 교회와 관련해서 "신자들의 교회"를 지향하는 분명한 동기가 존재했다는 것은 앞에서 이미 언급한 바 있다.

"교회"와 "분파"에 대해 자세한 것은 나의 논문인 『개신교 분파들과 자본주의 정신』을 보라. 내가 여기에서 제시한 "분파" 개념은 나와 거의 동일한 시기에 아마도 나와는 독립적으로 카텐부시(Kattenbusch)가 『개신교 신학과 교회 백과사전』(Realencyklopädie für protestantische Theologie und Kirche)에 기고한 "Sekte" 항목에서도 사용했다. 트뢸치(Troeltsch)는 자신의 저작인 『기독교 교회와 집단의 사회 교리』(Soziallehren der christlichen Kirchen)에서 이러한 "분파" 개념을 수용해서 상세하게 논의했다. 또한, 나의 "세계 종교의 경제 윤리"에 관한 일련의 논문에 대한 서론적인 논문도 보라.

175. 교회 공동체에 오해의 여지가 없는 분명한 특징을 부여하는 역할을 했던 이러한 상징이 교회 공동체의 유지와 보존에 역사적으로 얼마나 중요했는지에 대해서는 코르넬리우스(Cornelius)가 아주 명쾌하게 설명한 바 있다(앞의 책).

그 결과 교리를 안다는 의미에서의 신앙, 또는 회개를 통해 하느님의 은혜를 깨닫는다는 의미에서의 신앙 개념은 자취를 감추고, 그 대신에 상당한 정도로 수정된 것이기는 하지만 초기 기독교의 성령론에 기반을 둔 신앙이 새롭게 부활했다. 예를 들면, 메노 시몬스(Menno Simons)가 쓴 『기본교리서』에서 보여주듯이, 꽤 통일적인 교리를 갖추고 있었던 한 분파는 재세례파의 다른 분파들과 마찬가지로 초대 교회처럼 오직 철저하게 개인적으로 하느님에 의해 깨어나서 부르심을 받은 신자들로만 이루어진, 죄에서 자유롭고 참된 그리스도의 교회가 되고자 했다. 거듭난 자들만이 그리스도의 형제들이다. 오직 그들만이 그리스도와 마찬가지로 하느님으로부터 직접 성령으로 말미암아 태어난 자들이기 때문이었다.[177]

이러한 신앙 사상으로 인해서 초기의 재세례파 공동체들 속에는, 초대 교회의 기독교인들의 삶을 모범으로 삼아 살아가고자 한다는 의미에서의 엄격한 "성경 정치"의 지배와 더불어서, 반드시 필요한 경우가 아니면 세상이나 세상 사람들과 접촉을 피하고자 하는 원칙이 존재했고, 세상을 피하고자 하는 이러한 원칙은 이 분파들의 초창기 정신이 남아 있는 동안에는 계속해서 잔존하였다.[178]

177. 그리스도의 성육신 및 그리스도와 동정녀 마리아의 관계라는 문제들에 대한 종교적 관심은 아마도 이러한 사상을 기반으로 한 것으로 보인다. 그런 질문들이 유일하게 전적으로 교리적인 요소로서 가장 오래된 재세례파 문헌(예를 들면, 코르넬리우스의 앞의 책 제2권 부록에 나오는 "신앙고백들")에도 등장했다는 것은 아주 특이하다(이것에 대해서는 특히 카를 뮐러의 『교회사』 제2권 330

쪽을 보라). 칼뱅주의자들의 그리스도론과 루터교의 그리스도론 간의 차이(이른 바 "속성의 교류"에 관한 교리와 관련해서)도 이것과 비슷한 종교적 관심을 기반으로 한 것이었다.

178. 이러한 원칙은 특히 출교된 자들과의 세속적인 교제도 원래 엄격하게 제한한 것에서 잘 드러난다. 칼뱅주의자들은 세속적인 영역은 원칙적으로 종교적인 검열의 대상이 아니라는 입장을 취했지만, 적어도 이 문제에 대해서는 그런 입장을 철회했다. 나의 논문인『개신교 분파들과 자본주의 정신』을 보라.

재세례파의 여러 분파들은 자신들의 초창기를 지배했던 이러한 원칙들로부터 하나의 원리, 즉 비록 서로 다른 근거에서 생겨난 것이기는 하지만 우리가 앞에서 이미 칼뱅주의를 통해 알게 되었을 뿐만 아니라 앞으로도 우리의 논의에서 근본적으로 중요한 역할을 하게 될 원리를 도출해내어서 자신들의 것으로 삼았는데, 그것은 피조물을 신격화하는 모든 행위를 오직 하느님만이 받아야 할 공경을 피조물에게 바치는 신성모독 행위로 규정하고서 무조건적으로 배격하는 것이었다.[179]

스위스와 남부 독일에서 살았던 첫 번째 세대의 재세례파는 성 프란체스코가 보여준 삶 같이 세속의 모든 쾌락을 단호하게 거부하는 가운데 사도들의 삶을 철저하게 본받는 삶이야말로 성경적인 삶이라고 보았다. 실제로 초기 재세례파에 속한 사람들은 성 애기디우스(Aegidius, 640-720)[n]의 삶을 닮은 그런 삶을 살았다.

이렇게 그들은 성경의 가르침에 따라 철저하게 살아가야 한다고 생각했지만,[180] 그들의 경건과 삶에 더 큰 영향을 미친 것은 철저하게 성령의 인도를 받는 삶이어야 한다는 사상이었다. 그들은 하느님이 인간에게 계시하기를 원한 것을 구약의 선지자들과 신약의 사도들에게 모두 다 계시한 것은 아니었다고 보았다. 도리어 독일의 신비주의자였던 슈벵크펠트(Schwenckfeld, 1490-1561)[o]가 루터에 맞서 가르쳤고 나중에 퀘이커교도였던 폭스(Fox)가 장로교도들에 맞서 가르쳤던 것처럼, 개별 신자들에게 작용해서 그들의 일상적인 삶 속에서 직접 말하는 성령의 권능의 말씀이 교회 속에서 살아 움직이는 것이야말로 참된 교회임을 보여주는 유일한 증표라는 것이 초대 교회의 증언이라고 보고서, 교회는 단지 기록된 문서인 성경에 나오는 말씀만을 가지고 살아가서는 안 된다고 생각하였다. 성경이 기록된 후에도 교회 속에서 하느님의 계시가 지속된다는 이러한 "계시 지속"의 사상으로부터 나중에 퀘이커교도들이 일관되게 발전시킨 저 유명한 교리, 즉 이성과 양심 속에서 성령이 내적으로 말씀하고 증언하는 것이 궁극적으로 가장 중요하다는 신앙 사상이 출현했다.

———

179. 우리가 잘 알고 있듯이, 이러한 원칙은 퀘이커교도들 사이에서는 별로 중요해 보이지 않는 삶의 외적인 측면들(모자를 벗는 것, 무릎을 꿇는 것, 절하는 것, 형식적인 말을 사용하는 것을 거부한 것)에서 표현되었다. 하지만 그 기본적인 사상은 모든 금욕주의에서 일정 정도 공통적인 것이다. 그런 이유로 진정한 의미에서의 모든 금욕주의는 언제나 "권위에 적대적이다." 이러한 적대감은 칼뱅주의에서는 교회를 다스리는 분은 오직 그리스도뿐이라는 원칙으로 나타났고, 경건주의에서는 슈페너가 직함들의 수여를 성경에 의거해서 정당화하고자 한 것에서 볼 수 있다. 반면에, 가톨릭의 금욕주의에서는 신자들을 지배할 수 있는 교회의 권위와 관련해서 신자들에게 "복종"을 서약하게 하고 "복종" 자체를 금욕주의적으로 해석하는 방식을 통해 권위에 대한 적대감을 없앴다.

개신교의 금욕주의가 가톨릭의 그러한 금욕주의를 "무너뜨린" 것은 청교도의 영향 아래 있던 나라들에 오늘날에도 "라틴 정신"에서 유래한 민주주의와 구별되는 독특한 민주주의가 행해지게 된 역사적 토대임과 아울러, 어떤 사람들은 거부감을 보이지만 또 어떤 사람들은 신선하다고 느끼는 미국인들의 특징, 즉 "권위를 공경하는 태도의 결여"가 생겨나게 된 역사적 토대이기도 하다.

n. 성 애기디우스는 그리스 출신의 은둔자로서 아테네 귀족 가문 출신이었

지만 프랑스로 가서 은둔자 생활을 했고, 프랑스 남부의 소도시인 생 질(Saint Gilles)에 베네딕투스파 수도원을 세우고 거기에서 생활했다. 이 때문에 프랑스 어로는 "생 질"이라 불리기도 한다.

180. 이 원칙은 재세례파의 경우에는 처음부터 기본적으로 신약성경에만 적용되었고, 구약성경에는 이 원칙을 동일한 정도로 적용하지 않았다. 특히 산 상수훈은 모든 교파들에서 사회윤리를 위한 강령으로 특별한 대접을 받았다.

o. 슈벵크펠트는 루터의 이신칭의론을 반박하고, 직접 하느님의 임재를 느끼고 그 음성을 들으며 하느님의 계명들을 실천하는 것이 칭의라고 주장했다.

―――――

이러한 사상으로 말미암아 성경의 권위가 부정된 것은 아니었지만 성경의 유일무이한 독점적인 권위는 부정되었을 뿐만 아니라, 교회를 통해야만 구원 받을 수 있다는 가톨릭 교리의 온갖 잔재들이 남김없이 제거되었고, 결국 퀘이커교도들에 이르러서는 세례와 성찬이라는 성례전조차 완전히 제거되었다.[181] 재세례파에 속한 분파들은 예정론을 신봉했던 모든 종파들, 그 중에서도 특히 가장 엄격한 예정론을 주장했던 칼뱅주의자들과 마찬가지로, 성례전이 구원의 수단이라는 사상을 철저하게 배격함으로써 세계의 "탈주술화"를 완성시켰다.

이렇게 해서 오직 하느님의 지속적인 계시를 통해 각 사람에게 주어지는 "내면의 빛"만이 하느님이 성경을 통해 계시한 것을 깨닫게 해 주는 것은 물론이고,[182] 이 문제와 관련해서 논리적인 일관성을 가장 강력하게 유지했던 퀘이커파의 교리에 의하면, 이 "내면의 빛"은 성경이라는 형태로 된 계시를 전혀 알지 못하는 사람들에게도 주어진다. "교회를 떠나서는 구원이 없다"(extra ecclesiam nulla salus)는 명제는 거기에서 말하는 "교회"를 명목상의 신자들로 이루어진 "보이는 교회"로 이해하는 경우에는 거짓이고, 오직 성령의 조명을 받는 자들로 이루어지는 "보이지 않는 교회"로 이해하는 경우에만 참이다. "내면의 빛"이 없는 자연인들은 그들이 아무리 "자연적인 이성"에 따라 살아간다고 하여도 하느님을 알지 못한 채 살아가는 철저하게 피조물에 불과한 존재들일 뿐이었다.[183] 물론 칼뱅주의자들도 사람들이 이렇게 "내면의 빛"을 받지 못하고 "하느님 없이 살아가는 상태"를 끔찍하게 여겼지만, 퀘이커교도들을 포함해서 재세례파에 속한 모든 분파들은 한층 더 그러했다.

---

181. 슈벵크펠트(Schwenckfeld)는 성례전을 외적으로 거행하는 것을 '아디아포라,' 즉 "가치중립적인" 것으로 보았던 반면에, "일반 침례교도들"과 메노파에서는 세례와 성찬을 엄격하게 거행했고, 메노파는 세족식도 엄격하게 거행했다. 하지만 예정론자들은 성례전을 부정적으로 바라보았고, 심지어 성찬을 제외한 다른 모든 성례전들을 의심의 눈초리로 바라보았다. 나의 논문인『개신교 분파들과 자본주의 정신』을 보라.

182. 재세례파에 속한 분파들, 특히 퀘이커교에서는 칼뱅이『기독교 강요』 제3권 제2장에서 한 말을 근거로 제시했는데(바클레이[Robert Barclay]의『기독교 변증학』[Apology for the True Christian Divinity]; 내가 이것을 언급할 수 있었던 것은 에두아르트 베른슈타인[Eduard Bernstein]의 도움 덕분이다), 거기에는 재세례파의 교리와 아주 비슷한 말이 명확하게 나온다. 하느님이 족장들과 선지자들과 사도들에게 계시한 것인 "하느님의 말씀"의 권위와 그들이 기록한 것인 "성경"의 권위를 서로 구별하는 좀 더 오래된 입장도, 그 역사적 배경을 배제하는 경우에는 기본적으로 계시의 본질에 대한 재세례파의 견해와 일치했다. 칼뱅주의자들의 "기계적 영감설"과 거기에 의거한 엄격한 "성경의 지배"가 16세기에 시작되어 특정한 방향으로 진행되어 온 발전의 산물이었던 반면에, 재세례파적인 토대 위에 세워진 퀘이커교의 "내면의 빛"에 관한 교리는 정확히 정반대의 방향으로 진행되어 온 발전의 산물이었다. 칼뱅주의와 재세례파가 서로 첨예하게 갈라선 것은 사실 부분적으로는 지속적인 대결이 빚어낸 결과물이었다.

183. 이것이 강조된 것은 소키누스주의자들의 몇몇 경향들을 강력하게 견제하기 위한 것이었다. "자연적인" 이성은 하느님에 대해 아무것도 알지 못한

다(바클레이의 앞의 책 102쪽). 이것은 "자연법"(lex naturae)이 개신교에서 차지하는 지위에 영향을 미쳤다. "일반 규범"이나 "일반 도덕률"은 원칙적으로 존재할 수 없었다. 개개인의 "소명"은 하느님이 개개인에게 양심을 통해 계시한다. 우리는 "자연적인" 이성이 인식하는 보편 개념에 따른 "선"을 행해서는 안 되고, 하느님이 새 언약을 통해 우리의 심령에 기록했고 양심으로 표현되는 "하느님의 뜻"을 행해야 한다(바클레이의 앞의 책 73-74, 76쪽). 하느님에게 속한 것과 피조물에게 속한 것 간의 대립이 심화되면서 생겨난 도덕의 비합리성은 퀘이커교의 윤리의 근간을 이루는 다음과 같은 말에 잘 나타나 있다. "어떤 사람의 신앙이 잘못된 것일지라도, 그 사람이 자신의 신앙에 어긋나게 행한다면, 그것은 다른 사람들에게는 올바른 것이 될지 모르지만 하느님에게는 결코 받아들여질 수 없다"(바클레이의 앞의 책 487).

하지만 이러한 기준은 실제의 삶 속에서는 유지될 수 없었다. 예컨대, 바클레이는 개인의 양심에 따른 것이라고 해도, 그것은 "모든 기독교인에 의해 인정되는 도덕적이고 영속적인 규율들"에 맞는 것이어야 한다고 말한다. 또한, 당시 사람들도 퀘이커교의 윤리를 몇몇 예외를 제외하고는 개혁교회에 기반을 둔 경건주의의 윤리와 동일한 것으로 이해했다. 슈페너(Spener)는 "교회 안에 있는 모든 선한 것은 다 퀘이커파 신앙으로 인한 것이 아닌가 생각된다"고 반복적으로 강조했는데, 이것은 사람들 사이에서 퀘이커교도들의 평판이 좋은 것을 부러워하며 한 말이었던 것으로 보인다(『라틴어판 신학적 권고와 판결』 제3권). 사람들이 성경 말씀을 근거로 서약이나 맹세를 하기를 거부한 것은 당시에 성경으로부터의 실제적인 해방이 거의 이루어지지 않았다는 것을 보여준다. 다수의 퀘이커교도들은 다음과 같은 명제를 기독교 윤리 전체의 핵심으로 여겼지만, 우리는 여기에서 이 명제가 지닌 사회윤리적인 의미를 다룰 수는 없다. "남에게 대접을 받고자 하는 대로 너희도 남을 대접하라."

반면에, 사람이 성령을 대망하고 내면적으로 자기 자신을 성령에게 내어

드릴 때에 성령이 그 사람 속에서 작용하여 이루어 내는 거듭남은 하느님이 작용한 결과로 생겨난 것이어서, 그 사람은 죄의 지배를 완전히 이긴 상태로 변화되기 때문에,[184] 이후로는 다시 죄에 빠져 타락하게 되거나 은혜의 상태를 상실하는 것은 사실상 불가능하게 된다. 하지만 나중에 감리교에서 주장한 것과 마찬가지로, 그런 상태에 도달하는 것은 모든 신자에게 일률적으로 일어나는 것이 아니고, 개별 신자의 발달 정도에 따라 완성도도 달라진다. 그럼에도 불구하고 모든 재세례파 공동체들은 오직 행실에 있어서 결함이 없는 구성원들로만 이루어진 "순수한 회중"이 되고자 하였다.

세속과 세상사에 대한 초연함 및 양심에 대한 명령을 통해 이루어지는 하느님의 통치에 대한 무조건적인 복종은 진정으로 거듭났음을 보여주는 유일하게 확실한 증표였기 때문에, 그것을 증명해 주는 신자들의 행실은 구원에 필수적인 것이었다. 구원은 사람들이 자신의 선행으로 말미암은 공로를 통해 얻을 수 있는 것이 아니고 하느님이 사람들에게 일방적으로 주는 선물이었지만, 양심을 따라 살아가는 것은 하느님이 주는 선물인 구원을 받았음을 스스로 증명하는 방식이라는 점에서, 오직 양심을 따라 살아가는 자들만이 구원받은 자들이라고 할 수 있었다. 이런 의미에서 "선행"은 구원의 필수 요건, 즉 구원에서 "없어서는 안 되는 원인"(causa sine qua non)이었다.

우리가 지금까지 설명한 재세례파의 사상들은 스코틀랜드의 퀘이커교도였던 바클레이(Barclay, 1648-1690)[p]의 글에서 요약한 것인데, 이것은 그들의 사상이 실천적인 측면에서 개혁교회 교리와 동일하다는 것을 보여 줄 뿐만 아니라, 영국과 네덜란드에서 재세례파의 여러 분파들이 출현하기 이전에 이미 존재했던 칼뱅주의적인 금욕주의의 영향을 받아 발전했다는 것을 보여 준다. 조지 폭스(George Fox)는 자신의 초기 선교 활동 기간 전체에 걸쳐서, 사람들로 하여금 이 금욕주의를 진심으로 받아들여서 내면에서 이루어 내도록 가르치고 설교하는 일에 매진하였다.

하지만 재세례파에 속한 여러 분파들은 예정론을 거부하였기 때문에, 그들의 도덕에 특유한 체계적이고 조직적인 성격은 심리학적으로 볼 때 일차적으로 "성령 대망" 사상을 토대로 한 것이었고, 그러한 사상은 심지어 오늘날에서조차도 퀘이커교도들의 집회의 명확한 특징을 이루고 있는데, 바클레이(Barclay)는 이것을 제대로 잘 분석해 냈다. 그들이 침묵 가운데서 성령을 대망하는 목적은 "자연인"의 본능적인 충동들과 비합리적인 요소들과 혈기와 주관적인 편견들을 극복하기 위한 것이었다. 자연인은 침묵을 통해 자신의 영혼을 깊은 고요함 속에 둘 때에만 하느님이 그의 영혼 속에서 그에게 말하는 것을 들을 수 있었다. 이러한 "성령 대망"의 결과로 사람들은 열광의 상태로 빠져들기도 했고, 그들의 집회에서는 미래에 대한 예언들이 나오기도 했다. 그리고 종말론적인 소망이 여전히 살아 있는 재세례파 신자들의 집회에서는 그런 유형의 신앙을 지닌 집단들에서와 마찬가지로 광신적인 천년왕국 사상이 분출되어 나오기도 했는데, 독일의 뮌스터(Münster)에서 활동했던 재세례파에 속한 분파들에서 발생한 사건이 그 예였다.

하지만 재세례파의 공동체들을 이루고 있던 신자들이 세속적인 직업을 가진 삶 속으로 뛰어들기 시작하자, "성령 대망" 사상의 성격은 바뀌어서, 하느님은 인간의 모든 욕망이 침묵할 때에만 말한다는 신학 사상은 신자들로 하여금 자신들의 행위를 내면에서 냉정하게 깊이 성찰하는 가운데 양심의 소리에 따라 행하도록 만드는 결과를 가져왔다.[185] 이렇게 해서 나중에 재세례파 공동체들의 실천적인 삶은 깊은 내면적 성찰에 따라 감정이나 욕망을 배제하고 대단히 신중하고 냉철한 상태에서 철저하게 양심에 따라 살아가는 삶을 그 특징으로 하게 되었고, 이것은 퀘이커교도들의 공동체에게서 특히 아주 두드러지게 나타났다.

---

184. 바클레이는 다음과 같은 논증을 통해서 그러한 가능성을 수용할 필요성이 있다고 말한다. 만일 그런 가능성이 존재하지 않는다면, "성도들은 자신들을 의심과 절망에서 벗어나게 해 줄 곳이 어디인지를 결코 알지 못하게 될 것인데, 이것은 …… 너무나 부조리하다." "구원의 확실성"(certitudo salutis)도 그

런 가능성과 연결되어 있다는 것은 분명하다. 바클레이의 앞의 책 20쪽을 보라.

　　p. 바클레이는 퀘이커교의 신학자로서, 그의 저작인 『기독교 변증론』은 퀘이커교의 표준적인 교리를 제시한 것으로 평가받는 동시에, 17세기의 가장 훌륭한 신학 저작들 중의 하나로 여겨진다.

　　185. 따라서 칼뱅주의자들의 합리적으로 조직된 삶과 퀘이커교도들의 합리적으로 조직된 삶 간의 근본적인 차이는 계속해서 존재한다. 백스터(Baxter)는 그 차이를 이렇게 표현했다. 퀘이커교도들은 성령이 시체에 작용하는 것 같이 인간의 영혼에도 그런 식으로 작용한다고 본 반면에, "이성과 성령은 함께 협력하는 원리들"이라는 것이 칼뱅주의자들의 정식이었다(『기독교 지도서』 제2권 76쪽). 하지만 당시에 그런 식의 차이는 사람들의 실제의 삶 속에서는 존재하지 않았다.

　　세계의 철저한 "탈주술화"가 이루어졌을 때, 그것은 결국 내적으로 세속적인 금욕주의 외의 다른 길로 발전할 수 없었고, 외적으로는 정치권력이나 세속적인 조직화에 관심이 없었던 이 공동체들의 특성으로 인해 직업 노동과 관련된 금욕주의로 발전할 수밖에 없었다. 초기 재세례파 운동의 지도자들은 세속과의 단절을 아주 지독할 정도로 밀어붙였지만, 그 초창기에도 이미 자신의 거듭남을 증명하기 위한 증표로서 초대교회에서 사도들이 채택했던 생활양식을 엄격하게 지켜 살아가야 한다는 사상을 모든 신자들이 다 철저하게 지켜나간 것은 아니었다. 초창기의 신자들 중에도 부유한 시민 계층에 속한 사람들이 있었을 뿐만 아니라, 세속 직업과 관련된 덕목들과 사유재산 질서가 확고하게 정립되어 있던 토양에서 살아갔던 메노(Menno) 이전에도 벌써 재세례파의 진지하고 엄격한 도덕은 실천적인 측면에서는 개혁교회 윤리가 지향했던 길로 나아가고 있었는데,[186] 그 이유는 세속과 단절된 수도원적 형태의 금욕주의를 발전시키는 것은 루터 이래로 비성경적이고 "행위구원적인" 것으로 여겨져서 배제되었고, 재세례파도 그런 노선을 추구했기 때문이었다.

　　그런데도 여기에서 다루지 않은 재세례파 초창기에 활동했던 거의 공산주의적인 성격을 띤 공동체들은 그만두고라도, "툰커파"(Tunker, 담그는 사람들)라 불리는 재세례파의 한 분파는 기본적으로 먹고 사는 것을 제외한 일체의 소유와 문화생활을 배격하는 삶을 오늘날까지도 지속해 오고 있다. 게다가 예컨대 바클레이(Barclay)조차도 "직업에 충실해야 할" 신자들의 의무를 칼뱅주의적으로 이해하지 않은 것은 물론이고 심지어 루터교적으로도 이해하지 않고, 도리어 토마스 아퀴나스적인 방식으로 신자들이라고 할지라도 어쩔수 없이 이 세상 속에서 살아가야 하는 현실의 불가피한 결과인 "자연의 이치"(naturali ratione)로 이해했다.[187] 직업에 대한 재세례파의 이러한 이해는 슈페너를 비롯한 독일 경건주의자들의 이해와 마찬가지로 칼뱅주의적인 직업사상이 그들 가운데서 많이 약화되었다는 것을 보여준다.

---

186. 『개신교 신학과 교회 백과사전』(특히, 604쪽)에 수록된 사뮈얼 크라머르(S. Cramer)가 아주 세심하게 쓴 항목들인 "Menno"(메노)와 "Mennoniten"(메노파)을 보라. 이 항목들은 아주 훌륭하지만, 거기에 실린 "Baptisten"(침례교")라는 항목은 설득력도 없고 어떤 부분들에서는 아주 잘못되어 있다. 한 가지 예를 들자면, 이 항목을 쓴 집필자는 침례교의 역사를 이해하는 데 반드시 읽어 보아야 하는 『핸저드 놀리스 협회 출판물』(Publications of the Hanserd Knollys Society)에 대해 전혀 알지 못한다.

187. 그래서 바클레이(앞의 책 404쪽)는 먹는 것과 마시는 것과 돈을 버는 것은 영적인 행위가 아니라 자연적인 행위이기 때문에 하느님의 특별한 소명 없이도 행할 수 있다고 설명하는데, 이 설명은 퀘이커교도들이 가르치듯이 사람이 특별한 "성령의 움직임"이 없이는 기도할 수 없다면, 하느님에 의해 주어지는 그런 특별한 움직임이 없이는 밭을 가는 것도 할 수 없을 것이라는 비판에 대해 답변한 것이다. 오늘날 퀘이커교의 종교회의들에서도 결의문을 통해서 신자들은 충분한 재산을 모은 후에는 영리적인 삶을 그만두고 세상의 요란함을 벗어나서 오직 하느님의 나라를 위해 고요한 삶을 살라고 권고하는데, 이것은

다른 교파들, 심지어 칼뱅주의에서도 종종 발견되는 것이기는 하지만, 퀘이커교 신앙의 두드러진 특징이다. 이러한 권고는, 퀘이커교도들이 시민 계층의 직업윤리를 받아들인 것은 원래는 탈세속적이었던 금욕주의가 세속적 금욕주의로 바뀌면서 생겨나게 된 것임을 확인해 준다.

하지만 다른 한편으로는 재세례파의 분파들에서 세속적 직업에 대한 관심은 여러 가지 원인들로 인해서 기본적으로 증대되었다. 첫 번째 원인은 재세례파가 세속과의 단절을 강조한 결과로 공직을 맡는 것을 거부하는 것을 신자들의 의무로 삼은 것이었다. 이것이 신자들이 지켜야 할 의무에서 해제된 후에도, 적어도 메노파와 퀘이커파의 신자들에게는 실질적으로 이 의무가 유지되었는데, 그것은 그들이 무기를 사용하는 것과 국가에 대한 충성 맹세를 거부함으로써 공직을 맡을 수 있는 자격을 박탈당했기 때문이었다. 두 번째 원인은 귀족주의적인 생활양식에 대한 재세례파 신자들의 뿌리 깊은 반감이었다. 이러한 반감은 한편으로는 칼뱅주의자들과 마찬가지로 피조물을 신격화하는 것을 철저하게 배격한 결과였고, 다른 한편으로는 방금 앞에서 말한 철저하게 비정치적이다 못해 반정치적이기까지 했던 신학 사상의 결과였다.

이런 원인들로 말미암아 감정에 휘둘리지 않는 냉철하고 양심적이며 조직적인 재세례파 신자들의 삶은 전적으로 정치와는 상관 없는 민간의 직업 생활을 중심으로 이루어질 수밖에 없었고, 아울러 하느님이 개개인에게 준 계시를 알 수 있게 해 주는 "양심"을 따라 자신의 행위들을 치밀하게 성찰하는 것을 아주 중시한 재세례파의 구원론이 그들의 직업 생활의 특성을 결정지었는데, 이러한 특성은 자본주의 정신이 지닌 중요한 측면들의 발달에 상당히 중요한 의미를 지녔다. 우리는 나중에 개신교적인 금욕주의의 정치 윤리와 사회 윤리 전반에 대한 논의 없이도 말할 수 있는 한도 내에서 그 점을 다시 자세하게 살펴볼 것이지만, 적어도 한 가지는 미리 말해둘 수 있는데, 그것은 재세례파, 그 중에서도 특히 퀘이커파가 취했던 형태의 세속적 금욕주의[188]는 근대 자본주의 "윤리"의 저 중요한 원리를 실천적으로 보여주었다는 것이다. 17세기를 살아갔던 사람들이 재세례파 신자들이 보여주었다고 증언한 바로 그 자본주의적인 원리라는 것은 "정직이 최선의 정책이다"(Honesty is the best policy)라는 공리로 표현되곤 했던 것으로서,[189] 우리가 앞에서 인용한 벤저민 프랭클린의 글에서도 고전적인 형태로 나타난 원리였다.

반면에, 칼뱅주의는 다른 그 어떤 종파들보다도 더 민간경제의 족쇄들을 풀어서 그 활력을 증폭시키는 역할을 하는 데 기여했을 것이라고 우리는 추측할 수 있다. 왜냐하면, 칼뱅주의적인 "성도들"의 기업 활동이 법적으로는 아무리 합법적인 것이었다고 할지라도, "행동하는 자들은 언제나 비양심적이고, 오직 지켜보는 자들만이 양심적이다"라는 괴테(Goethe)의 공리는 결국에는 그들에게도 해당되는 것일 수밖에 없었기 때문이다.[190]

---

188. 여기에서 우리는 에두아르트 베른슈타인(Eduard Bernstein)이 자신의 논문인 『17세기 영국혁명기 공산주의와 사회민주주의 사조들』에서 전개한 훌륭한 서술을 다시 한 번 언급할 필요가 있다. 재세례파 운동에 대한 카우츠키(Kautsky)의 극히 도식적인 설명과 "이단적 공산주의" 전반에 대한 그의 이론(같은 책 제1권)은 다음에 다룰 기회가 있을 것이다.

189. 시카고 대학의 베블런(Veblen)은 그의 흥미진진한 저서인 『영리기업론』(The Theory of Business Enterprise)에서 이 원리는 오로지 "초기 자본주의"의 시기에만 해당되는 것이라고 말한다. 하지만 오늘날의 "산업 지도자들"과 같은 선악의 너머에 서서 "정직이라는 정책"을 따르지 않았던 경제적 "초인들"은 늘 존재해왔고, 그러한 경제적 "초인들" 아래에서 자본주의적으로 행동하는 광범위한 계층에게 이 원리는 오늘날에도 여전히 유효하다.

190. 토머스 애덤스(Thomas Adams)는 "세속적인 행위에서는 다수를 따라 하는 것이 좋고, 신앙적인 행위에서는 최고의 사람들을 따라 하는 것이 좋다"고 말

한다(『청교도 신학자 저작집』 138쪽). 이 말은 문자적인 의미 이상의 것을 우리에게 보여주는데, 그것은 청교도적인 정직성은 "형식주의적인 합법성"이라는 것, 즉 청교도의 영향 아래 있었던 나라들이 자기 나라의 미덕이라고 말하는 "진실함" 또는 "정직함"은 형식주의적이고 인지적인 방식으로 변조된 것이기 때문에, 독일인들의 "성실함"과는 전혀 다르다는 것이다. 한 교육자가 이것을 훌륭하게 설명한 말이 『프로이센 연보』(*Preußischen Jahrbücher*) 제112권(1903) 226쪽에 나와 있다. 청교도적인 윤리의 "형식주의"는 그 윤리가 율법에 속박되어 있던 데서 나온 전적으로 예상된 결과다.

마찬가지로, 재세례파에 속한 분파들의 세속적인 금욕주의를 강화시키는 데 기여한 또다른 요소도 오직 다른 맥락에서 논의할 때에만 그 완전한 의미가 드러날 것이지만, 여기에서 우리의 논의를 위해 채택한 방식과 절차가 정당하다는 것을 보여주기 위해서 그 요소에 대해서도 몇 마디 해 둘 필요가 있을 것 같다. 이 글에서 우리는 대단히 의도적으로 초기 개신교 종파들의 객관적인 제도들과 그 제도들이 윤리에 미친 영향, 그 중에서도 특히 아주 중요한 의미를 지닌 교회의 치리와 규율을 우리의 논의의 출발점으로 삼지 않고, 개별 신자들이 금욕주의에 기초한 신앙을 받아들인 것이 그들의 삶을 조직하는 데 미친 영향과 결과를 살펴보는 것에서 우리의 논의를 시작했다. 우리의 논의를 그런 식으로 전개해 나간 이유는 단지 우리가 다루는 주제에서 후자의 측면이 다른 측면들보다 훨씬 주목을 받지 못했기 때문만이 아니었고, 교회의 치리와 규율은 언제나 동일하게 일정한 방향으로 영향을 미치는 것이 아니기 때문이었다.

칼뱅주의적인 국가 교회가 지배한 지역들에서는 개별 신자들에 대한 교회의 통제는 거의 종교재판의 수준에 이를 정도로 극심했기 때문에, 개별 신자들이 자신의 구원을 위해서 그들의 삶을 금욕주의를 기반으로 체계적이고 합리적으로 조직해서 살아나가고자 하는 동력을 빼앗는 역작용을 할 수 있었고, 어떤 상황들 아래에서는 실제로 그런 역작용을 했다. 이것은 국가 주도의 중상주의가 여러 가지 산업들을 육성해 낼 수는 있었지만, 국가의 중상주의 정책이 지나치게 권위주의적이고 과도한 규제로 일관하게 되면서 흔히 자본주의 정신을 마비시키고 말살시키는 방향으로 전개될 수밖에 없었기 때문에, 자본주의 "정신"을 길러낼 수는 없었던 것과 마찬가지여서, 교회의 주도 아래 금욕주의를 과도하게 강제하는 경우에도, 개별 신자들은 겉보기에는 금욕주의를 중심으로 조직된 삶을 살아가는 것처럼 보여도, 실제로는 자신의 삶을 합리적으로 조직하고자 하는 개별 신자들의 적극적인 동기를 빼앗는 결과를 초래할 수밖에 없었다.

우리가 이러한 논의에서 유의해야 할 것은[191] 국가 교회의 권위주의적인 풍속 경찰이 개개인에게 미치는 영향은 금욕주의적인 분파들에서 자발적인 복종과 공동체적인 통제가 개별 신자들에게 미치는 영향과는 큰 차이가 있다는 것이다. 따라서 재세례파에 속한 모든 종파들은 기본적으로 "교회"가 아니라 "분파"를 형성했기 때문에 자신들의 금욕주의적인 삶을 주도적으로 강화시켜나갈 수 있었고, 정도 차이는 있지만 실질적으로 자발적인 공동체를 형성하는 방향으로 나아갈 수밖에 없었던 칼뱅주의, 경건주의, 감리교라는 종파들에서도 사정은 동일했다.[192]

이상으로 우리는 청교도적인 직업 개념이 종교적인 교리와 신학 사상을 토대로 해서 어떤 식으로 확립될 수 있었는지를 살펴보았기 때문에, 이제 그러한 직업 개념이 자본주의적인 영리를 추구하는 생활에 어떤 영향을 미쳤는지를 살펴보는 것이 우리의 다음 과제가 될 것이다. 금욕주의적인 여러 종교 공동체들 간에 존재하는 온갖 세부적인 차이들과 우리의 논의에서 중요한 관점에서 보았을 때에 그런 종파들 간에 드러나는 온갖 서로 다른 강조점에도 불구하고, 지금까지 우리가 근대 자본주의 "정신"과 관련해서 중요한 의미를 지닌 것으로 보았던 모든 요소들은 이 모든 종파들 속에 존재해서 모든 구성원들에게 작용했다는 것을 우리는 확인했다.[193]

앞에서 논의한 것을 다시 한 번 요약한다면, 우리의 논의에서 언제나 가장 중요한 의미로 등장했던 것은 우리가 살펴본 모든 종파들은 "은혜 상태"를 강조했고, "은혜 상태"는 일종의 "신분"으로서, 이 신분을 지닌 사람들은 자연인들의 타락한 상태 및 "세속"과 구별되는 존재로 이해했다는 것이다.[194] 그리고 이 신분은 종파들의 교리를 따라 서로 다른 방식으로 얻어지는 것이긴 했지만, 주술적이거나 성례전적인 수단, 또는 고해를 통한 죄 사함, 또는 개개인의 선행 같은 종교적인 공로에 의거해서 얻어진 것이 아니라, 오직 "자연인"의 생활양식과는 분명하게 차이가 나는 특별한 행실을 통해서 확증되는 믿음의 삶에 의거해서 얻어졌다. 이것은 개별 신자들에게 자신의 실천적인 삶을 금욕주의에 입각해서 체계적으로 조직하여 행함으로써 그렇게 해서 얻어진 열매들을 통해서 자신이 "은혜 상태"에 있다는 것, 즉 자신의 "구원의 확실성"을 확증하고자 하는 동력을 부여해 주었다.

---

191. 이것에 대해서는 나의 논문인 『개신교 분파들과 자본주의 정신』에서 좀 더 살펴볼 것이다.

192. 가톨릭의 소수파가 아니라 금욕주의적인 개신교의 소수파가 경제 행위에 지대한 영향을 미치게 된 이유가 여기에 있다.

193. 교리의 토대가 아주 다양했고 서로 달랐음에도 불구하고, 근대 자본주의 "정신"이 신앙에서 대단히 중요한 문제였던 구원의 "확증"에 대한 관심과 결합될 수 있었던 궁극적인 이유는 지금으로서는 자세하게 말할 수 없는 기독교 전체의 종교사적인 특성 때문이었다.

194. 예컨대 바클레이(앞의 책 357쪽)는 "하느님이 우리를 하나의 백성으로 모으셨기 때문에"라고 말한다. 나도 하버퍼드 대학(Haverford College)에서 있었던 퀘이커교도들의 집회에서 설교를 들은 적이 있는데, 그 설교의 모든 강조점은 "성도들"이 "구별된 자들"이라는 데 있었다.

앞에서 이미 말했듯이, 개별 신자들의 이러한 금욕주의적인 생활양식은 현세에서의 개개인의 존재 전체를 하느님의 뜻을 중심으로 합리적으로 조직하는 것을 의미하는 것이었기 때문에, 가톨릭에서처럼 오직 소수만이 가능한 "잉여 공로"를 쌓는 삶이 아니라, 자신의 구원의 확실성을 확증하고자 하는 모든 신자들에게 요구되는 삶이었다. 따라서 종교적 신앙이 요구하는 "자연인"의 삶과 구별되는 "성도들"의 특별한 삶은 이제 세속으로부터 단절되고 고립된 수도원 공동체가 아니라 세속과 그 질서 안에서 이루어지게 되었는데, 이것이 대단히 중요한 것이었다. 이렇게 철저하게 내세를 지향하면서도 현세적이고 세속적인 생활양식을 합리적으로 조직한 것은 금욕주의적인 개신교의 직업 개념으로부터 생겨난 결과물이었다.

기독교적인 금욕주의는 처음에는 가톨릭 신앙을 통해서 세속과 단절하고 고독 속으로 들어가서 세속을 거부하며 수도원에서 생활하면서도 교회를 통해 세속을 지배했지만, 그럼에도 불구하고 사람들이 세속적인 일상생활을 자연스럽고 분방하게 영위하는 것을 대체로 내버려 두었다. 하지만 이제 개신교가 등장하면서 기독교적인 금욕주의는 수도원의 문에 못질을 해서 다시는 거기로 되돌아갈 수 없게 만든 후에, 온갖 것들이 뒤섞여서 요란하고 혼란스러운 세속의 삶으로 들어가서, 그 세속적이고 일상적인 삶을 자신의 방식으로 조직하는 과업에 착수하여, 세속 안에서 사람들의 삶을 합리적으로 조직된 삶으로 변화시키기 시작했다. 하지만 그러한 변화 과정은 "세속에 의해서" 이루어진 것도 아니었고 "세속을 위해서" 이루어진 것도 아니었다. 우리의 다음 과제는 바로 그러한 변화가 어떤 결과를 초래하였는지를 살펴보는 것이다.

제2장
금욕주의와 자본주의 정신

금욕주의적인 개신교의 기본적인 종교 사상들과 사람들이 일상적인 경제생활에서 지켜 나간 규범들 간의 상관관계를 이해하기 위해서는 특히 목회 실천을 통해 형성된 것으로 인정될 수 있는 신학적인 글들을 살펴보는 것이 필수적인데, 그 이유는 당시는 죽은 후의 내세에서의 운명이 사람들의 관심의 전부였고, 성찬에 참여할 자격이 있는지의 여부로 사람들의 사회적 지위가 결정된 시대였으며, "권면"(consilia)과 "양심의 사례"(casus conscientiae)를 모아 놓은 책들을 훑어만 보아도 알 수 있듯이, 목회적인 돌봄이나 교회의 치리와 규율, 설교를 통한 성직자들의 영향력이 오늘날 우리가 이제 더 이상 상상할 수 없을 정도로 막강했던 시대여서, 목회 실천을 통해 행사되었던 종교적인 힘이 한 나라의 "국민성"을 형성하는 데 결정적인 역할을 했기 때문이다.

이 장의 후반에서의 논의와는 달리 여기에서는 금욕주의적인 개신교를 하나의 전체로 뭉뚱그려서 다루는 것도 가능하지만, 근대 자본주의적인 직업 개념을 가장 일관된 논리로 하나의 종교 사상으로 확립한 종파는 칼뱅주의에서 생겨난 영국의 청교도 신앙이었기 때문에, 우리는 앞에서부터 견지해 온 우리의 원칙과 관점을 따라 그 대표자들 중 한 사람을 우리의 분석의 중심에 두고자 한다. 리처드 백스터(Richard Baxter)는 한편으로는 뛰어나게 실천적이고 평화주의적인 자세, 다른 한편으로는 대중적으로 널리 인정을 받아서 거듭거듭 발행되고 번역된 그의 저작들로 인해서 청교도 윤리를 대표하는 저술가들 중에서 단연 돋보이는 인물이었다.

백스터는 장로교인이었고 웨스트민스터 종교회의를 지지하는 사람이었지만, 당시 최고의 지성을 갖춘 인물들 중 상당수가 그랬듯이 교리적으로는 점차 극단적인 칼뱅주의로부터 벗어나게 되었다. 그는 모든 혁명과 모든 분파주의를 싫어했고, 특히 "성도들"의 광신적이고 열광적인 신앙 형태를 싫어해서, 크롬웰의 왕위 찬탈을 반대하는 입장에 섰지만, 온갖 극단적인 입장들에 대해 놀라울 정도로 관대했고, 자신의 대적들에 대해서도 공평했다. 그는 역사상 가장 성공적인 목회자들 중 한 사람이었지만, 종교적이고 도덕적인 삶을 실천적으로 발전시키는 것을 자신의 기본적인 사명으로 여겼기 때문에, 자신의 그러한 사명을 실천하기 위해서 의회든 크롬웰이든 왕정복고 아래에서든 공직을 맡아 일했고,[1] 그의 그러한 활동은 성 바르톨로메오 축일 이전에 성직에서 물러날 때까지 계속되었다.

백스터가 저술한 『기독교 지도서』(Christian Directory)는 그 자신이 목회 현장에서 다루었던 실천적인 문제들을 중심으로 청교도 신앙의 도덕신학을 가장 광범위하게 제시한 편람이라고 할 수 있다. 나는 청교도의 도덕신학을 다른 종파들의 도덕신학과 대비해서 보기 위해, 독일 경건주의의 도덕신학을 대표하는 저작으로서 슈페너의 『신학적 성찰』과 퀘이커교도의 도덕신학을 대표하는 저작으로서 바클레이의 『기독교 변증론』을 비롯해서 금욕주의적인 개신교의 여러 종파들의 윤리를 대표하는 여러 저작들[2]을 지면 관계상 본문이 아닌 주(註)에서 함께 살펴보고자 한다.[3]

---

1. 에드워드 다우든(앞의 책)이 백스터에 대해 훌륭하게 설명한 것을 보라. 백스터의 여러 저작들은 『청교도 신학자 저작집』에서 찾아볼 수 있는데, 젠킨(Jenkyn)이 이 저작들에 대해 쓴 서론적인 글을 읽으면, "이중 예정"을 고수하는 엄격한 신앙에서 서서히 벗어난 후에 백스터의 신학의 발전과정을 어느 정도 알 수 있다. "보편 구원"과 "개별 택정"을 결합해 보려고 한 백스터의 시도에 대해서는 그 누구도 완전히 동의하지는 않았다. 우리의 연구에서 중요한 것은 그가 예정론에서 윤리적으로 중요한 부분이었던 "개별 택정"에 대한 믿음을 계속

해서 견지했다는 것이다. 한편, 칭의를 법정적 의미로 바라보는 그의 관점이 약화된 것도 재세례파와의 유사성을 보여주는 것이라는 점에서 우리의 논의에서는 중요한 부분이다.

2. 토머스 애덤스(Thomas Adams), 존 하우(John Howe), 매튜 헨리(Matthew Henry), 제인웨이(Janeway), 스티븐 차녹(Stephen Charnock), 백스터(Baxter), 버니언(Bunyan)의 여러 논문과 설교들은 10권으로 출간된 『청교도 신학자 저작집』에 수록되어 있지만, 취사선택이 흔히 다소 자의적이다. 베일리(Bayly), 세즈윅(Sedgwick), 호른벡(Hoornbeek)의 저작들이 어디에 수록되어 있는지는 앞에서 그 저작들을 처음 인용했을 때에 이미 밝힌 바 있다.

3. 푀티우스(Voëtius) 또는 세속적인 금욕주의를 대표하는 유럽의 다른 신학자들도 마찬가지로 이 논의에서 활용될 수 있다. 세속적 금욕주의의 발전은 "오직 앵글로색슨에서만" 일어났다고 한 브렌타노(Brentano)의 견해는 완전히 틀린 것이다. 내가 이런 문헌들을 선별한 것은 오로지는 아니지만 가급적 많이 공리주의로 전환되기 직전의 금욕주의, 즉 17세기 후반의 금욕주의 운동을 살펴보기 위한 것이다. 금욕주의적인 개신교의 생활양식을 전기 문헌들, 특히 독일에 별로 알려져 있지 않은 퀘이커교도들의 문헌을 통해서 조명해 보는 것도 가치 있고 흥미로운 일이 될 것이지만, 애석하게도 우리의 이 간략한 연구에서는 그렇게 할 수 없었다.

백스터의 『성도의 영원한 안식』이나 『기독교 지도서』, 그리고 다른 사람들이 쓴 비슷한 글들을 검토해 보았을 때[4] 가장 먼저 우리 눈에 들어오는 것은 부[5]와 부의 획득에 관한 그들의 판단에서 신약성경에 나오는 "에비온파적인"[b] 경향을 보이는 본문들이 특히 강조되고 있다는 것이다.[6] 부 그 자체는 아주 위험한 것이고, 부로 말미암아 생겨나는 악한 유혹들은 늘 상존하며, 하느님 나라가 지닌 압도적인 중요성에 비하면 부는 하찮고 도덕적으로도 문제가 많은 것이다.[7] 이렇게 백스터에게서는 세속적인 재화를 획득하고자 하

는 온갖 노력이나 시도에 대한 금욕주의적인 반감이 칼뱅에게서보다도 훨씬 더 뚜렷하게 나타난다.

---

4. 또한 우리는 기스베르트 푀티우스(Gisbert Voëtius)의 저작들, 위그노파 종교회의의 의사록들, 네덜란드의 침례교 문헌들도 활용할 수 있을 것이다. 좀바르트와 브렌타노가 백스터의 신학에서 이미 내가 강조한 바 있는 "에비온파적인" 요소를 근거로 해서, 마치 내가 그런 요소를 고려하지 않았다는 듯이 백스터의 신학이 지닌 자본주의적인 "후진성"을 강조하며 나의 명제를 반박한 것은 아주 유감스러운 일이다. 내가 그들에게 말해 두고 싶은 것은 논문에서 문헌을 정확하게 사용하기 위해서는 먼저 그 문헌 전체를 철저하게 알아야 한다는 것, 그리고 내가 논증하고자 한 것은 신앙에 토대를 둔 그러한 금욕주의적인 정신이 수도원 경제의 경우와 마찬가지로 "배금사상을 배격하는 교리"에도 불구하고 "경제적 합리주의"를 탄생시킬 수 있었는가 하는 것이었음을 직시해야 된다는 것이다. 금욕주의적인 신앙이 경제적 합리주의를 탄생시킬 수 있었던 결정적인 요인은 그런 금욕주의가 제공한 "합리적인 동력"에 대해 "보상"을 약속했기 때문이다. 오직 이것만이 중요하고, 바로 이것이 이 논문 전체의 논점이다.

5. 이것은 시민 계층의 부에 대해 전혀 호의적이지 않았던 칼뱅의 경우에도 마찬가지였다(『이사야서 주석』 제3권 140a, 308a에 나오는 베네치아와 앤트워프[Antwerp]에 대한 그의 신랄한 공격을 보라).

a. 에비온파는 1세기에 예루살렘에서 창설된 분파로서 사도 바울의 주장을 일축하고 유대 율법이 기독교인들에게 구속력이 있다고 믿었고, 초대 교회에서처럼 가난에 도덕적 가치를 부여하고 부를 경멸하였다.

6. 리처드 백스터(Richard Baxter)의 『성도의 영원한 안식』(*Saints' Everlasting Rest*) 제10, 12장을 보라. 또한 베일리(Bayly)의 『경건의 실천』(*Praxis pietatis*) 182쪽, 또는 『청교도 신학자 저작집』 319쪽에 수록된 매튜 헨리(Matthew Henry)의 "영혼의 가치"(The Worth of the Soul)에 나오는 말을 참조하라: "세속적인 부를

추구하는 데 열심인 자들이 자신의 영혼을 멸시하는 이유는 그들이 영혼을 소홀히 하고 영혼보다 육신을 우선하기 때문만이 아니라, 그러한 추구들에 영혼을 사용하기 때문이다. 시편 127편 2절." 온갖 종류의 시간 낭비, 특히 오락을 통한 시간 낭비가 죄악이라는 말이 그 동일한 쪽에 나온다. 우리는 나중에 이 말을 인용할 것이다.

이런 말은 영국과 네덜란드의 청교도 문헌들 전체에 걸쳐 등장하는데, 예를 들면 탐욕에 대한 호른벡(Hoornbeek)의 맹렬한 비난을 보라(앞의 책 제1권 제10편 제18-19장). 호른벡의 저작들은 감상주의적이고 경건주의적인 영향을 받고 있는데, 그는 "마음의 평안"(tranquillitas animi)이 세상사에 대한 "번민"(sollicitudo)보다 더 하느님을 기쁘게 하는 것이라고 말한다. 베일리(Bayly)도 성경의 유명한 구절에 의거해서 "부자가 구원받는 것은 쉽지 않다"고 말한다(앞의 책 182쪽). 또한, 감리교의 교리문답은 "보화를 땅에 쌓아 두지 말라"고 경고한다. 경건주의에서 이러한 사상은 너무나 자명하고, 퀘이커교도 마찬가지다. 바클레이(Barclay)는 이렇게 말한다. "자신의 직업을 이용해서 부자가 되고자 하는 유혹을 조심하라"(앞의 책 517쪽).

7. "부"만이 아니라 "충동적인 이익 추구"(또는, 그런 것으로 여겨지는 것)도 강력하게 단죄되었다. 네덜란드에서는 1574년에 열린 남부 홀란트 종교회의에서 안건으로 제기된 이 문제에 대해서 다음과 같은 분명한 입장을 제시했는데, 롬바르디아 출신의 "대부업자들"은 비록 그 사업이 합법적인 것이라고 할지라도 성찬에 참여하는 것이 금지된다는 것이었다. 1598년의 데벤터 지방종교회의는 거기에서 한 걸음 더 나아가서 그 금지 조치를 "대부업체"의 직원들에게까지 확대했고(제24조), 1606년의 호리험 종교회의는 "대부업자들"의 부인들이 성찬에 참여하기 위해서 갖추어야 할 가혹하고 치욕적인 조건들을 명문화했으며, 1644년과 1657년에 이르러서도 대부업자들이 성찬에 참여하는 것을 허용할 것인지의 문제를 놓고 논쟁이 벌어졌다. 이것은 수천 년 동안 유럽과 아시아 전체에 외지 출신의 상인들과 금융업자들이 존재했는데도, 자신의 가톨릭계 조상들을 자신의 논거로 제시하며 논증을 펼친 브렌타노의 주장과 반대된다. 기스

베르트 푀티우스(Gisbert Voëtius)도 롬바르디아와 피에몬테 출신의 "환전업자들"을 성찬에서 배제하고자 했다. 『신학논쟁선』(*Selectae disputationes theologicae*) 제4권 665쪽에 실린 "이자론"(De usuris)을 보라. 위그노파 종교회의들에서도 마찬가지였다. 이런 유형의 자본가들은 우리의 연구에서 다루고 있는 자본주의적인 정신과 생활양식의 전형적인 주역들이 결코 아니었고, 고대와 중세 시대에도 늘 있었던 계층으로서 새로운 계층이 전혀 아니었다.

───────

실제로 칼뱅은 성직자들에게 부(富)는 그들의 사역을 효과적으로 해나가는 데 전혀 장애가 되지 않고, 도리어 성직자들의 위신과 평판을 높여 주는 데 기여하는 아주 바람직한 것으로 보았고, 따라서 목회 사역을 방해할 정도로 신경을 많이 써야 하는 경우가 아니라면 성직자들도 자신의 재산을 투자해서 이윤을 획득하는 것은 얼마든지 허용될 수 있다고 보았다.

하지만 청교도들의 저작들에서는 돈과 재화를 추구하는 것을 죄악으로 여겨서 단죄하고 있는 대목들이 무수히 발견되고, 그것은 이 문제에 대해 훨씬 관대했던 중세 말기의 윤리적인 저작들과 대비되는 것이었다. 게다가, 부에 대한 청교도들의 의구심은 아주 심각하고 중대한 것이었다. 하지만 부에 대한 청교도들의 그러한 태도가 지니는 윤리적인 의미와 배경에 대해 제대로 된 결론을 이끌어 내기 위해서는 좀 더 면밀한 검토가 필요하다.

청교도들이 도덕적으로 비난받아 마땅하다고 여긴 것은 자신이 가진 부에 안주해서[8] 그 부를 누리며 육체적인 욕망들을 채우는 일에 몰두하면서 게으르고 나태한 삶을 영위하는 것, 그리고 무엇보다도 "거룩한" 삶을 추구하는 것에서 멀어지는 것이었다. 즉, 그들이 부를 의심스러운 눈으로 바라본 것은 부 자체라기보다는 부에 안주해서 살아가고자 하는 위험 때문이었다. "성도의 영원한 안식"은 내세에 있기 때문에, 현세에서는 자신의 구원을 확증하기 위해서 "낮인 동안에는 자기를 보내신 이의 일을 하는" 것이 마땅하다. 사람들에게 분명하게 계시된 하느님의 뜻에 의하면, 향락을 누리며 게으르고

나태하게 살아가는 삶이 아니라 부지런히 일하고 활동하는 것만이 하느님의 영광을 더 높일 수 있다.[9]

---

8. 이러한 논리는 『성도의 영원한 안식』(*Saints' Everlasting Rest*) 제10장에서 자세하게 전개된다. 하느님이 준 재물이라는 "피난처"에 안주하고자 하는 사람은 하느님이 현세에서도 벌하신다. 자신이 얻은 부에 만족하여 안주하고자 하는 것은 언제나 도덕적 타락의 징후다. 우리가 이 세상에서 가질 수 있는 모든 것을 다 가졌다면, 그것이 우리가 갖고자 한 모든 것을 다 가진 것이 될 수 있을까? 이 땅에서는 완전한 만족에 도달할 수 없다. 왜냐하면, 하느님은 그렇게 될 수 없도록 자신의 뜻에 의해 정해 두셨기 때문이다.

9. 백스터(Richard Baxter)의 『기독교 지도서』 제1권 375-376쪽: "하느님이 우리와 우리의 활동력을 유지시켜 주시는 것은 행위를 위한 것이다. 노동은 힘의 자연적인 목적이자 도덕적인 목적이다 …… 하느님을 최고로 섬기고 가장 존귀하게 해 드리는 것은 행위이다 …… 다수의 공공의 복리나 선을 우리 자신의 복리나 선보다 더 소중히 여기는 것이 마땅하다." 바로 이 대목은 나중에 자유주의에서 하느님의 뜻을 전적으로 공리주의적인 관점에서 이해하게 되는 출발점이다. 공리주의의 종교적 원천에 대해서는 아래의 설명과 제1부 제2장 주 146을 보라.

시간을 허비하는 것은 온갖 죄들 중에서 으뜸가는 죄이고 원칙적으로 가장 중대한 죄다. 각 사람에게 주어진 일생은 자신이 하느님의 택하심을 따라 이루어진 구원을 "견고하게 하기" 위해 주어진 너무나 짧고, 그렇기 때문에 더욱더 소중한 시간이다. 따라서 사람들과 어울려서 쓸데없이 잡담하거나[10] 향락을 누리기 위해[11] 시간을 허비하는 것, 심지어 사람이 건강 유지를 위해 필요한 6시간 내지 8시간 이상의 수면을 통해 시간을 허비하는 것[12]도 도덕

적으로 호된 비난과 질책을 받아 마땅한 일이었다.[13] 벤저민 프랭클린이 천명한 "시간은 돈이다"라는 공리는 백스터에게서는 아직 발견되지 않지만, 그에게서도 영적인 의미에서 그러한 취지는 실질적으로 충분히 드러나 있다. 사람이 일하지 않고 허비한 시간은 하느님에게 더 큰 영광이 돌아가게 하는 일을 할 수 있는 시간을 허비한 것이라는 점에서, 시간은 무한히 소중한 것이었다.[14] 이렇게 해서 수도원적인 묵상도 직업적인 노동을 희생시키는 가운데 행해지는 경우에는 무가치한 것으로 여겨져서 궁극적으로는 배격되어야할 것이 되었는데,[15] 그 이유는 직업적인 노동을 통해서 적극적으로 하느님의 뜻을 수행하는 것이 그런 묵상보다 훨씬 더 하느님을 기쁘게 할 수 있다는 것이었다.[16] 백스터는 묵상은 안식일인 주일에 하면 된다고 말했고, 6일에 걸쳐서 자신의 직업적인 노동을 통해 하느님을 기쁘게 하지 않는 자들은 안식일에도 하느님을 위해 시간을 사용하지 않는다고 말했다.[17]

---

10. "무슨 무익한 말을 하든지 심판날에 이에 대하여 심문을 받으리니"(마태복음 12:36)라는 성경 구절에 의거한 "침묵 명령"은 특히 클뤼니(Cluny)회 이래로 절제를 교육하는 데 검증된 금욕주의적인 수단이 되어 왔다. 백스터도 쓸데없는 잡담이 죄악이라는 것에 대해서 자세하게 말한다. 침묵 명령이 신자들의 성품을 성장시키는 데 어떤 의미를 갖는지는 샌포드(Sanford)가 이미 언급한 바 있다(앞의 책 90쪽). 당시 사람들의 뇌리에 깊이 각인되었던 청교도들의 "우울함"과 "침울함"은 감정과 기분을 내키는 대로 드러내는 것을 특징으로 하는 "자연 상태"를 무너뜨리고자 하는 것이었고, 지각없는 말을 금지한 것도 그런 목적을 위한 것이었다.

워싱턴 어빙(Washington Irving)은 그러한 "침울함"과 "우울함"의 이유를 한편으로는 자본주의의 "계산적인 정신"에서, 다른 한편으로는 개인의 책임감으로 귀결된 정치적인 자유가 가져온 결과에서 찾았다. 『브레이스브리지홀』(Bracebridge Hall) 제30장을 보라. 하지만 우리는 라틴계 민족들에게는 그런 정신과 자유가 그들에게 존재했음에도 불구하고 청교도들은 같은 "우울함"과 "침울함"이 나타나지 않았다는 것을 유념해야 한다. 사실 영국의 상황은 이러했다. (1) 청교도 신앙은 그 신자들로 하여금 자유로운 제도들을 발전시키면서도, 세계에서 강력한 힘을 지닌 사람들이 될 수 있게 해 주었다; (2) 청교도 신앙은 자본주의의 본질적 특성이자 경제 활동의 수단이었던 "계산성"(좀바르트는 이것을 "정신"이라고 불렀다)을 자본주의적인 생활양식 전체의 원리로 변화시켰다.

11. 백스터(Baxter)의 『기독교 지도서』 제1권 111쪽.

12. 백스터의 같은 책 383쪽 이하.

13. 이것과 비슷하게 시간의 소중함에 대해 말하는 것이 바클레이의 앞의 책 14쪽에도 나온다.

14. "시간을 아주 소중히 여겨서, 너의 금이나 은을 잃지 않으려고 주의를 기울이는 것보다 너의 시간을 잃지 않는 데 날마다 더 주의를 기울여라. 헛된 오락을 하는 것, 몸을 치장하는 것, 먹고 마시며 노는 것, 한가하게 잡담하는 것, 무익한 사귐, 잠자는 것 — 이런 유혹들에 너의 시간을 빼앗기지 않도록 각별히 각성하라"(백스터의 앞의 책 제1권 79쪽). 매튜 헨리(Matthew Henry)는 "시간을 허랑방탕하게 허비하는 자들은 자신의 영혼을 멸시하는 것이다"라고 말한다(『청교도 신학자 저작집』에 수록된 "영혼의 가치" 315쪽). 여기에서도 개신교의 금욕주의가 이전에 이미 검증된 길로 움직여 가고 있는 것을 본다. 오늘날 우리는 직업인들이 "시간이 없다"고 말하고, 괴테가 『빌헬름 마이스터의 편력시대』에서 이미 그랬듯이 괘종시계가 15분마다 종을 친다는 사실을 보고서 자본주의가 이만큼 발달했다고 말하며 그 발달의 정도를 가늠하는 데 익숙해져 있는데, 좀바르트(Sombart)도 자신의 저작인 『근대 자본주의』에서 그랬다. 하지만 우리는 하루의 시간을 세분해서 거기에 맞춰 생활한 최초의 사람들은 중세 시대의 수도사들이었고, 교회에서 일정한 시간마다 울리는 종소리는 그들의 그런 필요를 위한 것이었다는 것을 잊어서는 안 된다.

15. 백스터의 앞의 책 제1권 108쪽 이하에 나오는 직업에 대한 논의를 보라. 거기에는 다음과 같은 말이 나온다. "질문: 하지만 내가 세상을 벗어버리고

서 오로지 나의 구원만을 생각하면 안 되는 것입니까? 대답: 네가 영적인 일들을 추구하는 것을 쓸데없이 방해하는 온갖 지나친 세상사나 세상에 대한 염려는 벗어버려도 된다. 하지만 공공의 선에 기여하는 육체적이거나 정신적인 노동을 벗어버려서는 안 된다. 교회나 국가의 구성원인 사람은 누구나 교회와 국가의 선을 위해 자신에게 맡겨진 몫을 행하는 데 최선을 다하는 것이 마땅하다. 이것을 소홀히 하려고 '나는 기도하고 묵상하겠다'고 말하는 것은 마치 너의 종이 네게 아주 중요한 일을 하기를 거부하고 좀 더 쉬운 일을 하려고 하는 것과 같다. 그리고 하느님은 오직 남의 땀으로 무위도식하며 살아가지 말고 네가 직접 일해서 일용할 양식을 얻으라고 이런저런 방식으로 네게 명령해 오셨다." 백스터는 이렇게 말하면서 하느님이 아담에게 "네가 얼굴에 땀을 흘려야 먹을 것을 먹으리니"(창세기 3:19)라고 명령한 것과 바울이 "일하지 않는 자는 먹지도 말라"(데살로니가후서 3:10)고 경고한 것을 인용한다. 퀘이커교도들은 아무리 부자라도 자기 아들에게 직업 노동을 가르쳤다는 것은 유명한데, 그들이 그렇게 한 것은 윤리적인 이유 때문이었고, 알베르티의 권고처럼 공리적인 이유 때문은 아니었다.

16. 감성적이고 감정적인 특성을 지닌 경건주의는 바로 이런 점들에서 청교도 신앙과 달랐다. 슈페너(Spener)는 루터교의 기조를 따라서 직업 노동은 하느님을 섬기는 일이라는 것을 강조하긴 했지만, 신자들이 직업 활동에 신경을 쓰다 보면 하느님으로부터 멀어지게 된다고 확신했다(『신학적 성찰』 제3권 445쪽). 이러한 확신은 청교도 신앙과 아주 뚜렷하게 대립되는 사상이었다.

17. "자신의 직업을 게을리 하는 자들은 거룩한 의무들을 행할 시간도 낼 수 없다"(백스터의 『기독교 지도서』 242쪽). 이것으로부터 합리적인 영리 활동을 지향하는 시민 계층의 생활 근거지였던 도시들이야말로 일차적으로 금욕주의적인 덕목들이 발견될 수 있는 곳이라는 생각이 생겨났다. 그래서 백스터는 자신의 자서전에서 자신의 목회지였던 키더민스터(Kidderminster)의 직조공들에 대해 이렇게 말했다. "그들이 끊임없이 런던에 오가면서 지속적으로 교류한 것이 그들이 교양 있고 경건하게 되는 데 큰 도움이 되었다"(『청

교도 신학자 저작집』 38쪽). 대도시에 지리적으로 근접해 있다는 사실이 사람들의 덕목을 함양하는 데 큰 영향을 미친다고 생각한 것은 오늘날의 성직자들, 특히 독일의 성직자들에게는 너무나 의외여서 깜짝 놀랄 일일 것이다. 하지만 그런 생각은 심지어 경건주의 내에서도 존재했는데, 슈페너가 한 젊은 동역자에게 종종 보낸 서신들이 그것을 분명하게 보여준다; "어쨌든 분명한 것은 도시의 수많은 주민들 중에서 대부분은 완전히 악하지만, 거기에서는 선한 영혼들도 종종 발견된다는 것이다. 반면에, 시골 마을들에서는 선한 것을 발견하기가 힘든 것이 현실이어서 걱정이 된다"(*Theologische Bedenken*), 제1권, 제66절, 303쪽). 아주 근대에 들어와서 윤리적으로 찬양을 받게 된 금욕주의적이고 합리적으로 조직된 삶은 사실 농민들에게는 적합하지 않은 생활양식이다. 이것은 금욕주의와 계층의 상관관계가 존재할 가능성을 보여주는데, 우리는 여기에서 그런 상관관계가 어느 정도나 되는지를 다룰 수는 없다.

———

따라서 백스터는 자신의 주된 저작에서 끊임없이 열심히 육체적이거나 정신적인 노동을 하는 미덕을 계속해서 반복적으로 설교하고, 때로는 아주 열정적으로 설교한다.[18] 그런 설교에는 두 가지 요소가 서로 결합되어 있다.[19]

그 중 한 요소는 노동은 신자들의 금욕 생활의 실천을 위한 검증된 수단이라는 것이었다. 이런 이유로 서방교회는 단지 동방교회만이 아니라 전 세계에서 기독교 진영이 아닌 거의 모든 수도자 집단들이 지켜 온 규율과는 극히 대조적으로[20] 처음부터 노동을 금욕 생활의 수단으로 중요하게 취급해 왔었다.[21] 실제로 노동은 "부정한 삶"(unclean life)이라는 청교도적인 개념을 통해 요약적으로 제시된 온갖 유혹들을 물리치기 위한 구체적인 방어 기제였기 때문에, 그 역할이 결코 작다고 할 수 없었다.

18. 다음과 같은 말들을 보라: "하느님을 좀 더 직접적으로 섬기는 일을 하고 있지 않은 때에는 네게 합법적으로 맡겨진 직업과 관련된 일들을 성실하게 행하기 위해 온 힘을 다하라"; "너의 직업에서 주어진 일들을 열심히 하라"; "너로 하여금 하느님을 직접적으로 섬기는 일을 하고 남는 모든 시간을 드려서 일할 수 있게 하기 위해 네게 직업이 주어진 것임을 유념하라"(앞의 책 336쪽 이하).

19. 최근에 하르낙(Harnack)은 노동과 그 "존엄성"에 대한 특히 윤리적인 평가는 원래 기독교가 지니고 있던 사상도 아니었고 기독교에 특유한 사상은 더더욱 아니었다는 것을 다시 한 번 강조했다.『개신교 사회 연합 보고서』(*Mitteilungen des Evangelischen-sozialen Kongresses*) 제14권(1905) 3~4호 48쪽을 보라.

20. 베네딕투스 수도회의 규칙서에서 이것을 명시한 이래로 분명하게 존재하게 된 이 중요한 대립이 어디에서 기인했는지를 아는 것은 광범위한 연구가 이루어질 때에만 가능할 것이다.

21. 이것은 경건주의에서도 동일했다(슈페너의 앞의 책 제3권 429-430쪽). 노동에 대한 경건주의의 독특한 입장을 보여주는 표현은 이런 것이었다. 직업에 충실한 것은 인류의 타락과 원죄로 인해 우리에게 부과된 것이기 때문에 우리 자신의 의지를 죽이는 데 도움이 된다. 직업 노동은 이웃에 대한 사랑을 표현하는 섬김임과 동시에 하느님의 은혜에 대한 감사로 말미암은 의무이기 때문에 (이것은 루터교적인 개념이다!) 마지못해 억지로 노동하는 것은 하느님이 기뻐하지 않는다(같은 책 제3권 272쪽). 따라서 기독교인은 자신이 "믿지 않은 자들에 뒤지지 않게 자신의 일에서 적극적으로 근면성실하다"는 것을 보여주어야 한다(같은 책 278쪽). 노동에 대한 경건주의의 이러한 태도는 청교도 신앙의 노동관보다 덜 발달된 것임은 분명하다.

청교도 신앙에서 성적 금욕은 수도사들의 금욕과 단지 정도에 있어서만 차이가 있었을 뿐이고 원칙에 있어서는 다르지 않았고, 청교도들의 경우에는 그 금욕적인 원칙이 결혼생활에도 적용되었기 때문에, 수도사들의 금욕보다 한층 더 포괄적인 것이어서, 결혼생활에서 부부 간의 성관계는 오직 "생육하고 번성하라"는 하느님의 명령을 따라 하느님의 영광을 위한 목적으로만 허용되었다.[22] 종교적인 온갖 의심과 자학을 방지하기 위해서만이 아니라 성적인 유혹들을 이기기 위해서도, 절식과 채식과 냉수욕 등과 같은 모든 수단들과 병행해서 "너의 직업에서 열심히 일하라"는 수단이 사용되었다.[23]

---

22. 백스터는 부부 간의 성생활의 목적은 "자녀들의 정상적인 생산"이라고 말한다. 슈페너는 다른 방식으로는 피하는 것이 불가능한 음행과 간음을 피하는 것이 그 이차적인 목적이라고 본 루터교의 조악한 입장을 받아들이기는 했지만, 기본적으로는 백스터와 비슷한 견해를 보였다. 성관계에 수반되는 "정욕"은 부부 관계에서도 죄악으로 여겨졌다. 예를 들어, 슈페너는 인류의 타락과 원죄의 결과로 생겨난 "정욕"으로 인해서 원래 하느님이 정한 자연스러운 행위가 죄의식을 수반하는 부끄러운 짓으로 변질되었다고 말한다.

경건주의의 몇몇 집단들의 견해에 의하면, 기독교인의 결혼 생활 중에서 최고의 유형은 순결을 계속해서 유지해 나가는 것이고, 두 번째로 좋은 결혼 생활의 유형은 오로지 자녀들을 생산하기 위해서만 성관계를 갖는 것이다. 가장 나쁜 유형의 결혼 생활은 전적으로 "성애적인" 이유나 "외적인" 이유에서 행해지는 것으로서, 이런 결혼 생활은 실질적으로 합법적인 결혼 생활이 아니라 "사실혼"에 지나지 않는다. 이 가장 나쁜 두 유형의 결혼 생활 중에서도 "외적인" 이유에서 행해진 것은 어쨌든 합리적인 사고에 기반한 것이라는 점에서 "성애적인" 이유에서 행해진 것보다는 더 나은 것으로 여겨졌다.

결혼 생활과 관련된 헤른후트파의 이론과 실천에 대해서는 여기에서 살펴보지 않겠다. 크리스티안 볼프(Christian Wolff)의 합리주의 철학에서는 금욕주의적인 이론을 채택해서, 정욕과 그 충족은 목적을 위한 수단이기 때문에 그 자체가 목적이 되어서는 안 된다고 보았다.

전적으로 위생학적인 관점에서의 공리주의로의 전환은 이미 프랭클린 (Franklin)에서 일어났는데, 그는 근대적인 의사들이 취했던 것과 거의 동일한 관점을 채택해서, 건강을 고려해서 성관계를 일정 정도 절제하는 것이 "미덕"이 라고 보았다. 심지어 그가 성관계를 절제할 수 있는 방법에 대해서까지 이론적 인 조언을 제시한 것은 잘 알려져 있다. 이 문제를 전적으로 "합리적으로" 고려 하는 것이 일반화되자마자, 공리주의의 관점에서 위생학적으로 이 문제를 바라 보는 것으로의 전환도 일반화되었다. 성생활과 관련해서 청교도적인 합리주의 자들과 위생학적 관점을 지닌 합리주의자들은 서로 판이하게 다른 길을 걸어 왔지만, 이 점에서만은 "서로 즉각적으로 의기투합하는 모습을 보였다." 예컨대, "위생적인 매춘"을 열렬히 옹호한 어떤 사람은 매춘 시설의 규제와 관련한 강연 에서 괴테가 자신의 등장인물들인 파우스트와 그레트헨을 통해서 "혼외정사"를 신성시했다는 점을 지적하면서, 위생학적으로 유익한 것으로 해석된 "혼외정 사"가 도덕적으로 허용될 수 있다고 주장했는데, 거기에서 그가 그레트헨을 매 춘부로 취급한 것과 건강을 위한 성관계를 사람들의 혈기를 억누를 수 있는 강 력한 통제 수단으로 본 것은 청교도적인 입장과 전적으로 일치하는 것이었다.

또한, 당시의 저명한 의사들이 종종 지니고 있던 특별한 관점, 즉 사람들의 인격 및 문화 환경과 관련된 가장 미묘한 문제들과 복잡하게 얽히고설켜 있는 성적 금욕의 문제는 "전적으로" 이 방면의 전문가인 의사들이 다루어야 할 영역 이라는 관점도 청교도적인 입장과 전적으로 일치하는 것이었다. 성적인 문제에 대한 "전문가"는 청교도들의 경우에는 도덕 이론가였던 반면에, 공리주의자들 의 경우에는 위생 이론가였다는 것이 서로 차이가 있었지만, 오늘날 우리에게는 가벼워 보이는 원칙, 즉 문제의 해결은 해당 분야의 "전문가"에게 맡겨야 한다 는 원칙(물론, 청교도와 공리주의자는 각각 도덕적 관점과 위생학적 관점에서 바라보 았기 때문에 누구를 "전문가"로 생각했느냐는 서로 달랐지만)은 서로 공통적이었다.

청교도에서는 성적인 문제를 종종 보존의 관점에서 바라보고 전적으로 "위생학적인" 관점에서 바라봄으로써 고상한 척하는 태도를 발전시켰음에도 불구하고, 청교도가 지니고 있던 강력한 이상주의로 인해 그런 것들은 긍정적인 효과들을 낳을 수 있었다. 하지만 근대적인 성위생학은 "선입견을 배제해야 한다"는 요구를 받아들일 수밖에 없었기 때문에, 이 학문이 토대로 삼고 있던 도덕적인 기반이 무너질 위험성을 감수해야 했다.

독일에서는 엘리트 지식인 계층 속에서도 여전히 자주 감지되는 저 후진적인 형태의 가부장적인 허세와는 대조적으로, 어떻게 청교도의 영향을 받은 나라들에서는 부부 간의 성관계에 대해 정신적이고 윤리적인 차원에서 합리적으로 해석해 냄으로써 기사도적인 부부 관계가 만개하게 될 수 있었는지에 대해서는 우리가 여기에서 살펴볼 수는 없다. 또한, 청교도가 재세례파에게서 영향을 받은 것도 여성의 "해방"에 한 몫을 했다. 재세례파가 여성의 양심의 자유를 보호한 것과 "만인제사장론"을 여성에게까지 확대한 것은 가부장주의에 큰 타격을 준 최초의 사건들이었다.

23. 이것은 백스터에게서 반복적으로 등장한다. 이것을 밑받침해 주는 성경적 근거로 일반적으로 제시되는 것은 프랭클린을 통해서 우리에게 잘 알려지게 된 구절(잠언 22:29), 또는 노동을 칭송하는 잠언 31장 16절이다. 백스터의 앞의 책 제1권 382, 377쪽 등을 보라.

다른 한 요소는 하느님이 정한 삶의 목적 자체 속에 노동이 이미 포함되어 있다는 것이었다.[24] "일하지 않는 자는 먹지도 말라"는 사도 바울이 제시한 공리는 모든 사람에게 예외 없이 적용된다.[25] 일하지 않고자 하는 것, 즉 노동 의욕이 없는 것은 구원받지 못했음을 보여주는 증표로 여겨졌다.[26]

이 두 번째 요소와 관련해서 노동에 대한 청교도들의 태도와 중세 가톨릭의 태도가 서로 분명하게 갈린다. 토마스 아퀴나스(Thomas Aquinas)도 사도 바울의 그러한 공리에 대한 해석을 제시했지만, 그에게는 노동은 단지 개인과 공동체의 삶을 유지하기 위한 하나의 "자연의 이치"(naturali ratione)에 따라 행하는 것일 뿐이었다.[27] 이렇게 노동의 목적은 인간의 삶을 유지하기 위한 것일 뿐이었고, 각 개인에게 그 자체가 목적으로 의무적으로 주어진 것이 아니기 때문에, 재산이 있어서 굳이 노동을 하지 않아도 삶을 유지할 수 있는 경우에는 사도 바울의 이 공리가 적용되지 않았다. 그러한 논리의 연장선상에서 하느님의 나라를 위해 영적으로 일하는 것인 묵상은 가장 높은 수준의 노동에 해당되기 때문에, 사도 바울이 말한 "일하지 않는 것"에 해당되지 않는다는 것은 두말할 필요가 없었을 뿐만 아니라, 거기에서 더 나아가 통속적인 신학에 의하면 수도사들의 기도와 찬송을 통한 봉사는 "교회의 보화"(thesaurus ecclesiae), 즉 인류의 영적인 재산을 늘리는 노동이기 때문에, 수도사들이 하는 일들은 "생산성"이 가장 높은 형태의 노동으로 여겨졌다.

---

24. 친첸도르프(Zinzendorf)조차도 종종 이렇게 말한다. "사람은 단지 살기 위해서 노동하는 것이 아니라, 노동이 하고 싶어서 산다. 그래서 더 이상 일할 것이 없게 되면, 사람은 고통을 겪거나 죽게 된다"(플리트의 앞의 책 제1권 428쪽).

25. 모르몬교의 한 신조조차도 다음과 같은 말로 끝난다. "그러나 게으른 자나 태만한 자는 기독교인일 수 없고 구원받을 수 없다. 그런 자는 벌집에서 벌들에게 쏘여서 죽어 내던져질 운명에 처해 있다." 수도원과 공장의 중간에 해당하는 입장을 취하는 가운데 신자들에게 노동할 것인지 아니면 죽을 것인지 둘 중의 하나를 선택하게 한 이 엄청난 규율은 종교적인 광신과 결합되어서 이 분파의 경이로운 경제적인 업적을 낳았다.

26. 그래서 백스터는 노동 의욕의 결핍의 징후들을 주의 깊게 분석한다(앞의 책 제1권 380쪽). "나태함"과 "태만함"이 중한 죄인 이유는 그 지속성 때문이다. 백스터는 그것들을 "은혜의 상태를 파괴하는 것들"로 규정한다(앞의 책 제1권 279-280쪽). 그것들은 조직적인 삶과 정반대되는 것들이다.

27. 제1부 제1장 주 6을 보라.

백스터는 노동은 모든 사람에게 윤리적인 의무로 부과된 하느님의 명령이라는 사도 바울의 노동 개념을 변질시킨 토마스 아퀴나스의 해석을 폐기했고, 재산을 가지고 있어서 생존을 위해서 굳이 일할 필요가 없는 사람도 사도 바울의 이 무조건적인 공리에서 예외가 될 수 없다고 설파함으로써 자신의 기본적인 원칙을 한층 더 강화했다.[28] 그에게는 아무리 많은 재산을 지닌 사람들도 일하지 않으면 먹지 않는 것이 마땅한 일이었다. 인간이 살아가기 위해서 기본적으로 필요한 것들이 이미 갖춰져 있어서 굳이 생계를 위해 일할 필요가 없는 부자들일지라도, 하느님의 절대적인 명령에 순종해야 하는 것은 가난한 자들에게와 마찬가지로 부자들에게도 똑같이 효력이 있기 때문이었다.[29] 하느님의 섭리는 모든 사람에게 예외 없이 소명으로서의 직업을 배당하고, 각 사람은 소명으로서의 자신의 직업이 무엇인지를 인식하고서, 그 직업적인 노동을 열심히 행해야 한다. 백스터에게 이러한 직업적인 노동은 루터교와는 달리 각 개인이 자신에게 주어진 운명으로 여기고 받아들여 순종해야 하는 것이 아니었고,[30] 도리어 하느님이 자신의 영광을 위하여 각 사람에게 행하라고 명령한 것이었다.

얼핏 보면 별 것 아닌 것처럼 보이는 이 미묘한 차이는 실제로는 심리학적으로 아주 중대하고 광범위한 결과를 초래했고, 스콜라 신학을 통해 이미 우리에게 친숙한 경제 질서에 대한 섭리적 관점에서의 해석을 더욱 진전시키는 역할을 했다. 여기에서도 이 논의를 전개해 나가는 데 토마스 아퀴나스의 사상을 예로 드는 것이 편리할 것이다. 다른 사람들과 마찬가지로 토마스 아퀴나스도 사회적인 노동 분업과 직업 분화를 세계와 관련한 하느님의 계획으로부터 생겨난 직접적인 결과로 이해했다. 하지만 각 사람이 그러한 경제 질서에서 어떤 자리에 배치되느냐 하는 것은 "자연적인 원인에 의해"(ex causis naturalibus) 결정되기 때문에, 스콜라 신학의 용어를 빌려 표현하자면 "우연적인" 것이었다.

앞에서 이미 말했듯이, 루터는 각 사람이 객관적인 역사적 질서로부터 생겨난 신분과 직업에서 어느 특정한 자리로 배치되는 것은 하느님의 뜻이 직접적으로 나타난 것이기 때문에, 각 사람이 하느님이 정해 준 자리에 있으면서 그 자리에 의해서 정해진 자신의 본분을 지켜 살아가는 것은 종교적인 의무라고 보았다.[31] 루터교 신앙에서는 신자들과 "세속"의 관계를 처음부터 계속해서 대체로 불확실하게 규정했기 때문에, 세속에서의 신자들의 지위와 관련한 그들의 태도는 한층 더 불확실한 것이 될 수밖에 없었다. 즉, 바울이 세속에 대해 보여준 중립적이고 무관심한 태도를 완전히 벗어나지 못했던 루터의 사고와 사상으로부터는 세속을 변화시킬 수 있는 윤리적 원리들이 도출될 수 없었던 까닭에, 루터는 신자들이 세속에서의 자신의 자리를 있는 그대로 받아들여서 거기에 순응하는 것을 종교적인 의무로 제시할 수밖에 없었다는 것이다.

---

28. 백스터의 앞의 책 제1권 108쪽 이하를 보라. 특히 다음과 같은 말을 주목하라: "질문: 부가 있으면 노동을 하지 않아도 되지 않겠습니까? 대답: 부는 너로 하여금 비천한 노동을 하지 않아도 되게 해 주겠지만, 도리어 남들을 더 많이 섬기게 만들고, 가장 가난한 사람의 경우와 마찬가지로 노동을 통한 섬김에서 너를 면제해 주지 않는다"; "부자들은 경제적으로는 노동을 해야 할 필요가 없지만, 하느님께 순종할 의무는 여전히 있고 …… 하느님은 모든 사람에게 노동을 명하셨다"(앞의 책 제1권 376쪽). 제1부 제2장 주 48을 보라.

29. 슈페너(Spener)도 마찬가지였다(앞의 책 제3권 338, 425쪽). 동일한 이유로 그는 일찍 은퇴하는 것을 도덕적으로 위험한 일로 여겨서 반대했고, 이자 취득을 합법화하면 사람들이 이자로 살아가려고 할 것이고 그것은 나태함을 불러올 것이라는 반론에 대해서, 이자로 살아가는 것이 가능하다고 할지라도 하느님의 명령에 순종해서 노동해야 한다는 것을 강조했다.

30. 경건주의도 거기에 포함된다. 슈페너는 직업을 바꾸는 문제와 관련해서는 일단 어떤 직업을 갖게 되었다면 계속해서 그 직업에 헌신하는 것이 하느님의 섭리에 순종해야 할 의무를 다하는 것이라는 입장을 일관되게 취했다.

31. 인도에서 사람들이 자신의 생활양식 전체를 조직하는 데 힌두교가 절대적인 영향을 미치는 상황에서, 힌두교의 구원론이 사람들에게 "직업 전통주의"를 고수해야 다음 생에서 더 좋은 상태로 다시 태어날 기회를 얻을 가능성이 높다고 가르친 것과 관련된 논의는 "세계 종교의 경제 윤리"에 대한 나의 일련의 논문에 자세하게 나와 있다. 우리는 그런 사례를 통해서 단순히 윤리적이고 교리적인 사상에서 그치는 것과 종교에 의해 특정한 유형의 심리학적 동력이 만들어지는 것 간의 차이를 알게 된다. 독실한 힌두교도들은 카스트 제도 아래에서 자신이 어떤 계급에 속한 사람으로 태어났든지 그 계급에 수반되는 전통적인 의무들을 엄격하게 수행할 때에만 다음 생에서 더 좋은 상태로 태어날 수 있는 기회를 얻을 수 있다고 믿었다. 이것은 사람들을 "전통주의"에 묶어 두기 위해서 우리가 생각해 낼 수 있는 온갖 방법들 중에서 종교적으로 가장 강력한 방법이다. 이 점에서 힌두교의 윤리는 "경제적 전통주의"와 관련해서는 청교도의 윤리의 가장 반대쪽에 위치하고 있고, "신분 전통주의"와 관련해서는 유대교의 가장 반대쪽에 위치해 있다고 할 수 있다.

―――――――

여기에서도 또다시 청교도들은 사회적 노동 분업 및 직업 분화와 관련한 개별 신자들의 개인경제적 이해관계가 섭리적인 성격을 지닌다고 보긴 했지만, 그럼에도 불구하고 그러한 청교도적인 이해는 루터의 이해와는 미묘한 차이를 보였다. 청교도들의 그러한 이해는 실용주의적 해석을 지향하는 청교도적인 성향과 일치하는 것으로서, 노동 분업과 직업 분화와 관련된 섭리적인 목적이 무엇인가 하는 것은 바로 그러한 분업과 분화로 인해 초래된 결과에 비추어 판단되어야 한다는 것이었다.

백스터는 이 문제를 자세하게 다루는데, 그의 논조는 여러 가지 면에서 노동 분업을 찬양했던 애덤 스미스(Adam Smith)를 연상시킨다.[32] 그는 직업의 전문화는 노동자들의 숙련 노동을 발전시켜서 노동 생산성을 양적으로나 질적으로나 향상시킴으로써 최대 다수를 잘살게 만든다는 의미에서 "공동선"에 기여한다고 말한다. 여기까지 그의 견해는 순전히 공리주의적인 관점이고, 당시의 세속적인 문헌들에서 이미 보편화되어 있던 관점들과 아주 비슷하지만,[33] 바로 그렇게 말한 직후에 그에게 특유했던 청교도적인 요소가 등장한다. 먼저, 그는 자신이 이 문제를 분석할 때에 그의 핵심적인 동기가 무엇인지를 보여주는 명제를 제시한다. "사람이 일정한 직업이 없이 되는 대로 일하는 경우에는 노동의 성과는 늘 불안정하고 일시적일 수밖에 없고, 실제로 일하는 시간보다 빈둥거리며 보내는 시간이 더 많게 된다." 그런 후에, 그는 이 문제에 대한 결론을 다음과 같이 내린다. "일정한 직업을 가지고 노동하는 사람들은 정해진 질서를 따라 노동을 수행해 나가는 반면에, 일정한 직업을 갖고 있지 않은 사람들은 끊임없이 변동하는 상황과 사정에 직면해서 자기가 언제 어디에서 일해야 할지도 모르는 상태에서 불안정하게 노동을 해야 한다.[34] 그러므로 누구에게나 일정한 직업을 갖는 것이 최선이다." 일반적인 일용노동자들이 일정하지 않은 일도 종종 해야 하기는 하지만, 그런 노동자들의 처지는 언제나 잠정적이고 바람직하지 않은 상태라는 것은 분명하다.

---

32. 백스터의 앞의 책 제1권 377쪽을 보라.

33. 그러나 이것은 이 공리주의적 동기를 그런 관점들로부터 역사적으로 이끌어 낼 수 있다는 것을 의미하지는 않는다. 도리어, "만유"의 질서는 하느님의 위엄과 하느님이 스스로 영광을 받는 것에 기여해야 한다는 전적으로 칼뱅주의적인 사상이 여기에 영향을 미쳤다. 경제 질서에 대한 청교도적인 관점이 공리주의적으로 전환된 것, 즉 경제 질서는 모든 사람으로 하여금 삶을 영위할 수 있게 해 주는 "다수의 선" 또는 "공공의 선"에 기여하는 것이 되어야 한다는 입장으로 전환된 것은, 청교도 이외의 다른 해석들이 귀족주의를 토대로 피조물을 신격화하거나, 경제 질서는 하느님의 영광이 아니라 인간의 "문화적인 목적"에 기여해야 한다고 보고서, 경제 질서를 합목적으로 조직하는 것과 관련한 하느님의 뜻은 경제 질서의 현세적인 목적인 "전체"의 복리라는 비

인격적인 "효용"으로 나타날 뿐이라는 태도를 보였기 때문이었다(제1부 제2장 주35를 보라).

따라서 앞에서 이미 지적한 대로, 공리주의는 "이웃 사랑"의 계명을 비인격적으로 바꾼 결과로 생겨난 것임과 동시에, "하느님의 더 큰 영광을 위하여"(in majorem Dei gloriam)라는 청교도의 신조에 의거해서 세속의 모든 영광을 거부한 결과로 생겨난 것이었다. 피조물인 인간에게 영광을 돌리는 것은 하느님의 영광을 훼손하는 것으로서 배격되어야 한다는 것은 모든 금욕주의적인 개신교를 지배한 사상이었다. 그러한 사상이 개신교를 얼마나 강력하게 지배했는지는 "민주주의적" 성향을 전혀 지니고 있지 않았던 슈페너조차도 무수한 반론 앞에서 "칭호들"의 사용은 신앙과는 무관한 것이라고 주장하기를 주저하고 고심을 거듭하다가, 결국에는 사도 바울이 로마의 페스투스 총독을 부를 때 "각하"(그리스어로 '크라티스토스')라는 칭호를 사용했다는 것을 성경에서 확인하고서야 비로소 안도했다는 사실에서 분명하게 드러난다. 이것이 정치적으로 어떤 의미였는가 하는 것은 우리의 연구에서 다룰 문제가 아니다.

34. 토머스 애덤스(Thomas Adams)도 이렇게 말했다. "변덕스러운 자는 자기 집에서도 이방인이다"(『청교도 신학자 저작집』 77쪽).

앞에서 이미 말했듯이, "직업 없이" 살아가는 삶은 세속적 금욕주의에 의해서 요구되는 체계적이고 조직적인 삶이 될 수 없었다. 퀘이커교도들의 윤리에 의하면, 각 사람의 직업 생활은 금욕과 관련된 덕목들을 일관되게 수행하는 것이고, 각 사람이 자신에게 주어진 직업을 진지하고[35] 조직적이며 양심적으로 수행함으로써 자신의 구원의 확실성을 확증하는 수단이다. 즉, 하느님이 요구하는 것은 노동 자체가 아니라 "합리적인 노동"이다. 청교도적인 직업 개념에서 강조한 것은 언제나 직업을 통한 금욕주의가 지닌 그러한 조직적인 성격이었고, 루터처럼 하느님으로부터 주어진 운명을 받아들여 순종하는 것이 아니었다.[36]

따라서 한 사람이 여러 개의 직업을 갖는 것이 허용되는가 하는 질문에 대해서는, 그렇게 하는 것이 다수의 복리나 자신의 복리에 도움이 되고 누구에게도 해롭지 않으며 그 여러 개의 직업들 중에서 비양심적인 직업이 없는 경우에는 얼마든지 긍정적인 대답이 주어졌다.[37] 또한, 직업을 바꾸는 문제와 관련해서도, 그렇게 하는 것이 변덕스럽거나 경솔하게 행해지지 않고 하느님을 더욱 기쁘게 해 드리기 위한 목적으로 행해지며 직업과 관련해서 지금까지 설명한 원리들에 부합해서 더 유익한 직업을 택하고자 하는 경우에는 비난받아야 할 일로 여겨지지 않았다.[38]

---

35. 이것에 대해서는 특히 윌리엄 에번스와 토머스 에번스(W. & Thomas Evans)가 편집한 『친우회 총서』(Friends' Library) 제1권(1837) 130쪽에 나와 있는 조지 폭스(George Fox)의 말을 보라.

36. 종교 윤리의 이러한 전환을 현실의 경제 상황의 반영의 산물로 볼 수 없다는 것은 두말할 필요가 없다. 직업의 전문화와 세분화는 중세 시대에는 영국보다 이탈리아에서 훨씬 더 진척되어 있었다.

37. 이것은 청교도 문헌에서 자주 강조하듯이, 하느님은 사람들에게 이웃을 그들 자신보다 더 많이 사랑하라고 한 것이 아니라 그들 자신만큼 사랑하라고 명령했기 때문이다. 따라서 사람에게는 자기 자신을 사랑할 의무도 존재한다. 예를 들어, 자신의 재산을 이웃보다 더 제대로 사용해서 하느님의 영광에 더 큰 기여를 할 줄 아는 사람들은 굳이 이웃 사랑의 계명 때문에 자신의 재산을 이웃에게 나누어 주지 않아도 된다.

38. 슈페너(Spener)의 생각도 그런 입장과 비슷했다. 그럼에도 불구하고, 그는 심지어 도덕적으로 특히 위험한 상인이라는 직업에서 성직자로 그 직업을 바꾸는 것에 대해서조차도 난색을 표했고 대체로 반대했다(앞의 책 제3권 435, 444쪽; 제1권 524쪽). 덧붙여 말해 두자면, 자신의 신학의 성격상 이 문제에 대해 어느 한 쪽으로 편향된 대답을 줄 수밖에 없는 슈페너의 저작들에서 직업을 바

꾸어도 괜찮은가 하는 문제에 대한 대답이 자주 등장한다는 것은 "부르심"을 다루고 있는 고린도전서 7장에 대한 여러 가지 다양한 해석들이 사람들의 일상적인 삶 속에서 실제로 얼마나 강력한 영향을 미쳤는지를 잘 보여준다.

───────

어떤 직업의 유익성의 정도와 하느님이 기뻐하는 정도는 첫 번째로는 도덕적인 관점에서 평가되었고, 두 번째로는 그 직업이 생산해 내는 재화가 사회 전체에서 지니는 중요성의 정도에 의거해서 평가되었으며, 세 번째로는 개인경제적 이해관계와 관련해서 개인의 경제적인 "이윤"의 정도에 의해 평가되었는데, 이 중에서 실천적인 관점에서 가장 중요한 것은 세 번째였다.[39] 하느님이 자신들의 삶의 모든 부분에서 작용한다고 믿은 청교도들은 하느님이 어느 신자에게 이윤을 획득할 수 있는 기회를 주었다면, 거기에는 반드시 하느님의 뜻이 있을 것이고, 따라서 독실한 신자라면 당연히 그런 기회를 사용해서 이윤을 획득하여 하느님의 뜻이 이루어지게 해야 한다고 생각했기 때문이다.[40]

───────

39. 이런 관점은 유럽 대륙에서 지도적인 위치에 있던 경건주의자들의 저작에는 나오지 않는다. "이윤"과 관련한 슈페너의 입장은 루터교의 "생계"라는 관점과 "상업의 번영이 가져다주는 유익성"에 대해 중상주의자들이 전개한 논리들(예컨대, 연초 재배는 화폐의 유입을 가져온다는 점에서 유익하기 때문에 죄악이 아니라는 논리) 사이에서 오락가락했다(앞의 책 426-27, 429, 434쪽). 하지만 그는 퀘이커교와 메노파의 경우처럼 이윤을 남기면서도 신앙을 유지할 수 있고, 이윤을 특히 많이 남기는 것(이것에 대해서는 나중에서 다시 살펴볼 것이다)은 경건한 신앙의 직접적인 결과물일 수 있다고 말하기도 했다(앞의 책 435쪽).

40. 백스터(Baxter)의 이러한 견해를 그가 살았던 시대의 경제적 환경이 반영된 것이라고 해석하는 것은 잘못이다. 도리어 그런 것과는 정반대로, 그의 자

서전에서 분명하게 알 수 있듯이, 그의 전도 사역이 성공할 수 있었던 중요한 요인들 중 하나는 자신이 목회한 키더민스터(Kidderminster)에 살았던 상인들이 부자들이 아니었고 단지 "먹는 것과 입는 것"을 해결할 수 있을 정도로만 돈을 버는 사람들이었고, 수공업자들도 자신들이 고용한 노동자들과 마찬가지로 "하루하루 근근이 살아가는" 사람들이었다는 것이었다. "복음이라는 기쁜 소식을 받아들이는 것은 가난한 사람들"이라는 말이 있다.

토머스 애덤스(Thomas Adams)는 이윤을 추구하는 것에 대해 이렇게 말한다. "돈은 사람을 더 부유하게 만들어 줄 수는 있지만 더 선하게 만들어 줄 수는 없다는 것을 아는 사람은 안다. 그런 사람은 두둑한 돈주머니를 꼭 껴안고 자는 것보다는 선한 양심을 가지고 자는 쪽을 선택한다. 그래서 그는 정직한 사람이 벌 수 있는 것 이상의 부를 원하지 않는다"(『청교도 신학자 저작집』 51쪽). 하지만 이것은 정직하게 돈을 버는 것이라면 아무리 많이 벌어도 문제가 되지 않는다는 것을 의미하는 말이기도 했다.

―――――――

"하느님이 너를 비롯한 모든 사람들의 영혼에 해롭지 않은 합법적인 방법으로 더 많은 이윤을 낼 수 있는 길을 네게 알려 주셨는데도, 네가 그 길을 거부하고 더 적은 이윤을 내는 길을 택했다면, 그것은 하느님이 네게 소명을 주신 목적 중의 하나를 포기해 버린 것이고, 하느님의 청지기가 되는 것을 거부한 것이며, 하느님이 선물로 주신 것들을 받아두었다가 하느님이 필요로 할 때에 사용해야 할 의무를 저버린 것이다. 육체의 욕망과 죄를 위한 것이 아니라 하느님을 위한 것이라면, 부자가 되기 위해 노동하는 것은 합당하다."[41]

이렇게 청교도들에게 부는 오직 나태하고 게으르게 아무 노동도 하지 않고 살아가거나 죄악된 삶을 즐기도록 사람들을 유혹하는 경우에만 문제가 되는 것이었고, 부를 추구하는 것도 오직 현세에서 아무 걱정 없이 안일하고 편안하게 살아가기 위한 것일 때에만 문제가 되는 것이었다. 따라서 종교적 의무로서의 직업 노동을 수행하고, 하느님의 뜻을 따라 하느님의 영광을 더

하기 위한 목적으로 부를 추구하는 것은 단지 도덕적으로 허용된 것이었을 뿐만 아니라 적극적으로 요구되는 것이기도 했다.[42]

---

41. 백스터의 앞의 책 제1권 제10장을 보라. 그는 "부자가 되기 위해 노동하지 말라"(한글개역개정성경에는 "부자 되기에 애쓰지 말고"로 되어 있다 — 역주)는 잠언 23장 4절에 나오는 구절이 의미하는 것은 단지 "우리의 육체적인 욕망을 위한 부가 궁극적인 목적이어서는 안 된다"는 것이라고 해석하고(앞의 책 378쪽), 재산을 봉건귀족들처럼 사용하는 것이 가증스러운 일일 뿐이고(앞의 책 제1권 380쪽에 나오는 "일부 타락한 귀족계급들"에 대한 언급을 보라), 재산 자체가 가증스러운 것은 아니라고 말하기도 한다.

밀턴(Milton)은 자신의 저작인 『영국민을 위한 변호』(*Defensio pro populo Anglicano*) 제1장에서 오직 "중산층"만이 미덕의 주역일 수 있다는 유명한 이론을 제시했는데, "사치"와 "궁핍"은 둘 다 미덕의 실천을 방해한다는 그의 말이 보여주듯이, 여기에서 "중산층"은 귀족 계층과 반대되는 의미에서의 "시민 계층"을 가리키는 것이었다.

42. 이것은 아주 중요하다. 이것과 관련해서 내가 다시 한 번 상기시켜 두고자 하는 것은 우리의 연구에서 중요한 것은 신학적인 윤리 이론이 어떤 사상을 발전시켰는가 하는 문제가 아니라, 신자들의 실제적인 삶 속에서 통용되던 도덕이 무엇이었느냐 하는 문제, 즉 신자들의 종교적 신앙과 사상이 그들의 실제적인 직업윤리에 어떤 영향을 미쳤느냐 하는 문제라는 것이다. 우리는 적어도 가끔씩은 가톨릭 진영, 특히 예수회의 결의론적인 문헌들에 나오는 논의들, 예컨대 여기서는 다룰 수 없는 이자 취득 허용의 문제 같은 것들에 대한 논의들 속에서 개신교의 문헌들 속에서 볼 수 있는 수많은 결의론적인 논의들과 비슷한 것을 감지하게 되는데, 가톨릭의 그런 논의들은 무엇이 "허용되거나 가능한" 것인가에 대한 문제에서는 개신교의 그런 논의들보다 더 뛰어나 보이기도 한다. 후대에 청교도들은 자신들의 윤리가 기본적으로 예수회의 윤리와 동일

한 것이 아니냐는 비난을 받을 정도였다. 칼뱅주의자들이 단지 가톨릭 진영의 도덕이론가들이었던 토마스 아퀴나스, 클레르보의 베르나르, 보나벤투라만이 아니라 당대의 이론가들까지 자주 인용했듯이, 가톨릭의 결의론적 사상가들도 이단들이 주장하는 윤리를 경청하는 것이 일반적이었다(이것에 대해서는 여기에 서 자세하게 살펴볼 수는 없지만).

그럼에도 불구하고, 개신교에서 신자들에게 결정적으로 중요했던 것은 "금욕주의적인 삶에 대한 종교적 보상"이었다는 사실은 그만두고라도, 이론적 인 측면에서도 개신교와 가톨릭은 서로 아주 중요한 차이가 있었는데, 그것은 가톨릭의 이런 느슨한 입장은 정통 교리로부터 벗어난 특별한 윤리 이론으로 취급되어 교회 당국자들에 의한 재가를 받지 못했고 가톨릭 신앙을 가장 엄격 하게 추종했던 독실한 신자들로부터 배척을 받았던 반면에, 개신교의 직업 사 상은 정반대로 금욕주의적인 삶을 가장 진지하게 추종했던 독실한 신자들로부 터 전폭적인 지지를 받아서 그들을 자본주의적인 영리 활동에 적극적으로 뛰어 들게 만들었다는 것이다. 즉, 이러한 직업 사상은 가톨릭에서는 단지 소극적이 고 조건부로만 허용되었던 반면에, 개신교에서는 적극적인 의미에서의 도덕적 인 선으로 여겨졌다. 가톨릭의 윤리와 개신교의 윤리 간에 존재했고 신자들의 실제적인 삶에서 아주 중요했던 이 근본적인 차이는 얀센주의를 둘러싼 논쟁 (1641-1705)과 얀센주의를 금지한 "우니게니투스 칙령"(1713)이 있은 후로는 이 제는 돌이킬 수 없을 정도로 견고하게 정착되어서 근대에도 그대로 이어졌다.

청교도들은 직업 및 부의 추구와 관련된 그들의 이러한 사상이 자신에게 주어진 달란트를 사용해서 최대한으로 이윤을 남기지 못하고 나태하고 게 으르게 살았다는 이유로 책망을 받고 지옥으로 쫓겨난 종에 관한 비유 속에 분명하게 표현되어 있는 것으로 보았다.[43] 그들은 가난하게 살고자 하는 것 은 병들고자 하는 것과 같은 것이고,[44] 행위로 말미암아 구원을 얻고자 하는 것으로서 하느님의 영광을 훼손하는 것이기 때문에 배격되어야 한다고 자

주 주장했다. 게다가, 노동할 수 있는 사람들이 구걸해서 먹고 사는 것은 나태함과 게으름을 드러내는 것으로서 죄일 뿐만 아니라, 사도가 말한 대로 이웃 사랑의 원리에 역행하는 것이었다.[45]

---

43. 백스터는 본문에 인용된 말 다음에 이렇게 말한다. "너는 내게 가장 큰 성공과 가장 많은 합법적인 이득을 가져다줄 방식으로 일하면 된다. 너는 너에게 주어진 달란트를 따라 너의 모든 재능들을 더 잘 사용하기 위해 애쓰는 것이 마땅하다." 하늘에 보화를 많이 쌓고자 하는 것과 세속적인 직업에서 성공하기 위해 애쓰는 것이 비슷하다는 논리를 펴는 글로는 『청교도 신학자 저작집』에 수록된 제인웨이(James Janeway)의 「지상천국」(Heaven upon earth) 275쪽을 보라.

44. 뷔르템베르크의 크리스토프(Christoph) 공작은 트렌트 공의회에 제출한 루터교적인 신앙고백에서 이미 "빈곤 서약"에 대해 다음과 같이 반대했다. "대물림된 자신의 신분 때문에 가난한 사람들은 자신들의 그런 상황을 받아들여야 하겠지만, 그럴 필요가 없는데도 가난에 머물러 있겠다고 서약하는 것은 계속해서 병든 상태로 있겠다거나 나쁜 평판을 그대로 유지하겠다고 서약하는 것과 같다."

45. 이것은 백스터의 말에서나 크리스토프 공작의 신앙고백에서 분명하게 드러난다. 또한, 다음과 같은 말도 참조하라: "부랑자들은 정도를 벗어나는 삶을 살게 되고, 그 주된 것은 구걸이다"(토머스 애덤스; 『청교도 신학자 저작집』 259쪽). 일찍이 칼뱅은 구걸을 엄격하게 금지했고, 네덜란드의 종교회의들에서도 구걸을 허가하는 증명서를 내주는 것에 단호하게 반대했다. 스튜어트 왕조, 특히 찰스 1세 치하의 로드(Laud) 체제에서는 정부가 나서서 빈민을 구제하고 실업자에게 직업을 알선해 주어야 한다는 원칙 아래, 그런 사업을 조직적으로 해 나갔지만, 반면에 청교도들은 "구제하는 것은 자선이 아니다"를 자신들의 표어로 삼았고(이 표어는 나중에 대니얼 디포[Daniel Defoe]의 유명한 작품의 제목이 되었다), 17세기 말쯤에는 실업자의 증가를 막기 위해 "노역소"라는 제도

가 생겼다. 레오나드(E. M. Leonard)의 『영국 초기 구빈사』(*Early History of English Poor Relief*)와 레비(Hermann Levy)의 『영국 경제사에서 경제적 자유주의의 토대』(*Die Grundlagen des ökonomischen Liberalismus in der Geschichte der englischen Volkswirtschaft*) 69쪽 이하를 참조하라.

───────────

일정한 직업을 갖는 것이 지니는 금욕주의적 의미를 강조한 것이 근대적인 전문직 노동자들이 윤리적으로 칭송 받게 하는 결과를 가져다주었듯이, 이윤 창출의 기회를 하느님의 섭리라는 관점에서 해석한 것은 기업가들이 윤리적으로 칭송 받게 하는 결과를 가져다주었다.[46] 금욕주의는 봉건귀족들의 세련된 나태함과 졸부들의 천박한 과시욕을 둘 다 똑같이 경멸했던 반면에, 자기 절제 가운데서 "자수성가한" 시민 계층의 기업가들에게는 윤리적으로 최고의 찬사를 보냈다.[47] 하느님의 섭리에 의해 이윤 창출에 성공하고 부자가 된 성도들은 사람들로부터 "하느님이 그의 사업에 복을 주신다"는 말을 듣곤 했다.[48] 게다가, 청교도들은 하느님의 백성이 보여준 신앙에 대해서 바로 이 현세에서 상을 준 구약의 하느님의 권능[49]이 그들에게도 똑같은 방식으로 작용하는 것은 당연한 일이라고 여겼다. 따라서 백스터의 권면에 따라, 그들은 구약성경에 나오는 신앙 영웅들의 영적인 상태와 자신들의 상태를 비교함으로써 자신이 구원의 은혜 가운데 있는지를 확인했는데,[50] 그 과정에서 성경의 말씀들을 마치 "법전의 조문들"처럼 읽고 해석했지만, 구약성경에 나오는 말씀들의 의미가 언제나 명확한 것은 아니었다.

───────────

46. "영국과 아일랜드 침례교 연합"의 회장이었던 조지 화이트(G. White)는 1903년에 런던 총회에서 한 취임사에서 이렇게 강조했다. "우리 청교도 교회들의 신자 명부에 올라가 있는 사람들 중에서 최고의 사람들은 신앙이 삶 전체에 스며들어야 한다고 믿는 사업가들이었다"(『침례교 입문』[1904] 104쪽).

47. 금욕주의가 봉건주의에 뿌리를 둔 모든 견해와 뚜렷하게 대립되는 것은 바로 이 지점이다. 봉건주의적인 견해에 의하면, 어떤 사람이 사회적으로나 정치적으로 성공해서 이룬 신분 상승의 혜택은 후손들이 거두게 되는데, 이것은 하급귀족을 가리키는 스페인어인 Hidalgo('이달고')가 "어떤 것의 아들"을 뜻하는 hijo d'algo('이호 달고,' 라틴어로는 filius de aliquo)에서 유래했다는 것이 잘 보여준다(거기에서 algo는 조상들로부터 물려받은 재산을 가리킨다). 오늘날에는 미국민들의 "국민성"이 급격하게 변화되고 유럽화되어서, 미국에서 금욕주의와 봉건주의적인 견해 간의 이러한 차이는 급속히 사라지고 있기는 하지만, 그럼에도 불구하고 봉건주의적인 견해와 대립되는 시민 계층의 전형적인 관점, 즉 사업을 통해서 성공하고 부를 쌓은 것에 대해서는 정신적인 업적으로 여겨서 칭송하는 반면에, 재산을 상속받아서 부를 누리는 사람들에 대해서는 전혀 존경심을 갖지 않는 사고방식은 오늘날의 미국에서도 종종 볼 수 있다. 반면에, 제임스 브라이스(James Bryce)가 이미 지적했듯이, 유럽에서는 돈만 있으면 거의 모든 사회적 명예를 살 수 있다. 부를 소유하고 있으면서 사회적 명예를 사고자 하는 사람은 직접 돈을 주고받는 거래를 할 필요는 없고, 단지 신탁유증 등과 같은 방법으로 자신의 재산의 소유권을 간접적으로 넘기는 방법을 사용한다. 혈통을 중시하는 봉건주의적인 견해를 반박하는 글로는 『청교도 신학자 저작집』 216쪽에 나오는 토머스 애덤스의 말을 보라.

48. 예를 들면, 이것은 이미 일찍이 "사랑의 가족"이라는 분파의 창시자이자 상인이었던 헨드릭 니클라스(Hendrick Nicklaes)와 관련해서 주장되었다. 바클레이(Barclay)의 『영국 공화정 시기 종교집단들의 내면적 삶』(*Inner Life of the Religious Societies of the Commonwealth*) 34쪽을 보라.

49. 호른벡(Hoornbeek)은 마태복음 5장 5절과 디모데전서 4장 8절이 성도들에게 전적으로 현세적인 일들과 관련해서 복을 약속하고 있다고 보았기 때문에, 그에게 이러한 결론은 확고한 것이었다(앞의 책 제1권, 193쪽). 그는 모든 것은 하느님의 섭리에 의한 것이지만, 하느님은 자기 백성을 특별히 보살핀다고 믿었다. "하느님의 섭리는 믿지 않는 자들과는 달리 믿는 자들을 아주 세심

하고 특별하게 보살핀다"(앞의 책 192쪽). 그런 후에, 그는 계속해서 "행운"이라는 것은 "일반 섭리"(communis providentia)로부터 생겨나는 것이 아니라 하느님의 그러한 특별한 보살핌으로부터 생겨나는 것이라고 말한다. 베일리(Bayly)도 직업 노동에서의 성공을 하느님의 섭리라는 관점에서 설명한다(앞의 책 191쪽). 퀘이커교도들의 글에서도 사업이 잘 되는 것은 "자주" 경건한 삶에 대한 하느님의 보상이라는 사상이 늘 발견되는데, 이것은 1848년에 씌어진 글에서도 여전히 발견된다. 예를 들어, 런던에서 열린 "친우회"(Society of Friends)의 총회에서 발간한 『기독교인들을 위한 권면 선집』(Selection from the Christian Advices) 제6판(1851) 209쪽에 나와 있는 그런 글을 보라. 이러한 사상과 퀘이커교의 윤리 간의 상관관계에 대해서는 나중에 다시 살펴보기로 하자.

50. 야곱과 에서의 갈등에 대한 토머스 애덤스(Thomas Adams)의 분석은 구약 시대의 족장들에 대한 이러한 관점을 보여주는 한 예인데, 아울러 이것은 청교도적인 인생관의 특징이었다. "에서가 어리석은 자였다는 것은 장자상속권을 경시해서"(이 구절은 장자상속권 사상의 발전과 관련해서도 중요한데, 이것에 대해서는 나중에 다시 언급할 것이다) "팥죽 한 그릇이라는 헐값에 팔아 넘겨 버린 것에서 잘 드러났다고 할 수 있다"(『청교도 신학자 저작집』 235쪽). 그 후에 에서는 이 거래가 속임수로 이루어졌기 때문에 무효라고 주장했는데, 애덤스는 그것은 신의 없는 파렴치한 짓이었다고 평가한다. 에서는 "들에서 살아가는 교활한 사냥꾼," 즉 비합리적인 삶이 몸에 밴 야만인이었던 반면에, "장막에 거주하는 정직한 사람"이었던 야곱은 "은혜 아래 있는 사람"을 대표한다.

시어도어 루스벨트(Theodore Roosevelt)가 그의 유명한 서신에서 드러냈던 유대교와의 근본적인 친근감은 네덜란드의 농민들 사이에서도 광범위하게 발견된다는 사실은 퀄러(앞의 책)가 이미 밝혀낸 바 있다. 하지만 청교도들은 자신들의 실천적인 교리는 유대교의 윤리와 상반된다는 것을 잘 알고 있었는데, 이것은 프린(Prynne)이 크롬웰의 관용 정책을 계기로 쓴 유대인들을 비판하는 글에 분명하게 드러나 있다. 이것에 대해서는 아래에 나오는 주 58을 보라.

앞에서 이미 언급한 대로, 루터가 처음으로 세속적인 의미의 "직업"에 "소명" 개념을 추가하여 종교적으로 사용한 것은 집회서의 한 구절을 번역할 때였다. 집회서(Ecclesiasticus)는 헬레니즘의 영향을 받아 씌어진 외경이기는 하지만, 거기에 나타나 있는 신앙의 전체적인 기조는 구약성경에서 가장 전통주의적인 흐름을 잇고 있었다. 그래서 루터교를 신봉하는 독일의 농민들은 심지어 오늘날까지도 집회서를 특히 좋아하는 것으로 보이고,[51] 독일 경건주의의 광범위한 흐름에 강력하게 각인된 루터교적인 성격도 집회서에 대한 선호로 표출되는 독특한 현상이 생겨났다.[52]

반면에, 청교도들은 하느님에게 속한 것과 피조물에 속한 것 간의 엄격한 구분을 정경에도 그대로 적용해서 집회서 같은 외경들은 하느님의 감동에 의한 것이 아니라는 이유로 정경으로 인정하지 않았다.[53] 정경 가운데서도 다음과 같은 두 가지 신학적인 요소가 결합된 욥기가 그들에게 한층 더 강력한 호소력을 지니게 되었다. 그 중에서 한 가지 요소는 모든 인간적인 기준들을 뛰어넘는 하느님의 절대적이고 지극히 높은 위엄에 대한 찬송이었는데, 이것은 칼뱅주의 사상과 대단히 동일한 요소였다. 또다른 요소는 욥기의 마지막 결론 부분에서 다시 등장하는 한 가지 확실한 사실, 즉 하느님은 자기 백성을 현세의 물질적인 삶에서 복을 준다는 확실한 사실이었는데 ― 욥기에서는 오직 이 현세에서의 복에 대해서만 말하고 있다 ― 이것은 칼뱅에게는 별로 중요한 것이 아니었지만, 청교도들에게는 중요한 것이었다.[54]

51. 『튀링겐의 한 시골 목사가 본 농민들의 신앙관과 도덕관』(*Zur bäuerlichen Glaubens- und Sittenlehre. Von einem thüringischen Landpfarrer*) 제2판(1890) 16쪽을 보라. 이 책이 묘사하는 농민들은 루터교 신앙이 만들어 낸 독특한 특징을 지닌 사람들이다. 이 책을 쓴 훌륭한 저자는 이것을 일반적인 "농민들"의 신앙

이라고 말하지만, 나는 그럴 때마다 거기에 "루터교를 믿는 농민들"이라는 주석을 반복해서 써 넣었다.

52. 예컨대, 리츨의 『경건주의의 역사』 제2권 158쪽에 인용된 글을 보라. 슈페너(Spener)도 자기가 직업을 바꾸는 것과 이윤을 추구하는 것을 반대하는 근거 중의 하나로 집회서에 나오는 본문을 든다. 그의 『신학적 성찰』 제3권 426쪽을 보라.

53. 그럼에도 불구하고 베일리(Bayly) 같은 사람들은 신자들에게 외경을 읽을 것을 권하고, 자주는 아니지만 어쨌든 가끔씩은 외경에 나오는 구절들을 인용하기도 한다. 나는 그의 글에서 집회서를 인용한 대목을 본 적이 없긴 하지만, 그것은 아마도 우연일 것이다.

54. 누가 보아도 하느님으로부터 "버림받은 자들"이 외적으로 성공했을 때, 칼뱅주의자들은 호른벡(Hoornbeeck)과 마찬가지로 "완악 이론"에 의거해서, 하느님이 그들로 하여금 성공하게 하는 것은 그들을 더욱 완악하게 만들어서 그들의 멸망을 확실하게 하기 위한 것이라고 믿고서, 그런 믿음으로 자신들을 위로했다.

백스터는 직업 개념과 결부되어 고린도전서에 나오는 아주 중요한 구절들을 거기에 내재되어 있는 전통주의적 기조를 빼버리고 해석했던 것처럼, 시편과 잠언에 나오는 풍부한 감성으로 가득한 많은 구절들도 거기에 나타나 있는 동방의 "정적주의"를 빼버리고 해석했고, 대신에 구약성경에서 "형식적인 합법성"을 하느님이 기뻐하는 것이라고 찬양하는 구절들을 강조했다. 그런 연장선상에서 청교도들은 모세 율법은 기독교의 출현과 함께 전면적으로 무효화된 것이 아니라, 단지 유대 민족에게 주어진 잠정적인 예법 또는 그들이 처한 역사상의 특정한 상황과 관련된 규정일 때에만 효력을 상실했고, 그 밖의 경우에는 "자연법"(lex naturae)을 표현한 것들로서 늘 유효한 것이기 때문에 신약시대에도 여전히 효력을 지니는 것으로 보았다.[55] 그들의 그러한 견해는 한편으로는 근대적인 삶에 적절하지 않은 율법 규정들을 제

거할 수 있게 해 주었고, 다른 한편으로는 구약의 윤리 중에서 청교도적인 정신과 친화성이 있는 많은 요소들을 제시함으로써, 개신교의 세속적 금욕주의에 특유한 냉철하면서도 확신에 차서 규범적인 삶을 살아가고자 하는 정신을 한층 더 강화할 수 있게 해 주었다.[56]

따라서 당시의 일부 사람들과 오늘날의 저술가들이 영국의 청교도 신앙의 기본적인 윤리적 지향을 표현할 때 "영국판 히브리주의"라고 말한 것은,[57] 우리가 그 표현을 제대로 이해하기만 한다면, 아주 적절한 것이라고 할 수 있다. 즉, 이 표현이 적절한 것이 되기 위해서는, 여기에서 "히브리주의"는 구약성경이 기원했던 때의 팔레스타인 유대교가 아니라 여러 세기에 걸친 형식주의적이고 율법주의적인 교육과 탈무드의 교육을 통해 점진적으로 발전해 온 유대교를 가리키는 것으로 보아야 하고, 그렇게 이해한 후에도 이 둘 간의 비교는 아주 신중하게 이루어져야 한다. 왜냐하면, 고대 유대교는 인간의 삶이 지닌 자연스러운 모습 그 자체를 대체로 인정하는 경향을 보였다는 점에서, 청교도 신앙의 고유한 특성과는 아주 거리가 멀었고, 근대 자본주의의 윤리의 발전에 결정적으로 중요한 특징들과 관련해서도, 청교도들의 경제 윤리는 중세 및 근대 유대교의 경제 윤리와 거리가 멀었다는 것도 우리가 간과해서는 안 되기 때문이다. 유대교는 정치적이거나 투기적인 동기를 기반으로 한 "모험가적인" 자본주의에 속했기 때문에, 유대교의 경제 윤리는 한 마디로 "천민자본주의"의 경제 윤리였던 반면에, 청교도의 경제 윤리는 시민 계층의 합리적 기업과 노동의 합리적 조직을 기반으로 한 경제 윤리였다. 따라서 청교도들은 유대교의 윤리 중에서 자신들의 그러한 틀에 적합한 것들만을 받아들였다.

---

55. 현재의 논의와 관련해서는 이것을 더 자세하게 살펴 볼 수 없다. 우리가 여기에서 관심을 갖는 것은 단지 청교도의 "합법성"이 지닌 형식주의적인 성격뿐이다. 구약성경의 윤리가 자연법(lex naturae)과 관련해서 지니는 의미는 트뢸

치의 『기독교 교회와 집단의 사회 교리』에 자세하게 나와 있다.

56. 백스터(Baxter)는 성경의 윤리적 규범들은 (1) 자연법을 "그대로 옮겨 놓은 것"이거나 (2) 그 자체로 "보편성과 영속성의 분명한 성격"을 지닌 경우에만 신자들에게 의무로서 구속력을 지닌다고 말한다(『기독교 지도서』 제3권 173-174쪽).

57. 다우든(Dowden)이 존 버니언과 관련해서 그렇게 표현한 것이 한 예다(앞의 책 39쪽).

　구약성경의 규범이 인간의 삶을 철저하게 지배했을 때에 어떤 특성을 지닌 삶이 만들어졌는가 하는 것을 해명하는 일은 대단히 흥미로운 일이기는 하지만, 지금까지 심지어 유대교와 관련해서도 행해진 적이 없고,[58] 우리의 이 간단한 글 속에서는 더더욱 불가능할 것이다. 하지만 청교도들의 내면의 "전체적인 습성"(Gesamthabitus)을 제대로 알기 위해서는, 우리가 앞에서 언급한 일련의 특성들 외에도, 자신들은 하느님의 선민이라는 유대인들의 신앙, 즉 선민사상이 청교도들 가운데서 장엄한 르네상스를 맞이했다는 사실을 우리는 고려하지 않으면 안 된다.[59] 심지어 온건한 성품을 지닌 백스터조차도 하느님이 자기를 다른 곳이 아니라 영국에서 태어나게 했을 뿐만 아니라 참된 교회 안에서 태어나도록 섭리한 것을 감사하다고 말했을 정도로, 자신들이 하느님의 특별한 은혜를 입어서 참된 신앙을 가지고서 흠 없는 삶을 살아가는 복된 인간이 된 것에 대하여 감사하는 것이 시민 계층의 청교도들에게 퍼져 있던 전반적인 분위기였다.[60] 그러한 선민사상을 토대로, 자본주의의 영웅적인 시대를 대표했던 이 집단에게 특유한 형식주의적이고 정확하며 대쪽 같이 엄격한 특성이 발전해 나갔다.

---

58. 이것은 "세계 종교의 경제 윤리"에 관한 나의 일련의 논문들에서 상세하

게 다루어진다. 구약성경의 규범들, 특히 십계명의 제2계명("너를 위하여 새긴 우상을 만들지 말고")이 이를테면 유대교가 감각을 지향하는 모든 문화를 멀리함으로써 합리적인 특성을 지니는 쪽으로 발전해 나간 것에 아주 큰 영향을 미쳤다는 것은 여기에서 자세하게 다룰 수 없기는 하지만, 그런 사실을 보여주는 한 가지 일화를 소개하는 것은 괜찮아 보인다. 풍부한 자금력을 바탕으로 해서 미국에서 유대인 이민자들을 미국화 시키는 데 놀라운 성공을 거두고 있는 조직인 "교육 동맹"(Educational Alliance)을 이끄는 지도자들 중 한 사람이 자신의 조직의 목적은 온갖 형태의 예술 및 사회 교육을 통해서 사람들을 "문화적인 인간"으로 변화시키는 것인데, 그 중에서 최고의 목표는 "제2계명으로부터의 해방"이라고 내게 말한 적이 있다. 이스라엘 사람들이 하느님을 인간의 형태로 표현하는 모든 것을 금기시하는 것은 청교도들이 피조물을 신격화하는 모든 것을 엄격하게 금지하는 것과 비슷하다. 이 둘은 내용에서는 서로 다르지만, 효과와 영향에서는 거의 동일하다.

청교도 윤리의 주된 특징들은 분명히 탈무드적인 유대교와 비슷하다. 예를 들면, 탈무드는 율법에서 의무로 정하지 않은 선행을 하는 것보다는 율법에서 의무로 정한 선행을 의무이기 때문에 행하는 것이 더 좋고 하느님에게서 더 많은 상을 받게 된다고 단호하게 강조함으로써(아우구스트 뷘셰[August Wünsche]의 『바빌로니아 탈무드』 제2권 34쪽), 감정을 배제한 채 냉정하게 의무를 이행하는 것을 인류애라는 감정을 기반으로 해서 선행을 하는 것보다 윤리적으로 더 높이 평가한다. 청교도 윤리에서는 탈무드적인 유대교의 그러한 평가를 기본적으로 기꺼이 받아들일 수 있고, 스코틀랜드 혈통으로서 성장과정에서 경건주의적인 영향을 강하게 받았던 칸트(Kant)의 입장도 결국에는 그런 입장과 유사하다. 그래서 우리가 여기에서는 자세하게 살펴볼 수는 없지만, 그가 제시한 수많은 명제들은 금욕주의적인 개신교의 여러 사상들과 직접적으로 접목되어 있다.

하지만 탈무드의 윤리는 한때 근동의 전통주의에 깊이 물들어 있었다. 예를 들어, 랍비 탄훔 벤 샤닐라이(Tanchum ben Chanilai)는 일용 노동자들에게 주는 품삯과 관련해서 "결코 관례를 바꾸지 말라"(Mischna Gemara)고 말했다(앞의 책

7.1.86b.93). 하지만 이 권고는 이방인들과의 관계에는 해당되지 않았다. 게다가, "율법적 합법성"을 구원의 "확증"의 수단으로 여겼던 청교도가 율법을 지키는 것을 단지 하느님의 계명을 행해야 할 의무로 여겼던 유대교보다 그 신자들의 행위에 대해 훨씬 더 강력한 동력을 부여했을 것임은 의심의 여지가 없다.

물론, 어떤 사람의 성공이 하느님으로부터 복을 받고 있음을 확증해 주는 것이라는 사상이 유대교에서 전적으로 낯선 것은 아니었다. 하지만 유대교의 이원적인 윤리(즉, 유대인들이 자신의 동족인 유대인을 대할 때와 이방인을 대할 때에 서로 다른 윤리의 적용을 받은 것)로 인해서 그 동일한 사상은 청교도에서와는 근본적으로 완전히 다른 종교적이고 윤리적인 의미를 지니게 되었기 때문에, 이 결정적으로 중요한 점에서 청교도에서와 비슷하거나 동일한 실천적인 결과를 낳을 수 있는 가능성은 완전히 차단되고 말았다. 이런 이유 하나만으로도, "명령된 것"이 아니라 단지 "허용된 것"에 지나지 않는 것에서의 성공은 청교도에서와는 달리 개개인이 구원받았다는 사실을 신앙적으로 확증해 주는 표지일 수 없었고, 따라서 개별 신자들에게 자신의 생활양식을 그 목표를 중심으로 합리적으로 체계적으로 조직하게 하는 동력이 될 수도 없었다.

좀바르트(Sombart)가 자신의 저작인 『유대인과 경제생활』(*Die Juden und das Wirtschaftsleben*)에서 많은 점에서 틀리게 말한 이 문제에 대한 전반적인 논의는 "세계 종교의 경제 윤리"에 관한 나의 일련의 논문을 보면 될 것이기 때문에, 여기에서는 자세한 것은 말하지 않고자 한다. 처음에는 생소하게 들리겠지만, 유대교의 윤리는 아주 강하게 전통주의에 머물러 있었다. 새로운 발전의 가능성의 씨앗을 늘 내포하고 있는 기독교의 "은혜" 사상과 "구원" 사상은 세계에 대한 개별 신자들의 내적 태도를 완전히 바꾸어 놓았지만, 이 문제도 여기에서는 더 이상 다루지 않을 것이다. 구약적인 "율법적 합법성"에 대해서는 리츨(Albrecht Ritsch)의 『기독교의 칭의론과 화해론』(*Die christliche Lehre von der Rechtfertigung und Versöhnung*) 제2권 265쪽을 보라.

당시에 영국의 청교도들의 눈에는 유대인은 전시 물자와 국가가 필요로 하는 물자의 공급, 국가의 독점 사업들, 투기적인 기업, 군주들에 의한 건축과 금융 투기를 지향하는 자본주의의 대표자들로 보였다. 청교도들은 그러한 자본주의를 혐오하였다. 따라서 우리는 몇몇 세부적인 측면에서는 단서들을 달아야 하겠지만, 그런 점들을 감안해서 전체적으로 보면, 유대교적인 자본주의는 투기적 천민 자본주의였던 반면에, 청교도적인 자본주의는 시민 계층에 의한 노동의 조직화를 기반으로 한 자본주의였다고 말할 수 있을 것이다.

59. 백스터(Baxter)는 성경의 진리는 결국 "신앙이 있는 자들과 신앙이 없는 자들 간의 경이로운 차이," "거듭나서 새롭게 된 자들"과 그렇지 않은 자들 간의 절대적인 차이, 하느님의 백성의 영혼을 구원하기 위한 하느님의 분명하고도 전적으로 특별한 보살핌(당연히 이것은 "시험하는 것"으로도 표현될 수 있다)으로부터 오는 것이라고 보았다(『기독교 지도서』제1권 165쪽).

60. 존 버니언은 종종 루터의 『기독교인의 자유』(*Freiheit eines Christenmenschen*)에 설명된 것과 비슷한 정서를 보이기도 하지만(예컨대, "율법과 기독교인"[Of the Law and a Christian]; 『청교도 신학자 저작집』254쪽), 바리새인과 세리의 비유를 해석할 때에는 그 비유를 구체적으로 자기 자신에게 적용해서 내적인 괴로움을 토로하는데, 거기에서 우리는 본문에서 말한 청교도들의 특징적인 정서를 잘 볼 수 있다(그의 설교인 "바리새인과 세리"; 앞의 책 100-101쪽). 하느님은 왜 이 바리새인을 단죄했는가? 그 이유는 이 바리새인은 하느님의 계명들을 진심으로 지킨 것이 아니라, 분명한 분파주의자로서 종교 의식들과 별로 중요하지도 않은 외적인 것들에만 관심을 가졌기 때문이었다(107쪽). 하지만 하느님이 그를 단죄한 가장 중요한 이유는 그가 실제로는 모든 "공로"를 자기 자신에게 돌리면서도, 겉으로는 "퀘이커교도들처럼" 자신의 공로와 관련해서 하느님에게 감사하는 체함으로써 하느님의 이름을 망녕되게 일컬었을 뿐만 아니라(126쪽), 자신의 공로를 의지함으로써 하느님의 예정을 암묵적으로 거부하는 죄악된 태도를 보였기 때문이었다(139-140쪽). 따라서 이 바리새인의 기도는 피조물인 인간을 신격화한 것이었고, 이것이 그의 죄였다. 반면에, 세리는 그의 진실한 신앙 고백이 보여주듯이 내적으로 거듭난 자였다. 왜냐하면, "자신의 죄에 대한 올바르고 진실한 확신에는 하느님이 자기를 긍휼히 여겨 주실 것이라는 확신이 존

재할 수밖에 없기" 때문이다(209쪽) — 이것은 루터교에서 말하는 죄의식을 청교도에 특유한 방식으로 약화시켜서 표현한 것이었다.

————————

이제 우리는 청교도적인 직업 개념과 청교도들이 자신들의 삶을 금욕주의적으로 조직하여 발전시켜 나간 것이 어떤 점들에서 근대 자본주의적인 생활양식의 발전에 직접적인 영향을 미칠 수밖에 없었는지를 밝힐 수 있는 단계에 이르렀다. 앞에서 이미 살펴본 대로, 금욕주의는 특히 한 가지에 맞서 싸우는 데 온 힘을 집중했는데, 그것은 현세의 삶 및 그 삶이 주는 온갖 즐거움들을 "절제 없이" 향유하는 것과 싸우는 것이었다.

청교도적인 금욕주의의 이러한 측면이 가장 특징적으로 표출되어 나타난 사건은 제임스1세가 『스포츠의 서』(Book of Sports)를 공표하고 이어서 찰스 1세가 그 선언을 법령으로 승격시켜 모든 교회의 강단에서 낭독하도록 명령한 것과 관련된 투쟁이었다.[61] 청교도들이 일요일에도 예배 시간 외에는 사람들이 스포츠를 즐기는 것을 허용한 이 법령에 반대하여 광적일 정도로 격렬한 투쟁을 벌인 주된 원인은 그 법령이 단지 주일에 고요하게 안식을 누리는 것을 방해했기 때문만이 아니었고, 청교도들이 질서 있게 조직된 삶을 영위하는 것을 철저하게 무너뜨리고자 하는 의도가 그 법령 속에 들어 있었고 실제로 그런 효과를 초래하는 것이었기 때문이었다. 영국의 이 왕들이 일요일에 예배 시간을 제외하고는 스포츠를 허용한 이 법령에 대항하는 자들에 대해서는 중벌을 내리겠다고 특별히 경고할 정도로 이 법령을 강력하게 시행하고자 한 의도는, 권위를 부정하고 금욕주의적인 성향을 지니고 있어서 국가에 위협이 된다고 판단된 청교도 신앙을 무너뜨리기 위한 것이었다.

이렇게 군주적이고 봉건적인 사회는 권위를 부정하고 금욕주의적인 시민 계층으로 이루어진 작은 집단들이 새로운 세력을 형성해서 부상하는 것을 차단하고, "세속적인 쾌락들을 추구하는 자들"을 보호하고자 했는데, 이것은 오늘날 자본주의 사회가 계급의식에 토대를 둔 노동자들의 윤리 및 권위에 적대적인 성향을 지닌 노동조합들을 견제하고, 단순히 그저 "노동하고자 하는 자들"을 보호하고자 하는 것과 같았다.

반면에, 청교도들은 그런 군주적이고 봉건적인 사회에 대항해서, 그들의 가장 핵심적인 특징, 즉 금욕주의를 중심으로 조직된 자신들의 생활양식을 고수하고자 한 것일 뿐이었고, 결코 스포츠를 반대하고자 한 것이 아니었다. 왜냐하면, 실제로 청교도들에게 있어서는 심지어 퀘이커교도들의 경우조차도 스포츠에 대한 혐오가 그들의 신앙에 근본적으로 깔려 있던 것이 결코 아니었기 때문이다. 스포츠를 바라본 청교도들의 시각은 오직 한 가지 합리적인 목적, 즉 육체적으로 더 많은 것들을 이루어내기 위해서 꼭 필요한 재충전을 위한 것이어야 한다는 것이었다. 따라서 스포츠가 전적으로 사람들의 충동들을 무절제하게 발산하는 수단이 되거나, 단순히 육체적인 쾌락을 즐기거나 경쟁심과 공명심을 조장하거나 원초적인 본능들을 만족시키거나 비합리적인 도박 심리를 충족시키는 수단이 되는 경우에는, 당연히 문제가 있는 것으로 규정하고서 철저하게 배격하였다. 직업적인 노동과 신앙으로부터 벗어나서 충동적인 삶을 즐기며 살아가는 것이라면, 그것이 봉건귀족이 하는 스포츠라는 형태로 나타나든, 아니면 평민들이 무도장이나 선술집에 출입하는 것으로 나타나든, 그런 것들은 똑같이 합리적 금욕주의에 정면으로 도전하는 원수로 여겨졌다.[62]

———————

61. 이것은 가디너(S. R. Gardiner)의 『헌정문서』(*Constitutional Documents*)에 실려 있다. 이러한 반권위주의적인 금욕주의에 맞선 싸움은 포르 루아얄 수녀원과 얀센주의자들에 대한 루이 14세의 박해와 유사한 면이 많다.

62. 이 점에 있어서 칼뱅은 적어도 좀 더 세련되게 귀족적으로 삶을 즐기는 것과 관련해서는 훨씬 더 온건한 입장을 보였다. 유일한 제한은 성경이었다. 성경에 어긋나지 않고 선한 양심을 지키기만 한다면, 사람의 마음속에서 일어나는 삶을 즐기고자 하는 온갖 욕구는 의심스러워하거나 걱정할 필요가 없었다.

심지어 이 주제에 대해 자세하게 말하고 있는 칼뱅의 『기독교 강요』 제3권 10장만을 따로 떼어서 보는 경우에는, 아주 방종한 삶을 부추길 수 있는 소지가 충분했는데, 예를 들면 "우리에게 꼭 필요한 것이 아니고 단지 우리의 즐거움에 봉사할 뿐임이 분명한 그런 것들로부터 우리가 도망치는 것은 불가능하다"는 말이 그런 것들이다. 칼뱅과 청교도 신앙 간에 이러한 괴리가 생겨나게 된 중요한 원인은, 한편으로는 청교도들에게는 "구원의 확실성"에 대한 불안이 더 커졌기 때문이었고, 다른 한편으로는 소시민 계층이 "전투적 교회"(ecclesia militans)에서 칼뱅주의의 윤리를 발전시키는 주역으로 등장했기 때문이었다.

―――――――

마찬가지로, 청교도들은 문화 중에서 종교와 직접적인 관련성이 없는 이런저런 측면들에 대해서도 의심의 눈길로 바라보았고 심지어 적대적인 태도를 취하기도 했다. 하지만 이것은 청교도적인 이상들 속에 근본적으로 문화를 부정적으로 바라보는 음침하고 편협한 시각이 포함되어 있었다고 말하는 것은 아니다. 적어도 그들이 경멸했던 스콜라 신학이나 철학을 제외한 "과학들"[b]에 대해서는 그들의 태도는 정확히 그 반대였다. 청교도 신앙을 대표하는 위대한 인물들은 르네상스 문화에 심취했고, 장로교 진영에 속한 청교도들의 설교들에는 그리스와 로마의 고전 문학이 깊이 배어 있었으며,[63] 심지어 설교에 고전 문학을 인용하는 것에 분노했던 과격파들도 신학적인 논쟁에 있어서는 고전 문학을 인용하며 자신들의 인문학적인 풍부한 지식을 과시하는 일이 비일비재하였다. 한 예로, 아메리카 식민지 건설의 제1세대가 모여 살았던 뉴잉글랜드만큼 "대학 졸업자들"로 북적거린 지역은 아마도 없었을 것이다. 버틀러(Butler)의 장편시인 『휴디브라스』(Hudibras) 같은 글들에서 청교도의 반대자들이 풍자를 통해 공격한 것도 청교도들의 공허한 현학성과 과시적인 변증술이었다.

청교도들의 이러한 현학성과 변증술은 부분적으로는 그들이 가톨릭에서 주장하는 "맹목적 신앙"(fides implicita)을 배격하고 신앙에 있어서 "지식"을 중시하게 된 것과 결부되어 있었지만, 지식에 대한 그러한 태도가 학문이 아닌 문학 영역,[64] 특히 감각을 기반으로 한 예술 영역과 접목되면서, 상황은 상당히 달라졌다. 청교도적인 금욕주의는 옛 영국인들의 즐거운 삶 전체 위에 내린 된서리와 같았다. 그 서리는 단지 세속적인 축제들에만 내린 것이 아니었다. 청교도들은 "미신"의 냄새를 풍기는 모든 것들, 즉 주술이나 성례전 같은 종교의식들을 통해 사람들에게 은혜를 수여하는 것과 관련된 온갖 잔재들을 증오해서, 그들의 박해의 손길은 민간의 오월제 축제[65]만이 아니라 성탄절 축제와 교회에 의한 예술의 무분별한 활용 같은 것들에도 미쳤다.

---

b. 베버는 여기에서 당시 독일학계의 관행을 따라 자연과학만이 아니라 문학, 역사, 언어학 등도 "과학"에 포함시킨다.

63. 토머스 애덤스(Thomas Adams)는 "거룩한 세 자매"("그 중의 제일은 사랑이니라")에 관한 자신의 설교를, 트로이의 왕자였던 파리스(Paris)조차도 아프로디테에게 황금 사과를 바쳤다는 말로 시작할 정도였다(『청교도 신학자 저작집』 3쪽).

64. 소설 같은 것들을 읽는 것은 "시간 낭비"로 여겨졌다(백스터의 『기독교 지도서』 제1권 51쪽). 영국에서는 엘리자베스 시대 이후로 희곡만이 아니라 서정시와 민요도 쇠퇴했다는 것은 잘 알려져 있는 사실이다. 조형예술 분야에서는 청교도 신앙에 의해 억제되어야 할 것으로 여겨진 것들이 별로 없었다. 하지만 주목할 만한 것은 우리가 오늘날 앵글로색슨 민족에게서 목격하는 바와 같이 매우 뛰어났던 것으로 보이는 영국인들의 음악적인 재능이 억압되어서 결국에는 완전히 소멸되어 버리는 지경에까지 이르렀다는 것이다. 영국인들이 당시까지 음악사에서 해온 역할을 결코 적지 않았다. 미국도 사정은 마찬가지여서, 교회들이 "사람들을 끌어들이기 위한 미끼"로 고용하는 직업적인 성악가들 — 예컨대, 보스턴 소재의 트리니티 교회는 1904년에 이들을 위해 한 해 동안 8천 달러를 사용했다 — 과 흑인 교회를 제외하고는, 독일인들의 귀에는 도저히 참을

수 없는 소음으로 들리는 "회중 찬송"만이 교회들에서 들려 올 뿐이다. 네덜란드에서 진행된 과정도 부분적으로는 이것과 비슷했다.

65. 종교회의들의 의사록이 보여주듯이, 네덜란드에서도 이것과 똑같은 일이 일어났다. 『라이츠마 총서』 제6권 78, 139쪽에 수록된 오월주(五月柱)에 대한 결의서를 보라.

——————

네덜란드에서는 걸작이든 졸작이든 사실주의 예술이 발전할 수 있는 분위기가 되살아났지만,[66] 그것은 칼뱅주의적인 신정정치가 일시적인 것으로 끝나고 난 후에, 국가 교회가 온건한 방향으로 진행되고, 칼뱅주의적인 금욕주의의 영향력이 급속히 줄어들면서, 그러한 금욕주의에 의거해서 권위주의적으로 집행된 풍속에 대한 규율이 힘을 발휘하지 못하고, 도리어 거기에 반감을 가지고서 삶의 향락을 즐기고자 했던 궁정 사회와 지대 수익으로 살아갔던 지배층, 그리고 부유해진 소시민들이 득세함으로써, 칼뱅주의적인 금욕주의가 네덜란드 사회에서 더 이상 독점적인 영향력을 발휘할 수 없었던 현실을 증명해 주는 것일 뿐이었다.[67]

——————

66. 한편으로는 "구약성경의 르네상스"가 일어난 것, 다른 한편으로는 경건주의가 예술에 있어서 궁극적으로는 제2이사야와 시편 22편을 기반으로 해서 "아름다움"에 적대적인 기독교 특유의 감성을 지향한 것은 "추함"이 예술의 대상이 되는 데 기여했을 것임에 틀림없고, 청교도 신앙이 피조물을 신격화하는 것을 배척한 것도 한 몫을 했을 것임에 틀림없다. 하지만 구체적이고 세부적인 과정이 어떤 식으로 진행되었는지는 확실하지 않다. 가톨릭교회에서는 그런 것과는 전혀 다른 동기, 즉 선동적인 동기로 예술을 접근했고, 그 결과는 겉으로는 비슷해 보이지만 예술적으로는 완전히 다른 쪽으로 귀결되었다. 마우리츠휘스(Mauritshuis) 미술관에 소장되어 있는 렘브란트(Rembrandt)의 작품인

"사울과 다윗" 앞에 서는 사람들은 청교도 감성의 진수를 직접 맛보게 된다. 청교도 신앙이 네덜란드의 문화에 어떤 영향을 미쳤는지를 훌륭하게 분석한 카를 노이만(Carl Neumann)의 『렘브란트』(Rembrandt)는 금욕주의적인 개신교가 예술 분야에서 어느 정도나 창의적이고 긍정적인 영향을 미쳤는지를 오늘날에 와서 가늠해 볼 수 있게 해 준다.

67. 네덜란드에서는 칼뱅주의적인 윤리가 사람들의 실제적인 삶에 스며든 정도가 상대적으로 약했고, 게다가 17세기 초부터 이미 금욕주의적인 정신이 약화되기 시작해서, 프리드리히 하인리히(Friedrich Heinrich) 총독 치하에서는 더욱 약화되어서, 1608년에 네덜란드로 피신한 영국의 회중교회는 네덜란드인들이 "주일"을 제대로 지키지 않는 것을 보고서 상당히 불쾌해했을 정도였다고 한다.

네덜란드의 이러한 상황은 아주 다양하고 복잡한 원인들로 인해 생겨난 것인데, 여기에서 그 원인들을 다 살펴보는 것은 불가능하지만, 지방분권적이고 봉건주의적인 도시들과 주들의 연맹체라는 정치 구조도 한 원인이었고, 독립전쟁조차도 암스테르담의 돈으로 용병을 사서 수행할 정도로 군사 제도가 제대로 갖춰지지 않은 것도 한 원인이었다(영국의 설교자들은 하느님이 바벨탑 사건을 계기로 세상의 언어들을 혼잡하게 한 일을 설교할 때에 그 예로 네덜란드 군대를 예화로 들 정도였다). 이렇게 해서 신앙을 위해 싸우고자 하는 네덜란드인들의 열정의 상당 부분은 다른 것들로 옮겨가 버렸고, 그 결과 정치권력에 참여할 기회도 사라져 버렸다.

반면에, 크롬웰의 군대는 일부는 징집된 군인들이기는 했지만 "시민들의 군대"라는 자부심을 갖고 있었던 것은 물론이고, 거기에서 한 걸음 더 나아가서 사람은 군주의 변덕을 만족시키기 위해서가 아니라 오직 양심을 따라 하느님을 위해 싸우는 것이 마땅하다는 신념 하에서 병역의무를 폐지하는 것을 강령으로 삼고 있었다. 따라서 독일인들의 전통적인 견해로 보자면 "비도덕적인" 영국의 군대는 역사적으로 볼 때 초기에는 대단히 "도덕적인" 동기로 출발했고, 단 한 번도 패하지 않았던 이 군대는 바로 그러한 동기를 관철하기 위한 전쟁을 수행한 것이었다. 이런 군대가 왕권의 이해관계를 위해 사용된 것은 왕정복고 이후의 일이었다.

프란스 할스(Frans Hals)가 그린 그림들이 보여주듯이, 독립전쟁 때에 칼뱅주의를 기치로 내걸었던 네덜란드의 시민군은 도르트레히트 종교회의가 있은 지 불과 십여 년밖에 지나지 않았는데도 "금욕주의적인" 모습을 거의 보이지 않았고, 그런 이유로 종교회의들에서는 시민군의 행실에 대해서 반복적으로 항의하는 결의들을 하였다. 네덜란드어에서 "당당함"이라는 개념은 시민 계층의 "정직함"과 귀족적인 "신분 의식"이 결합된 것이다. 네덜란드 교회에서는 사회적인 신분에 따라 자리를 배치하는데, 이것은 네덜란드 교회가 오늘날에도 여전히 귀족주의적인 성격을 지니고 있다는 것을 보여준다.

네덜란드에서 산업의 발전을 가로막은 것은 도시 경제의 지속이었고, 산업 활동은 거의 정치적으로 망명한 새로운 이민자들에 의해서만 이루어져서 산발적으로 발전될 수밖에 없었다. 그런데도 칼뱅주의와 경건주의의 세속적 금욕주의는 다른 곳들에서와 전적으로 동일한 방향으로 효력을 발휘했는데, 한 예로 "절약을 해야 한다는 금욕주의적인 압박감"의 존재가 그것을 잘 보여준다(이것에 대해서는 곧 다룰 것이고, 이것은 주 86에 인용된 흐룬 판 프린스터러[G. Groen van Prinsterer]의 말에도 나타나 있다).

칼뱅주의가 지배한 네덜란드에서 순수문학이 거의 존재하지 않았다는 것은 당연히 우연한 일이 아니었다. 네덜란드에 대해서는 콘라트 부스컨-휘트(C. Busken-Huët)의 『렘브란트의 나라』(Het Land van Rembrandt)를 보라. 이 책은 독일어 번역본으로는 로프(Ropp)에 의해 『렘브란트의 고향』(Rembrandts Heimat)이라는 제목으로 출간되었다. 알베르투스 할러(Albertus Haller)의 글이 보여주듯이, "절약해야 한다는 금욕주의적인 압박감"을 특징으로 한 네덜란드인들의 신앙은 18세기에 이르러서도 뚜렷이 나타난다. 예술에 대한 네덜란드인들의 평가 및 예술 작품들을 만들어 내는 그들의 동기와 관련한 특징들에 대해서는 『옛 네덜란드』(Oud Holland)에 나오는 콘스탄티너 호이겐스(Constantine Huyghens)의 자전적인 글을 보라. 우리가 앞에서 인용한 흐룬 판 프린스터러(Groen van Prinsterer)가 쓴 『네덜란드와 칼뱅의 영향』(La Hollande et l'influence de

Calvin)이라는 책에는 우리의 논의와 관련해서는 중요한 내용이 나오지 않는다.

미국에 있던 네덜란드의 식민지에서는 "후원자들"이라 불린 자본을 빌려 주는 상인들에 의해 준봉건주의적인 지배가 이루어지고 있었기 때문에, 뉴잉글랜드의 경우와는 대조적으로 "하층민들"의 이주가 촉진되기 어려운 상황이었다.

———————

청교도들에게 극장은 배격 대상이었고,[68] 선정적인 것과 나체를 드러내는 것이 엄격하게 금지되었기 때문에, 문학과 미술은 물론이고 문화의 모든 영역에서 급진적인 사상이 존재하는 것은 불가능했다. 청교도들이, 합리성과 목적성이 결여되어서 금욕적이지 않기 때문에 하느님의 영광이 아니라 인간의 영광에 봉사하는 행위일 수밖에 없는 것들을 지칭하는 데 사용한 "잡담," "불필요한 것들,"[69] "허례허식" 같은 단어들이 아주 빈번하게 등장했고, 그들은 그런 표현들을 써서, 예술이 독자적인 방향을 추구하는 것을 차단하고, 감성에 흔들리지 않는 냉철하고 합리적인 목적을 추구하는 예술이 되도록 규제했는데, "복장" 분야처럼[70] 개개인들이 자신의 성향을 일상적이고 공공연하게 드러내는 데 사용할 수 있는 분야들에서 그러한 규제는 특히 엄격하게 적용되었다. 오늘날 생산의 "표준화"에 대한 자본주의의 관심[71]에 의해 촉진되어서 사람들의 생활양식을 획일화하고자 하는 저 강력한 경향성의 이념적인 토대이자 근거로 작용한 것은 피조물을 신격화해서는 안 된다는 것, 즉 피조물이나 인간에게 영광을 돌려서는 안 되고 오직 하느님에게만 영광을 돌려야 한다는 청교도들의 신앙 사상이었다.[72]

———————

68. 이것과 관련해서 우리가 기억해야 할 것은 청교도적이었던 당국이 셰익스피어가 아직 살아있었을 뿐만 아니라 노년에는 자신의 고향인 스트랫퍼드 온 에이번(Stratford-on-Avon)에 머물러 있었는데도 그 곳에 있던 극장을 폐쇄해 버렸다는 것이다(셰익스피어는 모든 기회를 이용해서 청교도들에 대한 적개심과 경멸

을 표명했다). 심지어 1777년에 이르러서도 버밍엄 시에서는 극장이 사람들의 "태만"을 부추겨서 상업 활동에 악영향을 미친다는 이유로 한 극장의 설립허가를 내주지 않았다. 애쉴리(W. J. Ashley)의 『버밍엄의 산업과 상업』(*Birmingham Industry and Commerce*) 7-8쪽을 보라.

69. 이것과 관련해서도 청교도들에게는 오직 "하느님의 뜻이냐 피조물인 인간의 헛된 욕망이냐" 하는 이분법만이 중요했다. 따라서 그들에게는 도덕적으로 "아무 상관이 없는 것"은 존재할 수 없었다. 앞에서 말했듯이, 이 점에서 칼뱅은 청교도들의 이런 입장과는 다른 입장을 취해서, 사람의 영혼이 욕망의 노예가 되지만 않는다면, 사람이 무엇을 먹고 마시거나 입거나 하는 것은 "아무 상관이 없는" 것이라고 생각했다. 예수회 수도사들은 세속의 노예가 되지 않는 것을 "세속으로부터의 해방"으로 해석했던 반면에, 칼뱅은 세속적인 삶이 주는 것들을 탐욕에 휘둘리지 않고 자유롭게 사용하는 것으로 해석했는데(『기독교 강요』 초판 409쪽 이하), 칼뱅의 이러한 입장은 그의 후계자들이 정립했던 좀 더 엄격한 칼뱅주의가 아니라 루터교에 더 가까운 것이었다.

70. 이것과 관련해서 퀘이커교도들이 보인 태도는 잘 알려져 있다. 일찍이 17세기 초에 암스테르담에 있던 망명자들의 교회에서 한 성직자의 부인이 당시에 유행하던 모자와 의상을 입은 것에 대해 신자들이 항의하는 사건이 벌어진 것을 계기로 해서 이 문제를 둘러싸고 십 년 동안이나 소동이 계속되었다. 이 사건에 대한 생생한 묘사는 덱스터(Dexter)의 『문헌을 통해 본 지난 300년 간의 회중교회 운동』(*Congregationalism of the last 300 years*)에서 찾아볼 수 있다. 샌포드(Sanford)는 오늘날에 사용되고 있는 남자용 "가발"이 과거에 사람들이 "둥근 머리"라고 조롱했던 "의회파"의 가발이고, 오늘날 남자들이 입는 옷들도 기본적으로 과거에 청교도들이 입던 남성복과 다를 바 없다고 말했다.

71. 이것에 대해서는 앞에서 인용한 베블런(Veblen)의 저작인 『영리기업론』(*Theory of Business Enterprise*)을 보라.

72. 우리는 끊임없이 이러한 관점으로 돌아올 것이다. 그런 관점에서 보았을 때, 다음과 같은 말이 설명된다. "네 자신이나 자녀들이나 친구들에게 단 한

푼을 지출하는 경우에도 하느님의 명령에 의해서 하느님을 섬기고 기쁘시게 하기 위해 그렇게 해야 한다. 정말 정신을 바짝 차려라. 그렇지 않으면, 도둑 같은 육신적인 자아가 모든 것을 가져가 버려서, 네게는 하느님께 드릴 것이 하나도 남아 있지 않게 될 것이다"(Baxter, 앞의 책 제1권 108쪽). 여기에서 중요한 것은 사람이 개인적인 목적을 위해 사용하는 돈은 하느님의 영광을 위해 사용하는 것이 아니라는 것이다.

———

이러한 것들을 고찰할 때, 당연히 우리는 청교도들의 신앙도 서로 모순된 것들을 담고 있었다는 사실을 잊어서는 안 된다. 예를 들면, 청교도의 지도자들이 본능적으로 지니고 있었던 예술의 영원한 위대성을 알아보는 식견은 봉건귀족들인 "왕당파"보다 더 뛰어났고,[73] 렘브란트(Rembrandt) 같은 독보적이고 천재적인 화가도 그의 "행실"은 청교도에서 섬기는 하느님의 눈에는 은혜 받기 힘든 사람이었을 것이지만, 그의 예술 창작의 지향성은 기본적으로 그가 속한 종파의 분위기에 의해 영향을 받았다는 것이 그런 것들이다.[74] 하지만 청교도적인 환경의 지속적인 발전으로 인해 길러진 것임과 동시에 그러한 환경을 발전시키는 데 기여하기도 했던 것인 사람들의 삶과 인격의 강력한 "내향화"는 대체로 문학 분야에서 영향을 미쳤을 뿐만 아니라, 이후 세대들에 가서야 비로소 그 영향력을 실감할 수 있었다는 점에서, 문화에 대한 금욕주의적인 청교도 사상의 영향은 문화의 전체적인 환경을 바꾸어 놓지는 못하였다.

———

73. 크롬웰이 찰스 2세가 라파엘로(Raphael)의 그림들과 만테냐(Mantegna)가 그린 『카이사르의 개선』이라는 그림을 팔아 버리고자 한 것을 저지함으로써 이 작품들이 멸실되는 것을 막은 일을 사람들이 떠올리는 것은 옳다(다우든의 앞의 책에도 이 일이 언급된다). 왕정복고 시대의 영국 사회가 여전히 국민 문학에 대

해 철저하게 냉담하거나 노골적으로 반대했다는 것은 잘 알려져 있다. 귀족 사회에서는 "베르사유"의 영향력이 어느 곳에서나 지배하고 있었다.

청교도 신앙은 신자들이 일상생활을 아무 생각 없이 즐기는 것을 철저하게 배제시켰는데, 청교도 신앙의 이러한 태도가 최고의 청교도 정신과 이 정신으로 교육 받은 신자들에게 미친 영향은 우리의 논의에서 자세하게 다룰 수 없는 문제이다. 워싱턴 어빙(Washington Irving)은 영어에 친숙한 표현을 사용해서 그러한 영향을 이렇게 설명한다. "그것[우리는 청교도 사상에 대해 말하는데, 여기에서 그는 정치적 자유에 대해 말한다]은 공상의 유희가 아니라 상상의 힘을 증명해 준다." 스코틀랜드인들이 영국에서 과학과 문학, 기술의 진보와 사업 활동에서 주도적인 역할을 하고 있다는 사실은 이 말이 지나치게 좁게 표현하고 있기는 하지만 어쨌든 옳은 말이라는 것을 보여준다.

청교도 신앙이 기술과 경험 과학의 발전에서 어떤 의미를 지녔는지에 대해서는 여기에서 다루지 않을 것이지만, 이 둘의 관계는 사람들의 일상적인 삶 속에서조차도 곳곳에서 드러난다. 예를 들어, 바클레이(Barclay)는 퀘이커교도들에게 허용된 "오락들"은 친구를 방문하는 것, 역사서들을 읽는 것, 수학이나 물리학과 관련된 실험을 하는 것, 정원을 가꾸는 것, 사업을 비롯해서 세상사에 대해 얘기하는 것 등이었다고 말한다. 그 이유에 대해서는 앞에서 이미 말했다.

74. 이것은 카를 노이만(Carl Neumann)이 자신의 저작인 『렘브란트』(Rembrandt)에서 이미 훌륭하게 분석해 놓았기 때문에, 우리가 앞에서 논의한 것과 그의 분석을 비교해 보는 것도 좋을 것이다.

―――――

우리는 여기에서 문화와 관련된 청교도 신앙의 영향을 더 자세하게 살펴볼 수는 없지만, 한 가지 분명하게 말해 두어야 할 것이 있는데, 그것은 전적으로 심미적인 쾌락들에 기여하는 문화적 재화들과 육체적인 욕구들을 충족시켜 주는 스포츠들을 즐기는 것이 허용되는 경우에도, 그런 것들을 누리는 데 비용이 들어가서는 안 된다는 조건이 반드시 주어졌다는 것이다. 사람은 하느님이 은혜로 자신에게 맡긴 돈을 관리하는 "청지기"일 뿐이어서, 성경의 비유에 나오는 "종"의 경우처럼 1원까지도 결산을 해야 하는 처지에 있기 때문에,[75] 하느님의 영광을 위한 것이 아니라 자신의 향락을 위해 비용을 지출하는 것은 도덕적으로 의심스럽고 위험하기 짝이 없는 일이었기 때문이었다.[76]

---

75. 이것은 이미 백스터(Baxter)가 제시한 것이다(앞의 책 제1권 108쪽).

76. 예를 들어, 그의 미망인이 쓴 전기에 나오는 허친슨(Hutchinson) 대령에 대한 잘 알려져 있는 설명을 보라. 이 설명은 자주 인용되는데, 샌포드(Sanford)의 앞의 책 57쪽에도 나온다. 거기에서는 기사로서의 그의 덕목들과 삶을 즐기며 유쾌하게 살고자 하는 그의 성품을 한참 묘사한 후에, 다음과 같이 말한다. "그의 몸가짐은 놀라울 정도로 단정하고 정결하며 우아했다. 그리고 그는 그런 것들을 아주 좋아했다. 하지만 그는 어릴 때부터 비싼 옷을 절대로 입지 않았다."

메리 해머(Mary Hammer)의 죽음을 애도하며 백스터가 그녀를 위해 쓴 글에 의하면, 세계에 대해 열려 있는 마음을 지니고 있었고 세련된 교양도 갖추고 있었던 이 청교도 여성의 이상도 거의 동일했지만, "시간"에 대해서 철저했고, "사치와 향락을 위한 지출"에 엄격했다(백스터; 『청교도 신학자 저작집』 533쪽).

우리가 의도적으로 찾아보고자 하기만 한다면, 오늘날에도 그런 관점을 지닌 사람들을 얼마든지 만날 수 있다.[77] 그런 사람들은 인간은 하느님이 자기에게 맡긴 재산을 제대로 관리하여 유지하고, 한 걸음 더 나아가서 부를 획득하는 "기계"가 되어서 그 재산을 증식시켜야 하는 의무를 지고 있다는 사상이 처절하고 무겁게 내리누르는 그런 삶을 살아간다. 그들의 정신을 떠받치고 있는 금욕주의가 견지되고 있는 한, 그들의 재산이 증식되면 될수록, 하느님의 영광을 위해 그 재산이 줄어들지 않게 보존하고, 더 나아가 끊임없는 노동을 통해서 그 재산을 더욱 증식시켜야 한다는 책임감이 그들의 삶을

점점 더 무겁게 내리누른다. 이러한 생활양식을 구성하고 있는 여러 요소들의 뿌리는 근대 자본주의 정신을 구성하는 수많은 요소들과 마찬가지로 개별적으로는 중세 시대로 거슬러 올라간다는 것은 분명하지만,[78] 그러한 생활양식에 논리적으로 일관된 윤리적 토대를 제공해 준 것은 금욕주의적인 개신교의 윤리였다. 따라서 금욕주의적인 개신교의 윤리가 근대 자본주의 발전에서 갖는 중요성은 분명하다.[79]

---

77. 내가 알고 있는 많은 사례들 중에서 특히 내 기억에 남는 것은 사업에서 이례적으로 큰 성공을 거두고서 노년에 거부가 된 어느 제조업자의 사례다. 그가 만성적인 소화 불량에 걸려 있어서, 의사는 그에게 날마다 약간의 굴을 먹으라고 권했지만, 그는 상당 기간을 무척 고민하다가 마지못해 그 권고를 받아들였는데, 이것은 그가 돈 쓰는 것을 아까워하고 인색했기 때문이 아니었다. 그는 살아있는 동안에도 이미 가난하고 어려운 사람들을 위해 상당한 재산을 기부할 만큼 인색하기는커녕 통이 큰 사람이었다. 따라서 이것은 오직 자기 자신을 위해 개인적으로 돈을 쓰는 것은 신앙적으로 비난받을 일로 생각한 "금욕주의적인" 인식 때문이었다는 것을 보여준다.

78. 공장과 사무실의 분리, 사업장과 주거의 분리, 기업의 명칭과 기업주의 이름의 분리, 사업 자본과 개인 재산의 분리 같은 온갖 종류의 "분리" 및 사업체(적어도, 기업 재산)를 일종의 "신비의 몸"(corpus mysticum)으로 만드는 경향 같은 이 모든 발전들도 그 기원이 중세 시대에 있다. 이것에 대해서는 나의 논문인 『남부 유럽의 자료를 기초로 한 중세 상사 연구』(*Handelsgesellschaften im Mittelalter*)를 보라.

79. 좀바르트(Sombart)는 자신의 저작인 『근대 자본주의』(*Der moderne Kapitalismus*) 제1판에서 이 독특한 현상을 언급했는데, 그것은 적절한 것이었다. 하지만 우리가 유념해야 할 것은 부의 축적은 심리학적으로 두 가지 서로 판이하게 다른 원인에 의해서 일어난다는 것이다.

그 중 한 원인은 아주 오래 전부터 존재해왔던 것으로서 재단이나 세습재산이나 신탁유증 등에서 볼 수 있는 것인데, 그것은 자신의 힘으로 엄청난 부를 축적해서 그 부의 무게에 깔려 죽고자 하는 인간의 욕망, 특히 재산 상속을 바라는 자녀들의 간절한 열망을 다 짓밟고 그들에게는 자신의 재산을 단 한 푼도 물려주지 않고서라도 자신이 일군 "사업"이 사후에도 계속해서 이어져서 자신의 업적을 남기고자 하는 인간의 욕망이다. 재단이나 세습재산이나 신탁유증 같은 것들은 바로 이 욕망이 겉으로 표출되어 생겨난 것들이다. 이 첫 번째 원인에서 가장 중요하게 작용하는 것은 사람이 자신이 일생 동안 만들어 내고 이루어낸 것들에 의거해서 자신의 죽음을 초월해서 영원히 살려고 하는 욕망이고, 이차적으로는 그러한 욕망을 "명문가"(splendor familiae)의 건설과 유지를 통해 충족시키고자 하는 것이다. 따라서 이 첫 번째 원인은 자신의 인격을 영원까지 확장하고자 하는 인간의 "허영심"이고, 그 근저에는 "자기중심적인 목표"가 자리 잡고 있다고 할 수 있다.

하지만 우리의 논의에서 중요한 두 번째 이유인 "시민 계층"에서 발견되는 심리학적 동기는 그런 것과는 전혀 다른 것이다. 여기에서는 "버려라, 버려야 한다"는 금욕주의의 명령이 "벌어라, 벌어야 한다"는 자본주의적인 명제로 전환되어서, 이 비합리적인 명제는 일종의 무조건적인 "정언명령"이 된다. 따라서 청교도들이 금욕주의의 이 명제를 따르는 동기는 인간의 허영심이 아니라, 오직 하느님의 영광을 위한 것과 자신에게 주어진 신앙의 의무를 다하는 것이다. 그리고 이러한 동기는 오늘날에는 세속화되어서 오직 "직업"에 대한 의무를 다하는 것으로 바뀌었다. 어떤 사상이 가져온 극단적인 결과물을 통해서 그 사상의 실체를 보고자 하는 사람은 미국의 백만장자들에게서 볼 수 있는 다음과 같은 사고방식이 좋은 예가 될 것인데, 자신의 자녀들이 스스로 일해서 돈을 버는 것이 옳다는 도덕적인 교훈을 실천할 수 있도록 재산을 자녀들에게 물려주어서는 안 된다고 생각하는 것이 바로 그것이다. 하지만 오늘날 그러한 사고방식은 이제 "이론"에 지나지 않게 되었다.

여기에서 우리가 지금까지 말해 온 것들을 요약해 보자. 개신교의 세속적인 금욕주의는 한편으로는 재산을 절제함이 없이 사용해서 향락을 누리는 것에 대항해 싸웠고 재화의 소비를 억제했으며 특히 사치스러운 소비를 금지했다. 반면에, 다른 한편으로는 이윤 추구를 합법화하고, 더 나아가 앞에서 이미 말했던 방식으로 이윤 추구 활동을 하느님의 뜻으로 규정함으로써, 영리를 추구하고 재화를 획득하는 것에 장애가 되었던 전통주의적인 경제 윤리의 속박들을 분쇄하는 심리적 효과를 사람들에게 가져다주었다.

청교도들, 그리고 퀘이커파의 위대한 변증가였던 바클레이(Barclay, 1648-1690)가 분명하게 보여주었듯이, 그들이 육체의 욕망들에 대항하여 벌인 투쟁과 외적인 재물이나 재화에 집착하는 것에 대항하여 벌인 투쟁은, 합리적으로 부를 획득하는 것을 반대하는 투쟁이 아니었고, 단지 부를 비합리적으로 사용하는 것에 대항하여 벌인 투쟁이었다. 사람들에게 과시하기 위한 목적의 사치스러운 소비 같이 봉건적인 의식을 가진 자들이 비일비재하게 보여주는 행태들에서 나타나는 부의 비합리적인 사용을 청교도들이 단죄한 이유는 그런 행위는 피조물을 신격화하여 인간의 욕망들을 충족시키고자 하는 것으로서,[80] 개인과 사회의 건전한 삶을 위해 부를 공리주의에 의거해서 합리적으로 사용하는 것과 반대되는 것이었기 때문이었다.

이렇게 개신교의 세속적 금욕주의의 의도는 재산이 있는 부유한 자들에게 "고행"을 강요하는 것이 아니라,[81] 그들의 재산을 실제적으로 꼭 필요하고 유익한 일들에 사용하게 하는 것이었다. 이 금욕주의에서는 재화를 어떤 목적으로 사용했을 때에 윤리적으로 허용될 수 있는 범위에 속하는 것인가를 정하는 데 "편리함"(comfort)이라는 개념을 도입했다. 따라서 당연히 그러한 세속적 금욕주의를 지향하는 인생관을 가장 일관되게 대표한 퀘이커교도들에게서 이러한 "편리함"을 특징으로 하는 생활양식이 가장 먼저 그리고 가장 분명하게 정착되었고, 그것은 결코 우연한 것이 아니었다. 기사 계급에 속한 봉건귀족들이 변변치 못한 불안정한 경제적 토대 위에서 절제되고 소박한 삶보다는 겉으로는 화려하지만 위태롭기 짝이 없는 우아한 삶을 선호한 것과는 반대로, 퀘이커교도들은 시민 계층으로서 "가정"을 중심으로 정갈하고 탄탄한 "편리함"을 누리는 삶을 이상으로 삼았다.[82]

---

80. 이것은 퀘이커교도들에게서 특히 뚜렷하게 나타나는 것으로서, 인간의 자연적인 욕망을 죽여야 한다는 전적으로 금욕주의적인 관점과 더불어서 궁극적이고 결정적으로 중요한 종교적 동기라는 것이 반복적으로 강조될 필요가 있다.

81. 백스터(Baxter)는 예수회 수도사들에게서도 통상적으로 발견되는 다음과 같은 공통적인 입장에 의거해서 고행을 철저하게 배격한다(『성도의 영원한 안식』 제12장): "인간에게 있어서 육신이 필요로 하는 것들은 충족되어야 한다. 그렇게 되지 않는 경우에는, 인간은 육신의 노예가 되어 버린다."

82. 헤르만 바인가르텐(Hermann Weingarten)이 『영국의 혁명교회』(*Englische Revolutionskirchen*)에서 그 중요한 부분들과 관련해서 보여주었듯이, 이러한 이상은 특히 퀘이커교에서는 그 초창기에서도 이미 분명하게 존재했다. 또한, 바클레이(Barclay)도 자세한 논의를 통해서 이것을 아주 분명하게 보여준다(앞의 책 519 이하, 533쪽).

퀘이커교도들이 피해야 할 것은 이런 것들이었다. (1) 실제로 꼭 필요하지도 않은 물건이나 희소성으로 인해 귀한 것으로 취급되는 물건을 허영심 때문에 소유하고 과시하는 것; (2) 삶에서 꼭 필요하거나 미래를 위해 지출하는 돈보다도 훨씬 더 많은 돈을 그런 용도 이외의 것들에 지출함으로써 자신의 재산을 비양심적으로 사용하는 것. 말하자면, 퀘이커교도들의 삶은 살아있는 "한계효용의 법칙"이었다.

"피조물을 적당하게 사용하는 것"은 전면적으로 허용되었고, "허영심"에 의한 것이 아니라면 물건을 살 때 품질과 견고성 등을 고려해서 구입하는 것도 아무런 문제가 되지 않았다. 이 모든 것들에 대해서는 『교양 있는 독자들을 위한 조간 잡지』(*Morgenblatt für gebildete Leser*) 제216호 이하(1846)를 보고, 특히 퀘이커교도들이 물건들을 살 때 편리함과 견고성을 고려한 것에 대해서는 슈네켄부르거(Matthias Schneckenburger)의 『개신교 소교회집단들의 교리 개념』 96-97쪽을 참조하라.

―――――

개인경제를 통한 부의 생산과 관련해서도, 이 금욕주의는 "정직하지 못한 것"에 맞서 싸웠던 것과 마찬가지로 전적으로 탐욕에 의한 부의 추구에 대해서도 맞서 싸웠는데, 그러한 부의 추구는 이 금욕주의가 "탐욕"과 "배금사상"으로 규정하여 배척했던 것, 즉 부의 소유 자체를 목적으로 부를 추구하는 행위였고, 그런 식으로 이루어진 부의 소유는 유혹에 빠져든 것으로 여겨져서 단죄되었기 때문이었다.

이 문제와 관련해서 이 금욕주의는 "항상 선을 원하지만 항상 악을 낳는 힘"(여기에서 "악"은 부를 소유하고자 하는 유혹에 빠지는 것을 가리킨다)이었는데, 그 이유는 한편으로는 이 금욕주의는 구약성경에 나오는 "선행"에 대한 윤리적인 평가와 아주 비슷하게 부 그 자체를 추구하는 것을 가장 비난받아 마땅한 일로 보았으면서도, 동시에 직업적인 노동의 결과로 주어진 부의 획득을 하느님이 내려 준 복으로 보았기 때문이지만, 다른 한편으로는 세속의 직업 노동을 조직적으로 꾸준히 일관되게 해 나가는 것을 금욕주의적인 삶을 유지해 나가는 최고의 수단으로 여겼으면서도, 그 사람이 거듭나서 택함 받았다는 것과 그 사람의 믿음이 참되다는 것을 증명해 주는 가장 확실한 증거로 여겼기 때문이었다. 청교도적인 세속적 금욕주의가 선과 악을 동시에 낳는 힘이라는 이 명제가 옳다는 것을 보여주는 이 두 가지 이유 중에서 우리의 논의에서 한층 더 중요한 의미를 갖는 것은 후자다. 왜냐하면, 세속적 직업 노동을 중심으로 한 금욕주의적인 삶에 대한 그러한 종교적이고 신앙적인 평가는 우리의 논의에서 자본주의 "정신"이라고 부르는 생활양식이 발전되고 확장되는 데 가장 강력한 지렛대로서의 역할을 했을 것임에 틀림없기 때문이다.[83]

c. 베버는 여기에서 괴테의 『파우스트』에 나오는 메피스토펠레스의 말을 희화화한다. 거기에서 그는 자신을 "늘 악을 원하지만 늘 선을 만들어내는 힘"으로 자처했다.

83. 앞에서 이미 언급했듯이, 우리의 연구에서는 종교 운동과 사회 계층의 상관관계라는 문제는 다루지 않는다(이 주제에 대해서는 "세계 종교의 경제 윤리"에 관한 나의 일련의 논문들을 보라). 하지만 이 연구에서 가장 많이 언급된 백스터(Baxter)조차도 당시의 "부르주아"의 시각으로 사물을 보지 않았다. 이것은 그가 하느님을 기쁘게 하는 순서대로 직업들을 나열할 때, 가장 먼저 지식인을 꼽고, 그 다음으로 농부를 든 후에야, 선원과 의류업자, 서적상, 재단사 등등의 다양한 직업군을 언급한 것에서도 충분히 드러난다. 그가 선주만이 아니라 어부들까지도 "선원"이라는 직업으로 포괄한 것도 그의 사고의 특징을 보여준다.

이 점과 관련해서 탈무드에 나오는 많은 구절들도 다른 생각을 보여준다. 예컨대, 뷘셰(A. Wünsche)의 『바빌로니아 탈무드』(Der babylonische Talmud) 제2권 20-21쪽에 나오는 랍비 엘르아살의 말들을 보라. 물론, 이 말들이 이 랍비의 말인지에 대해서는 이견이 있기는 하지만, 거기에서는 상업이 농업보다 더 낫다고 말한다. 나중에 나오는 몇몇 말들은 좀 더 온건한데, 거기에는 재산을 토지와 상품과 현금으로 각각 삼분의 일씩 안배하라는 조언이 나온다(앞의 책 제2권 68쪽).

인과관계에 대한 설명에서 "경제적인"(유감스러운 일이기는 하지만 오늘날에서조차도 통용되고 있는 표현을 사용하자면 "유물론적인") 해석이 빠져 있으면 불안해하는 사람들을 위해서, 여기에서 나는 경제 발전이 종교 사상의 형성에 미치는 영향을 아주 중요하게 생각하고 있고, 우리가 연구하고 있는 문제에서 경제 발전과 종교 사상이 서로 어떤 영향을 미쳤는지에 대해서는 나중에 다룰 것이라는 말을 해 두고자 한다. 그럼에도 불구하고, 종교 사상이 담고 있는 내용물은 "경제적인" 요인들로부터 결코 도출해 낼 수 없다. 종교 사상은 그 자체가 "국민성"을 만들어 내는 가장 강력한 요인이고, 그 자체 안에 독자적인 법칙성과 강제력을 지니는데, 그 어떤 것도 이것을 바꾸어 놓을 수는 없다. 또한, 루터교와 칼뱅주의 간의 가장 중요한 차이들 중에서 종교 외적인 요소에 영향을 받은 것들은 주로 "경제적인" 것이 아니라 정치적인 것으로부터 왔다.

———

게다가, 이 금욕주의로 인해 일어난 "소비의 억제"와 "해방된 영리 추구"가 서로 결합되었을 때, 거기로부터 어떠한 외적인 결과가 생겨났을지는 너무나 분명한데, 그것은 "금욕주의에 의한 강제적인 저축을 기반으로 한 자본 축적"이었다.[84] 사람들이 자신이 획득한 부를 소비에 사용하는 것이 억제되면서 그 부를 생산에 사용하게 되었고, 그 결과 투자 자본의 축적이 촉진되었다.

"소비의 억제"가 자본의 축적에 어느 정도나 영향을 미쳤는지를 수치로 정확히 제시하는 것은 불가능하지만, 뉴잉글랜드에서 이 둘의 관계는 아주 두드러지게 드러났기 때문에, 당연히 도일(Doyle) 같은 뛰어난 역사학자의 눈을 피해갈 수 없었다.[85] 그런데 엄격한 칼뱅주의가 지배한 기간이 겨우 7년 정도밖에 되지 않았던 네덜란드에서도 자본 축적이 가속화되었고, 그것은 종교적으로 좀 더 독실했던 집단에 속한 사람들이 엄청난 부를 획득했음에도 불구하고 아주 검소한 삶을 살았기 때문이었다.[86]

———

84. 에두아르트 베른슈타인(Eduard Bernstein)이 "금욕주의는 시민 계층의 덕목"이라고 말했을 때, 그것은 이것을 염두에 둔 것이었다(앞의 책 681, 또한 625쪽도 보라). 그의 논문은 이 중요한 상관관계를 보여준 최초의 논의였다. 하지만 이 상관관계는 그가 보여준 것보다 훨씬 더 광범위한 것이다. 왜냐하면, 거기에서 결정적으로 중요했던 것은 단지 "자본 축적"이 아니라, 직업 생활 전체를 금욕주의를 중심으로 합리적으로 조직하는 것이었기 때문이다. 미국에 있는 식민지들의 경우에는, "절약해야 한다는 금욕주의적인 압박감"으로 인해서 늘 투자를 위한 자본이 대기하고 있었던 북부의 청교도 지역의 상황이 그렇지 않았던

남부 지역의 상황과 확연히 달랐다는 것은 이미 존 도일(John Doyle)이 『미국의 영국인들』(*The English in America*)에서 강조한 바 있다.

85. 도일의 앞의 책 제2권 제1장을 보라. 식민지들이 건설된 후에 제1세대에 이미 뉴잉글랜드에 제철(1643)과 방직(1659) 기업들이 세워졌고, 아울러 수공업들이 크게 번창한 것을 전적으로 "경제적인" 관점, 즉 유물론적인 관점에서만 고찰하는 것은 시대착오적인 것이다. 이러한 발전은 남부 지역의 상황이나 로드아일랜드(Rhode Island)의 상황과 뚜렷하게 대비되는 것이었다. 로드아일랜드는 사람들이 완전한 양심의 자유를 누리고 있었고, 훌륭한 항구도 갖추고 있었음에도 불구하고, 1686년에 나온 주지사와 주의회의 보고서에서는 이렇게 말한다. "우리 주의 교역과 관련해서 큰 장애물은 우리 중에 상인과 대지주가 부족하다는 것이다." 아놀드(S. G. Arnold)의 『로드아일랜드 주 역사』(*History of the State of Rhode Island*) 490쪽을 보라. 유독 뉴잉글랜드에서만 특별하게 나타난 이러한 현상은 절약해야 한다는 청교도의 금욕주의적인 요구로 인해 사람들의 소비 생활이 억제된 것과 그렇게 해서 축적된 자본을 소비가 아니라 생산에 재투자해야 한다는 심리적인 압박감이 상당 부분 작용한 결과라는 것은 거의 틀림없다. 아울러, 우리가 나중에 다루게 될 교회의 규율과 치리도 거기에서 중요한 역할을 했다.

86. 부스컨-휘트(Busken-Huët)는 네덜란드에서 이런 부류의 사람들의 수가 급격하게 줄어들었다는 것을 보여준다(앞의 책 제2권 제3-4장). 그런데도 흐룬 판 프린스터러(Groen van Prinsterer)는 베스트팔렌 조약 이후의 시기에도 "네덜란드인들은 많이 팔고 적게 소비한다"고 말한다(『국사 편람』 제3판 254쪽).

또한, 모든 시대와 모든 나라에 존재해왔고 심지어 오늘날 독일에서도 발견되는 "부를 기반으로 한 귀족화" 경향이 봉건귀족들의 생활양식에 대한 청교도 신앙의 반감으로 인해 상당한 정도로 억제된 것도 자본 축적을 가능하게 한 또다른 요소로 작용했다는 것도 분명하다. 중상주의(重商主義)에 대해 글을 쓴 17세기 영국의 저술가들은 네덜란드의 자본력이 영국보다 앞섰던

이유를 네덜란드인들은 많은 부를 획득했을 때에 영국인들과는 달리 그러한 경제적 토대 위에서 넓은 땅을 사서 봉건귀족 같은 삶을 살고자 한 것이 아니라 그 부를 생산에 재투자하여 자본주의적으로 이용하는 길로 나아간 것에서 찾았다.[87] 백스터(Baxter) 같은 청교도들도 농업을 통해 생계를 유지하는 것을 중요한 것으로 생각했고, 그런 삶은 신앙과 경건에도 아주 유익한 것으로 여겼지만, 그것은 지주로 살아가는 삶이 아니라 자작농이나 소작농에 해당하는 것이었고, 18세기의 상황에서는 지주귀족들이 아니라 "합리적인" 농업 경영자들의 삶을 가리키는 것이었다.[88]

17세기 이후로 영국 사회는 전반적으로 "즐거운 옛 영국"의 주역이었던 "지주 계층"과 사회적으로 아주 다양한 지위와 힘을 지니고 있던 청교도 집단들 간의 갈등이 지배했다.[89] 그러한 갈등은 오늘날에도 그 흔적을 남겨서, 한편으로는 자유롭고 자연스러운 삶을 누리고자 하는 성향, 다른 한편으로는 절제와 윤리적 규범에 의해서 엄격하게 통제된 삶을 살아가고자 하는 성향이 오늘날의 영국인들의 "국민성"을 보는 시각 속에 여전히 공존한다.[90] 마찬가지로, 북아메리카 식민화의 초기 역사도 기간제 노동자들의 노동력을 사용해서 대규모 농장을 일구어서 봉건귀족 같은 삶을 살고자 했던 "모험 사업가들"과 시민 계층의 사고방식으로 자신들의 삶을 일구어 나가고자 했던 청교도들 간의 첨예한 대립이 지배했다.[91]

---

87. 영국에서는 한 왕당파 귀족의 탄원서가 이것을 증명해 준다. 그는 런던에 입성한 찰스 2세 앞으로 이 탄원서를 올려서, 시민 계층이 그들의 자본을 오직 상업에만 사용하고 토지를 구입할 수 없도록 법으로 금지해 줄 것을 요청했는데, 그 목적은 시민 계층의 자본이 교역에 투자되게 하기 위한 것이었다. 랑케(Leopold von Ranke)의 『영국사』(*Englische Geschichte*) 제4권 197쪽을 보라.

네덜란드의 "지배층"은 기사들의 옛 영지를 사들임으로써 상인들이었던 시민 계층의 도시귀족들과 "신분상의 차별"을 꾀했다. 이것과 관련해서 1652년에 다수의 네덜란드 사람들이 이제 이 나라의 지배층은 상인들이 아니라 지주들이라고 불평했다는 것이 로베르트 프륀(Robert Fruin)의 『80년 전쟁 이후의 10년』에 나와 있다. 잘 알려져 있듯이, 이 지배층은 정신적으로 진정한 칼뱅주의자들이라고 할 수 없었다. 게다가 17세기 후반에 네덜란드의 시민 계층에 속한 대다수의 사람들은 작위를 취득해서 귀족 계급으로 편입되기 위해 혈안이 되어 있었던 것으로 평판이 아주 나빴다. 이런 상황들은 이 시기의 영국과 네덜란드의 상황을 단순비교해서 설명하는 것은 아주 위험하다는 것을 보여준다. 네덜란드에서는 상속재산이 훨씬 더 큰 역할을 했기 때문에, 금욕주의적인 정신은 무너질 수밖에 없었다.

88. 영국에서 시민 계층의 자본이 토지를 매입하는 데 대규모로 유입되면서, 영국 농업은 전성기를 맞이하게 되었다.

89. 성공회에 속한 지주들은 20세기에 들어와서도 여전히 비국교도들을 자신의 토지를 경작하는 소작인으로 받아들이기를 거부하는 것이 심심치 않게 일어났다. 오늘날에는 이 두 부류의 종교 집단이 수적으로 거의 대등하지만, 이전에는 비국교도들이 늘 소수였다.

90. 헤르만 레비(Hermann Levy)가 영국인들의 여러 특징들을 토대로 해서 추론해 낼 수 있는 "성격과 기질"은 다른 나라 국민들보다 "금욕주의적인 정서"와 "시민 계층에 속한 덕목들"이 덜하다고 말한 것은 옳다. 『사회과학 및 사회정책 논총』 제46권 606-606쪽에 수록된 "영국민에 대한 연구"(Studien über das englische Volk) (*Archiv für Sozialwissenschaft und Sozialpolitik*)를 보라. 삶을 있는 그대로 날 것으로 즐기는 것이 영국인들의 기본적인 특징이라는 것이다. 청교도가 지배하던 시기에 청교도들에게서 그러한 성격적 특징이 현저하게 약화되었다는 사실 속에서, 우리는 청교도적인 금욕주의의 영향력이 어느 정도였는지를 분명하게 볼 수 있다.

91. 이것은 존 도일(John Doyle)의 서술에서도 반복적으로 등장한다. 세속에 대한 청교도들의 입장에 아주 중요한 영향을 미친 요소들 중의 하나는 늘 종교적 동기였다(이것이 유일하게 중요한 요소는 아니었지만). 존 윈스럽(John

Winthrop)이 주지사로 있었던 뉴잉글랜드에서는 영국의 신사들, 심지어 영국 상원의 귀족들조차도 교회의 신자가 된다는 서약서를 제출했을 때에만 매사추세츠 주로의 이주를 허가해 주는 태도를 보였다. 그렇게 폐쇄적이고 제한된 이주만을 허용한 것은 교회의 치리와 지배를 확고히 하기 위한 것이었다. 실제로 대규모의 가축 농장을 경영하는 성공회계의 거상들이 이주했던 뉴햄프셔 주와 메인 주에서는 주민들 간의 사회적 유대감이 훨씬 약했다. 뉴잉글랜드 사람들의 "이윤에 대한 탐욕"은 일찍이 1632년에서도 사람들의 원성을 살 정도였다. 예를 들면, 위든(W. Weeden)의 『1620-1789년의 뉴잉글랜드 사회경제사』 제1권 125쪽을 보라.

───────

청교도적인 인생관이 영향을 미친 모든 곳에서는 시민 계층의 합리적인 경제적 생활양식으로의 발전이 촉진되었고, 이것은 이 인생관이 자본 축적을 촉진시킨 것보다 훨씬 더 중요한 것이었다. 이 인생관은 그러한 생활양식의 가장 본질적인 주역이었고, 무엇보다도 사회적으로 가장 일관되게 그러한 생활양식을 담아낸 주역이었다. 이 인생관은 근대적인 "경제적 인간"[d]의 요람이었다.

물론, 청교도들의 이러한 이상적인 삶은 그들 자신도 너무나 잘 알고 있었던 부의 "유혹"이 지나치게 강하게 작용하는 경우에는 실현되지 못하고 실패할 수밖에 없었다. 실제로 우리는 청교도 신앙의 정신을 가장 진지하게 따라 산 사람들은 사회적인 신분 상승을 갓 시작한 소시민층과 농민층이었고,[92] 원래부터 부유층이었던 사람들 중에는 심지어 퀘이커교도들인 경우에도 처음의 이상을 끝까지 지켜 살아간 사람이 그리 많지 않았다는 것을 확인할 수 있다.[93]

───────

d. 여기에서 베버가 사용한 "경제적 인간"(Wirtschaftmenschen)이라는 단어는 "경제활동 지향적인 사람들"로 직역하는 것이 그의 생각을 더 잘 보여준다.

그는 근대에 이르러서 "경제활동"이 사람들의 삶 속에서 지금까지 유례가 없을 정도로 독보적인 지위를 갖게 된 것을 보여주고 있다.

92. 이것은 윌리엄 페티(William Petty)의 앞의 책이 이미 강조한 것으로서, 당시의 문헌들은 예외 없이 침례교, 퀘이커교, 메노파 같은 청교도의 분파들을 무산 계층이나 소자본가 계층으로 규정하고서 거상 귀족 및 모험 자본가들과 대비시켰다. 하지만 서양 자본주의의 특징을 이루는 것은 대규모의 금융업자, 독점 기업가, 국가 물품 조달업자, 국가 대부업자, 식민 기업가, 기업 창업자가 아니라, 이 사기업 중심으로 산업 노동을 조직화했던 소자본가 계층으로부터 탄생했다. 언윈(G. Unwin)의 『16-17세기의 산업 조직』(*Industrial Organization in the Sixteenth and Seventeenth Centuries*) 196쪽 이하를 보라. 이러한 두 세력 간의 대립은 당시에도 이미 잘 알려져 있었는데, 이것에 대해서는 파커(Parker)의 『청교도에 관한 담론』(*Discourse Concerning Puritans*)을 보라. 거기에서도 사기업에 뛰어든 사람들을 국가 및 궁정에 기대어 사업을 하는 사람들과 대비시킨다.

93. 이것이 18세기, 특히 미국 독립전쟁 동안에 펜실베이니아(Pennsylvania)의 정치에 표현된 방식에 대해서는 샤플리스(I. Sharpless)의 『정부에서의 퀘이커교 실험: 펜실베이니아의 퀘이커교 정부의 역사』를 보라.

청교도들의 세속적 금욕주의의 선구적인 형태였던 중세의 수도원적인 금욕주의를 반복해서 좌절시킨 것도 바로 그것이었다. 중세 수도원도 엄격한 규율 아래 통제된 생활양식과 소비 억제의 중심이었기 때문에, 거기에서 합리적인 경제 운영이 잘 이루어진 경우에는 막대한 부의 축적이 이루어졌고, 그 부는 수도사들의 귀족화를 가져오거나 수도원의 규율을 무력화시키는 위험한 요소로 작용하였기 때문에, 종교개혁 이전 시대에도 수도원의 재산과 관련해서 수도원을 개혁하고자 하는 운동이 끊임없이 생겨날 수밖에 없었다. 어떤 의미에서 수도원의 역사 전체는 "부에 의한 수도원의 세속화"라는 문제와 끊임없이 반복적으로 싸워 온 역사였다고 할 수 있다. 이 말은 청

교도적인 세속적 금욕주의에도 대체로 해당되었다. 따라서 19세기 말에 영국에서 산업이 크게 번영하기에 앞서 생겨난 감리교의 강력한 "부흥 운동"은 분명히 수도원들과 관련된 "개혁 운동들"과 기본적으로 동일한 성격을 지니고 있었다고 말하는 것은 옳다.

여기에서 우리는 존 웨슬리(John Wesley)의 글들 중에서 지금까지 우리가 말해 온 모든 것들을 증명해 주고 있는 것으로 볼 수 있는 한 대목을 인용하고자 하는데,[94] 그 이유는 그 대목은 우리가 여기에서 설명한 청교도의 세속적 금욕주의와 부의 획득 간에 존재하는 얼핏 보면 아주 역설적인 관계를 청교도 신앙의 지도자들도 아주 잘 이해하고 있었고, 그것도 우리의 논의에서 설명한 방식으로 이해하고 있었음을 잘 보여주기 때문이다.[95]

그는 이렇게 말했다. "내가 우려하는 것은 부가 증가한 곳에서는 거기에 비례해서 신앙의 중요한 핵심은 감소했다는 것이다. 그래서 나는 참된 신앙의 부흥이 오래도록 지속될 수 있게 하기 위해서는 어떻게 해야 하는지를 알지 못하겠다. 왜냐하면, 신앙은 근면과 검소와 절약을 낳을 수밖에 없고, 그런 미덕들은 부를 낳을 수밖에 없지만, 부가 증가하면 거기에 비례해서 온갖 형태의 교만과 정욕과 세상에 대한 집착이 증가하기 때문이다. 그렇다면, 지금 푸르른 나무처럼 번성하고 있는 심령의 종교인 감리교가 계속해서 이런 상태에 머물러 있게 하려면, 어떻게 해야 하는가? 감리교도들은 어디에서나 근면성실하게 일하고 검소하게 절약하며 살아가고 있고, 그 결과 그들이 소유하게 된 재산도 점점 늘어난다. 하지만 거기에 비례해서 그들의 교만과 정욕, 곧 육체의 욕망과 눈의 욕망과 삶의 교만도 늘어간다. 이렇게 해서 신앙의 껍데기는 여전히 남아 있지만, 신앙의 정신은 빠르게 사라지고 있다. 이 순수한 신앙이 이렇게 계속해서 타락해 가는 것을 막을 수 있는 길은 정녕 없단 말인가? 그렇다고 해서 사람들이 근면성실하고 검소하게 절약하며 살아가는 것을 막을 수는 없다. 우리는 모든 기독교인들에게 할 수 있는 한 돈을 벌어서 할 수 있는 한 저축해서 부유해져야 한다고 권면해야 하기 때문이다."

그런 후에, 웨슬리는 "할 수 있는 한 돈을 벌어서 할 수 있는 한 저축하는"

사람은 이 땅에 재물을 축적해 두지 말고, "할 수 있는 한 베풀어서" 더 많은 은혜를 받고 하늘에 재물을 쌓아야 한다고 권면한다.

웨슬리의 글에서 인용한 이 대목이 우리가 지금까지의 논의에서 밝혀내고자 한 종교와 경제의 상관관계를 세세한 부분까지 보여주고 있다는 것은 분명하다.[96] 웨슬리가 여기에서 분명하게 말하고 있듯이, 저 강력한 종교 운동들은 사회 전반에 그 특유의 금욕주의적인 생활양식을 전파함으로써 근대 자본주의 발전에 지대한 영향을 미쳤지만, 그러한 영향력이 완전한 열매를 맺게 된 것은 대체로 그 순수했던 종교적인 열정이 정점에 도달한 후에 차츰 기울기 시작해서 하느님의 나라에 대한 열정적인 대망과 추구가 점점 사그라지면서, 냉철하게 합리적으로 조직된 직업 노동을 중심으로 한 삶의 토대가 되어 주었던 그 종교적인 뿌리가 시들어 말라죽고, 그 자리에 철저하게 세속적인 공리주의가 굳건하게 자리를 잡게 된 후에 일어난 일이었다.

다우든(Dowden)의 표현에 의하면, 그것은 정신적으로 홀로 고독하게 된 상태에서 "허영의 시장"을 통과하여 천국으로 향하는 길로 내닫던 존 버니언의 "순례자"가 사람들의 내면에서 사라지고, 그 자리에 이제는 선교 활동이 부차적인 일이 되어 버린 개별적인 경제적 인간인 "로빈슨 크루소"가 자리를 잡은 후에 일어난 일이었다.[97] 또한, 다우든이 지적한 대로, "두 세계를 최대한 이용하라"는 것이 기본적인 원리로 정착하게 되자, 결국 "양심"은 단지 시민 계층의 안락한 삶을 구성하는 일련의 요소들 중의 하나로 전락하게 되었고, 당시의 이러한 모습은 "양심은 부드러운 베개다"라는 독일 속담에 아주 잘 표현되어 있다.

---

94. 사우디(Robert Southey)의 『웨슬리의 생애 및 감리교의 기원과 발전』 제29장에 인용된 것을 보라. 나는 이것을 알지 못했는데, 애쉴리(Ashley) 교수가 서신으로 내게 알려 주었다. 그래서 나는 에른스트 트뢸치(Ernst Troeltsch)에게도 이 사실을 알려 주었지만, 그는 이미 이것을 종종 인용하고 있었다.

95. 나는 오늘날 이러한 문제들에 대해서 이 금욕주의적인 종교 운동들의 지도자들과 그 동시대인들보다 더 잘 알기를 원하는 모든 사람들은 이 대목을 읽어 보기를 권하고 싶다. 이것은 이러한 지도자들과 그 동시대인들은 자신들이 무엇을 하고 있는 것인지, 그리고 거기에는 어떤 위험이 뒤따르는지를 아주 정확하게 알고 있었다는 것을 보여준다. 나의 연구는 지금까지 아무도 이의를 제기하지 않았고 실제로 이론의 여지가 전혀 없는 문제와 관련해서 그 내적인 동력을 좀 더 들여다본 것에 불과한 것인데도, 나를 비판하는 몇몇 사람들이 나의 논의에 이의를 제기하는 것은 부당하다. 그들은 17세기에는 이 둘 간의 상관관계를 의심한 사람이 아무도 없었다는 것을 알아야 한다. 맨리(Thomas Manley)의 『6퍼센트의 이자에 대한 고찰』(*Usury of 6% Examined*) 137쪽을 참조하라. 앞에서 인용한 오늘날의 저술가들 외에도 하인리히 하이네(Heinrich Heine)와 존 키츠(John Keats) 같은 시인들, 토머스 매콜리(Macaulay)나 커닝엄(Cunningham), 로저스(Rogers) 같은 대표적인 학자들, 매튜 아놀드(Matthew Arnold) 같은 저술가들이 그러한 상관관계를 당연한 것으로 전제했다. 가장 최근의 문헌으로는 애쉴리(Ashley)의 『버밍엄의 산업과 상업』(*Birmingham Industry and Commerce*)을 보라. 애쉴리는 일전에 서신을 통해 나의 견해에 전적으로 동의한다는 것을 전해 왔다. 이 문제 전반에 대해서는 앞에 나온 주 90에 인용된 헤르만 레비(Hermann Levy)의 글을 참조하라.

96. 바로 그러한 상관관계는 고전 시대의 청교도들에게조차 이미 분명했는데, 이것은 존 버니언의 『천로역정』(*Pilgrim's Progress*)에 나오는 등장인물인 "돈 사랑"(Money-Love) 씨가 한 다음과 같은 말에서 아주 분명하게 드러난다. "부자가 되기 위해, 그러니까 예를 들자면 손님들을 더 많이 끌어들이기 위해서는 신앙을 갖는 것이 좋을 것이다." 왜냐하면, 무슨 이유로 신앙을 갖게 되었는지는 전혀 문제가 되지 않기 때문이다(타우히니츠[Tauchnitz] 판 114쪽).

97. 대니얼 디포(Daniel Defoe)는 확고한 비국교도였다.

종교적 신앙으로 말미암은 생기가 넘쳐 났던 17세기가 자신의 상속자였던 공리주의에 유산으로 물려 준 것은 특히 부를 획득하는 것을 대단히 양심적인 행위로 규정하고서, 우리가 아무런 거리낌 없이 바리새주의적(위선적)이라고 할 수 있을 정도로 어떤 식의 부의 획득이 선하고 양심적인 것인지를 보여준 것이었다. 이전에는 부의 획득은 합법적인 것으로 여겨지기는 했지만, 종교적인 정당성을 지니지는 못했다. 그러나 이제는 상인이 "하느님을 기쁘게 해 드리는 것은 너무나 어렵다"(Deo placere vix potest)는 중세의 명제는 완전히 자취를 감추어 버려서, 그 흔적조차 찾을 수 없게 되었다.[98]

이렇게 해서 "시민 계층의 직업윤리"의 전형이 출현했다. 이제 시민 계층의 기업가들은 사업과 관련해서 외적으로 지켜야 할 것들을 지키고 자신의 행실이 도덕적으로 문제가 없으며 자신의 부를 비난 받을 일에 사용하지만 않는다면, 하느님의 가시적인 복을 확실하게 받으면서 하느님의 충만한 은혜 가운데서 자신의 영리적인 이득을 추구해 나갈 수 있었을 뿐만 아니라, 그렇게 하는 것이 그들의 종교적인 의무가 되었다. 또한, 종교적 금욕주의는 노동을 하느님이 자신들에게 명령한 삶이라고 믿고 거기에 헌신할 준비가 되어 있는 냉철하고 양심적이며 높은 노동 생산성을 지닌 노동자들을 시민 계층의 기업가들에게 공급해 주었다.[99]

---

98. 슈페너(Spener)도 상인이라는 직업에는 온갖 유혹들과 함정들이 수반된다고 생각했지만, 그럼에도 불구하고 어떤 사람의 질문에 이렇게 대답한다. "나의 사랑하는 친구가 상업에 뛰어드는 것을 주저하는 것이 아니라, 상업이 인류에게 많은 유익을 가져다주는 것으로서 하느님의 뜻을 따라 사람들에게 사랑을 베푸는 합당한 생활방식 중의 하나라고 인식한다면, 그것은 내게 기쁜 일이다"(『신학적 성찰』 제3권 426 이하, 429, 432쪽). 그는 여러 곳에서 중상주의를 옹호하는 논증들을 통해서 그러한 사상이 옳다는 것을 보여주는 논거들을 좀 더 자세하게 개진한다. 슈페너는 한편으로는 종종 루터교적인 입장에 서서 디모

데전서 6장 8-9절과 집회서에 의거해서, 부자가 되고자 하는 욕망을 신자들이 걸려 넘어지기 쉬운 주된 함정이라고 설명하고, 무조건적으로 배척하고, "기본적으로 먹고 살면 그것으로 족하다"는 루터교적인 입장을 보여주지만(앞의 책 제3권 435쪽), 다른 한편으로는 다른 분파주의자들은 하느님이 주는 복을 받아서 부를 누리며 살아가고 있다고 말함으로써 자신의 그런 루터교적인 입장을 뒤집는다. 즉, 그는 성실하게 직업 노동을 함으로써 얻어진 부를 향유하는 것은 비난 받을 일이 아니라고 여겼지만, 그의 그러한 입장은 루터교의 영향을 받은 그의 사고로 인해서 백스터의 입장보다 일관성이 결여되어 있었다.

99. 백스터(Baxter)는 "둔하고 느리며 게으르고 육욕을 따라 움직이며 나태한 자들"을 "하인들"로 고용하지 말고 "신앙이 있고 경건한 자들"을 하인들로 고용하라고 경고하면서, 그것은 단지 "신앙이 없는" 하인들은 "겉으로만 주인의 말을 따르는" 자들이기 때문만이 아니라, "참된 신앙을 가진 하인은 마치 하느님이 친히 자신에게 명령한 것처럼 하느님에게 순종하듯이 주인에게 진심으로 복종하여 모든 일을 주인을 위해 행할" 것이기 때문이라고 그 이유를 제시한다. 신앙이 없는 하인들은 겉으로만 주인의 말을 따르는 척하더라도 "거기에서 양심의 가책을 별로 느끼지 않지만," 신앙을 가진 노동자들에게 있어서는 그들이 구원받은 자임을 보여주는 표지는 겉으로 신앙을 고백하는 것이 아니라, "자신들의 의무를 충실히 다하고자 하는 양심"에 있다(앞의 책 제2권 16쪽). 우리는 여기에서 백스터가 하느님의 이해관계를 고용주의 이해관계와 동일시하는 의심스러운 모습을 본다.

슈페너(Spener)는 신자들에게 하느님을 묵상하는 시간을 확보해야 한다는 것을 아주 강력하게 경고하면서도, 노동자들은 심지어 주일에도 최소한의 자유 시간으로 만족해야 한다는 것을 당연한 것으로 전제한다(『신학적 성찰』 제3권 272쪽).

영국의 저술가들이 개신교 이민자들을 "숙련 노동의 선구자들"이라고 부른 것은 옳다. 이것에 대해서는 레비(H. Levy)의 『영국 경제사에서 경제적 자유주의의 토대』(*Die Grundlagen des ökonomischen Liberalismus in der Geschichte der englischen Volkswirtschaft*) 53쪽에 나오는 설득력 있는 논증을 보라.

———————

아울러, 종교적 금욕주의는 현세의 재화가 사람들에게 불평등하게 분배되게 한 것은 하느님의 섭리에 의한 특별한 계획에 따른 것이라고 가르침으로써, 시민 계층의 기업가들이 자신들이 하는 일을 옳다고 확신하고서 안심하고 해나갈 수 있게 해 주었다. 즉, 하느님은 어떤 사람들을 택하여 특별한 구원의 은혜를 주는 반면에 어떤 사람들에게는 그렇게 하지 않는 것과 마찬가지로 어떤 사람들에게는 재화를 많이 주고 어떤 사람들에게는 재화를 적게 줌으로써, 우리 인간으로서는 알 수 없는 자신의 비밀스러운 계획과 목적을 이룬다는 것이었다.[100]

칼뱅은 "대중," 즉 인류 중에서 압도적인 다수를 차지하고 있는 숙련 노동자들과 미숙련 노동자들은 오직 가난하게 살아가는 동안에만 하느님에게 순종한다는 취지의 말을 했고,[101] 사람들은 그의 이 말을 자주 인용하곤 했다. 피터르 드 라 카우르(Pieter de la Court, 1618-1685)를 비롯한 네덜란드인들은 칼뱅의 이 말을 "세속화해서," 대중은 오직 빈곤으로 말미암아 어쩔 수 없는 경우에만 노동을 한다고 말했는데, 자본주의 경제가 돌아가는 원리를 핵심적으로 표현한 이 명제는 나중에 저임금이 "생산성"을 높인다는 이론으로 수렴되었다. 여기에서도 우리의 논의에서 반복적으로 보아 온 패턴, 즉 어떤 현상의 종교적인 뿌리가 말라 죽어감에 따라 슬그머니 공리주의적인 사고가 대신 들어와서 그 현상의 의미를 바꾸어 놓는 것을 볼 수 있다.

———————

100. 인간의 입장에서 볼 때에는, 하느님이 소수만을 구원으로 예정한 것은 "부당한" 일이었던 것과 마찬가지로, 하느님의 뜻에 의해서 재화가 불공평하게 분배되는 것도 "부당한" 일이었다. 당시 사람들의 눈에도 이 둘 간의 유비는 너무나 분명했기 때문에, 호른벡(Hoornbeek)도 그러한 유비를 다루고 있다(앞의

책 제1권 153쪽). 또한, 가난은 흔히 "죄악된 게으름"의 결과로 여겨졌다(백스터의 앞의 책 제1권 380쪽).

101. 토머스 애덤스(Thomas Adams)는 하느님이 무수히 많은 사람들을 가난한 자들로 살아가게 하는 이유는 그들이 부에 수반되는 유혹을 감당할 수 없다는 것을 아시기 때문인데, 부로 인해서 신앙에서 떠나는 일이 너무나 비일비재하다는 것이 그것을 보여준다고 말한다(『청교도 신학자 저작집』 158쪽).

———————

중세 가톨릭의 윤리에서는 구걸이 허용되었을 뿐만 아니라, 실제로 탁발 수도회들에서는 구걸을 찬양했다. 종종 세속의 걸인들은 자신들이 부유한 자들에게 자선을 통해 선행을 베풀 수 있는 기회를 제공하는 역할을 하는 사회적으로 공인된 하나의 "신분"으로 규정되고, 긍정적인 의미를 지니는 사회의 한 축으로 평가되기도 했다. 스튜어트 왕조 치하의 성공회의 사회 윤리 같이 후대에 등장한 종파의 윤리도 정신적으로 거의 대동소이했다. 나중에 청교도적인 금욕주의의 주도 아래 구빈법이 제정되어 구걸 행위를 엄격하고 가혹하게 다루었을 때에야 비로소 이 문제와 관련한 근본적인 변화가 생겨났다. 청교도들이 이 일을 이런 식으로 주도할 수 있었던 것은 청교도 분파들과 엄격하게 청교도적인 공동체들에서는 실제로 그 어떤 구걸 행위도 존재하지 않았기 때문이었다.[102]

이제 청교도적인 고용주와 기업가에게서 눈을 돌려 그들과 짝을 이루는 또 하나의 측면인 노동자는 어떠했는지를 살펴보자. 예를 들어, 친첸도르프파의 경건주의는 영리를 추구하지 않고 오직 직업 노동 자체를 성실하게 행하는 노동자들이야말로 사도들이 보여준 이상을 따라 살면서 그리스도의 제자들로서 자신들의 은사를 제대로 올바르게 사용하는 신자들이라고 칭송했는데,[103] 이것과 비슷하지만 한층 더 급진적인 견해들이 초기 재세례파의 집단들 속에 널리 유포되어 있었다.

102. 앞에 나온 주 45와 거기에 언급된 헤르만 레비(Hermann Levy)의 저작을 보라. 위그노파에 대한 맨리(Manley)의 논의를 비롯해서 그 밖의 다른 모든 논의도 이 점을 강조했다.

103. 이것과 비슷한 것이 영국에도 없었던 것은 아니었다. 윌리엄 로(W. Law)의 『경건하고 거룩한 삶을 위한 진지한 부르심』에 의거해서 가난과 순결을 설파한 것은 물론이고, 처음에는 세속으로부터 완전히 떠나 고립된 삶까지 설파했던 경건주의가 한 예였다.

물론, 동서양을 막론하고 거의 모든 종파들에서 나온 금욕주의에 관한 온갖 문헌들은 삶에서 다른 것을 할 기회를 갖지 못해서 어쩔 수 없이 열악한 조건에서 낮은 임금으로 일할 수밖에 없는 사람들이라도 자신들에게 주어진 노동을 온 마음을 다해 성실하게 행하면 하느님이 그들의 그런 모습을 기뻐한다고 보는 관점으로 점철되어 있다. 따라서 이것과 관련해서 개신교적인 금욕주의는 그 어떤 새로운 것을 거기에 더했다고 할 수는 없지만, 사실은 그러한 관점을 아주 극적으로 심화시킴과 동시에, 그런 관점이 경제 분야에서 막강한 영향을 미치기 위해서 절대적으로 요구된 요소를 만들어 내었는데, 그것은 직업 노동이야말로 하느님이 개별 신자들에게 준 "소명"이고, 개별 신자들이 자신이 구원받은 자인지를 확증하는 최적의 수단, 아니 유일한 수단으로 규정함으로써, 그러한 관점이 신자들의 심리적 동력이 되게 만든 것이었다.[104] 아울러, 다른 한편으로는 개신교적인 금욕주의는 기업가의 이윤 추구와 부의 획득도 "소명"으로 해석함으로써, 이렇게 특별한 노동 의욕을 갖추게 된 노동자들에 대한 착취를 정당화할 수 있는 근거를 제공해 주었다.[105]

104. 백스터(Baxter)가 목회자로 부임할 때만 해도 거의 황폐화되어 있다시피 했던 키더민스터 지역에서 목회적으로 대성공을 거둔 것은 목회의 역사라는 측면에서는 그 유례를 거의 찾아볼 수 없는 사례였지만, 금욕주의적인 신앙이 대중들에게 노동하도록, 즉 마르크스주의적으로 표현하자면 "잉여가치"를 생산하도록 교육시켜서 가내공업이나 방직업 같은 자본주의적인 기업에서 일하게 하는 것이 가능하다는 것을 보여준 최초의 사례이자 그 이후에 하나의 전형이 된 사례이기도 했다. 이 둘 간의 인과관계는 전체적으로 이런 것이었다. 백스터의 입장에서 보았을 때, 그것은 자신이 신앙적으로 돌보는 사람들이 자기가 제시한 신앙적이고 윤리적인 관점을 받아들이게 하기 위해서 그들을 자본주의라는 톱니바퀴 속에 밀어 넣은 것이었고, 자본주의의 발전이라는 입장에서 보았을 때, 그것은 백스터의 신앙적이고 윤리적인 이해관계가 자본주의 "정신"의 발전에 기여한 것이었다.

105. 여기에서 한 가지 더 말해 둘 것이 있는데, 그것은 중세 시대의 수공업자들을 논할 때에는 그들이 "자신의 손으로 만들어 낸 것"에 대해 강한 자부심과 보람을 느꼈다는 것을 전제하는 경향이 있고, 그런 노동이 그들에게 자부심과 보람을 주었을 것임은 분명하지만, 과연 그러한 자부심과 보람이 그런 노동을 하게 만드는 심리학적 동력으로서 실제로 어느 정도의 역할을 했는지는 의심스럽다는 것이다. 하지만 어쨌든 분명한 것은 청교도 같은 금욕주의적인 신앙이 지배하게 되면서, 그런 노동에 수반되었던 "현세적인 매력"은 사라지고, 노동의 목적은 내세적인 것을 지향하게 되었다는 것이다 — 그러한 현세적인 매력은 오늘날 자본주의에 의해서 영원히 박멸되었다. 노동은 이제 어떤 매력이 있어서 하는 것이 아니라, 하느님이 원하고 명령한 것이기 때문에 하는 것이 되었다. 따라서 오늘날이나 당시에나 노동은 비인격적이었지만, 즉 개개인의 관점에서 볼 때에 그들에게 자부심과 보람을 거의 주지 못했고 무의미했지만, 그러한 직업 노동은 신앙으로 인해서 거룩한 것으로 여겨졌다. 자본주의의

초창기에는 자본주의가 자리를 잡기 위해서 경제적으로 착취를 당하더라도 다른 이유로 그것을 감내하고 적극적으로 일하고자 하는 노동자들이 필요했고, 금욕주의적인 신앙은 바로 거기에 기여했다. 반면에, 오늘날의 자본주의는 이미 확고하게 자리를 잡았기 때문에, 내세적인 보상이라는 동인이 존재하지 않아도, 적극적으로 일하고자 하는 노동자들을 얼마든지 확보할 수 있게 되었다.

―――――

개별 신자들이 오로지 하느님의 나라에 들어가고자 하는 일념으로, 한편으로는 자신들에게 소명으로 주어진 직업 노동을 온 힘을 다해 수행하고, 그리고 다른 한편으로는 교회가 치리를 통해 재산이 없는 무산 계층에게 특히 더 강력하게 부과한 엄격한 금욕의 의무를 수행한 것이 자본주의적인 의미에서의 "생산성"을 비약적으로 증대시킬 수밖에 없었다는 것은 너무나 분명하다. 이렇게 해서 이윤 추구를 통한 영리 활동을 "소명"으로 인식한 것이 근대적인 기업가들의 특징이었듯이, 직업적인 노동을 "소명"으로 인식한 것이 근대적인 노동자들의 특징이었다. 당시의 이러한 상황은 성공회 교도였던 윌리엄 페티(William Petty) 경이 네덜란드의 경제력을 예리하게 통찰해서 써 놓은 글 속에 잘 반영되어 있는데, 그는 "노동과 기업 활동을 하느님이 그들에게 준 의무"로 생각하는 "비국교도들"인 칼뱅주의자들과 침례교도들이 네덜란드에 특히 많은 것이 네덜란드의 탄탄한 경제력의 원인이라고 지적했다.

스튜어트 왕조 시대의 성공회, 그 중에서도 특히 로드(Laud)가 제시한 "유기체적인" 사회 조직 방식, 즉 국가 재정을 축으로 해서 독점주의적인 형태로 사회를 조직하는 방식은 성공회적인 사회 윤리의 토대 위에 국가와 교회가 "독점 기업가들"과 동맹을 맺은 것인 반면에, 청교도들은 개개인의 역량과 창의력을 토대로 한 합리적이고 합법적인 영리 활동이라는 개인주의적인 동력을 축으로 한 자본주의를 지지했고, 국가에 의한 특혜를 기반으로 영리 활동을 한 독점 기업가들이 축이 되어 움직이는 자본주의, 즉 상인 자본주의와 선대제 자본주의와 식민 자본주의를 격렬하게 반대했다. 영국에서 국가에 의한 특혜를 기반으로 한 독점 산업들은 얼마 안 있어 모조리 사라졌고, 국가 권력과는 무관하게, 때로는 국가 권력에 맞서 일어난 산업들은 발전을 계속해 나갔는데, 후자의 발전을 밑받침해 준 것이 바로 청교도 신앙이 제시한 개인주의적인 동력이었다.[106]

프린(Prynne)이나 파커(Parker) 같은 청교도들은 자신들의 우월한 기업 윤리에 대한 자부심이 대단했기 때문에, 대자본가들이었던 "궁정의 조신들이나 대기업 소유주들"을 윤리적으로 문제가 있는 집단으로 규정하고 그들과의 일체의 공조를 거부했는데, 바로 그들의 이러한 기업 윤리는 그들이 그러한 대자본가 집단의 박해를 받게 된 실제적인 원인이었다. 디포(Defoe) 같은 후대의 청교도는 은행에서 발행한 어음을 사용하지 말고 은행에 맡겨 둔 예금과 주식 공탁금을 일제히 인출함으로써, 비국교도들에 대한 성공회의 탄압을 분쇄하여, 성공회와 벌이는 투쟁에서 승리하자고 제안하기도 했다. 이 두 가지 유형의 자본주의 간의 대립은 성공회와 비국교도들 간의 종교적인 대립과 많은 점에서 매우 유사했다. 비국교도들에 적대적인 사람들은 18세기에 이르러서도 계속해서 비국교도들을 "상점 주인의 정신"을 지닌 자들이라는 비하하는 말로 조롱했고, "옛 영국"의 이상을 몰락시키려고 작정한 자들로 규정하여 탄압했다. 청교도적인 경제 윤리와 유대교적인 경제 윤리 간의 대립의 근본적인 원인도 여기에 있었고, 예컨대 프린(Prynne) 같은 당시 사람들도 후자가 아니라 전자가 시민 계층의 경제 윤리라는 것을 이미 인식하고 있었다.[107]

근대적인 자본주의 정신, 좀 더 일반적으로는 근대적인 문화 전반의 본질적인 구성요소들 중의 하나는 직업을 소명으로 여기는 사상을 토대로 해서 인간의 삶을 합리적으로 조직하는 것이었고, 그런 식으로 조직된 생활양식은 기독교적인 금욕주의의 정신으로부터 출현했다는 것이 우리의 논의를 통해 증명하고자 한 것이었다. 우리의 논의가 끝나가는 이 시점에서 이 논의의 처음 부분에서 인용한 벤저민 프랭클린(Benjamin Franklin)의 글을 다시 읽어 보면, 우리는 거기에서 "자본주의 정신"이라고 설명된 정신적인 태도를 구성하는 본질적인 요소들이 우리가 지금까지의 논의를 통해 밝혀 낸 직업 노동과 관련된 청교도적인 금욕주의의 요소들과 동일하다는 것을 확인할 수 있다.[108] 단지 벤저민 프랭클린의 글에서 그러한 "정신"이 종교적인 근거 위에서 제시되고 있지 않은 것은 그러한 "정신"이 원래 발을 딛고 있던 종교적인 토대가 세월이 흐르는 동안에 서서히 약화되다가 결국에는 소멸되어 버렸기 때문이었다.

---

106. 이 둘 간의 이러한 대립과 발전에 대해서는 앞에 인용된 헤르만 레비(Hermann Levy)의 저작을 보라. 영국민들의 특징인 독점을 반대하는 아주 강력한 정서는 역사적으로 볼 때 장기의회가 독점 기업가들을 의회에서 몰아낸 것과 같은 왕권에 대항한 정치적인 권력 투쟁, 청교도의 윤리, 17세기에 금융 자본가들에 대항했던 시민 계층의 중소 자본가들의 경제적 이해관계가 서로 맞물려 돌아가는 과정에서 만들어졌다. 1652년 8월 2일에 발표된 군대의 성명이나 1653년 1월 28일에 제기되었던 수평파의 청원에서는 소비세와 관세와 간접세의 폐지와 모든 토지에 대한 단일과세의 도입을 요구했고, 무엇보다도 특히 국내외 무역에서 독점을 인정하는 것은 인권 침해에 해당한다고 규정하고 전면적인 "자유무역"을 요구했는데, 이것은 이미 1641년에 의회가 찰스 1세에게 제출한 "대항의서"에서 요구한 것이기도 했다.

107. 레비의 앞의 책 51–52쪽을 참조하라.

108. 근대 자본주의의 구성요소들 중에서 여기에서 아직 그 종교적 근원으로 추적해서 살펴보지는 않은 요소들, 특히 프랭클린(Franklin)이 "신용"을 강조하며 제시한 "정직이 최고의 정책"이라는 명제도 청교도 신앙에서 유래한 것이지만, 그것에 대한 논의는 우리의 연구와는 조금 다른 맥락에 속한 것이기 때문에(그것에 대해서는 나의 논문인 『개신교 분파들과 자본주의 정신』을 보라), 여기서는 에두아르트 베른슈타인(Eduard Bernstein)이 내게 일러 준 론트리(J. S. Rowntree)의 다음과 같은 말을 인용하는 것으로 만족하고자 한다. "'친우회'의 신자들의 신령하고 고귀한 신앙고백이 세속적인 직무들에서의 영리하고 재치 있는 일처리와 결합

되어 있는 것은 단지 우연히 그런 것인가, 아니면 어떤 필연적인 결과인 것인가? 참된 신앙은 그 사람의 신용을 보증해 주고 미리미리 신중하고 사려 깊게 생각하는 습성을 길러주기 때문에, 신앙을 지닌 상인은 성공할 확률이 높다. 이런 덕목들은 부를 지속적으로 축적하는 데 필수불가결한 것, 즉 상업인들의 세계에서 지위와 신용을 확보하는 데 중요한 요소들이다"(『퀘이커교의 과거와 현재』 95-96쪽). 나의 논문인 『개신교 분파들과 자본주의 정신』을 보라. 17세기에 윌리엄 템플(W. Temple) 경의 찬탄을 불러일으켰던 네덜란드인들의 준법정신, 그리고 그로부터 한 세기 후에 청교도적인 윤리 교육을 경험하지 못했던 유럽 대륙의 사람들과 뚜렷하게 대비되었던 영국인들의 준법정신과 마찬가지로, "위그노교도처럼 정직하다"라는 말은 많은 사람들의 입에 회자되는 격언이었다.

―――――

근대적인 직업 노동이 금욕주의적인 특질을 지니고 있다고 생각하는 것도 당연히 새로운 것이 아니다. 삶을 전문화되고 특화된 노동에 바치고, 그렇게 하기 위해서 파우스트(Faust)처럼 다차원적인 삶을 살고자 하는 욕구를 포기하는 것은 오늘날의 세계에서 가치 있는 일을 하기 위한 선결조건이다. 이렇게 전문화되고 특화된 과업을 "행하기" 위해서 다른 것들을 "체념하고" 포기하는 것은 서로 밀접하게 연결되어 있다. 시민 계층의 생활양식이 어떤 식으로든 하나의 양식으로 자리를 잡기 위해서는 어떤 기조를 필요로 했고, 그런 기조로 채택한 것이 바로 그러한 "금욕주의"였는데, 괴테(Goethe)가 인간의 삶에 대한 자신의 지혜가 최고조에 이르렀던 나이에 『빌헬름 마이스터의 편력 시대』라는 소설을 써서, 그리고 자신의 희곡의 주인공이었던 파우스트(Faust)의 생애의 마지막 단계에 관한 묘사를 통해서 우리에게 가르쳐 주고자 했던 것이 바로 그러한 금욕주의를 기조로 한 시민 계층의 생활양식이었다.[109] 괴테는 이것을 "체념하는 심정으로" 충만하고 아름다운 인간성의 시대와 이별하는 것으로 보았다. 고대 아테네의 전성기가 다시 재현될 수 없는 것과 마찬가지로, 인류의 문화가 발전해 가는 과정에서 그런 아름답고 충만한 인간적인 시대도 다시는 재현될 수 없다.

청교도들은 직업에 전념하는 인간이 되기를 "원했던" 반면에, 우리는 그런 인간이 "되지 않을 수 없다." 청교도적인 금욕주의는 신자들을 수도원의 골방에서 끌어내어 세속적인 직업 생활로 집어넣어서 세속의 도덕을 지배함으로써, 공장과 기계를 기반으로 한 생산과 관련된 기술적이고 경제적인 조건들과 연결된 근대적인 경제 질서를 중심으로 한 강력한 세계를 건설하는 데 기여했고, 그렇게 만들어진 세계는 오늘날 직접적으로 경제적인 영리 활동에 종사하는 사람들만이 아니라 이 세계 속에 태어나서 편입된 모든 사람들에게 자신의 압도적인 힘을 가하여 그들의 삶을 자신이 필요로 하는 생활양식으로 주조해 내고 있고, 마지막 화석 연료가 다 타서 없어지는 그 순간까지 그렇게 할 것이기 때문이다.

백스터는 성도들에게 재화에 대한 관심은 "언제라도 벗어 버릴 수 있게 가볍게 걸치고 있는 외투" 같은 것이어야 한다고 말했지만,[110] 역사적인 운명은 재화에 대한 관심이 가벼운 외투가 아니라 강철로 만든 쇠창살이 되게 하였다. 금욕주의가 이 세계를 변화시키고 계속해서 영향을 미치면서, 재화는 점점 더 강력한 힘으로 인간을 지배하게 되었고, 결국에 인간이 그 힘에서 벗어나는 것은 불가능하게 되어 버렸는데, 이것은 이전의 역사에서 유례가 없는 일이다.

오늘날 인간이 갇혀 있는 이 쇠창살 안에서 금욕주의는 사라져 버렸고, 이것이 일시적인 현상일지, 아니면 영속적으로 이어질 현상일지는 아무도 알 수 없다. 어쨌든 이제 역사 속에서 승리해서 하나의 강력한 틀과 기제로 굳건하게 자리를 잡은 자본주의는 금욕주의라는 지지대가 필요하지 않다. 이 금욕주의의 상속자로서 처음에는 금욕주의를 기분 좋게 이어받아서 장밋빛 전망을 내놓았던 계몽주의도 이제는 결국 빛을 잃어가고 있는 것으로 보이고, "소명으로서의 직업" 사상도 옛 종교와 신앙의 "망령"이 되어 우리의 삶 속에서 서성이고 있을 뿐 실질적인 힘을 발휘하지는 못하고 있다.

오늘날의 사람들은 "직업"을 최고의 정신적이고 문화적인 가치들과 직접적으로 연결하는 것이 불가능하기 때문에, 달리 말하면 개인의 입장에서 단지 경제적 강제로 받아들일 수밖에 없기 때문에, "직업"에 어떤 의미를 부여하고자 하는 시도를 단념해 버리는 것이 보통이다. 미국처럼 영리 추구에 부여되어 있던 종교적이고 윤리적인 의미가 거의 완전히 사라진 지역에서는, 영리를 추구하는 행위는 순전히 "경쟁욕"과 결부되어서 마치 스포츠를 하는 것 같은 특성을 띠게 되는 경향이 있다.[111]

---

109. 알베르트 빌쇼프스키(Albert Bielschowsky)는 자신의 저작인 『괴테: 그의 생애와 작품』(*Goethe: sein Leben und seine Werke*) 제2권 제18장에서 이 주제를 잘 분석해 놓았다. 과학적 "세계"의 발전과 관련해서 빈델반트(Windelband)는 자신의 저작인 『근대철학사』(*Geschichte der neueren Philosophie*)의 제2권인 『독일 철학의 전성기』(*Blütezeit der deutschen Philosophie*)의 끝부분에서 이것과 비슷한 생각을 보여준다.

110. 백스터의 『성도의 영원한 안식』 제12장을 보라.

111. "이 노인은 75,000달러에 달하는 자신의 연간 수입으로 만족하고서 은퇴할 수는 없는 것인가? 그것은 불가능하다. 이 노인은 자신의 상점의 전면을 400피트 확장하고자 한다. 왜 그런가? 이 노인은 '그래야만 모든 것이 잘 될 것이다'라고 말한다. 저녁마다 부인과 딸들이 함께 독서하면, 이 노인은 빨리 자고 싶어 한다. 일요일에는 이 날이 빨리 지나가기만을 학수고대하는 마음으로 5분마다 시계를 들여다본다. 이 얼마나 비참한 삶인가!" 이것은 독일에서 이주해 온 사위가 오하이오 주의 강변에 있는 한 도시에 큰 포목상을 경영하며 거부로 살아가는 자신의 장인의 삶을 평가한 글이다. 반면에, "이 노인"은 자신에 대한 사위의 그런 평가를 도저히 이해할 수 없다는 반응을 보이면서, 사위의 그런 태도를 독일인들의 무기력증의 표출에 지나지 않은 것으로 치부하여 무시해 버릴 것이 틀림없다.

미래에 누가 이 쇠창살 안에 갇혀서 살아가게 될 것인지, 그리고 이 끔찍하고 소름끼치는 발전이 끝나갈 무렵에 지금까지와는 완전히 새로운 예언자들이 출현하게 될 것인지, 아니면 옛 사상과 이상이 다시 부활하여 강력한 힘을 발휘하게 될 것인지, 또는 이것도 저것도 아니라면 자포자기 상태에서 극도의 자존감으로 장식된 기계적이고 화석화된 인류가 출현하게 될 것인지는 아무도 알 수 없다. 만일 화석화된 인류가 출현하게 된다면, 인류의 이러한 기나긴 문화 발전의 과정에서 "인류의 마지막 단계에 선 최후의 인간들"인 "마지막 인류"ᵉ에게는 다음과 같은 말이 참이 될 것이다. "혼이 없는 전문가들, 심장이 없이 향락을 추구하는 자들 — 이 무가치한 인간 군상들은 인류가 지금까지 도달한 적이 없는 수준으로 자신들이 올라갔다고 착각한다."

하지만 이렇게 말하는 것은 가치 판단과 신앙 판단의 영역으로 나아가는 것이고, 그것은 순수하게 역사적으로 분석하고 서술해야 하는 것을 책무로 삼는 우리의 논의에서는 금단의 영역이기 때문에, 우리의 이후의 과제는 그런 것과는 다른 다음과 같은 것들이 되어야 한다. 먼저, 이 간략한 논의에서 단지 그 중요성을 암시하는 정도에서 끝낼 수밖에 없었던 "금욕적 합리주의"가 직업윤리 외에도 종교적인 작은 집단들에서 국가에 이르기까지 사회적인 집단들의 조직 및 기능의 유형에 나타난 사회 윤리와 정치 윤리에서 어떤 의미를 지녔고 어떤 영향을 미쳤는지를 밝혀내야 한다. 다음으로는, "금욕적 합리주의"가 "인문학적 합리주의"¹² 및 그런 합리주의가 제시한 인간의 이상적인 삶과 문화에 미친 영향과 어떤 관계에 있었는지, 그리고 더 나아가 철학적이거나 과학적인 경험론의 발전 및 기술과 정신문화의 발전과는 어떤 관계에 있었는지를 분석해야 한다. 마지막으로는, "금욕적 합리주의"가 처음에는 역사적으로 중세 시대에 초보적으로 발전된 세속적 금욕주의로부터 어떠한 형성 과정을 거쳤고, 나중에는 어떤 과정을 통해 전적인 공리주의로 해체되었던 것인지를 금욕주의적인 신앙이 전파된 모든 지역들을 서로 비교하고 검토해서 역사학적인 방법으로 추적해야 한다.

e. "마지막 인류"라는 이 어구는 프리드리히 니체(Friedrich Nitzsche)가 자신의 저작인 『이 사람을 보라』(*Ecce Homo*)에서 사용한 표현이다. 니체가 말한 "마지막 인류"는 감정이 존재하지 않는 역겨운 인류 유형을 가리킨다. 이 인류는 "즐거움의 감정"이 없기 때문에 모든 것을 냉정하게 처리하는데, 그럼에도 불구하고 자신들이 "행복을 만들어 내었다"고 주장한다.

112. 내가 이 논문의 초판에 쓴 이 글은 그 이후에 조금도 수정하지 않았기 때문에, 브렌타노(Brentano)가 이 글만이라도 제대로 읽었다면, 내가 인문주의적인 합리주의의 독자적인 의미를 결코 의심하지 않았다는 것을 충분히 알 수 있었을 것이다. 아울러, 최근에 카를 보린스키(Karl Borinski)는 『뮌헨 학술원 논문집』(*Abhandlungen der Münchener Akademie der Wissenschaft*)에 수록된 자신의 논문인 "근대의 중생 개념"(Die Wiedergeburtsidee in den neueren Zeiten)에서 인문주의조차도 순수한 "합리주의"가 아니었다는 것을 다시 강조한다.

오직 이 모든 것들에 대한 연구가 완료되고 나서야, 금욕주의적인 개신교가 근대 문화를 구성하고 있는 다른 요소들에 대하여 갖는 문화적인 의의가 어느 정도인지가 드러나게 될 것이다. 나의 이 연구는 금욕주의적인 개신교가 근대 문화에 영향을 미쳤다는 사실과 영향을 미친 방식을 근대 문화를 구성하는 여러 부문들 중에서 단지 하나의 부문 —비록 이 부문이 근대 문화에서 중요하지 않은 것은 아니지만— 과 관련해서만 추적했을 뿐이기 때문이다.

한편, 개신교의 금욕주의의 형성 과정과 그 특성이 당시 사회의 문화적 조건들, 특히 경제적 조건에 의해 어떤 영향을 받았는가 하는 것도 해명되어야 한다.[113] 왜냐하면, 오늘날의 사람들은 한편으로는 아무리 최선을 다해 인식하려고 해도, 개신교가 형성되던 시기에 살았던 사람들의 종교적이고 신앙적인 인식 내용이 그들의 생활양식과 문화와 국민성에 실제로 어마어마한 의미를 가졌고 너무나 엄청난 영향을 미쳤다는 사실을 올바르게 인식하는 것은 거의 불가능하고, 다른 한편으로는 그렇다고 해서 문화와 역사의 여러 인과관계에 대해서 일방적으로 "유물론적인" 해석을 완전히 배제하고서 일방적으로 "관념론적인" 해석을 관철시키고자 하는 것도 불가능하기 때문이다. 이 두 가지 해석방법은 둘 다 똑같이 가능하다.[114] 하지만 어느 해석방법으로 연구를 했든, 그 연구를 최종적인 연구를 위한 예비 작업이 아니라 최종적인 결론으로 받아들이게 되는 경우에는, 그 연구는 둘 다 똑같이 역사적 진리와는 거리가 멀게 될 것이다.[115]

---

113. 게오르크 폰 벨로브(Georg von Below)가 자신의 학술 강연인 『종교개혁의 원인들』(*Die Ursachen der Reformation*)에서 다루는 것은 이 문제가 아니라 종교개혁 일반, 특히 루터다. 하인리히 헤르멜린크(Heinrich Hermelink)의 『종교개혁과 반종교개혁』(*Reformation und Gegenreformation*)은 일차적으로 다른 주제를 다루고 있기는 하지만, 여기에서 다루고 있는 주제, 특히 우리의 연구와 관련된 논쟁들도 다루고 있기 때문에 참고할 만하다.

114. 앞에서의 서술은 의도적으로 종교적 인식의 내용들이 "물질적인" 문화생활에 영향을 미친 것이 의심의 여지가 없을 정도로 확실한 그런 관계들만을 다루었다. 내가 그렇게 하지 않고, 근대 문화의 "특징"을 이루는 모든 것들을 개신교의 합리주의로부터 논리적으로 도출해 내는 방식으로 그 서술을 구성하는 것은 쉬운 일이었을 것이다. 하지만 그런 식으로 서술하는 것은 "사회 심리"의 "단일성"을 믿고 그것을 하나의 정식으로 표현해 내는 것이 가능하다고 믿는 호사가들에게나 어울리는 일이다. 여기에서 한 가지 추가로 지적해 두고자 하는 것은, 기독교는 우리가 살펴본 시기 이전에 이루어진 자본주의 발전에 영향을 미친 요소들 중의 하나였다는 것이다. 기독교의 영향이 그런 자본주의의 발전을 방해했는지 아니면 촉진했는지, 그리고 어떤 유형의 영향이었는지 하는 문제는 이 논문에서는 다룰 주제가 아니지만, 그 문제를 비롯해서 내가 앞으로 풀

어 나가야 할 문제들로 제시한 주제들을 이 학술지에서 다른 논문들을 통해 다루는 것이 합당한지는 이 학술지가 추구하는 방향에 비추어 볼 때 확실하지 않다. 그런 문제들을 다루고자 할 때에는 신학과 역사 같은 다른 분야의 연구 성과들을 많이 참조해야 하는데, 나는 그렇게까지 해 가면서 그런 주제들로 여러 권의 책을 쓸 생각은 없다.

종교개혁 이전의 "초기 자본주의" 시대에 있어서 삶의 이상과 현실 간의 긴장관계에 대해서는 지금은 슈트리더(Jakob Strieder)의 『자본주의 조직 형태의 역사에 관한 연구』(*Studien zur Geschichte kapitalistischer Organisationformen*(1914) 제2편을 보라. 이 연구서의 입장은 좀바르트가 사용했던 앞에서 언급한 프란츠 켈러(Franz Keller)의 저작의 입장과 반대된다.

115. 나는 이 문장과 바로 앞의 본문에서 한 말들과 주들이 내가 이 논문을 통해서 무엇을 하고자 했는지와 관련한 온갖 오해들을 풀어 주기에 충분할 것이라고 믿기 때문에, 더 이상 덧붙일 말이 없다. 나는 원래 본문에서 앞으로 연구해야 할 주제들로 제시한 것들에 대한 연구를 계속해서 해 나갈 생각이었지만, 그 계획을 바꾸었는데, 그 이유는 한편으로는 우연히도 에른스트 트뢸치(Ernst Troeltsch)가 내가 다루고 싶었지만 신학자가 아니어서 제대로 다룰 수 없었던 주제를 다룬 책인 『기독교 교회와 집단의 사회 교리』를 출간했기 때문이었고, 다른 한편으로는 내가 이 논문에서 수행한 연구를 특정한 주제에 대한 단편적인 연구에서 멈추지 않고 문화 발전 전체와 연결시키고자 하는 생각이 있었기 때문이었다. 이렇게 해서 나는 종교와 사회의 보편사적 상관관계에 대한 비교론적 연구를 진행했고, 그 결과물로 나온 논문들인 『세계 종교의 경제 윤리』에 관한 일련의 논문들을 이제 한 권의 책으로 묶어서 이 논문 다음에 수록했는데, 먼저 내가 이 논문들에서 사용한 "분파" 개념을 설명함과 동시에 근대의 자본주의 정신에서 청교도의 교회 개념이 지니는 의미를 다루기 위해서 『개신교 분파들과 자본주의 정신』이라는 짧은 논문을 앞에 싣고, 그 다음에 그 논문들을 실었다.

카를 피셔의 비판에 대한
막스 베버의 제1차 반박

카를 피셔(Karl Fischer)는 1907년과 1908년에 쓴 자신의 두 논문에서 막스 베버의 『프로테스탄트 윤리와 자본주의 정신』을 내용과 방법론이라는 측면에서 비판을 제시했는데, 그가 가장 핵심적으로 비판한 내용들은 이런 것들이었다. 첫 번째는 막스 베버가 "자본주의 정신"이라는 개념을 서로 상반된 방식으로 사용했다는 것, 즉 프랭클린이 보여준 "정신"을 처음에는 자본주의 정신과 다른 것으로 인식했다가 나중에는 동일시했다는 것이었고, 두 번째는 루터가 "직업"을 가리키는 데 사용한 독일어 '베루프'(Beruf)는 그가 처음으로 사용한 것이 아니라 당시에 사람들이 널리 사용하고 있던 용어였다는 것이었으며, 세 번째는 종교 사상이라는 것도 사실은 경제생활에 순응하기 위한 목적으로 발전된 것일 가능성이 크다는 것이었다.

좀 더 일반적으로 말하자면, 피셔는 베버가 역사에 대한 "관념론적인" 해석을 제시하고 있다고 혹평하면서, 자본주의적인 기업들이 종교개혁보다 훨씬 이전에 이미 존재했다는 것을 보여준 좀바르트(Sombart)의 분석이 베버의 견해보다 더 설득력이 있다고 주장하고, 좀바르트와 베버는 둘 다 자본주의 정신의 출현과 관련해서 중요한 "심리학적인" 요인을 소홀히 했다는 말을 덧붙인다. 즉, 돈을 획득하는 것은 그 돈을 어떻게 쓸 것인가와는 상관없이 그 자체로 목적이 되는 것과 마찬가지로, 자본주의 정신도 돈을 소유하는 사람들이 느끼는 힘에서 나오는 심리학적인 즐거움이 그 주된 원인이고, 종교적 동기는 부차적이거나 별 상관이 없다는 것이다.

피셔의 이러한 비판에 대한 베버의 두 번의 답변은 역사적 사건들에 대한 심리학적인 설명들을 분석하고서, 개신교 금욕주의의 영향으로 "조직적인 삶을 영위하고자 하는 정신"과 "자본주의라는 경제적 단계에 정신적으로 적합한 윤리적인 삶의 양식"이 출현했고, 이것은 "인간의 영혼 속에서 자본주의의 승리를 의미하는 것"이었다는 자신의 주장을 다시 한 번 재확인한 것으로 유명하다.

나는 피셔의 비판에 대한 답변인 나의 논문을 게재하는 데 동의해 준 두 분의 공동편집인들에게 감사한다. 왜냐하면, 어떤 비판이 아무리 모호한 것일지라도, 오해들을 불러일으키는 것을 미리 막지 못한 책임은 필자인 나에게 있고, 그렇게 해서 초래된 오해들에 대해서는 어떤 식으로든 해명하는 것이 마땅하기 때문이다.

잘 알다시피, 나의 비판자들이 나의 글에 대해 제기한 거의 모든 반론들은 사실 나의 글을 오해한 데서 비롯된 것들이고, 그 중 일부는 좀 더 주의 깊게 내 글을 읽은 독자들이라면 생겨나지 않았을 오해들이라는 점에서, 실제로 그 비판들은 내게 해당되지 않는다는 점을 먼저 말해 두고자 한다.

먼저, 나는 야콥 푸거(Jakob Fugger)의 글에 표현된 "정신"과 프랭클린(Franklin)의 말에 표현된 "정신"이 서로 대립된다고 말했는데, 나의 비판자는 내가 이 두 사람이 표현한 "정신"을 동일한 것으로 보고 있다고 비판한다.[1]

또한, 나는 프랭클린의 글을 내가 편의상 "자본주의 정신"이라고 부른 것이 단지 경제적인 기업의 형태에 달려 있지 않다는 것을 보여주는 여러 가지 예들 중의 하나로 인용한 것인데도,[2] 나의 비판자는 마치 내가 프랭클린의 태도를 한 경우에는 자본주의 "정신"과 다른 것으로 규정하고, 또다른 경우에는 자본주의 "정신"과 동일한 것으로 규정한 것처럼 주장한다.

다음으로, 나는 루터가 성경을 독일어로 번역한 이래로 모든 개신교 국가들에서 공통적으로 사용했지만 다른 국가들에서는 사용하지 않았던 윤리적인 색채를 지닌 "직업" 개념이 종교개혁에서 새롭게 만들어진 것임을 증명하는 것은 나의 연구에서 아주 중요한 논점과 연결된 것이었기 때문에, 그것을 증명하는 데 심혈을 기울였다. 하지만 나의 비판자는 루터가 "직업"을 독일어 '베루프'로 표현한 것은 "당시 사람들이 일반적으로 통용되던 표현"을 그대로 가져와서 사용한 것이라고 주장하면서도, 그 표현이 "일반적으로 통용되던" 것임을 보여주는 증거를 하나도 제시하고자 하지 않는다. 어원론적인 연구를 통해서 나의 견해가 잘못된 것임이 밝혀진 경우에는 나의 견해를 언제라도 수정하는 것은 당연한 일이다. 그러나 아무런 증거도 제시하지 않은 채 단지 나와 정반대되는 견해를 주장하는 것은 이 문제와 관련된 현재의 지식 정도에 비추어 보았을 때 적절한 반응이라고 하기 힘들다.

또한, 나는 루터교적인 신앙 형태에서 출현한 "직업" 개념은 자본주의 "정신"의 일부가 된 "금욕주의적인" 개신교 분파들 내에서 통용되던 "직업" 개념과 달랐다는 것을 그 근거들을 들어 자세하게 입증하고자 했다. 그런데도 나의 비판자는 나의 논문의 기본적인 명제들 중의 하나인 나의 그런 연구 결과를 자신의 반론의 근거로 삼아서, 내가 그런 식으로 자본주의를 루터로부터 도출하고자 한 것은 나의 "관념론적인 역사 해석"을 보여주는 증거라고 공격한다.

나는, 자본주의 기업 활동의 중요한 형태들은 종교개혁보다 훨씬 이전부터 존재해 왔다는 사실을 근거로 들어서, 오직 종교개혁이 자본주의 "정신," 또는 경제 체제로서의 자본주의 자체를 창출해 낼 수 있었을 것이라는 "어리석은" 주장을 명시적으로 반박했고, 내가 그런 주장을 반박했다는 것은 아무도 이의를 제기할 수 없는 절대적인 사실임에도 불구하고, 나의 비판자는 내 친구인 좀바르트(Sombart)에게 내가 그런 어리석은 주장에 동조했다고 말하며 나를 공격해 왔다.

또한, 나는 역사 외적인 어떤 관념들을 토대로 해서 역사를 "관념론적으로" 해석하는 온갖 시도를 너무나 분명하게 통렬히 비판했음에도 불구하고, 나의 비판자는 내가 그런 관념론적인 역사 해석을 했다고 비난한 것은 물론이고, 내가 침례교 윤리의 변화를 "헤겔의 의미에서 논리적인 과정"으로 생각하는 것이 아니냐고 반문을 제기하기도 한다.[3] 그런 후에, 그는 내가 누구나 이해할 수 있을 만큼 충분히 분명하게 밝힌 입장을 마치 자신의 입장인 것처럼 제시한다. 내가 거기에서와 다른 곳에서 자주 삶에 대한 침례교적인 태도가 "세속"에 스며든 방식에 대해 제시한 설명을 그가 확신하지 못한다고 해도, 나는 조금도 거리낄 것이 없다. 왜냐하면, 그러한 설명은 이 점에서 그들과 비슷했던 다른 종파들, 예를 들어 경제적 조건과 관련해서는 그들과 완전히 다른 환경 아래 살았던 몇몇 러시아 종파들의 경험에도 그대로 적용된다는 것은 잘 알려져 있는 사실이기 때문이다.[4]

또한, 나는 나의 비판자가 내가 단지 오늘날에도 여전히 볼 수 있는 종파들과 경제적이고 사회적인 계층 간의 관계를 설명하기 위해 나의 논문들을 썼다고 전제하는 것도 나의 책임이라고 느끼지 않는다. 나는 기계적인 토대와 값싼 이민자 노동력(베스트팔리아 지역에서는 폴란드인, 캘리포니아에서는 중국인과 인도인) 위에 세워져 있는 오늘날의 자본주의는 이 문제에 대해서 초창기 자본주의와는 완전히 다른 태도를 취한다는 것을 최대한으로 강조한 바 있다. 이 모든 것에도 불구하고 오늘날에서조차도 경제 활동과 관련해서 종파들 간의 차이들을 목격할 수 있고, 이 문제가 종종 논쟁이 되고 있다는 사실은, 내가 앞에서 이미 말했듯이, 내게는 종파와 경제 활동이 초창기 자본주의에서 서로 어떤 연관이 있었을까 하는 문제를 제기하는 출발점이자 계기가 되었다.

당시에도 이 두 가지 문화 요소가 금욕주의적 개신교가 존재하는 곳에는 예외 없이 자본주의 "정신"이 존재하게 된다는 필연적인 상관관계로 맺어져 있지 않았다는 사실은 역사적으로 복합적인 현상들 간의 인과관계의 본질을 고려할 때 선험적이고 자명한 일이다.[5] 하지만 네덜란드의 자본주의자들에 대한 나의 비판자의 설명은 역사적 사실이라는 관점에서 볼 때조차도 잘못된 것이다. 일부 도시 귀족들이 봉건귀족들의 영지를 구입한 것은 네덜란드에서도 전형적인 것이었다. 또한, 나는 네덜란드에서 그러한 발전을 결정한 요인들이 어떤 것들이었는지에 대해 순전히 잠정적으로 고찰했는데, 나의 비판자는 도리어 나의 그러한 고찰들을 앞서의 나의 주장에 대한 반론들로 제시하며 나를 공격했다.

나는 나중에 초기 자본주의 시대에 라인 강 하류 지역에서 자본주의가 발달하는 데 특정한 종교 집단들이 어떤 역할을 했는지에 대해서 좀 더 자세하게 말할 것이다.[6] 또한, 나는 "개혁 신앙"은 "칼뱅주의"와 등치될 수 있는 것이 아니고, "칼뱅주의"는 금욕주의적인 청교도로 발전되기 이전에는 나의 연구에서 관심을 갖는 여러 특징들을 온전히 드러내지 않았다는 것도 독자들에게 상기시키고자 한다. 아울러, 나는 "칼뱅주의"는 칼뱅 자신이 가르친 교리와 결코 동일하지 않다는 것도 다시 한 번 강조하고자 한다.

또한, 내가 사람들이 어떤 종교를 신봉하는 것만으로 거기에서 특정한 유형의 경제적 발전이 탄생할 수 있다고 순진하게 믿는다고 아무도 생각하지 않았으면 좋겠다. 예컨대, 내가 시베리아에서 살아가는 침례교도들은 어쩔 수 없이 도매업자들이 될 수밖에 없고, 사하라에 거주하는 칼뱅주의자들은 반드시 공장경영자들이 될 수밖에 없다고 주장할 것이라고 아무도 생각하지 않았으면 좋겠다. 터키인들에게 복속되었다가 해방되는 것이 반복되었던 시기에 헝가리의 지리적이고 문화적인 상황 속에서 칼뱅주의는 거기에서도 자본주의적인 기업 형태들을 창출해 냈어야 했다고 생각하는 것은 네덜란드에서 자본주의의 지배는 지하의 석탄 자원의 생산으로 이어져야 했다고 생각하는 것과 마찬가지로 기괴할 수밖에 없다. 하지만 어쨌든 헝가리에서조차도 칼뱅주의는 비록 다른 분야에서였긴 하지만 특징적인 결과를 만들어 내었다. 또한, 나는 나의 논문의 출발점이었던 것, 즉 개혁파 신앙을 지닌 사람들의 직업 선택과 관련된 특징적인 현상들이 헝가리에서도 나타났음을 증명해 주는 여러 표지들이 존재한다는 것을 보여주는 수치들을 부수적으로 언급하기도 했다. 나는 종교와 경제 상황 간의 관계 전반에 대한 나의 견해를 비록 짤막하기는 하지만 현재로서는 충분히 분명하게 이미 제시했다고 믿는다. 그런데도 사람들이 나의 견해를 밝힌 대목들, 특히 나의 논문 전체에 대한 결론부에 나오는 나의 견해를 완전히 무시해 버린다면, 나로서는 더 이상 어떻게 방법이 없다.

따라서 나는 나에 대한 현재의 "비판"의 근저에 있는 것으로 보이는 여러 가지 오해들과 관련해서 내게 책임이 있다는 주장을 거부한다. 하지만 나의 논문들을 한데 모아서 한 권의 책으로 내는 것을 출판과 관련된 기술적인 이유들로 인해서 이제 더 이상 미룰 수 없게 되었기 때문에, 나는 거기에서 경제적인 형태들이 종교적인 동기에서 유래할 수 있는 것처럼 내가 주장하고 있는 것으로 잘못 해석될 수 있는 여지가 있는 표현들을 다시 한 번 걸러내고자 한다. 또한, 나는 개신교의 "금욕주의"로부터 "유래한" "체계적으로 조직된" 삶을 영위하고자 하는 "정신"만이 경제적 형태들과 관련해서 "유효한" 관계에 있고, 내가 보기에는 이 관계가 문화사적인 관점에서 대단히 중요하다는 것을 한층 더 분명하게 하고자 할 것이다. 나는 나의 비판자가 나로 하여금 그런 필요성을 인식시켜 준 데 대해서 감사하지만, 꼭 지적해 두고 싶은 것은 무한하게 복잡한 인과관계가 뒤엉켜 있는 이 분야에서는 1차 자료들에 대한 철저한 지식 없이는 실제로 제대로 된 비판을 할 수 있는 법인데, 나의 비판자는 그런 지식이 갖추어져 있지 않다는 것이다.[7]

유감스럽지만 나는 나의 비판자에게 그가 제시한 실증주의적이고 "심리학적인" 분석들은 그 어디에서도 절대로 통하지 않는다는 것을 알려 주지 않을 수 없다. 내가 오늘날 합의된 일군의 "심리학적인" 개념들은 종교사의 구체적인 문제, 즉 초기 경건주의에서의 모종의 히스테리적인 현상의 의미를 밝혀내는 데 사용하기에는 부적절하고 안전하지 않다고 분명하게 밝혔을 때, 그것은 나의 비판자가 행한 시도 같은 것들을 말한 것이었다. 다만, 히스테리 분야에서의 정확한 연구들은 예외인데, 나는 오직 그러한 연구들에 의거해서만 초기 경건주의에서의 모종의 히스테리적인 현상에 대한 새로운 가치 있는 통찰들을 기대할 수 있다고 본다.[8] 반면에, 나의 비판자가 그의 비판에서 제시한 여러 논증들은, 소위 "심리학"으로 통용되는 것들이 내가 관심을 갖고 있는 현상들을 역사적으로 설명하는 수단으로서 전혀 쓸모가 없다는 것을 아주 분명하게 보여준다.

그는 "우리가 심리학적 관점에서 돈을 번다는 것 그 자체가 목적이라고 말한다면, 우리는 돈을 버리는 것은 힘 있는 활동에 대한 개개인의 즐거움이라고 볼 수 있다"고 말한다.[9] "심리학"이라는 영역으로 내디딘 이 첫 걸음조차도 역사적 관점에서 보면 잘못된 걸음이다. 그러한 "힘 있는 활동에 대한 즐거움"은 오늘날 많은 유형의 사업가나 기업인들, 그리고 내가 말한 바 있는 과거의 야콥 푸거(Jakob Fugger) 같은 유형의 경제적 "초인들"에게 있어서 돈을 버는 것이 가져다주는 부수적인 효과에 대한 정확한 설명일 수 있다 — 그런 유형의 사람들은 저 아득한 고대의 바빌로니아 제국 시대 이래로 돈을 버는 것이 존재했던 모든 곳에 있었다.[10]

하지만 그것은 내가 관심을 갖고 있는 유형의 사람들, 즉 체계적으로 조직된 삶을 영위하고자 하는 유형의 사람들의 "정신"의 특징은 아니다. "개개인의 힘 있는 활동"과 그들이 거기에서 느끼는 "즐거움"은 이른바 르네상스 시대의 사람들과 관련해서 연구 주제가 될 수 있을지 모르지만, 수도사들과 다름없는 금욕주의적인 규율 아래에서 살아간 청교도들에게 그런 표현을 적용한다면, 우리는 그 표현을 근본적으로 완전히 다른 어떤 것으로 이해할 수밖에 없게 된다 — 그렇게 부정확한 추상적인 표현을 사용하는데, 어떻게 거기에서 정확한 이해를 바랄 수 있겠는가.

그런 식으로 일반화해서 추상적으로 제시한 표현들이 만들어 내는 세계는 역사적 현실의 현상들과는 동떨어진 세계다. 내가 보기에는 그것은 그가 다음과 같은 질문들을 계속해서 탐구하는 것으로부터 분명하게 드러난다. 이 "즐거움"은 심리학적인 현상들의 어떤 범주에 속하는 것으로 보아야 하는가? 모종의 "감정 상태의 전이"는 "일반적인 심리 현상"으로 볼 수 있는가? 그렇게 볼 수 있다면, 그런 "감정 상태의 전이"로부터 이론적으로 무엇이 뒤따르는가? 그 결과 어떤 역사적 과정들이 "인식될 수 있고," 어떤 역사적 과정들이 인식될 수 없는 것인가? "돈을 중시하는 태도"는 언제 생겨날 수 있었고 언제 생겨날 수 없었는가? 내가 다시 한 번 강조하지만, 돈을 중시하는 그러한 태도는 몰리에르(Molière)의 『수전노』로부터 카네기(Carnegie)와 힌두교의 "라자"(raja)에 이르기까지 서로 대단히 이질적이고 아주 다양한 "심리" 현상을 포괄하고, 그 자체로 청교도들의 조직적이고 체계적인 삶과는 아무런 상관이 없다.[11] "의무감" 같은 추상적인 개념이 어떻게 생겨날 수 있었는가? 특히, 어떻게 직업의 의무의 기원이 내가 제시한 것보다 더 "자연스러운" 설명일 수 있는가? 나는 이미 수많은 기회들을 통해서 그러한 일반화된 설명들은 근본적인 오류들에 의거한 것임을 보여주었기 때문에, 여기에서 또다시 그것이 잘못된 것임을 논증할 필요는 없을 것이다.

우리가 단지 "심리학"의 추상물들만을 가지고도 어떤 특정적인 생활양식들의 기원을 도출해낼 수 있다면, 그것은 어떤 결과들을 그 역사적 원인들로 거슬러 올라가서 추적하는 데 훨씬 더 편리한 방법일 것은 분명하다. 하지만 역사적 현실은 우리의 통제 밖에 있고, 존 스튜어트 밀(John Stuart Mill), 허버트 스펜서(Herbert Spencer),[12] 또는 심지어 나의 비판자의 심리학적 도식들이, 저 과거 시대의 사람들이 그들의 사후에 등장할 아주 구체적인 사상들을 지니고 있었고, 그것과 관련해서 어떻게 하면 자신들의 기회를 가장 잘 활용할 수 있는지에 대한 확고한 견해를 가지고 있었으며, 거기에 따라 자신들의 행위들을 계획했고, 구원을 확보하기 위해 충족시켜야 할 조건들에 관한 서로 다른 견해들에 따라 그들이 그렇게 한 방식은 문화 발전에 중요했다는 사실을 담아낼 수 있는지를 먼저 묻지 않는다. 근대인들이 그러한 형이상학적인 개념들이 지닌 절박한 힘을 상상하기 어렵다는 것은 두말할 필요가 없다.

그럼에도 불구하고, 나의 비판자는 온갖 다양한 "심리학적인" 고찰들을 수행한 후에 마침내 프랑스에서 자본주의 "정신"의 발전과 위그노파 운동 간의 분명한 상관관계를 인정한다. 나는 (1) 그가 처음에는 불가해해서 거의 설명할 수 없다고 본 그러한 "병행관계"를 다른 여러 분야들에서 이미 발견했고, (2) 지금까지 일련의 주목할 만한 사실들을 근거로 들어서 꽤 유력한 설명을 시도해 왔다고 자부할 수 있다. 솔직히 말해서, 나는 어떤 추상적인 "심리학"이 내가 제시한 사실들과 부합하거나 부합하지 않는지에 대해서는 관심이 없다. 사실들에 의거해서 이론이 만들어져야 하고, 그 반대가 되어서는 안 되기 때문이다. 내가 구체적인 역사적 현상들의 구체적인 원인들을 알아내는 데 도움을 주는 심리학이나 심리학적인 개념들이 있다면, 나는 그런 심리학의 도움을 진심으로 환영한다. 하지만 나의 비판자가 인용한 저작들을 포함해서 내가 알고 있는 "심리학적인" 문헌들은 내가 관심을 가진 문제와 관련해서 그 역사적 원인들을 찾아내는 데 내게 조금의 도움도 주지 못했다. 불행히도 내가 관심을 갖고 있는 문제들과 관련해서 종교 병리학에 대한 정확한 학문적인 연구는 여전히 초보적인 단계에 있다는 것은 잘 알려져 있는 사실이다.

주

1. 그리고 나의 비판자는 오직 이 두 대목에서 내가 그렇게 하고 있다고 주장한다. 하지만 그는 내가 이 개념을 단지 잠정적인 것이기는 하지만 분명히 하기 위해서 훨씬 더 많은 지면을 할애했다는 것을 인정해야 할 것이다.

2. 내가 그렇게 하지 않았음을 보여주는 것으로는 예컨대 나의 해당 논문 28쪽에 나오는 내용을 보라.

3. 내가 이미 말했듯이, 원래는 부분적으로는 종말론적이었고 부분적으로는 탈혼상태를 추구하는 것이었으며 부분적으로는 반정치적이었던 침례교 윤리는 초기 기독교의 경우와 마찬가지로 "세속에 부합하는" 형태로 재형성되었다는 것은 너무나 분명하다.

4. 한 대목에서 인쇄가 잘못된 것은 부분적으로 나의 책임이라고 할 수 있을지도 모르겠지만, 그 오류는 누구라도 금방 알아 볼 수 있는 것이다. 거기에서 내가 재세례파에 대해서 말하고자 한 것은 이런 것이었다. "잘 알려져 있듯이, 이러한 기다림의 효과는 히스테리적인 상태, 예언을 유발할 수 있고, 종말론적인 대망이 중시된 곳에서는 파멸로 끝난 뮌스터 운동에서 볼 수 있듯이 개혁에 대한 광신적인 열망이 분출되기도 한다." 하지만 인쇄상의 오류로 인해서 "이러한 기다림의 효과는 히스테리적인 상태, 예언을 유발할 수 있고"라는 어구

는 "히스테리적인 상태에서의 기다림이 예언을 유발할 수 있고"라는 어구가 되어 버렸다. 하지만 문맥상으로 이것이 오류라는 것은 금방 알 수 있고, 또한 그 다음에 내가 말한 내용이 그것을 바로잡아 준다. "히스테리적인 상태에서의 기다림"이라는 표현은 언뜻 보아도 이상하지 않은가? 그리고 저자가 "히스테리적인 상태"라는 표현을 건전하게 직업 노동을 하는 상태와 대비시키고 있다는 것도 분명하지 않은가?

5. 내가 부주의하게 표현한 것으로 비난받을 만한 유일한 것은 칼뱅주의는 "그 신앙이 존재한 곳마다" 강력한 경건과 자본주의적인 영리 활동의 일치를 보여준다고 말한 대목이다. 나는 디아스포라 지역들에서의 칼뱅주의를 염두에 두고 이렇게 말한 것인데, 내가 조금 후에 인용한 고트하인(Gothein)의 글에서도 이것과 똑같은 말을 한다.

6. 물론, 내가 자본주의에 대한 말한 것은 오늘날에도 여전히 적용되고, 특히 오늘날의 벨기에에도 그대로 적용된다. 반면에, 30년 전쟁에 대해 쓴 그 어떤 역사서에서도 볼 수 있듯이, 칼뱅주의자들이 벨기에에서 네덜란드로 점차 북쪽으로 이주해 간 것은 정치적으로나 경제적으로 아주 중요한 일이었다. 그들은 원래 16세기에 벨기에의 남부 지역으로 이주해서 소수 집단으로 살아 왔던 칼뱅주의자들이었다.

7. 일부 사람들은 이것을 "시대에 뒤떨어진" 것으로 볼 수 있겠지만, 나는 그런 비판을 할 자격을 가장 잘 갖춘 사람들은 신학자들일 것이라고 생각한다.

8. 그러한 연구들은 오늘날 "국민성"이라는 모호한 개념으로 포괄되는 모든 것에 대한 종교적인 기관들과 태도들의 영향을 조명해 줄 수 있다. 이것에 대해 자세한 것은 적당한 때에 별도의 논문으로 다루고자 한다.

9. 이것에 대해서 그는 또다시 푸거(Fugger)의 명제를 인용한다. 하지만 내가 이미 말했듯이, 그의 명제는 내가 "자본주의 정신"이라고 부른 것과 반대되는 것이다.

10. 나는 이것을 자주 다루었다. 이 유형이 단지 순전히 미국적인 형태로만 존재하지 않는다는 것은 분명하다. 이런 유형은 오늘날에도 기업을 하는 사람

들 중에 광범위하게 발견될 수 있다.

11. 나의 첫 번째 논문인 『프로테스탄트 윤리와 자본주의 정신』 19쪽을 보고, 두 번째 논문인 『개신교 분파들과 자본주의 정신』의 마지막 절 전체를 보라.

12. 여기에 언급된 두 명의 중요한 학자들의 "설명 방법론들"은 영국 특유의 것이고, 프랭클린에게서 발견되는 것과 같은 "자연적인" 인생철학의 후대의 판본이라고 할 수 있지만, 이것은 경험적인 역사 분석과 대립된다. 그런 설명 방법론에서 유일하게 올바른 것들은 밀이나 스펜서를 알지 못하는 모든 경제사학자들도 활용하는 일상적인 경험에 의거한 몇몇 사소한 것들뿐이다.

카를 피셔의 비판에 대한
막스 베버의 제2차 반박

이 다소 쓸데없는 논쟁과 관련해서 제대로 방향을 잡고자 하는 독자라면 "사려 깊게" 생각할 뿐만 아니라, 충분한 인내심을 발휘해서, 내가 나의 논문들에서 말한 것이 무엇이고 말하지 않은 것이 무엇인지를 조목조목 알 필요가 있다. 그런 준비를 갖추고서 나의 비판자가 나에 대해 비판한 것을 읽는다면, 그런 독자들은, 내가 역사적 인과관계와 관련된 아주 간단한 "방법론적인" 원칙들과 문제들조차 "알지 못하고" 있고, 그래서 내가 나의 연구과제와 관련해서 아주 중요한 인과관계의 문제들에 대해 "아무것도 제시하지 않았다"는 비판을 듣고는 틀림없이 깜짝 놀라며 의아하게 생각하게 될 것이다. 게다가, 나에 대해서 그런 식으로 비판한 나의 비판자가 내가 나의 논문에서 다룬 문제들에 대해서 아무것도 알지 못하고, 심지어 내가 사용한 자료들이 지닌 가장 일반적인 문헌적 특징들조차도 알지 못한 채로, 전적으로 선험적인 접근방식으로 이 문제들을 해결할 수 있다고 생각하는 대목에 이르러서는, 독자들은 더욱더 아연실색할 수밖에 없게 될 것이다. 그는 자신의 연구를 "확실한 방법론에 의거한 체계적인" 연구로 자처하고, 내가 다룬 이 문제들과 관련된 1차 자료들을 "사람들의 덕을 세우기 위해 사용된 종교적인 책들"이라 부르고 "교리 체계들"을 다룬 책들과 혼동한다.

이것은 그가 이 분야에 대해 전문적인 지식이 결여되어 있음을 보여준다. 그는 종교가 사람들의 생활양식에 어떤 영향을 미쳤는지에 대한 나의 연구에서 아주 중요한 이 1차 자료들이 당시에는 그저 가장 보편적인 상담자로 알려졌던 목회자가 자신의 구체적인 목회 활동에서 사람들과 접하면서 그들이 직면해 있던 온갖 실천적인 문제들에 대해 언급한 내용들을 모아 놓은 것들로서, "사람들의 덕을 세우거나" "교리적인" 목적과는 아무 상관이 없는 것들이었다는 것을 알지 못한다. 그 자료들은 당시 사람들이 자신들의 일상적인 삶 속에서 부딪친 문제들을 다루고 있기 때문에, 다른 자료들이 거의 제공해 줄 수 없는 실상들을 잘 보여준다. 내가 다루는 어떤 구체적인 문제의 성격상 다른 자료를 반드시 보아야 할 필요가 제기되는 경우를 제외하고, 내가 사용한 자료들은 모두 오직 그런 자료들뿐이다. 문헌들에 대해서 완전히 무지한 그가 "확실한 방법론에 의거해서" 아무리 최선을 다했다고 하더라도, 그의 견해는 큰 의미가 있을 수 없다.

내가 근대인은 종교적 동기의 영향 아래에서 삶과 관련된 실천적인 문제들을 해결해야 했던 당시 사람들의 입장이 되어서 그들을 이해하기는 어렵다고 말한 것에 대해서, 그는 그런 말은 너무 "일반적이어서" 무의미하다고 일축해 버린다. 이제 나는 그에게 좀 더 정확하게 말해서, 근대인인 그에게는 그렇게 할 능력이 아예 결여되어 있다고 분명하게 말하고자 한다. 또한, 나는 이후에도 그가 나의 견해를 이해할 가망은 거의 없다는 말도 덧붙이고 싶다. 왜냐하면, 그는 나의 논증이 옳다는 것을 인정하면서도, 내가 그런 논증을 통해 제시한 그런 영향력을 모르는 사람이 어디 있겠느냐고 반문함으로써, 마치 내가 제기한 문제에 대한 대답은 너무나 간단해서 논증할 필요조차 없는 것처럼 말하기 때문이다. 그는 자신이 "심리학"이라고 부르는 것을 통해서 역사적으로 아무리 복잡한 문제라도 아주 간단하게 해결할 수 있다는 확고한 신념이 넘쳐흐르기 때문에, 다른 사람들이 여러 논거들을 들어서 어떤 문제에 대해 힘들게 내린 결론을 공정하게 판단하는 것이 거의 불가능해 보인다. 따라서 그는 다른 사람들의 연구 결과들에 대해서 굳이 그렇게 힘들어서 복잡하게 논증할 필요가 있느냐며, 그런 문제들을 해결하는 데에는 오직 "심리학" 외에는 다른 도움은 필요하지 않다는 태도를 보인다.

하지만 아무리 좋은 "방법론"을 사용한다고 할지라도, 해당 주제에 대한 지식을 토대로 하지 않은 논의로는 역사적인 연구 과제를 제대로 수행했다고 주장하기 힘들다. 그래서 그는 "확실한 방법론에 의거한" 정확한 명제들이라고 주장하며 자신의 견해들을 제시하지만, 우리의 눈에는 그가 끊임없이 무지를 토대로 해서 무작위적으로 이런저런 너무나 상식적이고 당연한 사실들을 보여주는 말들을 내뱉는 것으로 보일 뿐이다. 예를 들어, 그는 종교적인 사상 체계는 그 종교가 처해 있는 경제 상황에 맞춰서 스스로 변화되어 간다는 것이 전제되어야 한다고 주장하지만, 그런 주장이나 그 비슷한 주장들은 단지 단순하고 일반적인 사실들을 나열하는 것일 뿐이다. 그런 주장들은 나의 연구의 출발점이 된 오늘날의 역사적 문제와는 완전히 다른 차원의 것이어서, 나의 연구와 관련해서 아무런 의미도 없다.[1]

나는 바로 그가 제시한 그런 일반적인 관점에 서서 카우츠키(Kautsky)에서 딜타이(Dilthey)에 이르기까지 광범위한 문헌들을 동원해서 나의 연구 주제와 관련된 문제들을 논의했고, 나의 비판자가 주장한 것과는 반대로, 종교 운동들에 대한 경제 과정의 영향이라는 문제를 결코 해결된 것으로 보지 않는다는 나의 입장을 여러 번 명시적으로 표명했고 나의 연구의 전체적인 기조를 통해 보여주기도 했다. 나의 비판자는 그가 제시한 주장들을 따라서 내가 이 문제를 다루지 않았기 때문에, 나의 설명들은 타당하지 않은 것으로 치부할 수 있다고 생각한다. 물론, 그는 나를 비판하는 글에서 직설적으로 이렇게 말한 것은 아니지만, 나의 논증들에 대한 분석을 통해서 실질적으로 자신이 그렇게 생각한다는 것을 보여준다.

그는 나의 말들 속에서 나의 의도와 취지를 보려고 하지 않고, 오로지 나의 "말들" 자체만을 보고 거기에 "매달린다." 나의 논문을 읽는 독자들은 누구나 내가 근대적인 직업윤리가 금욕주의적인 개신교로부터 "유래했다"거나, 근대적인 생활양식에서 경제생활과 관련된 몇몇 요소들이 그러한 "직업윤리"로부터 "유래했다"고 말할 때 (내가 의도적으로 인용 부호를 붙인) "유래하다"라는 말이 정확히 무엇을 의미하는지를 분명히 알 수 있다. 아니, 심지어 나의 논문을 읽지 않은 독자들조차도 내가 그렇게 말하고 나서 세 행 뒤에 한 말이자 나의 비판자 자신이 인용한 나의 말인 "문화생활에 대한 종교적 인식의 결과"라는 구절을 통해서 충분히 알 수 있다. 내가 군이 어느 시대의 "역사적 행위를 추진한 요인" 또는 "진정한 추동력"이라는 표현을 사용하지 않은 이유는 그런 유령들은 실제 역사에 존재하지 않는다고 생각했기 때문이다. 내가 실제로 탐구하고자 한 것은 내가 밝힌 의도에 따라 개신교의 여러 금욕주의적인 분파들의 종교적 특성들, 적어도 부분적으로는 형이상학적인 근본적인 전제들에 의해 결정된 특성들이 사람들의 생활양식에 영향을 미쳤다는 것은 확실한데, 과연 어떤 방향으로 영향을 미쳤는가에 대한 것이었음은 너무나 분명하다.

이것이 너무나 분명한 사실임에도 불구하고, 나의 비판자는 내가 관념론적인 역사 구성을 시도했다고 성급하게 결론을 내리고서는, 내가 그렇게 했음을 보여주는 증거는 단 한 조각도 내놓지 않는다. 하지만 내가 정말 "격렬하게" 항의하고자 하는 것은 내가 내 자신이 한 말들과 상반되게 행하였다고 하는 그의 근거 없는 주장이다. 내가 종교적 동기 외의 다른 동기들, 특히 경제적인 동기에 의한 영향의 가능성을 전혀 고려하지 않았다는 한층 더 황당한 주장에 대해서는, 나는 나의 논문들을 읽은 독자들의 의견을 물을 필요조차 없다고 생각하기 때문에, 단지 다음과 같은 것을 상기시키고자 한다. 나는 다른 그 어떤 동기들보다도 종교적 동기가 미친 영향이 흔히 매우 컸다고 생각했고, 그것은 내가 위에서 이미 입증했듯이 사실로 증명되었다. 하지만 나는 종교적 동기가 모든 곳에서 똑같이 매우 컸거나, 다른 상황들에 의해서 수정되거나 완전히 상쇄되어 버릴 가능성은 전혀 없었다는 것은 증명하지 않았고, 결코 그렇게 주장하지도 않았다. 내가 증명한 것은 한편으로는 개신교 국가들은 정치적으로나 경제적으로나 지리적으로, 그리고 민족과 관련된 여러 조건들과 관련해서 서로 아주 달랐음에도 불구하고, 그러한 종교적 동기의 영향은 결정적으로 중요한 점들에서 동일했다는 것이고(뉴잉글랜드, 독일의 디아스포라, 남부 프랑스, 네덜란드, 영국 외에도 "스코틀랜드-아일랜드," 프리슬란트, 독일의 다른 여러 영토들), 그러한 영향은 특히 경제 체제로서의 자본주의의 발달 정도와는 무관하게 나타났다는 것이며, 다른 한편으로는 종교개혁 이전에 자본주의 경제가 고도로 발달한 지역인 이탈리아와 플랑드르 지방에서는 내가 말한 자본주의 "정신"이 결여되어 있었고, 이것은 "생활양식"에 심대한 영향을 미쳤다는 것(나는 지금 이 말을 덧붙이고자 한다)이다.[2]

그러한 "영향"의 유사성, 즉 금욕주의적 개신교의 종교적 특성으로부터 유래한 유사성을 증명하고자 한 나의 시도는 사람들에 의해서 불완전하다거나 엄밀성이 결여되어 있다고 생각될 수 있고, 유능한 신학자에 의해 공격을 받을 수도 있다. 하지만 나는 처음에는 나의 논증을 통해서, 두 번째로는 그 논증과 관련해서 제시한 나의 명제의 의미에 대한 반복적인 설명들을 통해서, 세 번째로는 나의 그러한 명제를 보완하고 해석하며 추가적으로 시험하기 위해 앞으로 어떤 방향으로의 연구들이 이루어져야 하는가에 대한 설명을 통해서[3] 나의 견해를 밝혔는데도 불구하고, 나의 비판자가 자신의 의도를 명시적으로 드러내서, 그가 말한 다소 간단한 "방법론적인" 원칙들을 내가 알지 못했고, 나의 연구는 그런 방법론적인 "고찰들"을 전혀 담고 있지 않다고 비판한 것은 내게는 다소 무례하고 경박하게 보일 수밖에 없었기 때문에, 내가 나에 대한 그의 비판을 그 어떤 여지도 남기지 않는 방식으로, 그의 표현에 의하면 "과격한" 반응을 보인 것을 용납해 주기를 바란다.[4]

당시에나 지금이나 내가 안타깝게 생각하는 것은 나의 비판자가 나에 대해 이견을 표명하기에 앞서 단지 전문적인 지식만이 아니라 "선의"를 가지고서 나의 견해를 면밀하게 검토하지 않았다는 것이다. 잘 알다시피, 나의 비판자는 자신의 거룩한(그리고 이 경우에는 아주 "값싼") "방법론적인" 열심에 사로잡혀서, 내가 오로지 내가 제시한 인과관계 외에는 "다른 가능성"을 완전히 다 "배제해" 버렸기 때문에, 내가 도출해 낸 해석 외에는 다른 해석들을 일체 허용할 수 없었다고 말하지만, 그런 것들을 배제함으로써 생겨난 결과에 대한 입증 책임을 연구자가 져야 한다는 것을 일반적인 연구 "규범"으로 인정하고 받아들일 역사 연구자는 아무도 없을 것이다. 통상적으로 그런 것과는 반대로 역사 연구자는 하나의 특정한 관점을 설정해서 어떤 문제에 접근하여 결론을 도출해 낸 후에, 나중에 후속적으로 그 밖의 다른 인과관계가 있을 법한 요소들을 검토하고 그 요소들의 영향력의 성격을 발견해냄으로써, 한층 더 포괄적이고 종합적인 인과관계에 도달하고자 하는 것이 보통이다(그렇게 해도 완전한 인과관계를 밝히는 것은 불가능하지만). 나는 그렇게 하는 것이 나의 계획이고 의도라는 것을 이미 명시적으로 밝혔고, 실제로 그 계획을 실행하기 위해서 지금까지 추후로 연구되어야 할 것들에 대한 논문들을 쓰기 시작해서 이미 몇 편의 논문들을 발표한 바 있다.

무엇보다도 나의 비판자는 다른 사람들의 논증에 대해서는 가장 높은 기준을 적용해서 아주 통렬하게 비판하는 데 반해서, 자신의 논증에 대해서는 가장 낮은 기준을 적용하고 있는 것이 두드러지게 대비되는 점이다. 잠시만 생각해 보라. 그는 자기는 "직업 의무," "자본주의 정신," "조직적으로 삶을 영위하고자 하는 정신"의 "심리적 기원"이 무엇인지를 "보이고자" 한다고 스스로 말했다. 그렇다면, 그는 내가 완전히 실패한 것이자, 자기가 직접 인정했듯이 이례적으로 어려운 이 시도를 불과 십여 쪽에 걸쳐서 어떻게 해냈는가?

우리는 그가 시도를 어떻게 수행했는지를 나를 비판한 그의 글인 『비판적 기고』에서 읽을 수 있는데, 그는 자기가 좀바르트[5]와 나를 "넘어서서" 좀 더 고차원적인 종합으로 "나아감으로써," 즉 그의 표현에 의하면, 그러한 과정들에 대한 "심리학적 설명"을 지향함으로써 이루어냈다고 말한다. 그러면 그가 제시한 심리학적 설명은 무엇인지를 한번 살펴보자: "우리가 심리학적인 관점에서 돈을 획득한다는 것을 …… 순전히 그 자체로 본다면, 우리는 그것을 힘 있는 활동에 대한 개개인의 즐거움이라고 이해할 수 있다 …… 힘 있는 활동에 대한 즐거움은 결코 종교적으로 결정되지 않고, 힘 있는 활동 자체와 직접적으로 연결된다."

그는 일반적인 의무감 및 구체적으로 직업에 대한 의무감의 "심리적 기원"은 가난은 돈이 없는 데서 생겨나기 때문에, "직업의 의무를 다해야 한다는 생각이 직업 활동을 소홀히 하고자 하는 생각보다 더 높은 타당성을 지녔다"는 사실에 있다고 말한다. 나의 비판자의 그러한 말들은 아주 옳다. 왜냐하면, 그러한 금언들은 "추상물들"이나 "심리학적 도식들"이라고 지칭할 만한 가치도 없을 정도로 너무나 지당한 말들이기 때문이다. 이런 말들은 어떤 것에 대한 정의들로부터 당연한 결론들을 이끌어 내는 것이고, 그 과정에서 그런 식으로 "정의된" 현상과 관련된 논점이 상실되는 것에 대해서는 아랑곳하지 않는다. 나는 그의 비판에 대한 나의 첫 번째 답변서에서 내가 필요하다고 판단한 대목들에서 그의 말들이 그런 성격을 띠고 있다는 것을 이미 보여준 바 있다.

그가 일상적인 사소한 심리들을 부정확하게 재현해서 일반화한 것들을 "역사적 심리학"으로 제시하고자 하는 것을 정말 진지하게 하는 것이라면, 마치 우리의 경제학자들이 누군가가 당시에는 "훌륭했지만" 오늘날에는 시대에 뒤떨어진 존 스튜어트 밀(John Stuart Mill)의 주장, 즉 돈의 중요성이 역사적으로 대두된 것이 "행복을 위한 수단"으로서의 돈이라는 인식이 최초로 생겨나면서부터였다고 한 주장을 들먹이는 경우에 실소를 금할 수 없는 것과 마찬가지로, 모든 제대로 된 심리학자들은 그의 그러한 행위에 실소를 금하지 못할 것이 틀림없다. 나는 그가 그런 식으로 제시한 말들을 단 한 번도 "반박하고자" 한 적도 없었고, 그 말들은 너무나 지당하기 때문에 반박할 생각도 전혀 하지 않았다는 것을 고백하지 않을 수 없다.

내가 나의 답변서의 마지막 문장을 통해서, 나의 비판자가 주장하듯이 단지 히스테리에 대한 연구가 아니라 종교 병리학에 대한 정확한 연구가 장래의 어느 때인가는 중요해질 수 있다고 구체적으로 밝힌 것은,[6] 알 만한 사람은 이미 알고 있는 사실, 즉 심리학이 현재로서는 불완전하고 적절한 논증 없이 결론으로 비약하는 일이 비일비재함에도 불구하고, 종교 현상의 "경험된" 비합리적인 측면들을 "병리학적 과정"으로 다루는 "종교 심리학"은 장래에는 특정한 부류의 신앙이나 경건이 사람들의 성품에 미치는 영향을 설명하는 데 있어서 오늘날 "통상적인" 신학자들이 해낼 수 있는 것보다 더 많은 것들을 해낼 수 있을 것(지금도 이미 종종 그렇게 하고 있다)임을 시사한 것일 뿐이다. 하지만 그것은 나의 연구 주제와 관련이 있는 문제였기 때문에 내가 그렇게 말한 것이고, 당연히 내게는 "통상적인 심리학"의 영역에 발을 들여 놓을 의도가 전혀 없다. 반면에, 나의 비판자가 제시한 그런 유형의 "심리학"은 기껏해야 이 분야에서 그의 무지를 드러낼 좋은 기회만을 그에게 제공해 줄 것으로 보인다.

만일 "심리학"이 역사와 관련해서 아주 특별한 의미를 지닌다는 미신적인 믿음이 여기에서 다시 한 번 등장해서, 한편으로는 역사적 연구의 공정성을 해치고, 다른 한편으로는 내가 대단한 존경심을 지니고 있는 학문적인 심리학에 불신을 가져다주어서, 역사학자들로 하여금 심지어 학문적인 심리학이 자신들의 연구에 도움이 되는 몇몇 상황들에서조차도 그러한 도움을 거부하게 만들지 않았다면, 나는 이러한 문제들에 대해서 이렇게 장황하게 말하지 않았을 것이다. 하지만 대부분의 저명한 심리학자들이 그러한 미신을 이제 더 이상 공유하고 있지 않은 것은 다행스러운 일이다. 나의 경우에도 분트(Wundt) 같이 자신의 분야에서 저명한 인물이 자칭 "심리학"에 토대를 둔 "역사 법칙들"에 대해 말하는 것을 듣고 웃지 않을 수 없었는데, 나는 내가 충분히 그럴 만한 권리를 지니고 있다고 믿는다. 그리고 불행히도 우리는 "중세 시대 독일의 경제생활"(Deutsches Wirtschaftsleben im Mittelalter)이라는 글을 쓴 저술가가 다양한 기원의 여러 종류의 심리학을 분류해서, 그런 심리학을 역사를 연구하는 데 사용하고자 시도했을 때 무슨 일이 벌어졌는지를 안다 (이것에 대해서는 나중에 다시 언급할 것이다).

전문적인 심리학에서 발견해 낸 결과물들은 종종 천문학, 사회학, 화학, 법학, 신학, 공학, 인류학에서의 연구 성과들과 마찬가지로 역사에 도움이 된다. 역사는 "지적인 과정들"에 대한 것이고, 그 "지적 과정들"은 사람들이 시대에 따라 믿고 공통적으로 표현하는 것들로 이루어지기 때문에, "심리학적인 전제들로부터 생겨날" 것임에 틀림없다는 것이 일반 사람들의 생각이다. 따라서 거기로부터 사람들은 역사는 다른 어느 학문 분과들보다도 전문화된 학문 분과로서의 "심리학"에 특히 더 많이 의거해야 한다는 결론을 이끌어 낸다. 그런 식으로 생각하는 것은, "역사적 인물들"의 위대한 업적들은 오늘날 예외 없이 음파나 잉크와 결부되어 있기 때문에, 음향학과 유체 물리학이 그들의 업적의 근저에 있다고 생각하거나, 역사는 지구라는 행성 위에서 일어나기 때문에, 역사를 알기 위해서는 천문학을 알아야 한다고 생각하거나, 역사는 사람들에 관한 것이기 때문에 역사를 연구하는 데는 인류학이 필수라고 생각하는 것과 마찬가지로 잘못된 것이다. "미안한 말이지만," 역사는 예컨대 오직 "천문학적인 전제들"을 일반적으로 사용하는 것과 동일한 의미에서만 "일반적인 심리학적 전제들"을 사용할 뿐이다. 이러한 일련의 "역설들"로 보이는 것들을 전혀 숙고하지 않은 사람은 저 높은 심판석에 앉아서 "인식론"이나 "방법론" 같은 고고하고 현학적인 말들을 사용해서 남들을 판단하고 재단할 자격이 없다.

나의 비판자가 저 높은 심판석에 앉아서 "높은 기준들"을 강조하며, 자기에게는 내가 나의 연구에 낮은 기준을 적용했다고 비판할 수 있는 자격이 충분하다고 생각한다면, 유감스럽게도 나는 그가 "방법론"을 들먹이며 그 자신에게 적용하고 있는 "기준"이 사실은 논문을 쓰는 모든 저술가들이 자신들의 글을 비판하는 사람에게 요구하는 기준에 미달된다고 한 나의 이전의 논평을 그에게 다시 한 번 들려주고 싶다. 그가 자신이 잘 모르는 분야들에 대해 다른 사람들이 쓴 글들을 꾸짖는 것을 그만두고, 실제로 그가 전문적으로 연구하는 분야와 관련된 글을 머지않은 시기에 우리에게 제시한다면, 나는 학자들이 그의 글을 그가 나를 비판했던 방식보다 훨씬 더 정중하고 예의 바르게 귀 기울여 듣고 논평을 해 줄 것임을 장담할 수 있다. 남의 글을 비판할 때에 "예의를 갖추어 공손하게 말한다고" 해서 반드시 오만하지 않은 것은 아니다. 나의 비판자는 나를 비판하면서 나의 글을 칭찬하는 말도 잊지 않았지만,[7] 그것이 그가 오만하지 않다는 것을 말해 주는 것은 아니다. 나는 자격 없는 사람이 하는 칭찬은 받아들일 마음이 없다. 그 점에서 나는 전에 비슷한 상황에서 크납(G. F. Knapp)이 이렇게 한 말에 전적으로 동감한다는 말을 덧붙이고자 한다. "누가 자신의 글에서 나를 당나귀라고 말한다면, 나는 분명히 기분이 좋지 않을 것이다. 하지만 어떤 사람이 내가 당나귀가 아니라고 꼭 쓰고 싶다고 느끼는 것도 기분이 좋지 않다."

주

1. "적응하다"라는 개념을 정확하게 정의하지 않는 경우에는, 역사적인 삶에서 모든 것은 다른 모든 것에 맞춰 "적응한다"고 말하는 것도 참일 수 있고, 그렇지 않다고 말하는 것이 참일 수도 있다. 로키 산맥의 다른 주들의 생활양식들이 유타 주의 경제 "조건들"에 "적응한" 것인 것과 마찬가지로, 모르몬교도 유타 주의 경제 "조건들"에 "적응했다." 파라과이의 예수회 수도사들의 삶은 그 이전과 이후의 인디언들의 삶과 마찬가지로 거기에 있는 원시림에 적응했다. 러시아에서 "거세파"('스코프츠이')와 "쉬툰데 파" 같은 분파들이나 그들과 이웃해서 살아갔던 정교회의 "무쉬크 파"는 종교적인 신앙에서는 서로 많이 달랐지만, 그들의 경제적인 생활양식은 모두 거기에서의 생존 조건들에 적응한 것이라는 점은 동일하다. 칼뱅의 신정정치는 처음에 만들어졌을 때 제네바의 경제 조건들에 적응한 것이 아니었다. 그 신정정치가 행해진 후에 제네바의 경제는 침체되어 쇠퇴하기 시작한 것이 그것을 잘 보여주고, 우리는 왜 그런 일이 벌어졌는지를 쉽게 설명할 수 있다. 사실 내가 마음만 먹었다면, 나는 얼마든지 나의 연구 주제를 다음과 같은 질문에 대답하기 위한 시도로 표현할 수도 있었을 것이다. "어떤 의미에서 우리는 그러한 맥락들 속에서 (다양한 문화 요소들 상호 간의) '적응'에 대해 말할 수 있는가?"

2. 경제 형태와 윤리적 생활양식 간의 긴장관계 — (내가 사용하는 의미에서의) "직업윤리"의 부재로부터 생겨난 긴장관계 — 는 피렌체의 시민 계층의 특성에 영향을 미쳤는데, 대단히 예민한 한 예술사가는 그들이 지닌 예술적 동기들의 독특한 특징들과 관련해서 이 문제를 자세하게 분석해 놓았다.

나의 비판자처럼 체계적이고 조직적인 생활양식은 "인류 역사상에서" 청교도의 출현 이전에 "당연히 나타났다"는 주장(다시 한 번 말해 두지만, 이것은 엄연한 사실이다)을 하려고 하는 사람은 그 전에 이러한(그리고 그 외에도 수없이 많은) 역사적 문제들과 사실들을 알아야 한다. 나는 나의 비판자에게 그런 생활양식이 어디에서 나타났는지를 내게 말해 주기를 바라고, 그것이 어떤 종류의 생활양식이었는지도 말해 주기를 바란다. 왜냐하면, 나는 내가 막연한 의미에서의 체계적이고 조직적인 생활양식에 대해서 말하는 것이 아니라, 사람들의 삶에 영향을 미친 근대적인 "직업윤리"의 구성요소로서의 "체계적이고 조직적인 생활양식"에 대해 말한다는 것을 나의 논문에서 십여 페이지에 걸쳐서 분명하게 밝혔기 때문이다.

내가 말하는 "체계적이고 조직적인 생활양식"은 예컨대 일본의 "사무라이," 유럽의 "궁정 사람들", 중세 시대의 기사들, 스토아 철학자들의 "체계적인 삶"을 가리키는 것도 아니고, 르네상스 시대에 사람들의 생활양식과 관련해서 부르크하르트(Burckhardt)가 만들어 낸 삶에 대한 "객관적 태도"를 가리키는 것도 아니며, 르네상스와 종교개혁의 중간쯤에 서 있었던 베이컨(Bacon)이 이것과 관련해서 말한 청교도 사상과 비슷한 어떤 개념, 또는 가톨릭 진영에서의 반종교개혁을 가리키는 것도 아니다. 이 모든 것들은 특정한 "체계적 방법"을 가지고 있었기 때문에, 이 모든 것들의 요소들은 근대의 주요 국가들의 생활양식에 스며들었다(나는 적절한 때에 이 중 몇몇에 대해 말할 것이다). 그러나 그러한 생활양식들은 사람들이 내가 나의 논문에서 관심을 가졌던 생활양식과는 판이하게 다른 의미와 지향성을 가지고서 자신들의 삶을 합리적으로 조직한 것들이다 ― 나는 이미 그 중에서 나의 논문 주제와 밀접하게 관련되어 있는 한 경우를 들어서 이것을 명시적으로 보여준 바 있다.

3. 내가 아직 그런 논문들을 출간하지 못하는 이유는 어떤 물질적인 요인들에 있지 않고, 부분적으로는 다른 사람들과는 상관없는 내 자신의 개인적인 상황 때문이고, 부분적으로는 내가 이 논문들과는 완전히 다른 연구와 관련되어 있기 때문이며(이 학술지를 잠깐 살펴보는 수고를 한 사람이라면 누구나 알 수 있듯이), 부분적으로는 내가 추후 다루고자 했던 일련의 문제들에 대해서 나의 동료이자 친구인 에른스트 트뢸치가 탁월한 통찰력으로 이미 글을 썼고, 나는 그가 나보다 훨씬 더 잘 아는 분야에서 그의 연구와 불필요하게 겹치는 일이 없게 하

고자 했기 때문이다. 하지만 올해에는 이 연구를 마무리해서, 봄쯤에는 적어도 이 논문들을 개정해서 별도의 책으로 냈으면 하는 바람이 있다. 이 논문들을 출간하는 일이 늦어지면, 일반 독자들은 이 각각의 논문들을 서로 연관이 없는 개별적이고 독립적인 연구로 치부할 가능성이 높아질 것이 불을 보듯 뻔하다는 점에서, 그것은 꽤 큰 불이익이 될 것이다. 물론, 이것은 여기에서 다루어지고 있는 나와 관련한 "비판"에 대해서 변명이 될 수는 없다. 나의 비판자는 내가 약속한 반론들과 좀 더 상세한 해석이 여전히 결여되어 있다고 말할 권리가 있다. 그러나 내가 근본적으로 부정해 온 역사에 대한 "관념론적인" 구성을 나에게 돌리고, 이제 심지어 내가 그런 문제점들을 전혀 알지 못했다고 명시적으로 단언하기까지 하는 것은, 내게 그런 비판을 하는 장본인이 이 분야를 전혀 모르는 사람이라는 것을 고려할 때, 나로서는 도저히 받아들이기 힘들다.

4. 나는 이 저자가 자료들에 대해 무지하다는 것을 금방 알아차렸지만, 그의 "비판"에는 나의 논점들이 지닌 난점들과 문제점들에 대한 논평들이 다루어지고 있었기 때문에, 내 자신이 그런 것들에 대해 해명하기 위해서 나의 공동 편집자들에게 그 "비판"의 글을 이 학술지에 실어 주기를 권고했다. 당시에 그가 지적한 문제점들에 대해 나의 공동 편집자들과 토론했던 것이 나의 뇌리 속에 잘 기억되어 있는데, 내가 그 글을 게재해 주기를 권고한 것은 나의 논문들에서는 그런 문제점들을 다루지 않았다고 생각해서, 이 기회에 그런 것들을 다루기 위한 것이었다. 하지만 나는 나의 논문들을 다시 읽어 보고 나서, 사실은 이 모든 문제점들을 나의 논문들에서 아주 분명하게 다루었다는 것을 알고서는 적지않이 놀랐지만 기분은 좋지 않았다. 나의 비판자는 나의 논문들을 제대로 읽고 이해한 후에 나를 비판한 것이 아니라, 내가 한 말들을 이해하지도 않은 채로 맥락과는 상관없이 문자적으로 인용해서 나를 반박하는 데 사용했던 것이었다. 나는 이 학술지에 그런 "비판"의 글을 게재하도록 권고함으로써 지면을 낭비한 것과 독자들로 하여금 이 쓸데없는 논쟁에 휘말리게 하는 부담을 준 것에 대해 후회한다. 하지만 이 일은 이미 엎질러진 물이 되어 버렸기 때문에, 결국 나는 이 혼란스럽고 쓸데없는 논쟁에 휘말려들지 않을 수 없게 되었다. 만

일 이 "비판"의 글이 다른 학술지에 게재되었더라면, 나는 답변할 가치조차 없는 것으로 여겼을 것이다.

5. 그는 좀바르트도 "도전을 받았다"고 주장하면서, 한스 델브뤽(Hans Delbrück)이 『프로이센 연보』(*Preußische Jahrbücher*)에서 좀바르트에게 헌정했고 내용면에서나 형식면에서나 똑같이 의심스러운 저 서평들 중의 하나에 나오는 인용문을 증거로 제시하는데, 그것은 좀바르트가 "예측 가능성"의 의미와 기술을 설명하는 부분이다. 그것은 의심할 여지 없이 거의 논쟁의 여지가 없는 것이고, 나 자신도 좀바르트가 다룬 주제가 근대적 자본주의 경제의 중요한 형태들의 기원이라는 점을 고려할 때, 중요한 점들에서 절대적으로 정확하다고 생각하는 것이다.

물론, 완전히 발달된 교역은 경제 활동의 "합리화"를 일정 정도 수반했고, 인류 역사에서 최초의 천년까지 거슬러 올라가는 고대의 자본주의적인 기업 형태들은 "예측 가능성"을 일정 정도 수반했다. 하지만 고대에 양적으로 볼 때에는 엄청나게 발달된 자본주의적인 경제 형태들에서의 "예측 가능성"이 초기 근대기의 "예측 가능성"보다 여전히 훨씬 뒤떨어져 있었느냐 하는 문제는 여전히 남는데, 이것에 대해 좀바르트가 4천 년 전에 존재했던 것으로 증명되는 자본주의적 기업들은 개별적으로 존재했던 반면에, 근대적인 자본주의 기업들은 하나의 경제 단계로서의 "자본주의" 아래에서 존재하는 것이어서 그런 차이가 나는 것이라고 말한 것은 옳다. 이 문제는 다른 곳에서 다루어야 할 것이다. 그의 문제제기와 관련해서 좀바르트가 전문적인 "예측 가능성"을 "자본주의 정신"의 결정적인 특징으로 지칭했다는 것은 두말할 필요가 없다.

경제 단계로서의 "자본주의"에 정신적으로 "적합하고," 인간의 "영혼"에서 자본주의의 승리를 의미한 저 윤리적인 "생활양식"의 등장과 관련한 나의 문제제기에서 나는 나의 용어 사용이 옳다는 것을 믿는다. 나를 비판하고자 할 때에는 반드시 우리 두 사람이 서로 다른 접근방법으로 연구하고 있는 현상들의 그 밖의 다른 특징들이 고려되지 않으면 안 된다. 따라서 적어도 내 편에서 그것은 용어상의 차이의 문제일 뿐이고 내용상의 차이의 문제가 아니다. 특히, 내가 아는 한, 역사적 유물론에 대한 우리 각자의 태도와 관련해서는 아무런 차이도 존재하지 않는다. 나의 비판자들이 내가 한 말들을 "관념론적인" 것으로 침소봉대해서 이해한다면, 그것은 나의 잘못이 아니다. 내가 나의 이 연구들을 최종적으로 다 마치고 나면, 지금은 나의 논문들을 관념론적인 구성이라고 질책했던 사람들이 이번에는 역사적 유물론에 내가 굴복했다며 비난하고 화를 낼지도 모를 일이다.

6. 나는 그런 것과는 판이하게 다른 맥락에서, 즉 경건주의의 어떤 현상과 관련해서 그것을 언급했다. 이 문제에 대해서 나를 비판하는 것은 사실 조금 터무니없다. 내가 나의 비판자에게 침례교도들 가운데서의 "히스테리적인 모습"에 대한 그의 비평은 너무나 명백한 오해로부터 기인한 것임을 지적하자, 이제 그는 내가 히스테리에 대한 심리학적인 연구가 침례교의 현상들을 조명하는 데 기여할 것임을 "인정했다"고 주장한다. 그의 그러한 주장은 그런 심리학적인 연구가 "체계적이고 조직적인 생활양식"의 출현을 설명하는 데 도움을 줄 것으로 내가 생각한 것이 아니겠느냐고 반문하는 데서 드러난다.

거기에 대한 나의 대답은 이러하다. (a) 나는 나의 논문에 이미 나오지 않은 그 어떤 것을 "인정한" 적이 없다; (b) 나의 비판자는 히스테리에 대한 연구로부터 내가 특별히 기대하거나 기대하지 않는 것을 알아보기 위해서, 거기에 대해 내가 한 말들을 직접 검토해 보는 수고를 하지 않았다. 그렇기 때문에, 우리는 "불행한 오해들의 연쇄"가 그의 비판의 글에서 이전이나 지금이나 결코 끝나지 않을 것임을 알 수 있다.

7. 부수적으로 말하자면, 나의 비판자가 "그때에는" 나의 논문에 "철저한" 논문이라는 수식어를 사용해 놓고, "이제 와서는" 나의 논문이 아주 간단한 인과관계 문제들조차 "보지 못했다"고 해서, 그것이 그의 전문적인 지식이나 객관성을 보여주는 것은 결코 아니다.

옮긴이 **박문재**

서울대학교 법과대학, 장로회신학대학교 신대원 및 동 대학원을 졸업하였으며, Biblica Academia에서 라틴어와 그리스어(헬라어)를 깊이 있게 공부하였다. 대학 시절에 역사를 비롯하여 서양 철학과 독문학을 두루 공부하였다. 또한 신학 전반을 전공하면서 사회 문제에 관심을 가지고 기독교 청년단체를 이끌며 헤겔 철학과 마르크스의 『자본론』을 비롯한 사회과학 분야를 연구했다. 신학과 사회과학을 좀 더 깊이 연구하기 위해 독일 보쿰Bochum 대학교에서 공부하였다. 역자는 전문 번역가로 30여 년 간 신학과 인문학 도서를 번역하였다. 역서로 『자유론』, 『이스라엘 역사』, 『바울 신학』 등이 있고, 라틴어 원전 번역한 책으로 『철학의 위안』, 『그리스도를 본받아』, 『고백록』 등이 있다. 그리고 그리스어 원전 번역한 책으로 아우렐리우스의 『명상록』, 『소크라테스의 변명』, 『아리스토텔레스 수사학』 등이 있다.

현대지성 클래식19

프로테스탄트 윤리와 자본주의 정신

1판 1쇄 발행 2018년 6월 1일
1판 8쇄 발행 2024년 12월 11일

지은이 막스 베버
옮긴이 박문재
발행인 박명곤 **CEO** 박지성 **CFO** 김영은
기획편집1팀 채대광, 김준원, 이승미, 김윤아, 백환희, 이상지
기획편집2팀 박일귀, 이은빈, 강민형, 이지은, 박고은
디자인팀 구경표, 유채민, 윤신혜, 임지선
마케팅팀 임우열, 김은지, 전상미, 이호, 최고은

펴낸곳 (주)현대지성
출판등록 제406-2014-000124호
전화 070-7791-2136 **팩스** 0303-3444-2136
주소 서울시 강서구 마곡중앙6로 40, 장흥빌딩 10층
홈페이지 www.hdjisung.com **이메일** support@hdjisung.com
제작처 영신사

© 현대지성 2018

"Curious and Creative people make Inspiring Contents"
현대지성은 여러분의 의견 하나하나를 소중히 받고 있습니다.
원고 투고, 오탈자 제보, 제휴 제안은 support@hdjisung.com으로 보내 주세요.

현대지성 홈페이지

"인류의 지혜에서 내일의 길을 찾다"
현대지성 클래식

1 그림 형제 동화전집
그림 형제 | 아서 래컴 그림 | 김열규 옮김 | 1,032쪽

2 철학의 위안
보에티우스 | 박문재 옮김 | 280쪽

3 십팔사략
증선지 | 소준섭 편역 | 800쪽

4 명화와 함께 읽는 셰익스피어 20
윌리엄 셰익스피어 | 존 에버렛 밀레이 그림
김기찬 옮김 | 428쪽

5 북유럽 신화
케빈 크로슬리-홀런드 | 서미석 옮김 | 416쪽

6 플루타르코스 영웅전 전집 1
플루타르코스 | 이성규 옮김 | 964쪽

7 플루타르코스 영웅전 전집 2
플루타르코스 | 이성규 옮김 | 960쪽

8 아라비안 나이트(천일야화)
작자 미상 | 르네 불 그림 | 윤후남 옮김 | 336쪽

9 사마천 사기 56
사마천 | 소준섭 편역 | 976쪽

10 벤허
루 월리스 | 서미석 옮김 | 816쪽

11 안데르센 동화전집
한스 크리스티안 안데르센 | 한스 테그너 그림
윤후남 옮김 | 1,280쪽

12 아이반호
월터 스콧 | 서미석 옮김 | 704쪽

13 해밀턴의 그리스 로마 신화
이디스 해밀턴 | 서미석 옮김 | 552쪽

14 메디치 가문 이야기
G. F. 영 | 이길상 옮김 | 768쪽

15 캔터베리 이야기(완역본)
제프리 초서 | 송병선 옮김 | 656쪽

16 있을 수 없는 일이야
싱클레어 루이스 | 서미석 옮김 | 488쪽

17 로빈 후드의 모험
하워드 파일 | 서미석 옮김 | 464쪽

18 명상록
마르쿠스 아우렐리우스 | 박문재 옮김 | 272쪽

19 프로테스탄트 윤리와 자본주의 정신
막스 베버 | 박문재 옮김 | 408쪽

20 자유론
존 스튜어트 밀 | 박문재 옮김 | 256쪽

21 톨스토이 고백록
레프 톨스토이 | 박문재 옮김 | 160쪽

22 황금 당나귀
루키우스 아풀레이우스 | 장 드 보쉐르 그림
송병선 옮김 | 392쪽

23 논어
공자 | 소준섭 옮김 | 416쪽

24 유한계급론
소스타인 베블런 | 이종인 옮김 | 416쪽

25 도덕경
노자 | 소준섭 옮김 | 280쪽

26 진보와 빈곤
헨리 조지 | 이종인 옮김 | 640쪽

27 걸리버 여행기
조너선 스위프트 | 이종인 옮김 | 416쪽

28 소크라테스의 변명·크리톤·파이돈·향연
플라톤 | 박문재 옮김 | 336쪽

29 올리버 트위스트
찰스 디킨스 | 유수아 옮김 | 616쪽

30 아리스토텔레스 수사학
아리스토텔레스 | 박문재 옮김 | 332쪽

31 공리주의
존 스튜어트 밀 | 이종인 옮김 | 216쪽

32 이솝 우화 전집
이솝 | 아서 래컴 그림 | 박문재 옮김 | 440쪽

33 유토피아
토머스 모어 | 박문재 옮김 | 296쪽

34 사람은 무엇으로 사는가
레프 톨스토이 | 홍대화 옮김 | 240쪽

35 아리스토텔레스 시학
아리스토텔레스 | 박문재 옮김 | 136쪽

36 자기 신뢰
랄프 왈도 에머슨 | 이종인 옮김 | 216쪽

37 프랑켄슈타인
메리 셸리 | 오수원 옮김 | 320쪽

38 군주론
마키아벨리 | 김운찬 옮김 | 256쪽

39 군중심리
귀스타브 르 봉 | 강주헌 옮김 | 296쪽

40 길가메시 서사시
앤드류 조지 편역 | 공경희 옮김 | 416쪽

41 월든·시민 불복종
헨리 데이비드 소로 | 허버트 웬델 글리슨 사진
이종인 옮김 | 536쪽

42 니코마코스 윤리학
아리스토텔레스 | 박문재 옮김 | 456쪽

43 벤저민 프랭클린 자서전
벤저민 프랭클린 | 강주헌 옮김 | 312쪽

44 모비 딕
허먼 멜빌 | 레이먼드 비숍 그림 | 이종인 옮김 | 744쪽

45 우신예찬
에라스무스 | 박문재 옮김 | 320쪽

46 사람을 얻는 지혜
발타자르 그라시안 | 김유경 옮김 | 368쪽

47 에피쿠로스 쾌락
에피쿠로스 | 박문재 옮김 | 208쪽

48 이방인
알베르 카뮈 | 윤예지 그림 | 유기환 옮김 | 208쪽

49 이반 일리치의 죽음
레프 톨스토이 | 윤우섭 옮김 | 224쪽

50 플라톤 국가
플라톤 | 박문재 옮김 | 552쪽

51 키루스의 교육
크세노폰 | 박문재 옮김 | 432쪽

52 반항인
알베르 카뮈 | 유기환 옮김 | 472쪽

53 국부론
애덤 스미스 | 이종인 옮김 | 1,120쪽

54 파우스트
요한 볼프강 폰 괴테 | 외젠 들라크루아 외 그림
안인희 옮김 | 704쪽

55 금오신화
김시습 | 한동훈 그림 | 김풍기 옮김 | 232쪽

56 지킬 박사와 하이드 씨
로버트 루이스 스티븐슨 | 에드먼드 조지프 설리번 외
그림 | 서창렬 옮김 | 272쪽

57 직업으로서의 정치·직업으로서의 학문
막스 베버 | 박문재 옮김 | 248쪽

58 아리스토텔레스 정치학
아리스토텔레스 | 박문재 옮김 | 528쪽

59 위대한 개츠비
F. 스콧 피츠제럴드 | 장명진 그림 | 이종인 옮김 | 304쪽

현대지성 클래식 살펴보기